商标及不正当竞争案例解析

李淑娟 著

知识产权出版社
全国百佳图书出版单位
北京

图书在版编目（CIP）数据

商标及不正当竞争案例解析 / 李淑娟著 . —北京：知识产权出版社，2024.8
ISBN 978-7-5130-9270-8

Ⅰ.①商… Ⅱ.①李… Ⅲ.①商标法—侵权行为—案例—中国 ②反不正当竞争—经济法—案例—中国 Ⅳ.① D923.435 ② D922.294.5

中国国家版本馆 CIP 数据核字（2024）第 030434 号

内容提要

本书通过选取典型案例，深入探讨涉及商标行政授权确权、商标民事诉讼及不正当竞争领域的相关重点、焦点法律问题。每个焦点问题分析具体包括裁判要旨、案情简介、诉辩意见、裁判理由和案件评析，案件评析从律师办理案件的视角解读个案中法律适用的重点、难点或疑点，并对个案的处理提出自己的倡议或见解。

本书适合商标及不正当竞争领域研究人员及从业人员阅读。

责任编辑：龚　卫　　　　　　责任印制：刘译文
封面设计：杨杨工作室·张冀

商标及不正当竞争案例解析
SHANGBIAO JI BUZHENGDANG JINGZHENG ANLI JIEXI

李淑娟　著

出版发行：	知识产权出版社 有限责任公司	网　　址：	http://www.ipph.cn
电　话：	010-82004826		http://www.laichushu.com
社　址：	北京市海淀区气象路 50 号院	邮　编：	100081
责编电话：	010-82000860 转 8120	责编邮箱：	laichushu@cnipr.com
发行电话：	010-82000860 转 8101	发行传真：	010-82000893
印　刷：	天津嘉恒印务有限公司	经　销：	新华书店、各大网上书店及相关专业书店
开　本：	720mm×960mm　1/16	印　张：	25.5
版　次：	2024 年 8 月第 1 版	印　次：	2024 年 8 月第 1 次印刷
字　数：	400 千字	定　价：	128.00 元
ISBN 978-7-5130-9270-8			

出版权专有　　侵权必究
如有印装质量问题，本社负责调换。

序

  商标是企业重要的无形资产，背后蕴藏着企业的声誉、形象和市场竞争力。商标权因行政机关授权或在先使用而获得，目前我国商标注册由重数量向重质量方向转变，并针对囤积商标、恶意抢注等违法行为在多个层面进行综合打击，在维护公共利益和保护企业商标权方面释放了明确的信号；由于市场经济的充分发展，特别是近年来互联网经济、数字经济的突飞猛进，随之出现了各种新类型的不正当竞争行为，这些行为不仅扰乱了市场秩序，也损害了合法经营者的权益，而与此前的不正当竞争行为相比，新技术、新经济带来的纠纷也日趋隐蔽和复杂。

  在当今竞争激烈且日益复杂的商业环境中，商标及不正当竞争纠纷已成为备受关注的重要领域。本书正是在此背景下，通过一个个案例对这一领域的重点、难点、焦点问题进行了深入分析与研究，本书不仅呈现了纠纷的复杂多样，更展现了知识产权律师抽丝剥茧、深入研究的智慧与努力。通过阅读本书，可以看到本书对近年来的典型案例的裁判要点进行了详细解读，涵盖了商标确权授权行政纠纷、商标侵权民事诉讼及不正当竞争纠纷等案例类型。作者以其从业多年的专业素养和丰富经验，对每一个案例都从诉讼实践经验的角度进行了凝练和深入浅出的剖析，使读者能够清晰地理解其中的法律逻辑和实际应用，为读者提供了宝贵的参考和启示。无论是法律从业者还是企业经营者，都可以从中汲取丰富的知识和应对策略。这不仅有助于提升我们对商标及反不正当竞争法律的认知和理解水平，更对推动行业的健康发展具有重要意义。

  我与作者有过深入交流，了解她习惯在办理案件时，结合经办案件遇到的法律问题展开研究，进而将研究成果可视化展现，作为后续回顾学习的资料，这本书即是在这样的工作习惯下积累的。相信这本书将成为知识产权领域的重要参考读物，为广大读者开启一扇深入了解商标及不正当竞争纠纷的窗口，也为我们更好地维护公平竞争的市场环境提供有力的支持。期待本书能在知识传播和实践指导方面发挥其应有的作用。在此，我写序推荐并热烈祝贺这本书的出版。

王莲峰
华东政法大学知识产权学院教授 博士生导师
商标法研究所所长
2024 年 5 月 20 日

自　序

　　我进入知识产权服务领域始于 2002 年年底，在商标事务所从商标检索、注册开始，知识产权前期确权、授权的工作做了近七年。出于客户的需要和工作的需求，我考取了法律职业资格证书，完成了执业身份的转变。得益于在商标事务所积累的工作经验，做律师后我稳步将知识产权工作向更宽、更深处延展，服务覆盖知识产权全板块、全链条。因为热爱所以带来力量，因为热爱所以坚持，至今知识产权像亲密爱人一样已经一起走过了二十二个春秋。

　　这些年来，我和客户共同成长，不仅感受到企业真正重视知识产权保护所带来的竞争优势，也感受到知识产权管理相关部门工作效率的提高、保护力度的加大，更感受到中国知识产权保护的春天在快步走来！在当今的商业活动中，商标的重要性不言而喻，它不仅是企业品牌形象的核心，也是消费者识别和选择商品或服务的关键因素。然而，随着市场竞争的日益激烈，商标侵权和不正当竞争行为频频发生，对市场主体的经营发展和合法权益带来了损害和严峻挑战。为防范及更好地解决此类纠纷，对企业高管、公司法务、知产领域的律师都提出了更高的要求。

　　本书通过案例分析，深入探讨商标行政授权确权、商标民事诉讼及不正当竞争领域的相关重点、焦点法律问题。本书中的案例均来自真实的司法实践，通过对这些案例的深入研究和分析，我们可以更好地理解相关法律规定的具体适用，掌握解决商标纠纷和不正当竞争问题的有效方法。在撰写本书的过程中，我力求做到以下四点。

第一，案例选择的代表性：书中选取的案例具有一定的代表性和典型性，能够反映出商标授权确权诉讼、商标民事诉讼及不正当竞争领域的常见问题和争议焦点。

第二，分析的深入性：对于每个案例，我都进行了深入的分析和探讨，从法律依据、事实认定、裁判结果等方面进行全面解读，以期为读者提供更全面、更准确的信息。

第三，观点的客观性：在分析过程中，我尽量保持客观中立的态度，以确保解析的公正性和可信度。

第四，内容的实用性：本书不仅关注理论探讨，更注重实践应用。通过对案例的分析，我提出了一些具有可操作性的建议和对策。

我要感谢所有为本书提供案例和支持的伙伴们，以及在写作过程中给予我帮助和建议的朋友们。希望本书能为广大读者带来一些收获和启发，这是我努力的目标。也期待读者们对本书提出宝贵的意见和建议，以便我在今后的工作中不断改进和完善。如有不妥之处，欢迎批评指正！

李淑娟
2024 年 4 月

目　录

第一篇　商标行政案例解析

1. 欺骗性商标的含义及判断标准
　　——东阿阿胶股份有限公司诉国家工商行政管理总局商标评
　　审委员会商标申请驳回复审行政纠纷案 …………… 003
2. 商标"有其他不良影响"的含义及认定方法
　　——上海俊客贸易有限公司与国家工商行政管理总局商标
　　评审委员会等因商标权无效宣告请求行政纠纷上诉案 …… 010
3. 地名商标可注册性问题研究
　　——门峡老陕州文化旅游有限公司与国家工商行政管理总局
　　商标评审委员会二审案 ……………………… 017
4. 商标使用获得显著性的判断标准
　　——兰州商业联合会诉国家工商行政管理总局商标评审委员会
　　商标权无效宣告请求行政纠纷案 …………… 024
5. 非传统商标注册显著性判断
　　——国家工商行政管理总局商标评审委员会与腾讯科技（深圳）
　　有限公司商标申请驳回复审行政纠纷上诉案 ………… 031
6. 迪奥香水三维立体商标国际注册及显著性认定
　　——克里斯蒂昂迪奥尔香料公司与国家工商行政管理总局

商标评审委员会商标申请驳回复审行政纠纷案 ……………… 039

7. 商标行政案件中驰名商标司法认定规则
——广东好太太科技集团股份有限公司与国家知识产权局
商标行政管理（商标）再审案 …………………………… 047

8. 驰名商标跨类保护的判定
——格斯公司诉国家工商行政管理总局商标评审委员会
商标异议复审行政纠纷再审案 …………………………… 055

9. 恶意注册驰名商标的无效不受五年时间限制
——杭州奥普电器有限公司与云南奥普伟业金属建材有限公司、
浙江现代新能源有限公司及国家工商行政管理总局商标评
审委员会商标无效宣告行政纠纷案 ……………………… 063

10. 代理人抢注商标行为的判断分析
——生活的艺术国际基金会诉国家工商行政管理总局
商标评审委员会商标异议复审行政纠纷再审案 ………… 072

11. 商标代理机构超出代理服务类别恶意注册问题研究
——湖南友谊阿波罗商业股份有限公司等与国家工商行政管理总局
商标评审委员会商标权无效宣告行政纠纷案 …………… 079

12. 地理标志获《商标法》保护不以注册为前提
——国家知识产权局与法国国家产品原产地与质量管理局
商标权无效宣告请求行政纠纷案 ………………………… 086

13. 乔丹商标侵害迈克尔乔丹姓名权问题研究
——迈克尔·乔丹与国家工商行政管理总局商标评审委员会、
乔丹体育股份有限公司商标争议行政纠纷案 …………… 094

14. 域名作为在先权利阻却商标注册问题研究
——广州绿油油信息科技有限公司诉国家工商行政
管理总局商标评审委员会案 ……………………………… 105

15. 作品名称与商标权权利冲突
——梦工场动画影片公司等与国家工商行政管理总局
商标评审委员会商标异议复审行政纠纷案 ……………… 112

16. 失效商标仍可依据在先著作权抵御商标恶意注册
    ——泉州市港泉区春回大地电子科技有限公司与国家工商标行政管理
    总局商标评审委员会因商标权无效宣告请求行政纠纷案 ⋯ 120

17. "撤三"案件使用证据的认定标准
    ——江西恒大高新技术股份有限公司诉国家工商行政管理总局
    商标评审委员会商标权撤销复审行政纠纷案 ⋯⋯⋯⋯⋯ 127

18. "一事不再理"原则在商标评审程序中的适用
    ——北京国美电器有限公司、国家知识产权局与
    第三人武某杰商标权无效宣告请求行政纠纷案 ⋯⋯⋯⋯ 134

19. 商标个案审查原则的司法适用规则
    ——盖璞公司诉国家工商行政管理总局商标评审委员会
    商标驳回复审行政纠纷再审案 ⋯⋯⋯⋯⋯⋯⋯⋯⋯⋯ 144

第二篇　商标民事案例解析

20. 商标性使用及类似商品或服务的判断
    ——江苏省广播电视总台等与金某欢侵害商标权纠纷案 ⋯⋯ 153

21. 游戏名称商标侵权案件中的通用名称抗辩
    ——成都掌娱天下科技有限公司与腾讯科技（深圳）有限公司、
    深圳市腾讯计算机系统有限公司侵害商标权纠纷案 ⋯⋯ 162

22. 商标描述性合理使用抗辩
    ——美食达人股份有限公司与光明乳业股份有限公司等
    侵害商标权纠纷案 ⋯⋯⋯⋯⋯⋯⋯⋯⋯⋯⋯⋯⋯⋯ 169

23. 商标在先使用的判定规则
    ——北京中创公司与北京市启航学校等侵害商标权纠纷案 ⋯ 177

24. 商标先用权及被诉侵权人不承担赔偿责任抗辩的认定
    ——广州市梦庄国际贸易有限公司与北京聚汇美科技发展
    有限公司等侵害商标权纠纷案 ⋯⋯⋯⋯⋯⋯⋯⋯⋯⋯ 185

25. 连续不使用注册商标之损害赔偿请求权限制制度
    ——珠海格力电器股份有限公司诉广东美的制冷设备有限公司
    "五谷丰登"商标侵权案 ⋯⋯⋯⋯⋯⋯⋯⋯⋯⋯⋯⋯ 193

26. 商标侵权赔偿难下的举证妨碍制度
　　——广州医药集团有限公司诉广东加多宝饮料食品有限公司等
　　　侵害商标权纠纷案 ………………………………………… 199

27. 以实际损失或侵权获利为基础酌定赔偿数额
　　——宜宾五粮液股份有限公司诉甘肃滨河食品工业（集团）有限
　　　责任公司与北京谭氏瑞丰商贸有限公司侵害商标权纠纷案… 206

28. 商标反向混淆案件中侵权及赔偿数额认定分析
　　——杭州联安安防工程有限公司与小米通讯技术有限公司等
　　　侵害商标权纠纷案 ………………………………………… 213

29. 侵犯商标权惩罚性赔偿适用条件的判断
　　——斐乐体育有限公司诉浙江中远鞋业有限公司、
　　　温州独特电子商务有限公司、刘某侵害商标权纠纷案 …… 220

30. 商标权与在先著作权的权利冲突
　　——陈某彪诉厦门佐纳服饰有限公司著作权侵权纠纷案 ……… 227

31. 企业名称、姓名权等与商标权的冲突裁判规则
　　——北京庆丰包子铺与山东庆丰餐饮管理有限公司侵害商标权与
　　　不正当竞争纠纷案 ………………………………………… 233

32. 企业名称与商标权冲突的司法裁判规则
　　——大润发购物广场有限公司等诉康成公司等侵害商标权与
　　　不正当竞争纠纷案评析 …………………………………… 240

33. 老字号与注册商标的权利冲突
　　——上海三联（集团）有限公司、上海三联（集团）有限公司上海公司
　　　与南京吴良材眼镜有限公司等侵害商标权及不正当竞争纠纷案… 246

34. 商标侵权案件中驰名商标的个案认定与跨类保护
　　——捷豹路虎有限公司与广州市奋力食品有限公司、
　　　万某政侵害商标权纠纷案 ………………………………… 254

35. 未注册驰名商标、知名商品特有装潢的认定及其保护
　　——"新华字典"侵害商标权及不正当竞争纠纷案 …………… 262

36. 平行进口行为中商标侵权判定分析
　　——芬迪爱得乐有限公司与上海益朗国际贸易有限公司等侵害

商标权及不正当竞争纠纷上诉案 …………………………………… 270

37. 商标共有及共有人权利范围的认定
　　　——周某剑与吴某商标权权属纠纷案 ………………………… 278

38. 经销代理商侵害被代理方商标权纠纷问题研究
　　　——高分泰克复合材料贸易（上海）有限公司与德国卫仕化工
　　　技术有限公司侵害商标权、虚假宣传纠纷案 ………………… 285

39. 商标使用许可合同纠纷中不安抗辩权的认定
　　　——中山市新娘厨卫电器有限公司与山东桑乐太阳能有限公司
　　　商标使用许可合同纠纷案 ……………………………………… 292

40. 商标多重使用许可问题研究
　　　——上海帕弗洛文化用品有限公司、上海艺想文化用品有限公司与
　　　毕加索国际企业股份有限公司商标使用许可合同纠纷案 … 300

41. 搜索引擎竞价排名中关键词的隐性使用不构成商标性使用
　　　——重庆金夫人实业有限公司与北京百度网讯科技有限公司、南京木
　　　兰尊荣婚纱摄影有限公司侵害商标权及不正当竞争纠纷案 … 307

42. 利用他人商标作为网络检索关键词设置推广链接可构成商标侵权
　　　——上海玄霆娱乐信息科技有限公司与北京畅游时代数码技术
　　　有限公司侵害商标权纠纷案 …………………………………… 315

43. 商标确认不侵权之诉要件判断
　　　——王老吉有限公司与广州王老吉大健康产业有限公司确认不侵害
　　　商标权纠纷案 …………………………………………………… 322

44. 诚实信用原则在滥用商标权案件中的适用
　　　——优衣库商贸有限公司与广州市指南针会展服务有限公司、
　　　广州中唯企业管理咨询服务有限公司、优衣库商贸有限公司
　　　上海月星环球港店侵害商标权纠纷案 ………………………… 329

第三篇　不正当竞争案例解析

45. 作品名称受《反不正当竞争法》保护的构成要件及权益归属
　　　——上海玄霆娱乐信息科技有限公司徐州分公司诉张某野、
　　　北京爱奇艺科技有限公司等不正当竞争纠纷案 ……………… 339

46. 擅自使用他人有一定影响的商品名称
　　——OPPO广东移动通信有限公司与深圳市玖玖兴业电子有限公司
　　侵害商标权及不正当竞争纠纷案 ················· 347

47. 知名饮品包装装潢的司法保护是否考虑图文分离
　　——佛山市粤家园饮料有限公司与维他奶（上海）有限公司等
　　侵害商标权及不正当竞争纠纷案 ················· 354

48. 显著识别部分的商标被无效宣告可能使包装装潢整体丧失权利基础
　　——江苏苏萨食品有限公司与山西超鑫湘汇食品有限公司等
　　不正当竞争纠纷案 ························· 362

49. 知识产权侵权投诉行为构成商业诋毁的判定
　　——捷客斯（上海）贸易有限公司与亿能仕（大连）科技有限公司
　　商业诋毁纠纷案 ·························· 370

50. 劳动力信息是否构成商业秘密的认定
　　——厦门市杰惠祎电子商务有限公司与厦门快先森科技有限公司
　　侵害经营秘密纠纷案 ······················· 379

51. 作为商业秘密保护的客户名单应区别于公知信息
　　——华阳新兴科技（天津）集团有限公司与麦达可尔（天津）科技
　　有限公司、王某刚、张某星、刘某侵害商业秘密纠纷案 ····· 387

第一篇
商标行政案例解析

1 欺骗性商标的含义及判断标准

——东阿阿胶股份有限公司诉国家工商行政管理总局商标评审委员会商标申请驳回复审行政纠纷案*

📝 裁判要旨

所谓"带有欺骗性"是指申请商标所使用的文字、图形等掩盖了该商标所使用的商品或服务在质量、主要原料、功能、用途或产地等方面的真相,使得公众对商品或服务的真相产生错误认识。

判断商标是否具有欺骗性,应当从社会公众的普遍认知水平及知识能力出发,结合指定使用的商品或者服务从以下两方面进行审查判断。其一,申请商标注册的标志本身是否带有一定欺骗性,即该标志的含义、外形等是否与所指定使用商品的质量、功能、用途、原料等特点或产地不相符或不完全相符;其二,该标志本身所带有的欺骗性是否足以使相关公众对商品的特点或产地产生错误认识。

📝 案情简介

东阿阿胶股份有限公司(以下简称"东阿阿胶公司")于2016年3月11日申请注册第19277430号"九朝贡胶"商标(以下简称"申请商标"),指定使用在第5类"人用药;中药成药;药用蜂胶;医用药膏;医用药

---

* 一审:北京知识产权法院(2017)京73行初8634号行政判决书;二审:北京市高级人民法院(2018)京行终5466号行政判决书。

物；医用营养食物；医用营养饮料；医用营养品；营养补充剂；医用敷料"商品上。之后，商标局作出商标驳回通知书，认为申请商标用于指定商品上，易使消费者对该商品的品质特点产生误认，故不得作为商标使用。根据《中华人民共和国商标法》❶（以下简称《商标法》）第 10 条第 1 款第（七）项、第 30 条的规定，决定驳回申请商标的注册申请。

东阿阿胶公司不服上述决定，向国家工商行政管理总局商标评审委员会（以下简称"商标评审委员会"）提出复审申请。2017 年 9 月 13 日，商标评审委员会作出商评字 [2017] 第 112876 号《关于第 19277430 号"九朝贡胶"商标驳回复审决定书》（以下简称"被诉决定"），认为申请商标由"九朝贡胶"组成，其"九朝贡胶"文字虽经字体设计，但相关公众仍易将其作为"九朝（cháo）贡胶"认读，并将其标识的产品理解为"历经九个朝代的贡品"，该申请商标易使消费者对该商品的品质等特点产生误认，已构成《商标法》第 10 条第 1 款第（七）项规定之情形。同时，东阿阿胶公司提交的证据不足以证明申请商标经过使用已与东阿阿胶公司形成唯一对应关系，从而不易导致误认。综上，商标评审委员会依据《商标法》第 10 条第 1 款第（七）项、第 30 条和第 34 条的规定，决定驳回申请商标。

诉辩意见

东阿阿胶公司不服被诉决定，向北京知识产权法院提起行政诉讼，请求撤销被诉决定，其主要理由如下。①申请商标不具有欺骗性。本案申请商标为原告"九朝贡胶"系列商标之一，商标评审委员会在多个在先裁定中已经认定"九朝贡胶"商标指定使用在相关商品上，相关公众不会认为相关商品历经九个朝代，不构成对相关公众的欺骗。申请商标中的"朝"读作"zhāo"，"九朝"意指经历九天，申请商标不具有欺骗性。同时，申请商标经过多年的使用与宣传，已经与原告形成唯一对应关系。②被诉决定认定申请商标违反《商标法》第 30 条的规定，没有陈述相应事实依据，属于认定事实及适用法律错误。

---

❶ 本案例中的《商标法》若无特别说明均指 2013 年《商标法》。

一审裁判理由及裁判结果

北京知识产权法院一审认为，根据《商标法》的规定，带有欺骗性且容易使公众对商品的质量等特点或者产地产生误认的标志不得作为商标使用。本案中，申请商标"九朝贡胶"中的"朝"为多音字，尽管原告主张读作"zhāo"，意指经历九天，但是易被相关公众认读为"cháo"，易被理解为"历经九个朝代的贡品阿胶"。而且原告所提交的评审证据、在先判决中，有"九朝皇室贡品""历经九个朝代"等表述。申请商标指定使用在"中药成药；医用营养品"等商品上，此种误读容易使相关公众对商品的品质、质量等特点产生误认。同时，原告提交的证据不足以证明申请商标经过使用已经和东阿阿胶公司形成唯一对应关系，亦不足以证明不会导致相关公众对商品的质量等特点产生误认。因此，申请商标构成《商标法》第10条第1款第（七）项所指情形。此外，商标授权确权案件遵循个案审查的原则，且原告所引用的商标评审委员会裁定未经司法审查，故原告主张在先裁定认为原告的其他"九朝贡胶"商标不构成欺骗性的主张缺乏事实和法律依据。综上，依据《中华人民共和国行政诉讼法》（以下简称《行政诉讼法》）第69条，判决驳回东阿阿胶公司的诉讼请求。

上诉理由

东阿阿胶公司不服一审判决，向北京市高级人民法院提起上诉，请求撤销一审判决和被诉决定，判令商标评审委员会重新作出决定，其主要上诉理由如下。①《商标法》第10条第1款第（七）项为绝对条款，商标评审委员会的审查标准应保持一致性。②申请商标中的"朝"读作"zhāo"，"九朝"意指经历九天，是对申请商标指定使用商品制作工艺的如实描述。申请商标经过宣传与使用已形成稳定的市场格局，与东阿阿胶公司形成唯一对应关系，不会使消费者对该商品的品质等特点产生误认。

二审裁判理由及结果

北京市高级人民法院经审理查明，原审法院查明事实属实，且有申请商标的商标档案、商标驳回通知书、被诉决定、驳回商标注册申请复审申请书、各方当事人在商标评审程序和原审诉讼中提交的证据材料及当事人陈述等在案佐证。同时，二审诉讼中，东阿阿胶公司补充提交了在先判决书、学术文章等作为补充证据。

二审法院认为，所谓"带有欺骗性"是指申请商标所使用的文字、图形等掩盖了该商标所使用的商品或服务在质量、主要原料、功能、用途或产地等方面的真相，使得公众对商品或服务的真相产生错误的认识。判断商标是否具有欺骗性，应当从社会公众的普遍认知水平及知识能力出发，结合指定使用的商品或者服务从以下两方面进行审查判断。其一，申请商标注册的标志本身是否带有一定欺骗性，即该标志的含义、外形等是否与所指定使用商品的质量、功能、用途、原料等特点或产地不相符或不完全相符。其二，该标志本身所带有的欺骗性是否足以使相关公众对商品的特点或产地产生错误认识。本案中，申请商标由汉字"九朝贡胶"构成，虽然"朝"是多音多义字，但按照相关公众的认读习惯，"朝"在"九朝贡胶"中易被识读为"cháo"，"九朝"意指历经九个朝代，"九朝贡胶"意为"历经九个朝代的贡品阿胶"，而非东阿阿胶公司所称的阿胶制作工艺的描述。申请商标使用在人用药、中药成药等商品上，容易使相关公众认为上述商品均历经多个朝代、具有悠久历史并含有阿胶成分，进而对商品的原料、功能、用途等产生错误认识。另外，原告证据不足以证明申请商标与原告形成唯一对应关系。因此，申请商标已构成《商标法》第10条第1款第（七）项所指不得作为商标使用的情形。此外，二审法院与一审法院一致认为，商标授权确权案件遵循个案审查原则。

综上，二审法院依据《行政诉讼法》第89条第1款第（一）项的规定，判决驳回上诉，维持原判。

案件评析

本案是有关"九朝贡胶"商标在第5类商品上是否具有欺骗性的案件。从商标评审委员会到一审法院、二审法院，均认为"朝"作为多音字，相关公众易识读为"cháo"，从而使相关公众认为上述商品均历经多个朝代、具有悠久历史并含有阿胶成分，进而对商品的原料、功能、用途等产生错误认识。因此，认为申请商标构成《商标法》第10条第1款第（七）项所指不得作为商标使用的情形。

"九朝贡胶"是东阿阿胶公司的系列商标，本案之前东阿阿胶公司也曾以其他文字设计申请第5类商品上的"九朝贡胶"商标。然而，商标局及商标评审委员会驳回了商标申请。东阿阿胶公司随后提起诉讼，法院同样驳回了商标申请。本案中除认定"九朝贡胶"商标构成夸大宣传并带有欺骗性之外，一审法院还认为，申请商标"九朝贡胶"易使消费者联想到"该种阿胶在九个朝代都被作为贡品"的含义，从而会使消费者对商品的品质产生先入为主的判断，并在一定程度上影响其应当基于对商品品质的真实感受而作出的购买决策。因此，"九朝贡胶"商标具有不良影响。[1]与之相比，本案两审法院仅认为"九朝贡胶"商标具有欺骗性，而没有认为其具有不良影响。之所以产生这种差异，是因为2013年《商标法》修改时对欺骗性条款进行了修改。

2001年《商标法》第10条规定，"下列标志不得作为商标使用……（七）夸大宣传并带有欺骗性的"。适用该规定要求标志同时满足"夸大宣传"和"欺骗性"两个条件，其中"夸大宣传"是原因，"欺骗性"是结果。显然，该规定无法涵盖那些具有欺骗性但是并非夸大宣传的标志，由此导致司法实践中裁判不统一。有观点认为，应对《商标法》第10条第1款第（七）项的欺骗性条款进行目的性扩张，将具有欺骗性但并非夸大宣传的标志纳入其中。[2]还有观点认为，具有欺骗性但并非夸大的情形应当适用《商标法》第10条第1款第（八）项"其他不良影响"的兜底条款。为解决该问题，2013年修改《商标法》时，将"夸大宣传并带有欺骗性的"修改为"带有欺骗性，容易使公众对商品的质量等特点或者产地产生误认的"。所以，同样是第5类商品上的"九朝贡胶"，2011年法院认为标志构成夸大宣传并带有欺骗性和不良影响，2018年法院只认为具有欺骗性。

判断商标是否为欺骗性商标，首先需要确定"欺骗性"的含义。本案二审法院认为，所谓"带有欺骗性"是指申请商标所使用的文字、图形等掩盖了该商标所使用的商品或服务在质量、主要原料、功能、用途或产地

---

[1] 北京市第一中级人民法院（2011）一中知行初字第1636号行政判决书。
[2] 陶钧.关于"夸大宣传并带有欺骗性的"标志司法认定的理解与适用[J].电子知识产权,2013(8)：86-89.

等方面的真相,使得公众对商品或服务的真相产生错误的认识。《商标审查审理指南》将"欺骗性"界定为"商标对其指定使用商品或者服务的质量等特点或者产地作了超过其固有程度或与事实不符的表示,容易使公众对商品或者服务的质量等特点或者产地产生错误的认识"。相较而言,本案二审法院强调"欺骗性"是"掩盖"商标所使用商品或服务品质的真相、从而使公众产生误认,更贴近法律禁止欺骗性商标的本意。❶

其次,欺骗性商标的判断标准。《商标法》第10条第1款第(七)项规定,"下列标志不得作为商标使用……(七)带有欺骗性,容易使公众对商品的质量等特点或者产地产生误认的"。判断商标是否属于欺骗性商标时,对于"欺骗性"与"误认"的关系存在不同理解。第一种观点认为,"欺骗性"与"误认"是同义重复,"容易使公众对商品的质量等特点或者产地产生误认的"是对欺骗性的解释。第二种观点认为,"欺骗性"与"误认"是选择适用关系。第三种观点认为,需要同时满足"欺骗性"与"误认"。❷

本案二审法院认为,判断商标是否具有欺骗性应当从以下两个方面判断。其一,申请商标注册的标志本身是否带有一定欺骗性,即该标志的含义、外形等是否与所指定使用商品的质量、功能、用途、原料等特点或产地不相符或不完全相符。其二,该标志本身所带有的欺骗性是否足以使相关公众对商品的特点或产地产生错误认识。也就是说,二审法院认为欺骗性商标应当同时满足标志本身具有欺骗性和使相关公众误认两个构成要件。实际上,相关公众对商标所标示商品或服务的品质或来源产生错误认识的原因有很多种,除标志本身的欺骗性外,商标相同或近似也可能使相关公众产生错误认识。所以,对于欺骗性商标而言,标志本身的欺骗性是原因,相关公众产生错误认识是结果。同时,不仅需要满足上述两个条件,而且应先审查标志本身的欺骗性,再判断是否足以使相关公众对商品的特点或产地产生错误认识。本案中,"九朝贡胶"中"朝"是多音字,且易被读作"cháo",理解为"历经九个朝代的贡品阿胶"。因而,"九朝贡胶"标志其含义与所指示商品品质不相符。此种不相符,进而会导致相关公众对商品

---

❶ 庄晓苑.含有"切糕"二字就会产生误认吗?——从"切糕王子"商标驳回复审案谈《商标法》第十条第一款第(七)项的理解和适用[J].中华商标,2017(7):59-63.

❷ 尹良,张谦.商标标志"带有欺骗性"规定的理解与适用[N].中国知识产权报2015-9-25(7).

的质量等特点产生误认。

此外，本案申请人东阿阿胶公司主张"九朝"意指经历九天，是对申请商标指定使用商品制作工艺的如实描述。对此，一审法院和二审法院认为尽管可作此种解释，但无法避免相关公众误读商标并产生错误认识。这表明判断标志本身是否带有一定欺骗性，应当遵循客观标准，不以申请人的主观意图为转移。

2 商标"有其他不良影响"的含义及认定方法

——上海俊客贸易有限公司与国家工商行政管理总局商标评审委员会等因商标权无效宣告请求行政纠纷上诉案*

裁判要旨

争议商标由字母"MLGB"构成，虽然该字母组合并非固定的外文词汇，但是结合姚某在行政审查阶段提交的部分形成于争议商标申请注册日前的相关网页截图，以及考虑到我国网络用户数量规模之大、网络与社会公众生活密切相关等因素，在网络环境下已经存在特定群体对"MLGB"指代为具有不良影响含义的情形下，为了积极净化网络环境、引导青年一代树立积极向上的主流文化和价值观，制止以"擦边球"方式迎合"三俗"行为，发挥司法对主流文化意识传承和价值观引导的职责作用，应认定争议商标本身存在含义消极、格调不高的情形。

案情简介

国家工商行政管理总局商标评审委员会作出的商评字[2016]第93833号《关于第8954893号"MLGB"商标无效宣告请求裁定书》认为，争议

---

* 一审：北京知识产权法院（2016）京73行初6871号行政判决书；二审：北京市高级人民法院(2018)京行终137号行政判决书。

商标由英文字母"MLGB"构成，该字母组合在网络等社交平台上广泛使用，该含义消极、格调不高，用作商标有害于社会主义道德风尚，易产生不良影响。上海俊客贸易有限公司（以下简称"俊客公司"）称争议商标意指"My life's getting better"，但俊客公司提交的证据尚难以证明该含义已为社会公众所广为认知；相反的，社会公众更易将"MLGB"认知为前述不文明用语。依照《商标法》❶第 10 条 1 款第（八）项的规定，商标评审委员会裁定争议商标无效。原告俊客公司不服裁定并向法院提起行政诉讼。

诉辩意见

原告在一审中诉称：第一，争议商标"MLGB"系国内潮流文化服装品牌 NPC 店铺的原创品牌，其含义为"My life's getting better"，不存有害社会主义道德风尚的含义。第二，汉语拼音只在中国使用，在其他国家和地区根本不使用，虽然争议商标"MLGB"在网络环境下有人将它指代消极含义，但是使用人限于少数素质较低者，远没有达到在社会公众中普遍流传、使用的程度。并且，网络用语通常含义并不固定，不能证明它们之间有固定的对应关系。汉语中并没有将首字母首先理解为汉语拼音缩写的思维习惯，司法机关应从善良的角度理解当事人和社会公众认知，不应当指引公众进行这种"低俗"的联想。第三，争议商标"MLGB"在全部 45 类商品上均获得了注册，大量类似情况的商标已经获得商标局注册，商标评审委员会也应该采取相同标准。而且，在争议商标"MLGB"核准注册后，基于对商标授权行为真实性、合法性的信赖，俊客公司一直持续不断地投入大量资金进行品牌建设，被告撤销争议商标将使得俊客公司多年积累的品牌商誉和市场价值面临毁损。故原告请求法院判决撤销被诉裁定，并责令商标评审委员会重新作出裁定。

被告在一审中辩称：第一，争议商标由字母"MLGB"组成，该字母组合在网络社交平台上广泛使用，该含义消极，作为商标有害于社会主义道德风尚，容易产生不良影响。第二，原告俊客公司主张"MLGB"的含义为"My Life's Getting Better"，但是并没有证据证明该含义广为人知。第三，基

---

❶ 本案例中的《商标法》若无特别说明均指 2013 年《商标法》。

于商标的个案审查原则，其他商标的注册情况不能作为本案审查的依据。商标无效宣告请求程序，基于当事人的申请启动，争议商标在其他商品类别上未被撤销，不能作为本案审查的依据。争议商标属于《商标法》第10条第1款第（八）项规定的有害于社会主义道德风尚的商标。被诉裁定认定事实清楚，适用法律正确，作出程序合法，请求法院驳回原告的诉讼请求。

原告上诉称：第一，原审判决关于争议商标已经形成了相对固定不文明含义的认定缺乏依据，俊客公司在品牌宣传时，对争议商标的含义均明确释义为"My life's getting better"。第二，司法者应从善良的角度理解当事人、社会公众的认知，相信人们是高尚的，这才符合法治精神和既有判例，才能发挥法律对高尚、善良风俗正面引导作用。第三，在争议商标与不文明含义并未实际形成一一对应关系的背景下，原审判决的认定结论存在不利影响，与社会公众申请注册商标的初衷相违背。

裁判理由

对商标标志或者其构成要素是否属于《商标法》第10条第1款第（八）项规定的"其他不良影响"的认定，应当从以下四个方面进行综合判断。①是否属于"其他不良影响"的判断主体。诉争商标标志或者其构成要素是否属于"其他不良影响"情形的判断主体应当为"社会公众"。②是否属于"其他不良影响"产生的判断时间。在判断商标标志或者其构成要素是否具有"其他不良影响"的情形时，一般应当以诉争商标申请注册时的事实状态为准。若申请时不属于上述情形，但在核准注册时诉争商标已经具有"其他不良影响"的，考虑到为避免对我国政治、经济、文化、宗教、民族等社会公共利益和公共秩序产生消极、负面影响，也可以认定诉争商标构成《商标法》第10条第1款第（八）项所规定的情形。③是否属于"其他不良影响"含义的判断标准。在审查判断诉争商标标志或者其构成要素是否具有"其他不良影响"的情形时，一般应当根据其"固有含义"进行判断。特别是对由单独字母或者字母组合构成的标志，就诉争商标标志或者其构成要素含义的理解，应以我国公众通常认知为标准，即以辞典、工具书等正式官方出版物或者能够为公众广泛接触的具有"公信力"的信息载体等所确定的内容为准。但是若我国公众在基于生活常识已经对相关内容形成普遍认知的情况下，亦可以经过充分说明予以确定。④是否属于"其他不良影响"的举证责任。一般应当由主张诉争商标具有"其他不良影响"的当事人承担举证责任。

基于上述分析，本案中争议商标由字母"MLGB"构成，虽然该字母并非固定的外文词汇，但是结合姚某在行政审查阶段提交的部分形成于争议商标申请注册日前的相关网页截图，以及考虑到我国网络用户数量规模之大、网络与社会公众生活密切相关等因素，在网络环境下已经存在特定群体对"MLGB"指代为具有不良影响含义的情形下，为了积极净化网络环境、引导青年一代树立积极向上的主流文化和价值观，制止以"擦边球"方式迎合"三俗"行为，发挥司法对主流文化意识传承和价值观引导的职责作用，应认定争议商标本身存在含义消极、格调不高的情形。同时，考虑到虽然俊客公司在使用争议商标时，与英文表达一并使用，但其在申请争议商标的同时，还申请了"caonima"等商标，故其以低俗的方式迎合不良文化倾向的意图比较明显，在实际使用过程中存在对争议商标进行低俗、恶俗商业宣传的情形。

案件评析

本案的争议焦点在于，被诉"MLGB"商标是否违反了《商标法》第10条第1款第（八）项规定，是否属于"有其他不良影响"的商标。

针对上述争议焦点，一审法院和二审法院均作出了肯定回答，认为"MLGB"属于"有其他不良影响"的商标。本案在理论界以及实务界引起了广泛讨论，而讨论的核心主要集中于两个方面：第一，"不良影响"条款的含义及性质；第二，"不良影响"的判定方法。

（一）"不良影响"的内涵

依据《最高人民法院关于审理商标授权确权行政案件若干问题的规定》（以下简称为《审理商标授权确权行政案件规定》）第5条的规定，如果一个商标对于政治、经济、文化、宗教、民族等社会公共利益和公共秩序造成了负面影响，那么就可以认为此商标为具有不良影响的商标。这一概念看似简单明确，实则难以操作，因此司法实践中存在巨大的争议和分歧。

对于不良影响条款在《商标法》中的定位，目前学界和司法实践中尚存争议，主要观点分为以下两种：第一，认为不良影响是《商标法》第10条第1款的兜底条款，即凡是对公共秩序或者公共利益造成了负面影响，但是又不属于第10条第1款中其他七项规定的范畴，都可以使用不良影响条款进行规制；❶第二，认为不良影响条款仅仅是《商标法》第10条第1款第（八）项的兜底条款，也即并非所有的对于公共秩序和公共利益造成了负面影响的商标，都可以用不良影响条款规制。不良影响条款仅仅规制违背了伦理道德与公序良俗的商标，而不应当被扩大到整个公共利益领域。❷

从文义解释角度看，"不良影响"出现于《商标法》第10条第1款第（八）项，该项将"有害社会主义道德风尚"和"有其他不良影响"并列，二者之间用并列词"或者"连接。就一般语法知识而言，并列词"或者"前后连接的是意思相近或者是相反的词组。此处"有害社会主义道德风尚"与"其他不良影响"不可能是相反的意思，因此二者意思相近。"具有不良影响的商标"的性质及所造成的危害应当与"有害社会主义道德风尚的商标"的性质及危害是相近似的。❸

从立法目的解释角度看，如果立法者想要将不良影响条款用作第10条第1款的兜底条款，那么立法者显然会选择将不良影响单列为一项，而非将其放入第（八）项中，与有害社会主义道德风尚合并为一项。因此，将不良影响理解为第10条第1款的兜底似乎并不符合立法者的目的。将其理解为第10条第1款第（八）项的兜底更为合适。

（二）"不良影响"的判定因素

"MLGB"商标是否属于有害社会主义道德风尚或者有其他不良影响的商标，对于这一问题，无论是理论界还是实务界尚未达成一致。争议点主要集中在主观动机、商品类别、判断主体等几个方面。事实上，这几个争议点同时也是判定一个商标是否具有不良影响的考察因素。

---

❶ 李扬.「公共利益」是否真的下出了"荒谬的蛋"？——评微信商标案一审判决 [J]. 知识产权,2015（4）：29-34.

❷ 李琛.论商标禁止注册事由概括性条款的解释冲突 [J]. 知识产权，2015（8）：3-9.

❸ 李铭轩.商标注册不良影响条款的规范目的和判定方法 [J]. 人民司法（应用），2017（4）：89-93.

1. 主观动机

在判定商标是否具有不良影响时，是否要考虑申请人申请商标时的主观动机？目前理论界大多认为申请人的主观动机不宜纳入考量范围。❶ 因为商标的不良影响条款本质上源于民法的公序良俗原则，而公序良俗是客观的。即便商标申请人申请时并不具备违背善良风俗的恶意，但是如果其申请的商标客观上违背了善良风俗和公共道德，那么此商标依然应当被认为具有不良影响。在本案中，原告申请"MLGB"时并不具备恶意，其认为自己的"MLGB"商标意味着"my life's getting better"，但是客观上"MLGB"已经被网络用户当作不雅的意思的简称，这样的商标显然已经违背了公序良俗，客观上具有了不良影响。此时，即使当事人的主观是善意的，也在所不问。

本案中，除了"MLGB"商标之外，原告还申请了"caonima"等商标，以低俗方式吸引眼球的目的较为明显。因此，法院在作出最终的判决之时，亦将原告的此种不正当目的纳入了考虑范畴。

2. 商品类别

有观点认为，在考虑商标是否具有不良影响时，只能从标志本身的元素和构成出发，至于商标所标识的商品或者服务，并不应当纳入考虑的范围。因为《审理商标授权确权行政案件规定》指出，"商标标志或者其构成要素可能对我国社会公共利益和公共秩序产生消极、负面影响的，人民法院可以认定其属于《商标法》第10条第1款第（八）项规定的'其他不良影响'"。也即，由该规定的用语可以推断，判断商标是否具有不良影响时，考虑范围只限于该标志本身或其构成要素。

部分商标无论使用在何种商品或者服务类别上，都会具有不良含义，如"王八蛋"这样的不雅词汇；但是另外一些商标，只有使用在特定的商品或者服务中，才会引发消费者的不当联想。例如，"二人转"商标本身并无不良影响，但是如果被申请注册在避孕套上，则会引发人们的不当联想。消费者在挑选商品时会下意识地将商标与其使用的商品类别联系起来，因此在考虑商标是否具有不良影响时，应当将商品或者服务类别纳入考虑范

---

❶ 杜颖，张建强.《商标法》"不良影响"条款的适用探析——基于"MLGB商标无效宣告案"的思考 [J]. 电子知识产权，2017（5）：76-82.

围,部分学者称此为"不良影响的依附性"。❶

3. 判断主体

不良影响的主体问题,主要围绕着相关公众和社会公众的争议而展开。相关公众是指商品的潜在客户群,而社会公众则是指全体社会成员。部分观点认为,不良影响的判断主体应当是相关公众。因为商标主要是在购买或者可能购买商品的公众中发挥作用,商标功能的发挥主要是取决于这一部分相关公众,而非全体社会成员。❷本案法院则持相反观点,认为不良影响的判断主体应当是社会公众。

商品或者服务的潜在客户群只是社会公众的一小部分,而不良影响保护的是公序良俗。倘若依据这一小部分人的观点认定公序良俗,可能会导致以偏概全。部分学者亦持有与法院相同的观点,目前这一观点似乎已经成为主流。❸

本案主要涉及不良影响条款的认定问题。不良影响条款的含义及认定方法,在现行的司法实践和理论界中尚存争议,在认定一个商标是否具有不良影响时应当结合主观动机、商品类别、判断主体等因素进行综合考虑。

---

❶ 张杨林.商标法不良影响条款适用中的若干问题探析[EB/OL].(2018-04-17)[2020-01-10].http://www.jintiankansha.me/t/RATFMyPjTR.

❷ 章凯业.商标法中的"不良影响条款"研究[J].行政与法,2016(6):114-124.

❸ 宋亦淼《商标法》"不良影响"条款研究——基于"叫个鸭子"商标案的思考[J].财经法学,2018(4):152-160.

3 地名商标可注册性问题研究

——门峡老陕州文化旅游有限公司与国家工商行政管理总局商标评审委员会二审案 *

📝 裁判要旨

诉争商标由"老陕州"及对应的拼音构成,其中"老陕州"为其显著识别部分。陕州区为河南省三门峡市辖区,属于县级行政区划的地名。门峡老陕州文化旅游有限公司(以下简称"老陕州公司")提交的其使用诉争商标的证据不足以证明相关公众能够将诉争商标与陕州区相区分,从而使诉争商标形成区别于该地名的含义。因此,商标评审委员会及原审法院关于诉争商标违反《商标法》❶ 第 10 条第 2 款之规定的认定并无不当。

📝 案情简介

老陕州公司不服商评字 [2018] 第 207564 号《关于第 24840232 号"老陕州 LAO SHAN ZHOU"商标驳回复审决定被诉决定书》向北京知识产权法院提起诉讼。

北京知识产权法院认定,第 24840232 号"老陕州 LAO SHAN ZHOU"商标显著识别文字"老陕州"完整包含第 3928287 号"陕州及图"商标显

---

* 一审:北京知识产权法院(2019)京 73 行初 666 号行政判决书;二审:北京市高级人民法院(2019)京行终 4345 号行政判决书。

❶ 本案例中的《商标法》若无特别说明均指 2013 年《商标法》。

著识别文字"陕州",构成近似商标。同时,老陕州公司在庭审中明确表示对诉争商标指定使用的"饼干;馅饼(点心);糕点;以谷物为主的零食小吃;麻花;挂面;茶"商品与引证商标核定使用的"糕点"等商品构成类似商品没有异议,经审查对此予以确认。诉争商标与引证商标构成使用在类似商品上的近似商标。诉争商标中的"陕州"为我国县级以上行政区划地名,该标志未有明显超出地名的其他含义,不得作为商标使用。老陕州公司以其申请注册诉争商标得到地方政府支持为由主张诉争商标应予注册,没有法律依据,对此不予支持。商标授权审查因各案事实情况不同可能结论各异,其他商标并存的情况并非诉争商标获准注册的当然依据。商标评审委员会认定诉争商标的注册申请违反了《商标法》第 30 条、第 10 条第 2 款之规定并无不当,予以支持。综上,依照《行政诉讼法》第 69 条的规定,判决驳回老陕州公司的诉讼请求。

老陕州公司不服原审判决,向北京市高级人民法院提起上诉。

诉辩意见

上诉人诉称,请求撤销一审判决及商评字 [2018] 第 207564 号《关于第 24840232 号"老陕州 LAO SHAN ZHOU"商标驳回复审决定被诉决定书》,由国家知识产权局重新作出决定。其主要上诉理由如下:一是引证商标处于注册商标连续三年不使用撤销程序中,请求中止审理本案,待引证商标权利状态确定后再行审理本案;二是诉争商标指定使用的"蜂蜜、蜂胶、蜂王浆、茶"商品与引证商标核定使用商品不构成类似商品;三是诉争商标与引证商标整体外观、呼叫及含义区别明显,不构成近似商标;四是含有地名的商标具有第二含义或者其他含义的,可以取得显著性并予以注册,原审判决未对诉争商标的实际使用情况予以评述,存在错误,诉争商标具有不同于地名"陕州"的含义,因此应予核准注册;五是在先已有多枚包含"陕州"的商标予以注册,根据审查一致性原则,诉争商标应予核准注册;六是诉争商标经过使用具有较高知名度,获得三门峡市陕州区人民政府的认可,具有显著性。

被上诉人国家知识产权局服从一审判决。

裁判理由

《审理商标授权确权行政案件规定》第 6 条规定："商标标志由县级以上行政区划的地名或者公众知晓的外国地名和其他要素组成，如果整体上具有区别于地名的含义，人民法院应当认定其不属于商标法第 10 条第 2 款所指情形。"

诉争商标由"老陕州"及对应的拼音构成，其中"老陕州"为其显著识别部分。陕州区为河南省三门峡市辖区，属于县级行政区划的地名。老陕州公司提交的其使用诉争商标的证据不足以证明相关公众能够将诉争商标与陕州区相区分，从而使诉争商标形成区别于该地名的含义。因此，商标评审委员会及原审法院关于诉争商标违反《商标法》第 10 条第 2 款之规定的认定并无不当。

《商标法》第 30 条规定："申请注册的商标，凡不符合本法有关规定或者同他人在同一种或者类似商品上已经注册的或者初步审定的商标相同或者近似的，由商标局驳回申请，不予公告。"

商标近似是指商标的文字字形、读音、含义或者图形的构图及颜色，或者其各要素组合后的整体结构相似，或者其立体形状、颜色组合近似，易使相关公众对商品的来源产生误认或者认为其来源存在某种特定联系。认定商标是否近似，既要考虑商标标志构成要素及其整体的近似程度，也要考虑相关商标的显著性和知名度、所使用商品的关联程度等因素，以是否容易导致混淆作为判断标准。

引证商标由中文"陕州"及图形组成，中文"陕州"为其显著识别部分，诉争商标的显著识别部分"老陕州"完整包含引证商标的显著识别部分，诉争商标与引证商标在文字构成、呼叫、含义等方面相近。在案证据亦不足以证明诉争商标经过使用已经具有较高知名度并能够与引证商标相区分。因此，当诉争商标使用在"饼干；馅饼（点心）；糕点；以谷物为主的零食小吃；麻花；挂面"商品上时，易使相关公众认为其与引证商标的商品来源于同一主体或者其与来源主体之间存在某种特定联系，从而产生混淆误认。商标评审委员会及原审法院认定诉争商标与引证商标使用在上述商品上构成《商标法》第 30 条规定的使用在同一种或类似商品上的近似商标并无不当。老陕州公司的相关上诉理由缺乏事实及法律依据。由于商标审查受到形成时间、形成环境、在案证据情况等多种条件影响，其他商标的申请、审查、核准情况与本案没有必然关联性，不能成为本案的定案依据，对老陕州公司的相关上诉理由不予支持。

案件评析

依据《商标法》第10条第2款的规定，县级以上行政区划的地名或者公众知晓的外国地名，不得作为商标。但是，地名具有其他含义或者作为集体商标、证明商标组成部分的除外；已经注册的使用地名的商标继续有效。本案涉及的问题即地名商标的可注册性问题。

（一）《商标法》禁止地名注册的原因

1. 地名作为商标注册缺乏显著性

显著性是指文字、图形、字母、数字、三维标志、颜色组合和声音等，以及上述要素的组合，能够让相关公众识别商品来源的法律属性。❶这种来源是指相关公众会认为商品或者服务是来源于品质控制人。地名虽然可以标识商品到底来源于哪一个地理区域，但是无法起到标示商品经营者的作用。以地名作为商标缺乏显著性，因此地名不应当作为商标获得注册。在2003年的红河案中❷，法院的判决就指明"地名并不能将不同的生产经营者区分开来，其只能起到标示商品的地理来源的作用"。地名缺乏显著性，是地名不能作为商标进行注册的原因之一。

2. 将地名注册为商标容易误导消费者

地名具有一定的描述性作用，如果将地名注册为商标，可能会使得消费者误以为此商品和该地理位置有一定的联系。❸如果允许注册地名商标，那么注册地名商标的商标注册人可能是该地区的商家，也可能不是该地区的商家。不是该地区的商家注册了该地区的地名商标，可能会对消费者产生误导，使得消费者误以为该商家的产品与该地区具有一定的联系。因此，禁止将地名注册为商标，也是出于保护消费者利益的考虑。比如一个韩国

---

❶ 何怀文．商标法：原理规则与案例讨论[M]．杭州：浙江大学出版社，2015：85．
❷ 北京市高级人民法院（2003）高行终字第65号行政判决书．
❸ 芮松艳．地名商标的可注册性研究[J]．中华商标，2008（11）：48-54．

申请人在西式糕点、甜点等商品类别上申请"巴黎贝甜"商标。虽然申请人的住所地在韩国,结合糕点的价格以及糕点店的地理位置,消费者并不会误以为此店铺中的糕点是从法国空运而来。但是这种标志同样会误导消费者,消费者可能会以为该店铺的母公司在法国,或者该店铺的糕点师所制作的糕点符合法国标准等。这同样使得消费者对于商品的品质产生误解。

3. 影响同一地区其他厂商利益,导致公共资源被独占

《商标法》第1条即言明了立法目的:"为了加强商标管理,保护商标专用权,促使生产、经营者保证商品和服务质量,维护商标信誉,以保障消费者和生产、经营者的利益,促进社会主义市场经济的发展,特制定本法。"可见,《商标法》的立法目的除要保障商标权利人的利益和消费者的利益外,还兼顾促进社会主义市场经济的发展。地名是一种公共资源,如果允许一家厂商将此公共资源占为己有注册为商标,那么其他同一地区的厂商使用该地名时必然会受到影响。这影响了其他厂家的正常经营,不利于公平有序的市场经济秩序的建立。或许有观点会认为,《商标法》第59条已经规定了如果商标中含有地名,那么注册商标专用权人无权禁止他人正当使用。既然《商标法》中已经有了关于地名合理使用的相关规定,允许他人将地名注册为自己的商标,也不会影响其他厂家的利益。这种观点其实是失之偏颇的。法律在评判一种资源是否应当由某一个主体所单独享有的时候,首先应当判断此种资源被独占的合理性。如果某一种资源被某一主体独占本身就是不合理的,那么从一开始的时候就不应当将此种资源划归此类主体独占。而不是划归独占之后,再通过合理使用等其他补充性规定进行补救。《商标法》对地名的合理使用进行规定,只是针对一些特殊情形,比如地名具有其他含义、地名作为集体商标、证明商标组成部分等。

(二)"其他含义"的两种情形

依据《商标法》的规定,地名一般不可以作为商标进行注册,但是如果地名具有其他含义则有可能获得商标注册。地名具有"其他含义"大体上可以分为两种情形:一种是除地名以外,本来就有另外的固定含义;另一种是经过使用之后,相关公众能够将该地名和特定的商品或者服务相联

系，从而使得该地名具有了"其他含义"。❶

1. 除地名以外，本来就有另外的固定含义

比如某企业想要注册"凤凰"商标，湖南省湘西州有一个名为凤凰的县城，因此凤凰属于地名，但是凤凰同时还是中国古代神话故事中一种神鸟的名字。判断地名是否具有其他含义一般是分为两步：语义寻找和强度比较。第一步是语义寻找，也即查询此商标除了是一个地名以外，是否具有其他含义。比如天涯海角是一个地名，但是其同时也是一个成语，形容极其遥远的地方。实践中一般是通过查阅较为权威的词典的方式，判断某一词语是否具有地名以外的其他含义。如果权威词典中有着除了地名以外的语义解释，则认为存在不同于地名以外的其他含义。第二步是进行强度比较，以凤凰为例，在通过词典查询到凤凰既是一个地名，也是古代神话中神鸟的名字之后。紧接着需要比较作为地名使用的凤凰和作为神话中的神鸟的凤凰，二者到底是谁的语义强度更强。如果作为一种神鸟的语义强度更高，那么凤凰商标不属于《商标法》第 10 条第 2 款所禁止的范围。在"绛及图"案件❷中，北京市高级人民法院认为标志"绛及图"中的"绛"既具有深红色的含义，同时也是绛县的地名。但是申请注册人并未提供证据证明深红色的含义要强于绛县的含义，因此被异议商标在复审商标上的注册应不予核准。

2. 经过使用，获得了第二含义

经过使用使得地名获得了第二含义，也即地名本身并不具备第二含义，但经过使用之后，使得公众能够将特定的地名与某商家联系起来。这时该地名就通过使用获得了显著性，可以作为商标被注册。本案的诉争商标"老陕州"本身并无区别于地名陕州的其他固定含义。除此以外，老陕州公司提交的其使用诉争商标的证据不足以证明相关公众能够将诉争商标与陕州相区分，从而使诉争商标形成区别于该地名的含义。也即，老陕州公司也没有经过使用使得诉争商标"老陕州"这一商标具有了固定含义。因此本案中的诉争商标"老陕州"无法获得注册。但是实践中亦有因为使用获得了第二含义，从而获得商标注册的案例，如皋港案便是此类典型。"如皋

---

❶ 孔祥俊.商标与不正当竞争法——原理与判例[M].北京：法律出版社，2009：83.

❷ 北京市高级人民法院（2011）高行终字第 400 号行政判决书。

港"商标由江苏如皋港集团有限公司（以下简称"如皋港公司"）提出注册申请后商标局以如皋为我国县级以上行政区划名称为由，驳回了该公司的注册申请。如皋港公司不服商标局的驳回决定，依法向商标评审委员会提出复审。商标评审委员会则认为如皋港公司提供的证据已经可以证明经过如皋港公司的使用，"如皋港"商标已经具备了表示服务来源的作用，可以准予初步审定。❶

最后，应当特别注意的是，在判断地名是否具备其他含义时还要遵循"整体判断原则"。一个商标可能是由多种要素构成的，文字、图形及英文字母等皆可成为商标的组成部分。以"沩山牌"为例，沩山牌商标由中文"沩山牌"、拼音"WEI SHAN PAI"和图形构成。虽然沩山是一个地名，但是该商标整体因为具备了图形元素，并不会使得公众只以为这是指一个地名，该商标整体上具备可注册性。地名商标的可注册性问题，一直是商标法讨论的焦点问题之一。地名是否可以作为注册商标，涉及多种考虑因素，应当进行个案判断，而不能一以概之。

---

❶ 商标专利那些事.第18402099号"如皋港"商标驳回复审案.[EB/OL].(2018-5-31)[2020-5-20]. https : //mp.weixin.qq.com/s/ps3tN7F03yOuoYm2voES8A.

4 商标使用获得显著性的判断标准

——兰州商业联合会诉国家工商行政管理总局商标评审委员会商标权无效宣告请求行政纠纷案 *

裁判要旨

审查判断标志是否通过使用获得显著性，应当区分在授权阶段和确权阶段的实质差异，若诉争商标已经核准注册后，其核准注册后的实际使用、宣传情况应当予以考虑。具体而言，应当考虑如下因素：①该标志实际使用的方式、效果、作用，即是否以商标的方式进行使用，在此应当以是否能够达到识别商品或服务的来源为判断基准；②该标志实际持续使用的时间、地域、范围、销售规模等经营情况；③该标志在相关公众中的知晓程度。

案情简介

兰州商业联合会于2007年9月21日申请注册第6288786号"兰州牛肉拉面 Lanzhou Niurou Lamian 及图"商标（见图1），于2010年3月28日获准注册，核定使用在第43类"住所（旅馆、供膳寄宿处）；餐厅；寄宿处；饭店；餐馆；旅馆预订；自助餐馆；快餐馆；流动饮食供应；提供营地设施"服务上。2016年10月10日，王某勇以违反2013年《商标法》

---

* 一审：北京知识产权法院（2018）京73行初911号行政判决书；二审：北京市高级人民法院（2018）京行终6256号行政判决书。

第 10 条、第 11 条、第 44 条为由向商标评审委员会提出无效宣告请求。本案的复审期间为 2010 年 12 月 30 日至 2013 年 12 月 29 日。

图 1　第 6288786 号 "兰州牛肉拉面 Lanzhou Niurou Lamian 及图" 商标

2017 年 11 月 30 日，商标评审委员会作出商评字 [2017] 第 152964 号《关于第 6288786 号 "兰州牛肉拉面 Lanzhou Niurou Lamian 及图" 商标无效宣告请求裁定书》（以下简称 "被诉裁定"）。被诉裁定认为，第一，争议商标虽含有县级以上行政区划城市名称 "兰州"，但争议商标整体具有与 "兰州" 地名相区别的其他含义，未违反《商标法》。第二，"兰州牛肉拉面" 是甘肃省兰州地区的风味小吃，争议商标整体缺乏显著性，不易被相关公众作为商标识别，构成 2001 年《商标法》第 11 条第 1 款第（三）项所指情形。且兰州商业联合会提交的证据不足以证明争议商标经使用已取得商标应有的显著特征。综上，商标评审委员会依据 2001 年《商标法》第 11 条第 1 款第（三）项，第 44 条第 1 款、第 3 款以及第 46 条的规定，裁定争议商标无效宣告。

诉辩意见

兰州商业联合会不服被诉裁定，向北京知识产权法院提起行政诉讼，主张争议商标应予维持。北京知识产权法院一审认为，争议商标是由文字、拼音及图形组成的商标，其文字与拼音部分缺乏显著性，不易被相关公众识别。但是，图形部分占据争议商标的大部分内容，且设计独特，在指定服务上使用具有显著性。同时，经过长期、广泛的宣传使用，争议商标整体能够使相关公众区分服务来源。且争议商标申请过程中，兰州商业联合会放弃对文字和拼音部分的专用权。因此，争议商标整体具有显著性，可以作为商标注册。综上，依据《行政诉讼法》第 70 条第（一）（二）项，判决撤销被诉裁定，责令商标评审委员会重新作出裁定。

商标评审委员会和王某勇均不服原审判决，请求撤销原审判决，维持被诉裁定，主要上诉理由如下。第一，尽管争议商标中文字及拼音占据比例小，且兰州商业联合会表示放弃对文字和拼音部分的专用权，但是根据我国相关公众的认知习惯，仍易将文字及拼音部分视为显著识别部分，在识别争议商标时将其认知为甘肃兰州地区的风味小吃，故争议商标整体缺乏显著性，构成2001年《商标法》第11条第1款第（三）项所规定情形。第二，兰州商业联合会并非直接从事兰州牛肉拉面的生产经营者，其仅是通过授权相关餐馆进行使用争议商标，该商标作为普通商标获准注册，违背了《商标法》的基本原则。

裁判理由

北京市高级人民法院经审理查明，原审判决认定事实基本清楚，证据采信得当，且有争议商标档案、被诉裁定、当事人在行政阶段与诉讼阶段提交的证据以及当事人陈述等在案佐证，予以确认。同时，二审诉讼中，兰州商业联合会提供争议商标的使用、宣传证据，证明至2018年使用争议商标店铺达到4000余家，几乎覆盖了全国各省市，全国年销售收入几乎都在200亿以上。

二审法院认为，商标的基本功能在于特定标志通过使用在商品或服务上，能够实现使相关公众基于该标志识别商品或服务来源的作用，而无论该标志的组成来源于臆造或是公有领域已经存在的客体，只要能够实现上述的识别性，则具有了固有显著性。本案中，虽然争议商标除文字及字母"兰州牛肉拉面 Lanzhou Niurou Lamian"之外，还有图形部分，但是从我国相关公众的认知习惯，其整体上并未明显形成区别于文字部分的含义或视觉效果。相关公众在认读争议商标时，仍然会将其认知为甘肃省兰州地区的风味小吃，故争议商标作为标示商品来源商标的功能较弱，不易被相关公众予以识别，缺乏固有显著性。原审判决对此认定错误，二审法院予以纠正。

然而，二审法院指出在标志自身缺乏显著性的情况下，通过实际、有效使用获得显著性亦可。本案中，根据兰州商业联合会所提供的商标使用、宣传证据，使用该标志的店铺几乎覆盖全国全部的省市，规模达到4000余家,年营业额数百亿元,而且使用长达近十年。在此情况下,争议商标通过使用、宣传,相关公众能够结合其图形部分对商品的来源进行认知,即获得"第二含义"。因此,在兰州商业联合会已经能够举证证明争议商标通过持续使用、宣传具有"第二含义",实现商标基本功能的情况下,应当维持其有效注册。被诉裁定对此认定错误,二审法院予以纠正。

综上,二审法院依据《行政诉讼法》第89条第1款第(一)项的规定,判决驳回上诉,维持原判。

案件评析

一审法院认为"兰州牛肉拉面"商标具有固有显著性。涉案商标由文字、拼音以及图形组成,虽然"兰州牛肉拉面"和拼音"Lanzhou Niurou Lamian"缺乏显著性,但其整体占比小。相较而言,图形更为显著。因此,结合涉案商标的宣传证据,以及兰州商业联合会放弃文字、拼音部分的专用权,一审法院认为涉案商标整体具有显著性。虽然二审法院也认可涉案商标具有显著性,但其理由与一审法院截然不同。二审法院区分了商标固有显著性与使用获得显著性,认为涉案商标不具有固有显著性,但经过使用已经获得了显著性。在此,就涉及了商标固有显著性和使用获得显著性的问题。

1. 对于商标固有显著性的判断

二审法院提出了以下三个考量因素。①标志本身与其指定使用的商品或服务的关联程度。标志本身与其指定使用的商品或服务关联程度越低,则其可作为商标进行认知的可能性越大;反之,则越小。②判断主体应以具体商品或服务领域中相关公众的普遍知识水平和认知能力为依据。③判断过程中应当以标志的整体性为原则,应当结合诉争标志的整体构成要素进行判断,不应单一、割裂地对特定构成要素进行分析,而忽视各个要素组合而成的诉争标志的整体含义与表达形式。本案中,尽管"兰州牛肉拉面Lanzhou Niurou Lamian及图"商标的文字和拼音部分占比较小,但是结合相关公众的认知习惯,涉案商标整体上标示商品来源的功能较弱。因此,二审法院认为涉案商标不具有固有显著性。

与之相反,一审法院将商标本身的描述程度和商标的使用证据、知名度结合起来，认定涉案商标具有固有显著性。尽管之后二审法院在判断商标使用获得显著性时也参考了兰州商业联合会提供的商标使用、知名度证据，但二者并不相同。一审法院是把商标的描述性程度与知名度结合起来，把固有显著性和获得显著性结合起来认定显著性；二审法院则是在判断商标本身没有固有显著性之后才判断是否存在获得显著性。❶一审法院对商标显著性的判断方法与最高人民法院 2011 年在"BEST BUY"商标案❷中所使用的方法类似。但相较而言，二审法院这种明确区分商标固有显著性与获得显著性的判断方式，更能够明确商标使用获得显著性的判断标准。

2. 对于商标获得显著性的判断

第一，使用获得显著性的判断时间。本案中，二审法院认为，"审查判断标志是否通过使用获得显著性，应当区分在授权阶段和确权阶段的实质差异，若诉争商标已经核准注册后，其核准注册后的实际使用、宣传情况亦应当予以考量"。原则上，商标无效宣告案以系争商标申请注册时的实施状态为准。但是，在使用获得显著性的案件中，考虑到商标核准注册后的长期使用行为对判断商标是否获得显著性具有重要影响，因此以案件审理时的事实状态为准，将商标注册后的使用证据纳入法院考量范围。

第二，使用获得显著性的判断标准。该问题也是使用获得显著性案件的难点。本案二审法院提出了判断商标是否经使用获得显著性的一系列因素，包括：①该标志实际使用的方式、效果、作用，即是否以商标的方式进行使用，在此应当以是否能够达到识别商品或服务的来源为判断基准；②该标志实际持续使用的时间、地域、范围、销售规模等经营情况；③该标志在相关公众中的知晓程度；④其他影响因素。对于兰州商业联合会的"兰州牛肉拉面 Lanzhou Niurou Lamian 及图"商标，二审法院认为其经使用获得显著的主要理由可归纳为两点。其一，商标权人兰州商业联合会长期持续地大规模使用。商标权人提供的证据证明使用该标志的店铺几乎覆盖全国全部的省份，规模达到 4000 余家，年营业额数百亿元，而且使用长达近十年。其二，维持市场秩序稳定。法院认为涉案商标已经经过了长期、大规模持续使用，如果宣告无效，"势必将造成相关公众已经形成的

---

❶ 姚洪军. 商标获得显著性认定标准的中美比较 [J]. 知识产权，2015（07）：91-97.

❷ 最高人民法院（2011）行提字第 9 号行政判决书。

基于该商标对具体商品品质、特点、声誉对应认知的损耗,并不有利于商标注册制度的健康发展"。由上可知,兰州商业联合会提供的使用证据对于二审法院认定"兰州牛肉拉面 Lanzhou Niurou Lamian 及图"商标已经获得显著性至关重要。需要注意的是,二审法院并没有明确使用获得显著性商标应当达到的知名程度,或者是否应当建立唯一对应关系。实际上,司法实践中判断商标使用获得显著性的标准并不统一。

一种观点认为,应以标志与其所使用的商品或服务是否形成稳定联系为判断标准。2015 年"沪深 300 指数"案中,北京知识产权法院认为,"判断描述性标志是否经过使用获得显著特征,应当以该标志是否经过实际使用与使用主体之间建立起唯一、稳定的联系,从而使得相关公众能够通过该标志区分服务来源作为判断标准"。❶

另一种观点认为,应以标志是否广为知晓且能够将其与使用者之间建立了唯一对应关系为判断标准。2012 年"雀巢方棕瓶"案中,北京市第一中级人民法院一审认为,"如果使用者可以证明全国范围的相关公众对使用在特定商品或服务上的某一标志已广为知晓,且能够将其与使用者之间建立起了唯一对应关系,则可以认定该标志在这一商品或服务上具有获得显著性"。根据此观点,获得显著性应当同时满足较高知名度和建立唯一对应关系两个条件。同时,法院认为,"因这一知名度标准与驰名商标的知名度标准基本相同,故对于获得显著性的举证要求可以参照驰名商标的相关规定。通常情况下,如果相关公众对某一标志的固有含义的认知程度越高,则对其知名程度的举证要求亦越高"。显然,法院把获得显著性知名度的要求拔高到了驰名商标的程度。❷

值得说明的是,"雀巢方棕瓶"案中,虽然二审北京市高级人民法院维持原判,但从其判决书行文中,并不能认定二审法院赞同"唯一对应关系说"。二审法院认为,"……除了要看主张权利的一方当事人的使用证据外,还要看整个市场上其他经营者的实际使用情况。如果他人没有该标志的使用行为,则主张权利的一方当事人可以通过自己单独的长期使用行为,建立起其与该标志之间的唯一的、稳定的对应关系……但是,如果在主张

---

❶ 北京知识产权法院(2015)京知行初字第 6012 号行政判决书。
❷ 北京市第一中级人民法院(2012)一中知行初字第 269 号行政判决书。

权利的一方当事人使用的同时，市场上其他主体也在长期大量地使用该标志，甚至早于或者广于主张权利的一方当事人的使用，则不能只依据主张权利的一方当事人的使用行为来认定该标志通过使用获得了显著特征"。❶ 在此，二审法院采用措辞"唯一的、稳定的对应关系"，而非一审法院的"唯一对应关系"。同时，二审法院也没有排除其他主体同时使用商标的情形。

2018年，最高人民法院提审"小肥羊"案，对将使用主体是否唯一作为判断标准的观点进行了回应。最高人民法院认为，"……不能仅因标志与使用人之间不具有唯一对应性就否定标志与商品或服务之间已形成稳定联系。在相关公众能够以诉争商标识别商品或服务来源，且没有证据证明他人的使用破坏或者影响了诉争商标与其使用的商品或服务已形成的稳定联系的情况下，认定诉争商标经使用取得显著性并无不当"。❷ 同"雀巢方棕瓶"案二审法院的观点一样，最高人民法院并不排除使用者不唯一的情况。

综上，对于如何判断商标使用获得显著性，应当以是否建立稳定关系作为判断标准，即在使用者将标志作为商标使用较长时间以后，且这种使用又具有了一定规模的情况下，如果相关公众能够通过该标志识别商品或服务的来源，那么该标志就从公共领域划分出来，从而具备了显著特征。对于该标志与其所使用的商品或服务是否形成了稳定联系，则需要通过标志的使用方式、使用范围、持续时间以及使用效果等相关证据予以认定。本案中，二审法院正是因兰州商业联合会对"兰州牛肉拉面 Lanzhou Niurou Lamian 及图"商标的长期、大规模使用，认定涉案商标获得显著性。

---

❶ 北京市高级人民法院（2012）高行终字第1750号行政判决书。
❷ 最高人民法院（2017）最高法行申7175号行政裁定书。

5 非传统商标注册显著性判断

——国家工商行政管理总局商标评审委员会与腾讯科技（深圳）有限公司商标申请驳回复审行政纠纷上诉案 *

裁判要旨

为了平等地对待不同商标注册需求的市场经营者、平等地保护已经获准注册的不同类型商标的商标权人，除非商标法有特殊规定，否则不应对声音商标及今后可能出现的其他新类型商标作出特殊对待。特定的标志其本身在特定的商品或者服务上可能缺乏商标注册所需的显著特征，但是当其经过使用而能够发挥识别作用时，则可以根据《商标法》第 11 条第 2 款的规定予以核准注册。由于这种显著特征的取得建立在使用的基础之上，因此此类商标获准注册的商品或者服务范围，也应当以其实际使用的商品或者服务为限。腾讯科技（深圳）有限公司（以下简称"腾讯公司"）提供的证据能够证明申请商标"嘀嘀嘀嘀嘀嘀"声音通过在 QQ 即时通信软件上的长期持续使用，具备了识别服务来源的作用，具有获得显著性。

案情简介

2014 年 5 月 4 日，腾讯公司向国家工商行政管理总局商标局（以下简

---

* 一审：北京知识产权法院（2016）京 73 行初 3203 号行政判决书；二审：北京市高级人民法院（2018）京行终 3673 号行政判决书。

称"商标局")提出第 14502527 号"嘀嘀嘀嘀嘀嘀"(声音商标)商标(以下简称"申请商标")的注册申请,指定使用在第 38 类"电视播放;新闻社;信息传送;电话会议服务;提供在线论坛;计算机辅助信息和图像传送;提供互联网聊天室;在线贺卡传送;数字文件传送;电子邮件(截止)"服务上。针对申请商标的注册申请,商标局于 2015 年 8 月 11 日作出商标驳回通知,依据《商标法》❶第 11 条第 1 款第(三)项作出不予注册的决定,其理由为申请商标由简单、普通的音调或旋律组成,使用在指定使用项目上缺乏显著性,不得作为商标注册。

腾讯公司不服商标局的驳回决定,向商标评审委员会申请复审。2016 年 4 月 18 日,商标评审委员会作出商评字 [2016] 第 0000035304 号《关于第 14502527 号"嘀嘀嘀嘀嘀嘀"(声音商标)商标驳回复审决定书》(以下简称"被诉决定")。该决定认为申请商标为"嘀嘀嘀嘀嘀嘀"声音,该声音较为简单,缺乏独创性,指定使用在电视播放、信息传送等服务项目上缺乏商标应有的显著特征,难以起到区分服务来源的作用,属于《商标法》第 11 条第 1 款第(三)项所指的情形。腾讯公司提交的证据虽能证明其 QQ 软件享有知名度,但申请商标的声音仅为软件包含的标识某一功能的声音,在案证据不能证明申请商标经使用已起到区别服务来源的作用。综上,商标评审委员会依据《商标法》第 11 条第 1 款第(三)项和第 34 条的规定,决定申请商标的注册申请予以驳回。

腾讯公司不服被诉决定,于法定期限内提起行政诉讼。一审北京知识产权法院认为申请商标已经通过使用获得了显著性,应当予以注册,遂判决撤销商标评审委员会的决定,要求商标评审委员会重新作出决定。商标评审委员会不服一审判决,向北京市高级人民法院上诉。

诉辩意见

商标评审委员会上诉理由:申请商标主要由六声"嘀"音组成,且每个"嘀"音音色相同,"嘀"音间的间隔基本相同,申请商标的声音较为简单。由"嘀"音组成的声音常见于包含电子组件的相关产品的报警音或提

---

❶ 本案例中的《商标法》若无特别说明均指 2013 年《商标法》。

示音，用于提示产品故障等情况，"嘀"音组成的声音为日常生活所常见，作为商标使用在电视播放、信息传送等服务上缺乏商标应有的显著性，难以起到区分服务来源的作用。另外，申请商标的声音仅为 QQ 软件包含的标示某一功能的声音，且在案证据不能证明申请商标经使用已具有区别服务来源的作用。

腾讯公司服从原判决。

裁判理由

二审北京市高级人民法院裁判理由如下。

（一）申请商标本身缺乏显著性

《商标法》是商标注册审查的基本法律依据，在商标注册申请的审查过程中，无论具体商标标志是由何种要素构成，只要其符合《商标法》第 8 条的规定，都应当采用相同的审查标准予以同等对待。在 2013 年《商标法》修改时，删除了商标构成要素必须属于"可视性标志"的原有要求，使得任何能够发挥商品或服务来源识别作用的标志都有可能作为商标获准注册，从而拓宽了商标类型的范畴，为今后更好地保护经营者的合法权益、维护市场竞争的良好秩序、保护消费者的合法权益提供了更大的可能。但与此同时，为了平等地对待不同商标注册需求的市场经营者、平等地保护已经获准注册的不同类型商标的商标权人，除非商标法有特殊规定，否则不应对声音商标及今后可能出现的其他新类型商标作出特殊对待。

由于申请商标仅由单一而重复的"嘀"音构成，相关公众通常情况下不易将其作为区分商品或者服务来源的标志加以识别，申请商标属于《商标法》第 11 条第 1 款第（三）项规定的缺乏显著特征的标志。

（二）申请商标具备获得显著性

本案中，腾讯公司提供的证据能够证明申请商标"嘀嘀嘀嘀嘀嘀"声音通过在 QQ 即时通信软件上的长期持续使用，具备了识别服务来源的作用。原审判决认定申请商标在与 QQ 即时通信软件相关的"信息传送、提供在线论坛、计算机辅助信息和图像传送、提供互联网聊天室、数字文件传送、在线贺卡传送、电子邮件"服务上具备了商标注册所需的显著特征并无不当，申请商标可以在上述服务项目上予以初步审定，对此予以确认。

但是，申请商标并未在"电视播放、新闻社、电话会议服务"上实际使用，原审判决以"电话会议服务"与"超级群聊天"服务功能完全相同，以及综合性即时通信软件服务平台存在提供电视播放、新闻服务的可能性为由，认定申请商标在上述三个服务项目上亦具有显著特征，显然不符合申请商标经过使用方才取得显著特征的案件事实，不适当地为申请商标预留了申请注册的空间，属于适用法律错误，对此予以纠正。

综合上述分析，二审法院认为申请商标在"信息传送"等服务类型上具备了获得显著性，应当予以注册。

案件评析

本案是非传统商标注册的典型案例，也是我国声音商标注册的第一例行政案件，其主要涉及声音商标显著性的判断问题。随着《商标法》取消了商标"可视性"要求之后，声音商标等非传统商标的申请注册成为商标申请领域的新高地，但针对此种非传统商标的显著性判断问题，一直存在一定的争议，审查标准也未统一。本案的二审判决一经作出便引发了社会广泛关注，法院在本案中的裁判为非传统商标注册的审查提供了较为清晰的思路。针对本案具体评析如下。

（一）行政机关针对本案声音商标显著性的审查模式评析

《商标审查审理指南》规定了两类缺乏显著性特征的声音商标，即"仅直接表示指定商品或服务内容、消费对象、质量、功能、用途及其他特点的声音"和"其他缺乏显著特征的声音"。该条规定与《商标法》规定基本一致，即通用性和描述性的声音标识因缺乏显著性而不能作为商标注册。声音标识要想获得成功注册同样应具备显著特征，但上述规定并未排除声音通过使用获得显著性后注册为商标的可能性，故声音商标显著性同传统的视觉商标显著性并无差异，同样分为固有显著性和获得显著性两种。但《商标审查审理指南》又规定"一般情况下，需要充分证据证明声音商标通过长期或广泛的使用取得显著特征，能够识别和区分商品或服务的来源。商标局审查时可以发出审查意见书，要求申请人提交使用证据，并就商标通过使用获得显著特征进行说明"。虽然用语是"一般情况下"，但在审查

实际中声音商标的注册均需要提供长期使用的证据。❶

本案商标局在审查决定中指出，申请商标由简单、普通的音调或旋律组成，使用在指定使用项目上缺乏显著性。故商标局从该声音的构成要素上进行分析，认定其构成要素过于简单，不具有识别来源的显著性。商标评审委员会在复审决定中指出，申请商标构成过于简单，不具有独创性，在指定使用的商品类别上缺乏显著性。虽然腾讯公司提交的证据可以证明该声音的知名度，但该声音作为消息提示这一功能的声音，不具备区分识别服务来源的功能。

通过商标局和商标评审委员会的决定可以发现，商标审查行政机关在判断本案申请商标是否可以注册的问题上，主要是从该声音构成的简易程度上来判断其是否具有显著性，即从该声音固有显著性有无的角度分析，未进一步考虑该声音获得显著性的问题。

（二）法院针对申请商标获得显著性认定的评析

1. 一审法院论证思路评析

一审北京知识产权法院认为，对于声音商标是否具有显著性的判断，除应遵循对传统商标是否具有显著性的基本判断原理、标准与规则外，即除应考虑指定使用的商品或服务、相关公众的认知习惯及指定使用商品或服务所属行业的实际情况等因素外，还应结合声音商标声音的时长及其构成元素的复杂性等因素，综合考察其整体在听觉感知上是否具有可起到识别作用的特定节奏、旋律、音效，从而对其可否起到区分商品或服务来源的作用作出判断。简言之，一审法院提炼出对于声音商标显著性的判断因素：（1）指定使用的商品或服务类别的实际情况；（2）考虑声音商标中声音的时长和构成要素的复杂程度；（3）综合考察整体听觉上起到识别作用的节奏、旋律等。上述判断因素的提炼无疑为声音商标显著性的审查提供了要件化的参考。

具体到本案，首先，申请商标指定使用在第 38 类信息传送、电视播放

---

❶ 史凡凡. 声音商标针对如同"洪水猛兽？"[EB/OL].（2020-5-8）[2022-5-20].https∶//mp.weixin.qq.com/s?__biz=MzA3NTI0NzYxNw==&mid=2651492767&idx=1&sn=8e01345cf5e078c9cf6738e4ed70e049&chksm=848d48f1b3fac1e7ddfb05d6aa3984295bd6f805ecea0f74e9d7112fee83c9075b68975215d3&scene=27.

等服务上,通过互联网实现的即时通信极大地便利了人们的生活,作为QQ软件新消息传来时的提示音,申请商标的声音在使用之初即对相关公众的听觉产生强烈的冲击力,从而使得其极易被相关公众所感知、记忆。其次,申请商标包含六声"嘀"音,且每个"嘀"音音调较高、各"嘀"音之间的间隔时间短且呈连续状态,申请商标整体在听觉感知上形成比较明快、连续、短促的效果,具有特定的节奏、音效,且并非生活中所常见。故从构成元素上分析申请商标并非过于简单。最后,申请商标已经与QQ软件之间形成了可相互指代的关系,申请商标的声音亦已经在即时通信领域建立了较高的知名度,其与QQ软件、腾讯公司之间已经建立了稳定的对应关系,申请商标在指定使用的"信息传送"服务项目上起到了商标应有的标识服务来源的功能。故一审法院综合认定申请商标具备获得先注册,应当予以注册。

一审法院在判决中也指出,一般情况下,声音商标需经长期使用才能取得显著特征。故一审法院并未过多地分析申请商标固有显著性的问题,其参考了《商标审查及审理标准》的相关规定,即认为声音商标显著性的审查主要是获得显著性方面,通过申请人提交的证明再判断申请商标是否具有获得显著性。

2. 二审法院论证思路评析

二审北京高院认为申请商标的声音本身不具有固有显著性,但其经过长期使用,已经具备了获得显著性。但二审法院相较于一审法院,其采用了不同的分析路径。二审法院认为,在商标法没有特殊规定的情况下,对声音商标的审查需要采用和传统商标同样的标准,即首先审查声音本身是否具备显著性,在否定固有显著性后,再进一步审查是否经过长期使用而获得显著性。这样的审查思路符合商标法的规定,符合"同等情况同等对待"的立法精神。

此外,对于通过使用而取得显著特征的商标的审查,必须遵循"商品和服务项目特定化"之审查原则。本案中申请商标在"信息传送、提供在线论坛"等类别商品上具备了获得显著性,但其在"电视播放、新闻社、电话会议服务"并未使用,不具有获得显著性。从二审法院的判决中我们可以看出,法院基于申请商标长期使用、知名度高的事实认可了其已经使用的商品类别上获得显著性的观点。二审判决中针对获得显著性必须遵循商品和服务类型特定化的原则的强调，体现法院针对获得显著性认定的谨慎态度。对于申请的商标而言，本身具有固有显著性无疑是最佳的状态，当申请的商标属于获得显著性时，对获得显著性的认定必须严格谨慎，只有在该申请商标已经长期使用的特定商品或服务类别上才认可其获得显著性，以此防止为申请商标不适当的预留空间，从而损害社会公共利益。

（三）针对声音等非传统商标显著性审查的分析

在 2016 年《商标审查及审理标准》中明确指出：一般情况下，声音商标需经长期使用才能取得显著特征。可见，这一条文将声音与其他标志区别看待，认为声音通常缺乏固有显著性，申请人必须提交经长期使用从而获得显著性的证据。在本案中，商标评审委员会在其复审决定中提及，申请商标的声音仅为软件包含的标识某一功能的声音。即商标评审委员会认为，申请的声音商标属于《商标法》第 11 条第 1 款第（二）项规定的仅仅表示商品或服务功能的情形，该情形下的标识属于描述性标识，从而不具有固有显著性。在一审判决中北京知识产权法院对此也进行了认定：申请商标的声音虽系 QQ 软件在运行过程中新消息传来时的提示音，但该提示音系人为设定，亦非该软件运行过程中所必然带来的结果，不属于功能性声音。虽然本案中，一审法院否定了申请商标属于描述性标识从而不具有固有先注册的观点，但不可否认的是，在声音商标领域，该声音存在诸多本身是功能性声音的情形，如钢琴弹奏声使用在"乐器"上，或者引擎声音使用在"摩托车"上。在声音商标申请注册时，在该问题上需要事前明确。

针对声音商标是否认定其本身不具有固有显著性，从而直接审查其获得显著性问题，而抛弃先审查固有显著性，在前者得到否定答案后再进行获得显著性的审查的模式上，二审北京高级人民法院明确指出"为了平等地对待不同商标注册需求的市场经营者、平等地保护已经获准注册的不同类型商标的商标权人，除非商标法有特殊规定，否则不应对声音商标以及今后可能出现的其他新类型商标作出特殊对待"。故针对声音商标，并不能想当然地排除其具有固有显著性的可能，在进行商标审查时，依旧需要和传统商标的审查路径一致。

针对获得显著性的认定方面，法条的用语是"经过使用获得显著性"，但究竟如何认定，不论是行政审查还是司法判决，都鲜有详细论证。即使在本案中，二审法院也仅在判决中写道"申请商标长期持续使用，具备了识别服务来源的作用"，从而认定申请商标具有获得显著性。在"雀巢方棕瓶"案件中，北京市第一中级人民法院在判决中曾写道："如果使用者可以证明全国范围的相关公众对使用在特定商品或服务的某一标志已广为知晓，且能够将其与使用者之间建立起关系，则可以认定该标志在一商品或服务上具有获得显著性。"❶ 由此可见，法院在审查获得显著性时，大多把申请商标的知名度要件作为其是否具备获得显著性的核心要素。针对知名度的判断问题，可以参考《商标法》针对驰名商标的判断因素：(1)相关公众对该商标的知晓程度；(2)该商标使用的持续时间；(3)该商标的任何宣传工作的持续时间、程度和地理范围。另外，在具体的案件中，原告还可以借鉴美国司法实践中关于获得显著性的判断方法来进行举证，即采用消费者调查法：原告（主张权利方）需要提供消费者问卷调查的结果，即是否大多数消费者认为该标志的主要意思（primary significance）是指代一个而非多个特定商品或服务之来源。在问卷设计上，一般为单选题："你认为该标志（列明标志）是指代了该商标或服务（列明商品或服务的类别）的一个提供者？还是多于一个提供者？"（注：不必要求被访者具体说明是哪一家或哪几家提供者）。如果多数（超过50%）消费者选择前者，则原告完成举证，该标志具有显著性，否则缺乏显著性。❷

（四）结论

针对声音商标等非传统商标，在商标法未作出明确规定的情形下，对其的审查路径应当与传统商标保持一致。当然，声音商标等非传统商标本身具有固有显著性的可能性较小，其更侧重于获得显著性方面。针对获得显著性的判断，诸多法院均是从该商标使用的时间及其知名度方面来分析，故可以借鉴商标法中关于驰名商标认定的因素进行要件化分析，也给原告在诉讼中的举证指明了方向。此外，借鉴消费者问卷调查的方面来论证获得显著性的问题也是原告在诉讼中可以尝试的方面。

---

❶ 北京市第一中级人民法院（2012）一中知行初字第269号行政判决书；北京市高级人民法院（2012）高行终字第1750号行政判决书。

❷ 熊文聪. 也论"显著性"：首例声音商标案速评[J]. 中华商标，2018（2）：78-82.

6 迪奥香水三维立体商标国际注册及显著性认定

——克里斯蒂昂迪奥尔香料公司与国家工商行政管理总局商标评审委员会商标申请驳回复审行政纠纷案 *

裁判要旨

《商标国际注册马德里协定》（以下简称《马德里协定》）及其议定书制定的主要目的是通过建立国际合作机制，确立和完善商标国际注册程序，减少和简化注册手续，便利申请人以最低成本在所需国家获得商标保护。申请商标作为指定中国的马德里商标国际注册申请，有关申请材料应当以国际局向商标局转送的内容为准。

审查申请商标的可注册性时应重点考量两个因素：一是审查申请商标的固有显著性与经过使用取得的显著性，特别是申请商标进入中国市场的时间，在案证据能够证明的实际使用与宣传推广的情况，以及申请商标因此而产生识别商品来源功能的可能性；二是把握商标审查标准的一致性，商标评审及司法审查程序不能以个案审查为由忽视执法标准的统一性问题。

案情简介

涉案申请商标为国际注册第1221382号商标，申请人为克里斯蒂昂迪

---

* 一审：北京知识产权法院（2016）京73行初3047号行政判决书；二审：北京市高级人民法院（2017）京行终744号行政判决书；再审：最高人民法院（2018）最高法行再26号行政判决书。

奥尔香料公司（以下简称"香料公司"）。申请商标的原属国为法国，核准注册时间为2014年4月16日，国际注册日期为2014年8月8日，指定使用在第3类的香水、浓香水等商品上，国际注册指定的商标类型为三维立体商标，商标具体形态被描述为：如同精致拉长的数字"8"，上部是一个小的圆球，底部为椭圆形状，瓶身装饰为金色。

申请商标经国际注册后，根据《马德里协定》及其议定书的相关规定，香料公司通过世界知识产权组织国际局（以下简称"国际局"），向中国等多个国家提出领土延伸保护申请。2015年7月，国家工商行政管理总局向国际局发出申请商标的驳回通知书，以申请商标缺乏显著性为由，驳回全部指定商品在中国的领土延伸保护申请。在法定期限内，香料公司向商标评审委员会提出复审申请。商标评审委员会认为，申请商标难以起到区别商品来源的作用，缺乏商标应有的显著性，遂作出第13584号决定，驳回申请商标在中国的领土延伸保护申请。香料公司不服该决定，随即提起行政诉讼。

一审北京知识产权法院和二审北京市高级人民法院均未支持香料公司的诉讼请求，理由大致相同，具体如下。

根据《中华人民共和国商标法实施条例》（以下简称《商标法实施条例》）第13条第3款及第43条，是否以三维标志申请注册商标，香料公司负有主动向商标局予以说明的义务。香料公司并未在国际局国际注册簿登记之日起3个月内向商标局声明申请商标为三维标志并提交至少包含三面视图的商标图样，而是直至驳回复审阶段在第一次补充理由书中才明确提出申请商标为三维标志并提交三面视图。在香料公司未声明申请商标为三维标志并提交相关文件的情况下，商标局将申请商标作为普通图形商标进行审查，并无不当。商标局在商标档案中对申请商标指定颜色、商标形式等信息是否存在登记错误，并非本案的审理范围，香料公司可通过其他途径寻求救济。商标评审委员会基于商标局登记的商标档案，对申请商标按照普通图形商标进行审理亦无不当，香料公司关于商标评审委员会未对申请商标为指定颜色的三维标志的事实予以评述的漏审理由不能成立。

申请商标大体为呈圆锥形的香水瓶，瓶颈部分缠绕有金色丝线。虽然申请商标的瓶体造型及外观装饰组合方式具有一定的特点，但作为图形商标指定使用在香水、香料制品等商品上，根据一般消费者的识别能力，易将其作为商品包装或装饰图样进行识别，难以起到区分商品来源的作用。申请商标缺乏固有显著特征，属于《商标法》第 11 条第 1 款第（三）项规定的不得作为商标注册的情形。此外，香料公司提交的证据尚不足以证明在申请商标作为普通图形商标的情况下，相关公众能够在该商标指定使用的香水、香料制品等商品上将其作为标示商品来源的标志进行识别从而获得显著特征。

香料公司不服二审判决，向最高人民法院申请再审。

诉辩意见

香料公司请求最高人民法院撤销一审、二审判决和商标评审委员会第 13584 号决定，并判令商标评审委员会重新作出复审决定，再审理由主要有以下三点。①商标评审委员会违反法定程序，遗漏审查本案重要事实。香料公司已在行政程序中多次强调申请商标为指定颜色的三维立体商标，并向商标评审委员会提交了该立体商标的三面视图，但商标评审委员会审理本案时依据的是商标局档案，将申请商标列为普通商标。因此，第 13584 号决定依据的审查基础事实明显有误。②申请商标设计独特，具有固有显著性。申请商标由法国艺术家尚·米歇尔·欧托尼耶等为"真我"（j'adore）香水量身定制，并非普通或者常用的产品包装形式，也不是通用的香水瓶设计，完全能够作为立体商标起到识别商品来源的作用。此外，香料公司拥有的、与申请商标完全相同的第 7505828 号（指定颜色）图形商标已经获准注册。③申请商标通过持续、广泛、大量的使用及宣传推广，获得了极高的知名度与显著性。真我香水自 1999 年进入中国市场以来，一直统一使用本案申请商标的设计，香料公司为真我系列香水投入各种广告宣传费用过亿元。2001 年起，真我香水即已被中国媒体广泛报道，并为相关公众所知悉、认可。

商标评审委员会请求驳回香料公司的再审申请，其提交答辩意见如下。①申请商标为国际注册并指定中国进行领土延伸保护的商标，国际局于 2014 年 11 月 6 日将申请材料移交至商标局，同时在国际注册簿中进行登记。香料公司应在此后 3 个月内向商标局提交《商标法实施条例》第 13 条规定的材料，由于香料公司并未在期限内向商标局补充材料，商标局将申请商标作为普通商标进行审查并无不当。②商标局已经对申请商标是否为立体商标和是否缺乏显著性等问题进行了全面审查。③香料公司并未将"在复审程序中将申请商标档案信息录入错误"的事实作为复审理由之一，商标评审委员会并未违反法定程序。

裁判理由

再审最高人民法院将本案的争议焦点归纳为两点：一是商标评审委员会作出第13584号驳回复审决定是否违反法定程序；二是香料公司的申请商标是否具备显著性。

（一）第13584号决定是否违反法定程序

最高人民法院首先指出商标局驳回通知书及第13584号决定认定的商标类型与香料公司请求保护的商标类型明显不符，决定依据的事实基础有误。申请商标国际注册信息中明确记载，申请商标指定的商标类型为"三维立体商标"，在无相反证据的情况下，申请商标国际注册信息中关于商标具体类型的记载，应当视为香料公司关于申请商标为三维标志的声明形式。其次，根据《商标法实施条例》第52条第1款，商标评审委员会审理香料公司不服商标局驳回商标注册申请决定的复审案件，应当针对商标局的驳回决定和申请人申请复审的事实、理由、请求及评审时的事实状态进行审查。香料公司在商标评审程序中提交的复审理由书曾明确提出申请商标为指定颜色的三维立体商标，因申请商标为国际注册，香料公司无法就此向商标局作出说明，也未能获得补正机会。香料公司同时于评审程序中向商标评审委员会提交了申请商标的三面视图。商标评审委员会既未在第13584号决定中予以如实记载，也未针对香料公司提出的上述主张，对商标局驳回决定依据的相关事实是否有误予以核实，而仍将申请商标作为"图形商标"进行审查并径行驳回香料公司复审申请的做法，有违行政程序正当性的原则。

（二）申请商标是否具备显著特征

最高人民法院进一步指出，商标评审委员会应当基于香料公司的复审理由，纠正商标局的不当认定，并根据三维标志是否具备显著特征的评判标准，对申请商标指定中国的领土延伸保护申请是否应予准许的问题重新进行审查。最高人民法院并未就申请商标是否具备显著特征作出直接的分析认定，但对商标局、商标评审委员会在重新审查认定中应重点考量的因素作出了指引：一是申请商标的固有显著性与经过使用取得的显著性，特别是申请商标进入中国市场的时间，在案证据能够证明的实际使用与宣传推广的情况，以及申请商标因此而产生识别商品来源功能的可能性；二是审查标准一致性的原则，商标评审及司法审查程序虽然要考虑个案情况，但审查的基本依据均为《商标法》及其相关行政法规规定，不能以个案审查为由忽视执法标准的统一性问题。

案件评析

本案系立体商标行政确权纠纷，而且属于涉及基于国际注册在我国申请领土延伸保护的案例，被评选为"2018年中国法院十大知识产权案件"之一。最高人民法院在世界知识产权日当天，通过网络直播的方式公开审理了本案并当庭宣判，依照知识产权国际公约平等保护了境外权利人的合法利益，彰显了中国强化知识产权司法保护的理念。

最高人民法院通过本案的司法审查程序，纠正了商标行政机关关于事实问题的错误认定，强化了对行政程序正当性的要求，充分体现了司法保护知识产权的主导作用。再审判决指出，作为商标申请人的香料公司已经根据《马德里协定》及其议定书的规定，完成了申请商标的国际注册程序，履行了我国《商标法实施条例》规定的必要的声明与说明责任，在申请材料仅欠缺部分视图等形式要件的情况下，商标行政机关应当充分考虑到商标国际注册程序的特殊性，本着积极履行国际公约义务的精神，给予申请人合理的补正机会，以平等、充分保护香料公司在内的商标国际注册申请人的合法权益。本案通过为国际商标申请人提供及时有效的司法救济，全面保护了境外当事人的合法权利。❶

"除了程序问题外，涉案商标是否具备显著性则是具有根本性的实质性问题。"❷本案的另一重要意义在于最高人民法院对立体商标显著性认定作出

---

❶ 最高人民法院.2018年中国法院10大知识产权案件和50件典型知识产权案例[EB/OL].（2020-2-11）[2024-03-21]. http：//www.court.gov.cn/zixun-xiangqing-153252.html.

❷ 冯晓青.立体商标在我国的领土延伸保护——法国迪奥尔公司香水瓶立体商标国际注册的启示[N].人民法院报，2018-05-03（2）.

了指引，并引发了理论界对这一问题的深入探讨。❶

显著性可以说是商标获准注册最重要的要件。现行《商标法》第 11 条规定了商标显著性的两种情形，即"固有显著性"及"获得显著性"。凡属于《商标法》第 11 条第 1 款规定情形的标志均不具有"固有显著性"，原则上不能作为商标注册。但如果此类标志符合《商标法》第 11 条第 2 款的规定，即经过使用具有很高知名度，起到了区分商品或服务来源的作用，则可以认定其具有"获得显著性"，能够作为商标获得注册。

我国《商标法》2001 年进行第二次修订时扩大了商标构成要素的范围，立体商标被纳入我国商标法保护的范畴。但是，立体商标显著性的认定却一直是实践中的难点问题，以往案件常常出现商标评审与司法审判结果不一、一审法院与二审法院裁判不一、再审法院与原审法院裁判不一的情形。例如，在金莎巧克力案❷中，商标评审委员会在驳回复审决定中认为申请商标仅有指定使用商品较为常用的包装形式，缺乏商标应有的显著特征，但法院认为申请商标属于独特设计，可以起到识别商品来源的作用，具有显著性。在雀巢方形瓶案❸中，商标局以公众可能将申请商标视为常用容器、缺乏显著性为由驳回注册，但商标评审委员会认为申请商标通过使用获得了显著性，而一审、二审法院又认为该商标既不具有固有显著性，亦不具有获得显著性。出现认定结果不一的主要原因是立体商标显著性认定缺乏细化明确的标准，行政机关与司法机关对立体商标显著性的理解也存在较大差异。

对于立体商标固有显著性的判断，有学者梳理历年案件的裁判理由和依据发现：无论行政审查机关还是司法审查机关对于立体商标固有显著性的认定，主要考虑相关公众的认知习惯与独特设计两个因素。驳回理由也主要分为两种，即相关公众不会将所申请的标志视为商标，以及申请商标为普通或者通用形状。❹的确，固有显著性的判断应以相关公众的认知为标

---

❶ 侯长超.三维标志商标显著性的认定标准[J].法律适用（司法案例），2018（22）：77-84；程德理.立体商标固有显著性认定研究[J].电子知识产权，2019（10）：16-29；占庆，孙欣.立体商标显著性相关问题研究[J].中华商标，2019（11）：21-24.

❷ 北京市第一中级人民法院（2007）一中行初字第 815 号行政判决书。

❸ 北京市高级人民法院（2012）高行终字第 1750 号行政判决书。

❹ 程德理.立体商标固有显著性认定研究[J].电子知识产权，2019（10）：16-29.

准，如果某一标志无法使相关公众将其作为商标认知，则该标志原则上不具有固有显著性。本案一审、二审法院均认为相关公众一般会将申请商标视为商品的容器，不会将该瓶体作为商标进行识别，难以起到区分商品来源的作用。但是，一审、二审法院并未详细分析为何相关公众不会将申请商标的香水瓶造型视为香水的来源，毕竟的确存在部分消费者可以将该香水瓶与其生产者相联系。这种缺乏严密论证的相关公众认知推定虽然可以提升审判效率，但实际在一定程度上牺牲了公平。也就是说，司法机关不能仅仅以申请商标事实上作为商品的形状或包装就直接推定相关公众不会将其作为商标识别，而是应当结合商品细分市场和消费者调查等进行具体判断。

能否基于独特设计认定商标的固有显著性，不同的法院态度不一。在金莎巧克力案中，法院认为，申请商标对于色彩和商品包装形式的选择均不在本行业和指定使用商品包装形式的常规选择范围之内，申请商标的独特创意已经使之成为原告产品的一种标志性设计，使得消费者在看到申请商标后就能够清楚地判断出该商标所附着商品的来源，申请商标已经具有了商标所应具备的显著性。[1]也即，法院认为该申请商标是区别于通用设计的独特设计，进而肯定了该申请商标的固有显著性。而在宝马汽车模型案中，一审、二审法院均认为虽然其申请商标在设计上有一定特点，但相关公众在看到申请商标标志时，会将其识别为所指定使用的商品，而不是将其作为区分商品来源的标志进行识别。[2]

笔者赞同北京市高级人民法院在雀巢方形瓶案中的观点："独特的设计虽然会加深相关公众对三维标志的印象，但其只是该三维标志具备区分商品和服务来源识别作用的必要而非充分条件。"[3]因此，我们应当明确：一方面，无论三维标志是否经过独特的设计，要作为商标加以注册，就应当具有区分商品和服务来源的识别作用；但另一方面，三维标志独特设计与显著性确实是存在一定关系的，若三维标志具有独特的设计特点，那么至少

---

[1] 北京市第一中级人民法院（2007）一中行初字第815号行政判决书。

[2] 北京市第一中级人民法院（2014）一中行（知）初字第9235号行政判决、北京市高级人民法院（2015）高行知终字第799号行政判决书。

[3] 北京市高级人民法院（2012）高行终字第1750号行政判决书。

可以从反面认定其不属于通用形状或普遍采用的设计。就本案的申请商标而言，其大体为呈圆锥形的香水瓶，瓶颈部分缠绕有金色丝线，与市场上通常采用的香水瓶造型不同，满足了固有显著性的必要条件。

对于立体商标获得显著性的判断，《审理商标授权确权行政案件规定》第 9 条作出了较为明确的规定："仅以商品自身形状或者自身形状的一部分作为三维标志申请注册商标，经过长期或者广泛使用，相关公众能够通过该标志识别商品来源的，可以认定该标志具有显著特征。"本案再审判决中，最高人民法院也明确了认定立体商标获得显著性的考量因素，即申请商标进入中国市场的时间，在案证据能够证明的实际使用与宣传推广的情况，以及申请商标因此而产生识别商品来源功能的可能性。

7 商标行政案件中驰名商标司法认定规则

——广东好太太科技集团股份有限公司与国家知识产权局商标行政管理（商标）再审案 *

📝 裁判要旨

广东好太太科技集团股份有限公司（以下简称"好太太公司"）提供的引证商标一商业使用和宣传、所获得的荣誉以及曾作为驰名商标被保护的记录等证据，证实好太太公司对其"好太太"商标已进行长期广泛宣传，并具有较广的销售区域。好太太公司提供的相关法院的行政判决书，证实引证商标一在晾衣架商品上曾被认定为驰名商标，并受到相关保护。好太太公司提供的证据足以证明其商标已经在我国地区为相关公众广为知晓，具有较高知名度，为驰名商标。

📝 案情简介

第 9501078 号"Haotaitai 好太太及图"商标（以下简称"诉争商标"）由佛山市凯达能企业管理咨询有限公司（以下简称"凯达能公司"）于 2011 年 5 月 23 日提出注册申请，专用期限至 2025 年 12 月 13 日，核定使用商品为第 20 类家具、碗柜等。凯达能公司的第 3563073 号"Haotaitai"商标（以下简称"第 3563073 号商标"）于 2003 年 5 月 21 日申请，并于 2012

---

* 一审：北京知识产权法院（2016）京 73 行初 2271 号行政判决书；二审：北京市高级人民法院 (2019) 京行终 361 号行政判决书；再审：最高人民法院（2019）最高法行申 13521 号行政裁定书。

年 4 月 27 日在第 11 类厨房用抽油烟机、燃气灶商品上被国家知识产权局认定为驰名商标。2015 年 1 月，第 3563073 号商标被评定为广东省著名商标，该证书记载驰名商标首次认定时间为 2011 年 12 月 21 日。好太太公司系第 1407896 号"好太太及图"商标（即"引证商标一"）的注册人，申请日为 1999 年 3 月 15 日，专用期限至 2020 年 6 月 13 日，核定使用商品为第 21 类晾衣架。好太太公司同时也是第 4443400 号"好家好太太"商标（即"引证商标三"）的注册人，申请日为 2004 年 12 月 30 日，专用期限至 2028 年 4 月 6 日，核定使用商品为第 20 类家具等。引证商标一曾被认定 2010 年 1 月 14 日前，引证商标一已经在晾衣架商品上达到驰名程度，并在多件司法案件中有过认证驰名商标经历。

好太太公司针对被异议商标向商标局提出异议申请。商标局依据 2001 年《商标法》[1]的规定对被异议商标核准注册，理由为：被异议商标与引证商标一未构成近似商标。好太太公司在本案中请求认定引证商标一为驰名商标所提交的证据不足。好太太公司不服，于法定期限内向商标评审委员会提出复审申请，商标评审委员会裁定被异议商标在金属锁（非电）商品上予以核准注册。好太太公司不服被诉裁定，依法提起诉讼。北京市第一中级人民法院判决维持被诉裁定。好太太公司不服原审判决，提起上诉。北京市高级人民法院驳回上诉，维持原判。好太太公司不服判决，提请最高人民法院再审。

诉辩意见

好太太公司申请再审称，原审法院对引证商标一在 2010 年 1 月 14 日前仍然驰名这一事实认定错误。引证商标一注册于 1999 年 3 月 15 日，核定使用商品晾衣架销售范围涉及全国近 4000 多个网点。为扩大该商品的知名度及市场影响力，好太太公司先后通过多家媒体在中央及地方电视台进行广告宣传，亦在多家平面媒体宣传。引证商标一在行政程序及司法程序中亦多次被认定为驰名商标并被给予跨类保护。北京市高级人民法院（2017）京行终 3609 号行政判决确认了在该案被异议商标申请注册日 2010

---

[1] 本案例中的《商标法》若无特别说明均指 2001 年《商标法》。

年4月29日前引证商标一已经达到驰名这一事实。而本案被异议商标申请注册日为2010年1月14日，包括在上述判决确认的驰名时间段内。广东省工商行政管理局于2010年3月认定引证商标一为广东省著名商标，有效期为2010年3月24日至2013年3月23日。2012年引证商标一被广州市工商行政管理局认定为广州市著名商标，有效期为2012年12月至2015年12月。上述事实印证即便在2010年4月29日之后，好太太公司对引证商标一的宣传推广未中断。引证商标一在本案被异议商标申请注册日2010年1月14日前在晾衣架商品上仍然驰名的事实是成立的。此外，《类似商品和服务区分表》第21类"晾衣架"商品与第6类"金属锁（非电）"商品虽然属不同群组，但均为家居装饰中的五金类产品，即常见的家庭及个人消费品，分别在家装市场、五金商店、网点同时销售。"晾衣架"和"金属锁"也属于同一行业，即均为五金行业，二者在消费群体、销售场所、流通渠道等诸多方面存在重叠，两者具有紧密关联性，构成《商标法》第13条第2款规定之情形，故被异议商标在金属锁（非电）商品上应不予核准注册。故请求依法撤销二审判决及原商标评审委员会作出的裁定，并判令重新作出裁定。

被申请人国家知识产权局提交意见称，好太太公司的再审请求不能成立。商标评审委员会作出的裁定认定事实清楚，适用法律得当，程序合法，二审判决及被诉裁定应予维持。

裁判理由

本案争议焦点是引证商标一是否构成驰名商标，以及被异议商标应否被核准注册等问题。

（一）关于引证商标一是否构成驰名商标的问题

《商标法》第14条规定："认定驰名商标应当考虑下列因素：（一）相关公众对该商标的知晓程度；（二）该商标使用的持续时间；（三）该商标的任何宣传工作的持续时间、程度和地理范围；（四）该商标作为驰名商标受保护的记录；（五）该商标驰名的其他因素。"本案中，好太太公司主张引证商标一构成驰名商标，被异议商标构成对其驰名商标的复制和摹仿，不应被核准注册。对此，最高人民法院认为，根据好太太公司在原审诉讼中提供的引证商标一的商业使用和宣传、所获得的荣誉以及曾作为驰名商标被保护的记录等证据，证实在被异议商标申请日之前，不仅引证商标一核定使用的晾衣架产品在全国多个省区市进行了大量销售，具有较广的销售区域，而且好太太公司对其"好太太"商标在晾衣架商品上已进行长期广泛宣传。且根据好太太公司提供的北京市高级人民法院（2016）京行终 1329 号、1330 号、1331 号、1343 号及（2017）京行终 3607 号行政判决书的内容，能够证明引证商标一在晾衣架商品上曾被认定为驰名商标，并受到相关保护。好太太公司提供的上述证据足以证明在被异议商标申请日之前，引证商标一在晾衣架商品上已经在我国为相关公众广为知晓，具有较高知名度，达到了驰名程度，即引证商标一为驰名商标。原审法院对此未予认定不当，本院予以纠正。

（二）关于被异议商标应否核准注册的问题

《商标法》第 13 条第 2 款规定："就不相同或者不相类似商品申请注册的商标是复制、摹仿或者翻译他人已经在中国注册的驰名商标，误导公众，致使该驰名商标注册人的利益可能受到损害的，不予注册并禁止使用。"引证商标一能否在本案中受到跨类保护，即被异议商标是否构成对引证商标一的复制、摹仿，是否会误导公众，是审查被异议商标应否予以注册的考量因素。引证商标一由汉字"好太太"及双折线图形构成，根据相关公众对图文组合商标的认读习惯，其通常通过文字部分的呼叫和文字构成进行识别，显然引证商标一的显著识别部分为汉字"好太太"。被异议商标由汉语拼音字母"HAOTAITAI"构成，其与引证商标一的显著识别部分"好太太"在呼叫上完全一致，显然被异议商标构成对引证商标一的摹仿。被异议商标指定使用的金属锁（非电）商品与引证商标一核定使用的晾衣架商品虽在《类似商品与服务区分表》中属不同类似群组，但二者均为常见家庭及个人消费品，消费群体存在一定重叠。在被异议商标已构成对引证商标一的摹仿的情况下，相关公众在购买上述商品时，容易认为被异议商标与引证商标一的注册人具有相当程度的联系，亦对商品来源产生混淆误认，致使好太太公司对已驰名的引证商标一所享有的利益可能受到损害。因此，被异议商标的申请注册违反了《商标法》第 13 条第 2 款的规定，不应予以核准注册。商标评审委员会作出的被诉裁定及原审判决对此认定错误，应予纠正，并应由国家知识产权局重新作出裁定。

案件评析

驰名商标的认定问题是本案的争议焦点之一。由于商标附带着经济价值，尤其是驰名商标附带着巨大的商业利益，因此实践中常出现搭乘驰名商标便车的现象。对于驰名商标，应当给予比普通商标更强的保护。最早涉及驰名商标保护的国际公约是《保护工业产权巴黎公约》（以下简称《巴黎公约》），但是《巴黎公约》对驰名商标的保护问题并未作十分细化的规定，尤其是对于驰名商标的认定问题，并未有详述。❶《与贸易有关的知识产权协议》在第 16 条第 12 款规定："确认某商标是否系驰名商标，应顾及有关公众对其知晓程度，包括在该成员地域内因宣传该商标而使公众知晓的程度。"也即，《与贸易有关的知识产权协议》是在《巴黎公约》的基础上对驰名商标作了进一步的细化规定。但是即使如此，无论是国际立法还是国内的立法，对于驰名商标的定义及驰名商标的认定标准等问题，依然处于模糊不清的状态。

（一）驰名商标保护的理论基础

联想理论是驰名商标进行保护的理论基础之一。联想是指由一种事物的经验想起另一种事物的经验，或由想起的一种事物的经验，又想起另一种事物的经验。❷而商标领域联想理论中的"联想"是指隔离观察时，看到在后商标会立刻联想到一个知名的在先商标，并能感觉到在后商标是在刻意攀附在先商标，从而与在先商标存在一种衍生的关系。❸我国对于驰名商标的保护是建立在"联想理论"的基础上的。❹ 之所以会产生联想，是因为驰名商标具有绝对显著性和知名度，消费者会不由自主地产生这种联系。比如伊利牌电冰箱与伊利牌牛奶，消费者不大可能真的认为伊利乳业的产业种类已经延伸到了与乳制品毫不相关的家用电器领域，但是消费者看到伊利牌电冰箱的时候无疑会产生联想，因为会觉得眼熟。此时，伊利

---

❶ 王太平. 论驰名商标认定的公众范围标准 [J]. 法学, 2014（10）: 56-64.
❷❸ 黄晖. 驰名商标和著名商标的法律保护 [M]. 北京: 法律出版社, 2001: 153.
❹ 张玉敏, 黄汇. 我国驰名商标保护中存在的几个问题及其完善 [J]. 甘肃政法学院学报, 2003（4）: 1-5.

牌电冰箱即搭乘了伊利牌牛奶的商誉，应当予以规制。可见，联想理论并不需要借助相似的概念，无论商标是否近似，商品或者服务是否类似，都有可能发生联想。由于驰名商标会导致联想，产生跨类影响力，所以法律为驰名商标提供比普通商标更强的保护。对已经注册的驰名商标提供跨类保护，对于未注册驰名商标提供同类保护。

（二）驰名商标司法认定的基本原则

对于那些具有较高知名度的商标，保护范围应当更广，保护力度应当更大，这是认定驰名商标的目的。但是在保护驰名商标的过程中出现了驰名商标滥用和异化现象，甚至出现了为获得驰名商标认定进行虚假诉讼的现象。为了使得驰名商标制度发挥其应有的功能，避免驰名商标制度被滥用，驰名商标的司法认定必须遵循严格的规范。按需认定、个案认定及被动认定已经成为司法机关认定驰名商标所普遍遵循的准则。❶

如果在不对是否构成驰名商标作出认定的情况下，相关当事人已经可以通过其他法律途径获得救济，此时则无须对于商标是否驰名作出认定。在英特—艾基系统有限公司诉商评委一案中❷，法院认定诉争商标和引证商标已经构成在类似服务上的近似商标，诉争商标应予以宣告无效。此时原告的权益已经获得了保护，因此无须再对引证商标是否驰名进行认定。也即，在商标确权授权行政纠纷案件中，如果不涉及跨类保护的问题，一般无须对商标是否驰名作出认定。

被动认定原则是指只有当事人提出了对驰名商标进行认定的请求，法院才对此进行认定。如果当事人并未提出认定请求，法院不应当进行主动认定。个案认定原则强调商标是否驰名要结合特定时间点及特定事实进行单独认定。即使商标在在先案件中曾被认定为驰名商标，在后案件依然要对该商标是否驰名作出认定。因为商标是否驰名是一个动态发展过程，随着时间的推移，原来的非驰名商标可能变得驰名，本来驰名的商标可能会变得默默无闻。在在先案件中被认定为驰名商标，可以作为在后案件当事人主张自己的商标是驰名商标的依据。但是商标是否驰名需要进行个案认

---

❶ 张晓津.商标授权确权行政案件中驰名商标条款的法律适用[J].法律适用（司法案例），2018（14）：22-33.

❷ 北京知识产权法院（2017）京73行初1601号行政判决书。

定,在在先案件中被认定为驰名的商标,在在后案件中依然可能被认为是非驰名商标。

(三)认定驰名商标的考虑因素

本案在认定驰名商标之时,援引了《商标法》第14条规定。该条规定:"认定驰名商标应当考虑下列因素:(一)相关公众对该商标的知晓程度;(二)该商标使用的持续时间;(三)该商标的任何宣传工作的持续时间、程度和地理范围;(四)该商标作为驰名商标受保护的记录;(五)该商标驰名的其他因素。"

需要注意的是,虽然《商标法》第14条列举了四个具体考虑因素及一个兜底条款,但是这四个因素并非需要全部满足。尤其是在涉案商标的知名度很高的情况下,即使商标并未满足全部四个因素,法院也可以依据个案情形认定该商标为驰名商标。在兰蔻案中,当事人公司提供了大量报纸杂志的报道,驰名商标的保护记录,证明了其具有较高的知名度。但是其未能提交商标使用宣传展及销售数据等。法院结合被异议商标申请人恶意摹仿等情节,最终依然认定了当事人公司的商标为驰名商标。

当事人一般会列举出大量证据证明自己的商标为驰名商标。这些证据通常包括相关广告宣传合同、媒体报道、所获荣誉、作为驰名商标被保护的记录及维权资料等。法院要对这些证据是否足够证明其商标已经驰名作出认定,但在司法实践中,不同法院间似乎尚未形成统一的证据认定标准。譬如本案中,一审、二审法院均认为好太太公司提交的证据不足以证明其商标为驰名商标,但是最高人民法院再审认为好太太公司所提交的证据足以证明其商标已具有较高知名度,为驰名商标。类似的,在星巴克公司诉商标评审委员会案件[1]中,同样是商标的持续使用情况及宣传情况、相关媒体对星巴克公司及其引证商标的宣传报道情况及引证商标的相关保护记录等证据,二审法院认为这些证据不足以证明争议商标构成驰名商标,但是再审法院却认为这些证据可以证明商标已经达到了驰名程度。可见,在现行司法实践中,不同的法院对于证据的认定并不一致。

---

[1] 最高人民法院(2016)最高法行再33号行政判决书。

随着市场经济的发展，驰名商标越发显示出其巨大的经济价值。对驰名商标进行保护有利于维护驰名商标人的权益，有利于知名品牌的培育，优化营商环境。然而对于驰名商标的认定，仍然存在一些悬而未决的问题，比如认定标准不明确、考虑因素过于模糊等。可操作性强的驰名商标认定方法，有待进一步研究和发展。

8 驰名商标跨类保护的判定

——格斯公司诉国家工商行政管理总局商标评审委员会商标异议复审行政纠纷再审案 *

📝 裁判要旨

被异议商标指定使用的商品为"子宫帽；避孕套；非化学避孕用具"，与服装商品虽有一定差异，但是在认定驰名商标的跨类保护时应当对相关因素进行综合考量。虽然被异议商标指定使用的商品与服装商品存在一定差异，但是两商品的相关公众重合度较高。综合考虑本案情形，被异议商标的注册容易误导公众，可能损害当事人格斯公司的利益，落入引证商标跨类保护的范围，应当不予注册。

📝 案情简介

南京美迪进出口有限公司（以下简称"美迪公司"）于2007年7月23日申请注册本案被异议商标，指定使用在第10类"子宫帽；避孕套；非化学避孕用具"商品上。被异议商标经商标局初步审定公告后，格斯公司于法定期限内就被异议商标提出异议。商标局于2011年12月21日作出（2011）商标异字第53426号裁定，裁定格斯公司所提异议理由不成立，被异议商标予以核准注册。格斯公司不服该裁定，于法定期限内向商标评审

---

* 一审北京市第一中级人民法院（2014）一中知行初字第4288号行政判决书；二审：北京市高级人民法院(2016)京行终3588号行政判决书；再审：（2017）最高法行申3174号行政裁定书。

委员会申请复审。2013 年 11 月 11 日，商标评审委员会作出商评字 [2013] 第 106912 号《关于第 6179379 号"GUESS"商标异议复审裁定书》，商标评审委员会认为被异议商标的申请注册不构成《商标法》[1]第 13 条第 2 款所指复制、摹仿他人已在中国注册的驰名商标之情形，也不构成《商标法》第 31 条所指情形，故格斯公司的复审理由不能成立，遂裁定被异议商标予以核准注册。

格斯公司不服商标评审委员会的裁定，向一审法院北京市第一中级人民法院起诉，一审判决驳回格斯公司的诉讼请求；格斯公司不服一审判决，向二审法院北京市高级人民法院上诉，二审法院判决驳回上诉，维持原判；格斯公司不服二审判决，向最高人民法院提请再审。最高人民法院于 2017 年 6 月 20 日作出（2017）最高法行申 3174 号行政裁定书，提审本案。

诉辩意见

格斯公司再审申请理由如下。

被异议商标的申请注册属于《商标法》第 13 条第 2 款规定的情形。第一，申请人第 253490 号引证商标构成驰名商标。第二，被异议商标的注册和使用会减弱申请人驰名商标的显著性。其一，被异议商标显著识别部分与引证商标的显著识别部分都是英文"GUESS"，而且呼叫方式和含义也都完全相同。其二，申请人第 253490 号商标的相关公众为服装类相关公众，而其服装产品的实际定位往往定位于相对比较时尚的青年群体，这部分相关公众往往也是比较注重生活品位和情趣的避孕套等计生用品的主要消费群体，与被异议商标所指定使用"子宫帽；避孕套；非化学避孕用具"商品的相关公众基本重合。同时，两类商品的销售渠道都包括情趣用品店或者网络。其三，申请人实际的经营范围也涵盖生产销售内衣、胸衣、睡袍、睡衣裤、乳罩、香水等，而这些商品与子宫帽、避孕套等商品更加具有较为紧密的关联。第三，被异议商标的注册和使用也会在一定程度上贬损或利用申请人驰名商标的市场声誉。国内很多相关公众都羞于提及计生用品，涉及避孕套、子宫帽等商品时，很多人往往都羞于启齿，被异议商

---

[1] 本案例中的《商标法》若无特别说明均指 2001 年《商标法》。

标如果大量使用在"避孕套、子宫帽"等商品上，同样也会贬损和影响作为在先 GUESS 驰名商标所有人的市场声誉和形象。

被异议商标的申请注册属于《商标法》第 31 条规定的情形。第一，申请人涉案证据能够证明其 GUESS 商号在"服装（包括内衣）、香水、化妆品、钟表"等商品领域均具有较高知名度。第二，商号的保护范围应当与其在先所形成商誉或知名度的影响范围相一致，而不是仅仅绝对局限于在先商号实际使用并知名的商品及类似商品范围。

商标评审委员会的答辩意见如下。

申请人提交的证据可以证明其使用在"服装"等商品上的"GUESS"系列商标经大量宣传使用已为相关领域公众所熟知，享有较高的知名度。但是，申请人"GUESS"系列商标的知名度主要体现在"服装"等商品上，被异议商标指定使用的"子宫帽"等商品与上述商品分属于不同的领域，在性质上区别较大，就普通消费者的认知习惯而言，一般不会认为两类商品在实际市场使用中存在某种特定联系。

申请人提交的证据不足以证明其"GUESS"商标在"子宫帽"等商品上在先使用并有一定影响。故被诉裁定认定事实清楚，适用法律正确，作出程序合法，申请人的再审请求和理由不能成立，请求驳回再审申请。

裁判理由

再审最高人民法院裁判理由如下。

（一）被异议商标的申请注册属于《商标法》第 13 条第 2 款规定的情形

根据二审法院查明的事实，格斯公司在商标评审行政程序及诉讼程序中提交了大量证据，以证明在被异议商标申请日前，其在报纸、杂志上刊载广告对其"GUESS"品牌的服装进行了大量、长期的宣传，网络媒体对格斯公司及"GUESS"商标进行了报道，因此其第 231461 号、第 253490 号、第 253491 号商标使用在服装商品上构成驰名商标。二审法院已经认定根据前述证据可以证明格斯公司的"GUESS"商标在服装商品上具有较高知名度，并为相关公众所知晓，最高人民法院予以确认。被异议商标除组成的字母稍有变形外，字母构成及组合与格斯公司主张的驰名商标完全相同，构成对格斯公司请求驰名商标保护的第 231461 号、第 253490 号、第

253491 号商标的复制、摹仿。被异议商标指定使用的商品为"子宫帽、避孕套、非化学避孕用具",与服装商品虽有一定差异,但是在认定驰名商标的跨类保护时应当对相关因素进行综合考量。"GUESS"虽有固有含义,但是将其作为商标用在服装商品上,具有固有显著性。并且,在案证据足以证明格斯公司在服装商品上对"GUESS"商标进行了大量宣传和使用,已达到相关公众广为知晓的程度,被异议商标与格斯公司的驰名商标标识亦构成近似。虽然被异议商标指定使用的商品与服装商品存在一定差异,但是两商品的相关公众重合度较高。综合考虑本案情形,被异议商标的注册容易误导公众,可能损害格斯公司的利益。故被异议商标申请注册构成《商标法》第 13 条第 2 款的情形。

(二)被异议商标的申请注册不属于《商标法》第 31 条规定的情形

格斯公司主张被异议商标损害了其在先字号权。本案中,格斯公司主张其提交的涉案证据能够证明其 GUESS 商号在"服装(包括内衣)、香水、化妆品、钟表"等商品领域均具有较高知名度。前述商品与被异议商标指定使用的"子宫帽、避孕套、非化学避孕用具"在功能、用途、销售渠道等方面存在较大差异,不构成相同或类似商品。格斯公司亦未提交证据证明在被异议商标申请日前,其将"GUESS"商标作为字号使用在"子宫帽、避孕套、非化学避孕用具"商品或类似商品上并具有一定的知名度。因此,原审法院认定被异议商标未违反《商标法》第 31 条规定并无不当。

案件评析

本案是驰名商标跨类保护的典型案例。驰名商标的跨类保护并非全类保护已经是业界的共识,但针对驰名商标跨类保护的范围认定问题一直存在争议。针对本案涉案驰名商标"GUESS"的跨类保护问题,最高人民法院和一审、二审法院的认定并不一致。故可通过分析本案中各级法院的裁判理由,厘清司法机关针对驰名商标跨类保护的基本裁判倾向,为驰名商标跨类保护问题提供更清晰的思路。

(一)驰名商标跨类保护的具体法律规则分析

本案适用的是 2001 年《商标法》,但比照现行《商标法》,针对已注册驰名商标跨类保护的规定并未发生变化,法条的规定为"就不相同或者不相类似商品申请注册的商标是复制、摹仿或者翻译他人已经在中国注册的驰名商标，误导公众，致使该驰名商标注册人的利益可能受到损害的，不予注册并禁止使用"。《最高人民法院关于审理商标民事纠纷案件适用法律若干问题的解释》第1条进一步规定，复制、摹仿、翻译他人注册的驰名商标或其主要部分在不相同或者不相类似商品上作为商标使用，误导公众，致使该驰名商标注册人的利益可能受到损害的，认定为现行《商标法》第57条第1款第（七）项的其他侵害商标权的行为。通过分析法条的表述，我们发现针对已经注册的驰名商标提供跨类保护的范围是：①行为人的行为误导了公众；②该行为会使得权利人的利益可能受到损害。故只有当行为人在不相同、不相类似商品上使用与该驰名商标相同标志的行为满足前述两个要件时，该使用行为才落入相关驰名商标禁止权的范围内。针对上述两要件该如何理解和使用的问题，《最高人民法院关于审理涉及驰名商标保护的民事纠纷案件应用法律若干问题的解释》第9条第2款规定："足以使相关公众认为被诉商标与驰名商标具有相当程度的联系，而减弱驰名商标的显著性、贬损驰名商标的市场声誉，或者不正当利用驰名商标的市场声誉的，属于商标法第13条第3款规定的'误导公众，致使该驰名商标注册人的利益可能受到损害'。"该司法解释的规定又被理论界和实务界解读为我国驰名商标淡化保护的依据，即针对弱化、丑化和不正当搭便车的行为进行规制。

综合上述商标法和相关司法解释的规定，我们可以发现针对驰名商标的跨类保护需要满足三个要件：①在不相同或者不相类似商品或服务上使用复制、摹仿、翻译驰名商标的标识；②足以使相关公众认为被诉商标与驰名商标具有相当程度的联系；③减弱驰名商标的显著性、贬低驰名商标的市场声誉，或者不正当利用驰名商标的市场声誉。

（二）本案争议焦点的评析

1. 驰名商标跨类保护范围的判断

通过前述法律规则分析，我们可以发现现行立法针对驰名商标的跨类保护需要同时满足三个要件。第一个跨类使用要件相对而言较为容易论证，而第二个"具有相当程度的联系"要件和第三个后果要件论证难度较大，且第二个"具有相当程度的联系"要件成为关键所在。当第二个要件不满足时，一般无须再进行第三个后果要件的论证，但若第二个要件满足，则第三个要件在此基础上的论证也相对容易。故"具有相当程度的联系"要件成为诸多案件的疑难点所在，本案中再审法院和一审、二审法院针对涉案"GUESS"驰名商标跨类保护认定的差异也主要集中在该要件上。

本案中美迪公司在"避孕套"类别商品上申请注册的商标与格斯公司在服装类别上拥有的"GUESS"注册商标一致，该行为构成在不相同、不相类似的商品上复制驰名商标标识。但在第二个要件，即是否具有相当程度联系的判断上，一审法院认为被异议商标申请注册的商品类别和引证商标已经注册的商品类别存在较大差异，不易误导公众，不认为该行为足以使得相关公众认为使用被异议商标的商品与使用引证商标的商品存在相当程度的联系。二审法院认为"被异议商标指定使用的"子宫帽、避孕套、非化学避孕用具"商品与服装商品差异较大，相关公众看到使用在避孕套等商品上的被异议商标，很难联想到格斯公司所提供的"GUESS"服装产品，不易产生误导公众、致使格斯公司利益可能受到损害"。故一审、二审法院均否定在被异议商标申请的商品类别上使用与引证商标相同标识的行为会误导公众，因此拒绝在被异议商标申请的商品类别上给予引证商标跨类保护。

格斯公司在再审申请中提出，首先，被异议商标使用的商品和引证商标所使用的商品虽然属于不同类别，但引证商标使用的服装产品往往定位于青年群体，这部分相关公众往往也是比较注重生活品位和情趣的避孕套等计生用品的主要消费群体，与被异议商标所指定使用商品的相关公众基本重合。其次，申请人实际的经营范围也涵盖生产销售内衣、胸衣、睡袍、睡衣裤、乳罩、香水等，而这些商品与子宫帽、避孕套等商品具有较为紧密的关联。最高人民法院在再审判决中认定虽然被异议商标指定使用的商品与服装商品存在一定差异，但是两商品的相关公众重合度较高。综合考虑本案情形，被异议商标的注册容易误导公众，可能损害格斯公司的利益。故最高人民法院在再审判决中采纳了格斯公司的再审申请理由。本案申请商标指定使用的商品与引证商标核定使用的商品存在相关公众的重合，且二者的标识又完全一致，足以使得相关公众产生关联关系混淆，即认为美迪公司的商品与格斯公司的商品存在关联关系，进而美迪公司将不正当地利用格斯公司针对"GUESS"商标建立起来的商誉。最高人民法院此种裁判思路无疑为驰名商标跨类保护提供了较为清晰的法律论证模式。

通过本案我们可以认识到最高人民法院在驰名商标跨类保护案件中针对特定跨类行为是否落入驰名商标跨类保护范围时着重从相关公众这一因素进行分析。现行《商标法》第13条第3款中的"误导公众"应理解为"误导相关公众"。何为相关公众，根据《最高人民法院关于审理商标民事纠纷案件适用法律若干问题的解释》第8条的规定："商标法所称相关公众，是指与商标所标识的某类商品或者服务有关的消费者和与前述商品或者服务的营销有密切关系的其他经营者。"综合本案情况，我们可以提炼最高人民法院的裁判思路如下：申请商标满足在不相同商品上摹仿、复制、翻译驰名商标的基础上，判断该行为是否足以使得相关公众认为被诉商标与驰名商标存在相当程度的联系，从而损害驰名商标权利人的利益，应当着重分析二者面对的相关公众的范围，若二者面对的相关公众范围差异较大，且不存在丑化、弱化驰名商标等情形，则应认定申请商标未落入驰名商标跨类保护的范围；反之，若二者面对的相关公众重合度高，则申请商标的使用将很大程度上使得相关公众认为其与驰名商标存在相当程度的联系，其可能不正当地利用驰名商标的声誉，此时即使不存在丑化、弱化等行为，也可以认定申请商标落入了该驰名商标跨类保护的范围。

2. 商标法针对在先字号权保护的判断

本案的另一个争议焦点是，格斯公司主张被异议商标损害了其在先字号权。法律依据为《商标法》第31条针对在先权利的保护。针对该问题，一审、二审和再审法院均认为格斯公司无法证明其将"GUESS"商标作为字号使用在"子宫帽、避孕套、非化学避孕用具"商品或类似商品上并具有一定的知名度。故在此类商品上，格斯公司不存在在先字号权。《审理商标授权确权行政案件规定》第21条规定："当事人主张的字号具有一定的市场知名度，他人未经许可申请注册与该字号相同或者近似的商标，容易导致相关公众对商品来源产生混淆，当事人以此主张构成在先权益的，人民法院予以支持。"故针对在先字号权的保护，权利人需要举证其字号在被异议商标使用的商品类别上具有一定的知名度，可能使得相关公众产生来源混淆。而本案中格斯公司无法举证证明其"GUESS"商号在被异议商标申请的商品类别上具有一定知名度，无法获得在先权利的保护。

（三）总结

本案判决的核心在于驰名商标的跨类保护问题，最高人民法院在再审判决中的论证思路为司法实务中判断驰名商标的跨类保护问题提供了较为清晰的方向。将法律适用要件化，分别论证各要件的成立与否，是在司法实务中进行法律论证的较好方法。针对特定类别是否落入驰名商标跨类保护范围时，分析该特定类别上使用与驰名商标相同标识的行为是否"足以使得相关公众认为具有相当程度的联系"，可以着重从相关公众是否具有重合属性角度分析，以此进行是否提供跨类保护的法律论证。

9 恶意注册驰名商标的无效不受五年时间限制

——杭州奥普电器有限公司与云南奥普伟业金属建材有限公司、浙江现代新能源有限公司及国家工商行政管理总局商标评审委员会商标无效宣告行政纠纷案[*]

裁判要旨

杭州奥普电器有限公司（以下简称"奥普电器公司"）提出无效宣告请求的时间超出五年的期限，因此奥普电器公司是否可以请求宣告诉争商标无效，需要首先认定奥普电器公司主张的引证商标是否构成驰名商标及诉争商标的注册是否具有恶意。认定是否具有恶意可以考虑如下因素：其一，诉争商标与引证商标的近似程度；其二，引证商标的知名度；其三，核定使用商品之间的关联关系；其四，诉争商标的使用方式。虽然进行恶意注册判断应当以诉争商标申请注册时的事实状态作为判断基准，但此后诉争商标的使用方式可用以推定商标申请人注册该商标时的主观状态。

案情简介

本案诉争商标为第1737521号"奥普aopu"商标（见图1），由瑞安市奇彩贸易公司（以下简称"奇彩公司"）于2001年3月27日向商标局提

[*] 一审：北京知识产权法院（2015）京知行初字第4822号行政判决书；二审：北京市高级人民法院（2016）京行终5666号行政判决书；再审：最高人民法院（2017）最高法行申2986号行政裁定书。

出注册申请，于 2002 年 3 月 28 日核准注册，核定使用商品为第 6 类金属建筑材料。该商标于 2004 年转让给奇彩公司法定代表人涂某，又于 2009 年转让给浙江现代新能源有限公司（以下简称"现代公司"）。2013 年，该商标变更为由现代公司与云南奥普伟业公司金属建材有限公司（以下简称"奥普伟业公司"）共有。

图 1　第 1737521 号"奥普 aopu"商标

本案引证商标为第 1187759 号"奥普"商标（见图 2），由奥普电器公司于 1997 年 4 月 16 日向商标局提出注册申请，于 1998 年 6 月 28 日核准注册，核定使用在第 11 类热气淋浴装置、浴用加热器等商品上。

图 2　第 1187759 号"奥普"商标

2009 年，奥普电器公司提出对诉争商标的无效宣告申请，并请求认定引证商标为驰名商标，依据驰名商标的法律规定对其进行保护。商标评审委员会经审理认定，引证商标为第 11 类"热气沐浴装置、浴用加热器"商品上的驰名商标。而诉争商标经过长期使用已经建立了一定的市场声誉并形成了相关的公众群体，所以应维护诉争商标已形成的稳定的市场秩序。此外，奥普电器公司对诉争商标提出无效宣告申请时，诉争商标的注册时间已经超过五年，在案证据不足以证明诉争商标原所有人在申请注册之初具有利用引证商标声誉和影响力牟取不正当利益的恶意，故商标评审委员会作出商评字 [2015] 第 48255 号《关于第 1737521 号"奥普 aopu"商标无效宣告请求裁定书》（即被诉裁定），对诉争商标予以维持。奥普电器公司不服该裁定，于法定期限内提起行政诉讼。

奥普电器公司诉请撤销被诉裁定，并就诉争商标重新作出裁定，理由有三点：第一，被诉裁定认为诉争商标经过长期使用已经建立了一定的市场声誉并形成了相关的公众群体，应当对已经形成的市场秩序予以维护，上述认定与在案证据反映的客观事实完全不符，诉争商标的使用是建立在傍原告"奥普"名牌、搭原告便车的基础上的侵权行为。第二，诉争商标原始申请人奇彩公司所在地浙江瑞安与原告所在地浙江杭州为同一省域，引证商标在当地拥有更高的知名度与影响力，第三人应当知晓引证商标及其相关信息，加之"奥普"完全由原告臆造，显著性较强，可以推定诉争商标的原始申请人主观恶意。第三，诉争商标核定使用的商品与引证商标指定使用的商品虽不属于类似商品，但拥有重叠的销售渠道和销售场所，因此实际上造成了相关公众的混淆误认。

一审北京知识产权法院经审理认为：首先，商标评审委员会结合引证商标的持续使用、宣传及在先曾有被司法认定驰名商标的记录，综合认定引证商标为第11类"热气沐浴装置、浴用加热器"商品上的驰名商标正确；其次，综合考虑引证商标的驰名程度、显著性、使用宣传情况、诉争商标与引证商标的相似程度、诉争商标申请人与引证商标注册人是否存在特定关系及诉争商标注册后的使用情况等因素，应当认定诉争商标的注册构成恶意注册；最后，结合市场调查报告，诉争商标与引证商标共存已经产生误导公众、损害驰名商标注册人利益之后果。综上，被诉裁定认定事实和适用法律存在错误，北京知识产权法院予以纠正：撤销被诉裁定；商标评审委员会于一审判决生效后就奥普电器公司对诉争商标提起的无效宣告请求重新作出裁定。

商标评审委员会、奥普伟业公司、现代公司不服一审判决，提起上诉。二审北京市高级人民法院判决驳回上诉，维持原判。二审判决后，奥普伟业公司、现代公司不服，向最高人民法院申请再审。

诉辩意见

奥普伟业公司、现代公司再审请求撤销本案一审、二审判决，维持被诉裁定。两公司申请再审的主要理由如下。

2001年《商标法》[1]有关驰名商标跨类保护的规定对本案诉争商标的注册申请行为不具有溯及力，商标评审委员会和人民法院不应根据该规定对

---

[1] 本案例中的《商标法》若无特别说明均指2001年《商标法》。

诉争商标和引证商标作出评判。即使本案可以适用《商标法》关于驰名商标跨类保护的规定，奥普电器公司提交的证据亦不足以认定引证商标构成驰名商标。"奥普"两字并非臆造词汇，而是英文"OPUS"（意为作品、乐曲）的中文音译。在奥普电器公司成立之前，利越商标有限公司于 1992 年 5 月 25 日就申请注册了第 640728 号"奥普 OPUS"商标。虽然诉争商标与引证商标近似，但将"奥普"两字用作商标并非奥普电器公司所独创，不能认为诉争商标是对其进行复制、摹仿。诉争商标核定使用商品为第 6 类"金属建筑材料"，引证商标核定使用商品为第 11 类"热气淋浴装置"，两者的功能、用途差异较大，不属于类似商品，在规范使用的情况下不会引起混淆误认。原判决关于诉争商标的注册具有恶意的认定证据不足，适用法律错误。诉争商标经过使用形成了能够区分的市场格局及稳定的市场群体，原判决对该事实未予认定，系认定事实不清，适用法律错误。

裁判理由

（一）《商标法》关于驰名商标保护的规定对诉争商标的注册申请行为是否具有溯及力

根据《最高人民法院关于审理商标案件有关管辖和法律适用范围问题的解释》第 5 条的规定，对商标法修改决定施行前发生，属于修改后商标法第 13 条等条款所列举的情形，商标评审委员会于商标法修改决定施行后作出复审决定或者裁定，当事人不服向人民法院起诉的行政案件，适用修改后商标法的相应规定进行审查。该条规定中的"商标法修改决定"，指的是《全国人民代表大会常务委员会关于修改〈中华人民共和国商标法〉的决定》，该决定自 2001 年 12 月 1 日起施行。本案中，诉争商标的注册申请日为 2001 年 3 月 27 日，奥普电器公司提出无效宣告申请的主要事由为《商标法》第 13 条关于驰名商标保护的规定，商标评审委员会作出本案被诉裁定的时间为 2015 年 7 月 14 日。因此，《商标法》关于驰名商标保护的规定对诉争商标的注册申请行为具有溯及力。

（二）在诉争商标申请注册时引证商标是否已属于驰名商标

奥普电器公司在诉争商标争议程序中向商标评审委员会提交了企业基本状况及荣誉情况、产品生产销售情况、引证商标广告宣传情况等方面的证据。根据以上查明事实，可以认定在诉争商标申请注册时即 2001 年 3 月 27 日，奥普电器公司指定使用在第 11 类热气淋浴装置、浴用加热器等商品上的引证商标已是驰名商标。

（三）诉争商标是否构成对引证商标的复制、摹仿

诉争商标由汉字"奥普"与其拼音字母"aopu"组成，完全包含引证商标的文字"奥普"，且两者呼叫相同，应当认定诉争商标构成对引证商标的复制、摹仿。至于奥普伟业公司与现代公司申请再审所称"奥普"两字非奥普电器公司所独创，最高人民法院认为，无论该主张是否成立均与诉争商标是否构成对引证商标的复制、摹仿没有关联。

（四）对引证商标进行驰名商标保护时，能否禁止诉争商标在第 6 类商品上的注册和使用

诉争商标核定使用商品为第 6 类"金属建筑材料等"，引证商标核定使用商品为第 11 类"热气淋浴装置；浴用加热器等"。由于在集成吊顶产品出现之前，浴霸产品是安装在金属吊顶上使用，故引证商标核定使用的热气淋浴装置等商品，与诉争商标核定使用的金属建筑材料等商品，在生产部门、销售渠道等方面有密切的联系，并且诉争商标核定使用的商品主要为日常家居用的金属材料产品，与引证商标核定使用的商品热气淋浴装置，两者的相关公众高度重合，故在第 6 类金属建筑材料等商品上注册和使用与引证商标相同或近似的商标，将会误导公众，致使引证商标权利人的利益受损。

（五）诉争商标的注册是否具有恶意

诉争商标的申请注册人奇彩公司与引证商标权利人奥普电器公司均位于浙江省，在引证商标已经驰名的情况下，奇彩公司先是申请注册包含引证商标文字的诉争商标，随后又变更企业名称，将引证商标文字作为企业的字号，同时变更经营范围为与浴霸产品具有关联性的洁具、毛巾架、五金配件制造、销售。可见，奇彩公司申请注册诉争商标、变更企业名称、变更经营范围等一系列行为已构成一个整体，其目的就是囤积"奥普"标志资源、攀附奥普电器公司引证商标的声誉。因此，应当认定诉争商标的注册具有恶意。

此外，奥普伟业公司与现代公司申请再审还称，诉争商标经过使用形

成了能够区分的市场格局及稳定的市场群体。但是，根据一审、二审法院查明的事实，诉争商标核准注册之后，奇彩公司并未在金属建筑材料上使用诉争商标，奥普伟业公司与现代公司亦未提交能够证明诉争商标经过后续使用已形成可区分市场格局的证据，故该项申请再审理由不能成立。

综上，最高人民法院驳回奥普伟业公司、现代公司的再审申请。

案件评析

本案涉及法律溯及力与恶意注册驰名商标不受五年时间限制的问题，是家居行业维权胜利的典型案例，对于企业打击傍名牌、阻止侵权行为、维护品牌声誉具有重要示范意义。

（一）2001年《商标法》对于驰名商标的规定是否具有溯及力

古罗马法律格言曰："法律仅仅适用于将来，没有溯及力。"这一格言意指法律不溯及既往，被载入1804年《法国民法典》第2条。在法律实践中，当一部新法律（包括对原有法律修改后的新法律）生效后，对其生效以前发生或正在发生的事件和行为可否适用，即法的溯及力问题。近代以来，法律不溯及既往已从格言被确认为法治的原则之一，并被规定在许多国家和国际社会的重要法律文献中。❶《中华人民共和国立法法》（以下简称《立法法》）第104条规定："法律、行政法规、地方性法规、自治条例和单行条例、规章不溯及既往，但为了更好地保护公民、法人和其他组织的权利和利益而作的特别规定除外。"这是我国立法对法律溯及力的规定，被概括为"从旧兼有利"原则。

本案奥普电器公司就诉争商标提出无效宣告申请的主要依据为2001年修正《商标法》关于驰名商标保护的规定，但奥普伟业公司与现代公司再审申请称1993年修正《商标法》并没有规定驰名商标制度，2001年修正《商标法》自2001年12月1日起施行，而诉争商标注册申请日为2001年3月27日，根据"法不溯及既往"原则，2001年《商标法》关于驰名商标保护的规定对诉争商标的注册申请行为不具有溯及力。因此，本案首先要解决的争议焦点问题是2001年《商标法》关于驰名商标保护的规定对诉

---

❶ 朱力宇.关于法的溯及力问题和法律不溯既往原则的若干新思考[J].法治研究，2010（5）：14-23.

争商标的注册申请行为是否具有溯及力，也就是说奥普电器公司请求依据2001年《商标法》第13条第2款及第41条第2款的规定撤销诉争商标注册的主张能否成立。

虽然本案一审、二审与再审法院都支持奥普电器公司依据驰名商标保护的规定提出的无效宣告请求，但是在法律溯及力的问题上各级法院却出现了略微不同的理解。一审法院适用了2001年《商标法》，但是没有进行明确说理；二审法院依据2014年《最高人民法院关于商标法修改决定施行后商标案件管辖和法律适用问题的解释》第7条❶的规定，认为实体问题应适用2001年《商标法》，程序问题适用2013年《商标法》；而再审法院依据2002年《最高人民法院关于审理商标案件有关管辖和法律适用范围问题的解释》第5条❷的规定，认为应适用2001年《商标法》进行审查。笔者赞同最高人民法院的观点，诉争商标的注册申请日为2001年3月27日，是《全国人民代表大会常务委员会关于修改〈中华人民共和国商标法〉的决定》2001年12月1日施行前发生，属于2001年《商标法》第13条所规定的情形，而商标评审委员会作出本案被诉裁定的时间为2015年7月14日，系该决定施行后作出，符合《最高人民法院关于审理商标案件有关管辖和法律适用范围问题的解释》第5条之规定。因此，2001年《商标法》关于驰名商标保护的规定对诉争商标的注册申请行为具有溯及力。

（二）恶意注册驰名商标无效不受五年时间限制

2001年《商标法》第41条第2款规定："已经注册的商标，违反本法第十三条、第十五条、第十六条、第三十一条规定的，自商标注册之日起五年内，商标所有人或者利害关系人可以请求商标评审委员会裁定撤销该

---

❶ 《最高人民法院关于商标法修改决定施行后商标案件管辖和法律适用问题的解释》第7条规定："对于在商标法修改决定施行前已经核准注册的商标，商标评审委员会于决定施行前受理、在决定施行后作出复审决定或者裁定，当事人提起行政诉讼的，人民法院审查相关程序问题适用修改后的商标法，审查实体问题适用修改前的商标法。"

❷ 《最高人民法院关于审理商标案件有关管辖和法律适用范围问题的解释》第5条规定："除本解释另行规定外，对商标法修改决定施行前发生，属于修改后商标法第四条、第五条、第八条、第九条第一款、第十条第一款第（二）、（三）、（四）项、第十条第二款、第十一条、第十二条、第十三条、第十五条、第十六条、第二十四条、第二十五条、第三十一条所列举的情形，商标评审委员会于商标法修改决定施行后作出复审决定或者裁定，当事人不服向人民法院起诉的行政案件，适用修改后商标法的相应规定进行审查；属于其他情形的，适用修改前商标法的相应规定进行审查。"

注册商标。对恶意注册的，驰名商标所有人不受五年的时间限制。"本条赋予了商标所有人或者利害关系人在诉争商标的注册违反商标法规定时提出无效宣告请求的权利，但是为了确保商标专用权的稳定性，督促商标所有人或者利害关系人积极行使权利，无效宣告请求一般需要在诉争商标注册之日起五年内提出。然而，若诉争商标系对他人驰名商标的恶意注册，《商标法》出于加强驰名商标保护的考量，规定驰名商标所有人提起无效宣告请求不受五年的时间限制。

本案中，诉争商标于2002年注册，而奥普电器公司于2009年提出无效宣告请求，该无效宣告请求的时间已超出诉争商标注册后五年。因此，本案的关键问题是奥普电器公司的引证商标是否构成驰名商标及诉争商标的注册具有恶意。2001年《商标法》第14条明确了驰名商标的认定标准："认定驰名商标应当考虑下列因素：（一）相关公众对该商标的知晓程度；（二）该商标使用的持续时间；（三）该商标的任何宣传工作的持续时间、程度和地理范围；（四）该商标作为驰名商标受保护的记录；（五）该商标驰名的其他因素。"本案各级法院综合考虑了上诉因素都认定奥普电器公司的引证商标属于驰名商标。但是，法律对于恶意注册驰名商标的"恶意"如何界定并没有明确规定，因此本案各级法院对于诉争商标系恶意注册的认定具有重要的参考价值。

一审法院在对是否构成恶意注册进行判断时，认为应综合考虑引证商标的驰名程度、显著性、使用宣传情况、诉争商标与引证商标的相似程度、诉争商标申请人与引证商标注册人是否存在特定关系及诉争商标注册后的使用情况等因素。二审法院认为"恶意"是诉争商标的原始申请人在申请注册该商标时具有的主观意图，意图攀附他人良好商誉及商标知名度的属于该条所指的"恶意"，并指出认定是否具有恶意可以考虑如下因素：其一，诉争商标与引证商标的近似程度；其二，引证商标的知名度；其三，核定使用商品之间的关联关系；其四，诉争商标的使用方式。二审法院还认为，虽然进行恶意注册判断应当以诉争商标申请注册时的事实状态作为判断基准，但此后诉争商标的使用方式可用以推定商标申请人注册该商标时的主观状态。而再审法院将诉争商标的原始申请人奇彩公司申请注册诉争商标、变更企业名称、变更经营范围等一系列行为视为一个整体，指出其目的就是囤积"奥普"标志资源、攀附奥普电器公司引证商标的声誉，应当认定诉争商标的注册具有恶意。

综合上述本案各级法院对于诉争商标注册是否属于恶意的分析可知，只要商标的原始申请人在申请注册该商标时意图攀附他人良好商誉及商标知名度的，则属于"对恶意注册的，驰名商标所有人不受五年的时间限制"中所指的"恶意"。并且，一审、二审与再审法院均将诉争商标注册后的使用情况纳入考量，体现了打击恶意囤积商标的司法态度。

由本案所得的启示是，企业应当树立品牌维护意识，针对其他企业或个人恶意注册、傍名牌的行为进行积极维权，对于恶意注册的，及时提出商标异议或无效宣告申请，以阻止其注册为商标，避免为企业发展留下隐患。

10 代理人抢注商标行为的判断分析

——生活的艺术国际基金会诉国家工商行政管理总局商标评审委员会商标异议复审行政纠纷再审案*

裁判要旨

针对代理、代表关系下的商标抢注行为的判定中,有些抢注行为发生在代理、代表关系尚在磋商阶段,即抢注在先,代理、代表关系形成在后,此时应将其视为代理人、代表人的抢注行为。与上述代理人或代表人有串通合谋抢注行为的商标注册申请人,可以视其为代理人或者代表人。对于串通合谋抢注行为,可以视情况根据商标注册申请人与上述代理人或者代表人之间的特定身份关系等进行推定。本案中申请人和第三人虽然未签订正式的代理合同,但现有证据足以证明申请人和第三人为建立代理关系进行过磋商,据此认定本案第三人针对异议商标的申请注册违反《商标法》[1]第15条,构成代理人抢注。

案情简介

泉州美俪阿萨娜健身有限公司(以下简称"阿萨娜公司")于2008年6月23日申请注册的第6797428号"生活的艺术 THEARTOFLIVING"商

---

* 一审:北京市第一中级人民法院(2014)一中行(知)初字第7996号行政判决书;二审:北京市高级人民法院(2015)高行(知)终字第3778号行政判决书;再审:最高人民法院(2017)最高法行再10号行政判决书。

[1] 本案例中的《商标法》若无特别说明均指2001年《商标法》。

标，即本案的涉案争议商标，指定使用服务为医院、保健、理疗、理发店、疗养院、美容院、宠物饲养、庭园设计、眼镜行、卫生设备出租。在被异议商标初步审定公告期间，生活的艺术国际基金会（以下简称"基金会"）在法定期限内向商标局提出异议。商标局经审查作出（2012）商标异字第 06019 号"生活的艺术 THEARTOFLIVING"商标异议裁定（以下简称"第 06019 号异议裁定"），裁定被异议商标予以核准注册。基金会不服该裁定，向商标评审委员会申请复审。2013 年 10 月 9 日，商标评审委员会经审查作出商评字 [2013] 第 90185 号《关于第 6797428 号"生活的艺术 THEARTOFLIVING"商标异议复审裁定书》（以下简称"第 90185 号裁定"），裁定被异议商标予以核准注册。

基金会不服该裁定，向北京市第一中级人民法院提起行政诉讼。北京市第一中级人民法院认为现有证据不足以认定阿萨娜公司的行为属于《商标法》第 15 条所指情形，也不能证明被异议商标的注册违反《商标法》第 31 条规定。被异议商标的申请注册未构成《商标法》第 10 条第 1 款第（八）项所指情形，亦未构成《商标法》第 41 条第 1 款所指情形，故判决维持第 90185 号裁定。

基金会不服一审判决，向北京市高级人民法院上诉。北京市高级人民法院认为一审判决正确，遂判决驳回上诉，维持原判。

基金会不服二审判决，向最高人民法院申请再审，最高人民法院再审认为涉案争议商标违反《商标法》第 15 条的规定，构成代理人抢注的情形，遂判决撤销一审、二审判决，责令商标评审委员会针对争议商标重新作出复审决定。

诉辩意见

基金会的再审申请理由如下。①被异议商标的注册申请违反了《商标法》第 15 条的规定，应该不予核准。②被异议商标的注册申请损害了再审申请人的在先商号权，违反了《商标法》第 31 条的规定，应该不予核准。③被异议商标的注册申请构成了对再审申请人在先使用并具有一定影响的商标的恶意抢注，违反了《商标法》第 31 条的规定，应该不予核准。④被异议商标的注册申请违反了《商标法》第 10 条第 1 款第（八）项的规定，应该不予核准。⑤被异议商标的注册申请及原审第三人的其他显著恶意行为损害了相关领域的公共利益，并且破坏了商标注册管理秩序和公平竞争的市场秩序，浪费了行政和司法资源，构成了以其他不正当手段获得商标注册的情形，依据《商标法》第41条第1款的规定，被异议商标应该不予核准注册。

商标评审委员会的答辩被诉决定认定事实清楚，适用法律正确，作出程序合法，请求法院予以维持。

第三人阿萨娜公司等陈述称，①基金会提供的证据不足以证明其与阿萨娜公司存在商标法意义上的代理关系，被异议商标指定使用的服务项目与基金会所提供的服务不构成相同或类似服务。②基金会提供的证据不足以证明其将"生活的艺术""THEARTOFLIVING"作为商号及商标在中国在先使用并取得一定知名度，故诉争商标并未违反《商标法》第31条之规定，其注册诉争商标不具有任何恶意，消费者亦不会因此产生混淆误认。③在案证据不足以证明诉争商标系采用欺骗手段获准初步审定，亦不能证明诉争商标注册存在扰乱商标注册秩序、损害公共利益、不当占用公共资源或其他方式谋取不正当利益的情形。

裁判理由

最高人民法院认为，本案的争议焦点为诉争商标的注册是否违反了《商标法》第10条第1款第（八）项、第15条、第31条、第41条之规定。最高人民法院通过分析论证，认为诉争商标虽然不违反《商标法》第10条第1款第（八）项、第31条、第41条之规定，但其违反了《商标法》第15条之规定，构成代理人抢注，故判决撤销一审、二审判决，责令商标评审委员会重新作出裁定，具体的裁判理由如下。

（一）被异议商标的注册不违反《商标法》第10条第1款第（八）项

商标标志或者其构成要素可能对我国社会公共利益和公共秩序产生消极、负面影响的，属于《商标法》第10条第1款第（八）项规定的"其他不良影响。本案中，申请人提交的证据并未证明在中国境内"生活的艺术"和"THEARTOFLIVING"与其形成很强的对应关系，代表着公共利益，被异议商标的申请注册并未有害于社会主义道德风尚、社会公共利益或公共秩序。

（二）被异议商标的注册不违反《商标法》第31条

《商标法》第31条即规制恶意抢注和保护在先权利条款。本案证据难以证明基金会主张的"生活的艺术THEARTOFLIVING"商号在与被异议商标指定服务相类似的医院、保健等服务上经宣传使用已具有一定知名度，难以证明被异议商标的注册可能致使其利益受到损害，难以证明被异议商标的注册属于抢注基金会在先使用并有一定影响商标的行为，故认定被异议商标不违反《商标法》第31条。

（三）诉争被异议商标的注册不违反《商标法》第41条第1款

《商标法》第41条第1款即商标禁止注册绝对事由的撤销和无效条款。《审理商标授权确权行政案件规定》第24条规定："以欺骗手段以外的其他方式扰乱商标注册秩序、损害公共利益、不正当占用公共资源或者谋取不正当利益的，人民法院可以认定其属于商标法第四十四条第一款规定的'其他不正当手段'。"本案中，现有证据不能证明被异议商标的注册采取了欺骗手段及其他扰乱商标注册秩序、对公共利益造成损害、不正当占用公共资源、谋取不正当利益等手段。故被异议商标并不构成对《商标法》第41条第1款的违反。

（四）诉争商标的注册违反了《商标法》第15条

《商标法》第15条即禁止代理人、代表人抢注条款。法院认为，在本案中，根据查明的事实，双方邮件中涉及的相关网站名称、公司英文名称、联络人的名称、原审第三人公司网址的注册人及原审第三人的注册地址，以及再审申请人的志愿者胡女士实地走访原审第三人经营场所等信息和事实，已经形成完整的证据链条证明原审第三人即为本案代理关系中的代理人方，也可以证明再审申请人和原审第三人在为建立代理关系进行磋商。被申请人将再审申请人"THEARTOFLIVING"文字及"太阳天鹅"图案组合标识中的文字部分加上中文，拟将其注册为商标。根据对该标识的呼叫习惯，"生活的艺术THEARTOFLIVING"是再审申请人的"生活的艺术及图"标识的主要部分，参照《最高人民法院关于审理商标民事纠纷案件适用法律若干问题的解释》第9条的规定，诉争商标与再审申请人的"生活的艺术及图"标识两者构成近似商标。被申请人在与再审申请人建立代理关系磋商期间，将与再审申请人商标相近似的标识申请注册为商标，违反了《商标法》第 15 条的规定，原审法院及商标评审委员会认定不违反《商标法》第 15 条的规定，认定事实和适用法律均有错误。

案件评析

本案作为商标行政案件的典型案例，在认定是否构成代理人抢注方面具有典型意义。本案的争议焦点虽然包括被诉异议商标的注册是否违反《商标法》第 10 条第 1 款第（八）项、第 15 条、第 31 条、第 41 条之规定，但实际上，针对是否违反第 10 条第 1 款第（八）项、第 31 条、第 41 条之规定的问题，三级法院在认定上没有不同，属于较为清晰的法律判断问题。本案的关键和疑难点在于被诉异议商标的注册是否违反《商标法》第 15 条，即是否构成代理人、代表人抢注的问题。

本案适用的法律为 2001 年《商标法》，在 2001 年《商标法》中，针对代理人抢注的规制条款是第 15 条："未经授权，代理人或者代表人以自己的名义将被代理人或者被代表人的商标进行注册，被代理人或者被代表人提出异议的，不予注册并禁止使用。"本案关于能否适用该条的争议点在于：在双方进行了实质性磋商且通过电子邮件对代理合同内容进行确认但最终未正式签署的情况下，是否可以适用《商标法》第 15 条的规定。最高人民法院在本案中适用了 2017 年《审理商标授权确权行政案件规定》第 15 条第 2 款："在为建立代理或者代表关系的磋商阶段，前款规定的代理人或者代表人将被代理人或者被代表人的商标申请注册的，人民法院适用商标法第十五条第一款的规定进行审理。"（该司法解释明确规定了人民法院依据 2001 年《商标法》审理的商标授权确权行政案件可参照适用本规定。）本案中最高人民法院的裁判无疑是正确的，充分体现了《商标法》对于商标申请注册诚实信用原则的要求。《商标法》第 15 条关于代理人、代表人抢注的规制，目的是保护特殊的信赖关系，也是要求商标申请人在申请商标时必须符合诚实信用原则，通过特殊渠道知晓他人商标并进行商标抢注的行为不为《商标法》所支持。针对此种特殊关系下商标抢注的规制，现行《商标法》及前述商标行政授权确权规定对此进行了较为详细的规定。[1]

---

[1] 参见 2019 年《商标法》第 15 条，《审理商标授权确权行政案件规定》第 15 条、第 16 条。

结合本案，在适用《商标法》第15条规制特殊关系人抢注商标时，需要注意以下几个方面的问题。

（一）本条对于被代理人的保护范围局限于相同或类似商品

被代理人在适用本条对代理人的商标注册提出异议时，首先需要举证证明代理关系存在，即认定代理人的申请行为有违诚实信用原则；其次，需要举证证明代理人申请注册争议商标注册的商品类别与被代理人在先使用商标的商品类别相同或类似，申请注册的商标与被代理人的商标相同或近似。如果被代理人针对上述两个条件均能完成举证，则可以成功依据《商标法》第15条对他人的商标提出异议。《商标法》第15条将对被代理人商标的保护范围局限在相同或类似商品上，而没有给予跨类的保护，是立法选择的结果。其立法由固然出于对代理人违反诚实信用原则的恶意抢注行为进行规制，然而考虑到整个商标法的体系与框架，仍然要对这种规制设置合理的边界。这个边界就是相同或类似商品，而非进行跨类保护。在我国现行《商标法》中，只对已注册的驰名商标给予"跨类保护"，如果将对被代理人商标的保护强度扩展至非相同或者类似商品上，会导致法律适用上的混乱。[1] 针对相同商品的判断，以《商标注册用商品和服务分类表》为客观标准，判断难度不大。但针对类似商品的判断，国家知识产权局制定了《类似商品和服务区分表》以此作为判断的标准，但《最高人民法院关于审理商标民事纠纷案件适用法律若干问题的解释》规定"类似商品是指在商品的目的、内容、方式、对象等方面相同或者相关公众一般认为存在特定联系、容易造成混淆的商品"。故在法院的认定中，诸多时候会以相关商品容易使得相关公众混淆，从而突破《类似商品和服务区分表》，认定构成类似商品。譬如在"啄木鸟"案件[2]中，商标评审委员会依据《类似商品和服务区分表》，认定鞋与服装不属于类似商品，但最高人民法院认为鞋和服装的消费对象是相同的，允许在鞋和服装上共存近似商标，会导致相关公众混淆。最高人民法院也指出，《类似商品和服务区分表》可以作为判断类似商品或者服务的参考。但商品和服务的项目是在不断变化的，在类似商品和服务的认定上不能简单以《类似商品和服务区分表》为

---

[1] 谭乃文. "规制代理人抢注"条款的边界 [N]. 中国知识产权报，2013-08-30.
[2] 最高人民法院（2011）知行字第37号民事裁定书。

依据，需要考虑实际情况和个案因素。最终最高人民法院在本案中突破了《类似商品和服务区分表》的规定，认定鞋和服装属于类似商品。故在实务中，针对类似商品和服务的判断，并不能完全按照《类似商品和服务区分表》的划分，而应该综合案件的具体因素，以是否会造成相关公众混淆和误认为最终标准。

（二）代理人、代表人的范围认定问题

现行的《商标法》及其相关司法解释，为了扩大诚实信用原则的适用，对于本条的代理人和代表人的范围依据进行了较大的扩张。故在实践中，能够依据本条提出异议的主体范围也相对较为宽泛。代理人不仅包括《中华人民共和国民法典》中规定的代理人，也包括基于商事业务往来而可以知悉被代理人商标的经销商。代表人系指具有从属于被代表人的特定身份，执行职务行为而可以知悉被代表人商标的个人，包括法定代表人、董事、监事、经理、合伙事务执行人等人员。根据《审理商标授权确权行政案件规定》第16条的规定，代理人、代表人之外的其他关系人还包括存在亲属关系、劳动关系、营业地毗邻关系、进行过代理（代表）关系的磋商、进行过合同业务关系的磋商等人员。

（三）证明代理关系、代表关系存在的证明范围

证明代理关系存在的证据范围：①代理、经销合同；②可以证明代理、经销关系的交易凭证、采购资料等；③其他可以证明代理、经销关系存在的证据。

证明代表关系存在的证据范围：①企业注册登记资料；②企业的工资表、劳动合同、任职文件、社会保险、医疗保险材料；③其他可以证明一方当事人具有从属于被代表人的特定身份，执行职务行为而可以知悉被代表人商标的证据材料。

本案作为适用《商标法》第15条的典型案例，在认定代理关系成立的问题上，最高人民法院进行了权威的论证和说理，对此类案件具有重要参考意义。当然，随着诚实信用原则在商标法内的适用扩大，特殊关系人针对商标的抢注问题成为商标法规制的重点所在，特殊关系下权利人在适用《商标法》第15条来维护自身权利时，需要严格依据《商标法》的规定，按照《商标审查审理指南》的规定进行举证。

11 商标代理机构超出代理服务类别恶意注册问题研究

——湖南友谊阿波罗商业股份有限公司等与国家工商行政管理总局商标评审委员会商标权无效宣告行政纠纷案 *

裁判要旨

商标代理机构超出代理服务类别申请商标注册，需要综合全案情节考量，对于代理机构假借其法定代理人近亲属的名义进行注册的，属于有意规避法律规定进行的恶意注册行为，违反了《商标法》❶ 第 19 条第 4 款之规定。

大批量、规模性抢注商标且没有证据证明具有真实使用意图的行为，构成《商标法》第 44 条第 1 款 "以其他不正当手段取得注册商标" 的情形。

案情简介

诉争商标为第 13971828 号 "友阿" 商标，由申请人贺某高于 2014 年 1 月 24 日申请，指定使用商品第 14 类，即贵重金属合金、未加工或半加工贵重金属、首饰盒、银制工艺品、戒指（首饰）、宝石、珠宝首饰、手

---

* 一审：北京知识产权法院（2018）京 73 行初 1232 号行政判决书；二审：北京市高级人民法院（2018）京行终 5989 号行政判决书。

❶ 本案例中的《商标法》若无特别说明均指 2013 年《商标法》。

镯（首饰）、玉雕首饰、手表。该诉争商标于 2015 年 3 月 14 日被核准，商标专用权期限至 2025 年 3 月 13 日，该商标代理人为湖南华腾知识产权代理有限公司（以下简称"华腾公司"）。

湖南友谊阿波罗商业股份有限公司（以下简称"友谊公司"）申请注册有第 12919257 号"友阿百货"、第 12919324 号"友阿电器 Friendship & Appliance 及图"、第 13820258 号"友阿微购 youa-wego"、第 12919289 号"友阿春天 F & ASPRING100 及图"、第 12919303 号"友阿奥特莱斯及图"共计 5 个注册商标，核定使用服务类别皆为第 35 类"为零售目的在通信媒体上展示商品、特许经营的商业管理、替他人推销、市场营销"等。

友谊公司主张：第一，"友阿"商标是驰名商标，诉争商标申请人抢注之行为构成对《商标法》第 13 条未注册驰名商标保护之违反；第二，诉争商标申请人因与友谊公司具有代理、代表或其他关系而明知诉争商标并予以抢注，违反了《商标法》第 15 条之规定；第三，诉争商标申请人作为商标代理机构，注册其代理服务之外的商标，违反了《商标法》第 19 条第 4 款；第四，诉争商标与引证商标构成在同一种或类似商品或服务上的近似商标，其申请注册行为违反了《商标法》第 31 条；第五，诉争商标系对友谊公司在先商号权益及知名服务特有名称权的侵害；第六，诉争商标构成《商标法》第 44 条第 1 款"以欺骗手段或者其他不正当手段取得注册的"，商标局应宣告其无效。

一审北京知识产权法院认为：第一，在案证据尚不足以证明引证商标在诉争商标申请注册前已达到驰名程度；第二，在案证据也不足以证明贺某高与友谊公司存在代理、代表关系或者合同、业务往来等其他关系，或司法解释所规定的"商标申请人与在先使用人营业地址邻近"之情况；第三，本案诉争商标申请人贺某高并非商标代理机构；第四，友谊公司所主张的 5 枚引证商标均核定使用在第 35 类服务上，与诉争商标核定使用商品类别（第 14 类）在功能、用途、生产部门、销售渠道、服务对象等方面均存在较大差别，不属于相同或类似商品和服务；第五，在案证据不足以证明诉争商标的注册损害了友谊公司的在先商号权益及知名服务特有名称权；第六，诉争商标不属于《商标法》第 44 条第 1 款"以欺骗手段或者其他不正当手段取得注册的"情形。

友谊公司不服一审判决,向北京市高级人民法院提起上诉。

📝 诉辩意见

友谊公司的主要上诉理由如下:第一,诉争商标的注册违反了《商标法》第44条第1款的规定;第二,诉争商标的注册违反了《商标法》第19条第4款的规定;第三,诉争商标的注册违反了《商标法》第32条的规定。

商标评审委员会及第三人贺某高均服从原审判决。

📝 裁判理由

二审北京市高级人民法院裁判理由如下。

(一)诉争商标的注册是否违反了《商标法》第32条之规定

本案中,友谊公司提交的证据主要涉及百货零售等行业,不足以证明其"友阿"商号在诉争商标申请日之前,已使用在与诉争商标核定使用的"贵重金属合金、未加工或半加工贵重金属"等商品或所属行业上,并在相关公众中已经具有一定的知名度,易导致消费者对商品来源产生混淆误认从而致使友谊公司利益可能受到损害。同时,在案证据亦不足以证明诉争商标的注册损害友谊公司的知名服务特有名称权。因此,不构成对《商标法》第32条所述"他人现有的在先权利"之侵犯。

(二)诉争商标的注册是否违反了《商标法》第19条第4款的规定

依据《商标法》第19条第4款之规定,商标代理机构仅可以在"代理服务"上申请商标注册,在除此之外的其他商品或服务上则不得申请注册商标。无论商标代理机构是基于何种目的,只要在代理服务之外的商品或服务上进行的注册申请,均属于该条款禁止的情形。

本案中,贺某高在多个商品及服务上注册了80余枚商标,其中除诉争商标外,还包括"奢韵""亲舒""禧贝""贝拉米""芯丝翠""辣有道""驴友""雅歌丹"等众多与他人知名商标相同或相近的商标。华腾公司法定代表人贺某峰与贺某高系父子关系,而贺某峰持有华腾公司99%的股份,贺某高名下商标又均由华腾公司代理注册,据此可以认定贺某高、贺某峰及其任法定代表人与绝对控股的华腾公司明显具有抢注他人商标的共同故意。诉争商标系商标代理机构假借其工作人员近亲属之名申请注册，以达到规避法律之目的，故法院认定，贺某高的行为为商标代理机构的行为，并据此认定诉争商标的注册违反《商标法》第 19 条第 4 款之规定。

（三）诉争商标的注册是否违反了《商标法》第 44 条第 1 款之规定

根据《商标法》第 44 条第 1 款的规定，已经注册的商标是以欺骗手段或者其他不正当手段取得注册的，由商标局宣告该注册商标无效；其他单位或者个人可以请求商标评审委员会宣告该注册商标无效。该条款的立法目的在于贯彻公序良俗原则，维护良好的商标注册、管理秩序。大批量、规模性抢注商标且没有真实使用意图的行为构成"以其他不正当手段取得注册商标"的情形。本案中，贺某高在诉争商标之外，还注册有 80 余枚商标，且未举证证明具有使用的真实意图，故其申请行为已构成《商标法》第 44 条第 1 款所指情形，商标评审委员会和原审法院相关认定亦有误，北京市高级人民法院对此予以纠正。

案件评析

本案是对《商标法》第 19 条第 4 款适用的典型案例，其中法院对于"商标代理机构"身份的认定具有重要参考价值。

依据《商标法》第 19 条第 4 款之规定，商标代理机构除对其代理服务申请商标注册外，不得申请注册其他商标。无论商标代理机构是基于何种目的，只要是在代理服务之外的商品或服务上进行的注册申请，均属于该条款禁止的情形。该条款的立法目的在于遏制实践中出现的一些商标代理组织违反诚实信用原则，利用专业优势帮助他人恶意抢注商标，甚至自己直接抢注后通过转让牟利的情况。

本案中关于该条款适用的争议焦点在于，作为商标代理机构法定代表人近亲属的商标注册行为，是否能够认定为是商标代理机构的行为。何为"商标代理机构"？《商标法实施条例》第 84 条规定："商标法所称商标代理机构，包括经工商行政管理部门登记从事商标代理业务的服务机构和从事商标代理业务的律师事务所。"而北京市高级人民法院于 2019 年 4 月 24 日发布的《北京市高级人民法院商标确权授权行政案件审理指南》第 14.1 条特别指出："……虽未备案但实际从事商标代理业务的主体，属于商标法

第 19 条第 4 款规定的'商标代理机构',一般工商营业执照记载的经营事项不能作为排除认定'商标代理机构'的依据。"虽然行政法规、法院审理指南中对于"商标代理机构"的规定已经较为细化,但还是无法解释司法实践中的某些具体争议。

本案中,华腾公司属于《商标法》第 19 条第 4 款中所称"商标代理机构",这一点并无争议。但是,诉争商标的申请人是自然人贺某高,并非华腾公司,这也解释了为什么一审法院并不支持适用《商标法》第 19 条第 4 款。然而二审法院则是综合考量了贺某高的主观申请目的,以及与商标代理公司的客观联系等情形,其在多个商品及服务上注册了 80 余枚商标,其中除诉争商标外,还包括众多与他人知名商标相同或相近的商标;又兼华腾公司法定代表人贺某峰与贺某高系父子关系,而贺某峰持有华腾公司 99% 的股份,贺某高名下商标又均由华腾公司代理注册,据此进一步认定贺某高、贺某峰及其任法定代表人并绝对控股的华腾公司明显具有抢注他人商标的共同故意。进而,法院认定诉争商标系商标代理机构假借其工作人员近亲属之名申请注册,以达到规避法律之目的,违反了《商标法》第 19 条第 4 款之规定。

无独有偶,司法实践中利用其他身份关系试图规避《商标法》第 19 条适用的案件并不在少数。如在"飞雕"商标异议案中,李某、李某军申请注册了第 23202287 号"飞雕"商标,随后在公告程序被异议。据工商部门查询获悉,李某系咸阳无忧知网知识产权代理有限公司的监事,属于该公司的高层管理人员,负责公司的管理经营。商标异议决定书认为,李某的商标申请注册行为违反了《商标法》第 19 条第 4 款之规定。有学者评析道,对于这种恶意规避《商标法》的抢注行为,在适用《商标法》第 19 条时,应对商标代理机构作扩大解释,该案中的监事应作为广义上的"商标代理机构",由此可推,商标代理机构的董事、监事及其他高层管理人员也应属于广义上的"商标代理机构"。❶

司法实践中除了"友阿"案与"飞雕"案中的中借由近亲属关系、董监高层管理人员等身份规避"商标代理机构"身份之外,还有利用关联股

---

❶ 康艳丽.知识产权公司董监高是否属于《商标法》十九条的商标代理机构?[EB/OL].(2019-06-18)[2020-2-24]. https://mp.weixin.qq.com/s/6KX07R5nqz7KYzbCd2DWKQ.

东、关联公司等更为隐蔽的关系抢注商标的情形,这都为《商标法》第19条的适用提出了更高挑战。但是相信随着本案及其他类似案件判决的陆续作出,对于这些利用商标代理机构的各类隐蔽关系之名行商标恶意抢注之实的行为将在司法实践中被逐步类型化,进而《商标法》第19条第4款的可适用性也将增强。

除了本案中利用其他关系规避《商标法》第19条中"商标代理机构"身份之外,司法实践中还存在其他规避该规定适用之情形。例如,在经营范围中删除"商标代理",或是转让注册商标所有权等,但法院大都给出了否定的答案。前者如在百合时代投资发展有限公司(以下简称"百合时代公司")与国家知识产权局的驳回复审行政纠纷案❶中,百合时代公司在被诉裁定作出之前的2018年9月3日变更营业范围将"知识产权代理(除专利代理)"删除。但一审及二审法院审理后均认为,商标申请人是否属于"商标代理机构"的认定,应以其申请商标注册时的状态为准。后者如北京拍脑壳科技有限公司(以下简称"拍脑壳公司")诉商标评审委员会驳回复审行政案❷中,该案中诉争商标原申请人为北京知果果科技有限公司(以下简称"知果果公司"),申请注册的商品类别为第9类,知果果公司成立于2014年,经营范围包括"商标代理"。诉争商标申请过程中,知果果公司将其转让给拍脑壳公司,而拍脑壳公司的经营范围并不包括"商标代理"。但该商标的申请还是被引证商标驳回,拍脑壳公司作为涉案商标的权利继受人不服驳回裁定提起了诉讼。二审法院审理后认为,商标转让行为不能成为诉争商标申请注册未违反《商标法》第19条第4款规定的理由,否则很可能出现以商标转让之名,以规避第19条第4款规定为实的不诚信行为。可见司法实践中对于"商标代理机构"的认定是趋于严格的,具有身份联系、经营范围的更改及商标转让等情形,都无法规避该禁止性条款的适用。

司法实践中,对于《商标法》第19条第4款的严格"文义解释"已经成为主流。例如,在紫葳建筑技术研究所有限公司(以下简称"紫葳公司")诉商标评审委员会的驳回复审行政诉讼案❸中,诉争商标的申请人紫

---

❶ 北京市高级人民法院(2019)京行终8739号行政判决书。
❷ 北京市高级人民法院(2017)京行终1742号行政判决书。
❸ 北京知识产权法院(2015)京知行初字第6022号行政判决书。

葳公司主张其并非专业的商标代理机构,并提交了全国建设行业科技成果推广项目证书等证据用于证明其从事的经营范围是建筑行业,而非商标代理。但是法院认为,一方面,原告的经营范围中确有记载"商标代理和知识产权代理"业务;另一方面,原告虽提交证据证明建筑行业是其经营范围,但并没有充分的证据否定商标代理和知识产权代理也属于其经营范围,而且即使其目前未对外承接代理业务,也并不表示其未来不会实施商标代理的行为。

再如,引发学界广泛讨论的"上专商标"案[1],一审、二审法院都认定,商标代理机构的"自用"商标申请依然受到《商标法》第19条第4款的规制。《商标法》第19条第4款的泛化适用已经引发了部分学者的警觉,认为如此对"商标代理机构"的宽泛认定,以及不加区分商标申请目的的适用,可能会造成对一些"清白"企业的误伤。[2]虽然这种严格解释可以从源头遏制商标代理机构的恶意注册、囤积居奇乱象,但不是代价最小、效率最高的规制路径,《商标法》第7条、第15条、第32条等条款也一定程度上可以起到对于恶意注册的规制作用,而没有必要一味强化第19条第4款的适用。[3]

对于各企业而言,能做的就是在商标申请前,要尽量避免将"商标代理""知识产权代理"等描述写入自己的经营范围之中。同时,倘若遇到自己的商标被抢注,也可以仔细核查竞争企业的经营范围,灵活适用该条款进行反击。

---

[1] 北京市高级人民法院(2017)京行终3116号行政判决书。
[2] 王娜.浅析《商标法》第十九条第四款在司法审判实践中的适用标准[EB/OL].(2020-04-08). https://mp.weixin.qq.com/s/SBGrFcLtGzhzr0ke73MPHw.
[3] 黄武双.《商标法》第十九条第四款文义的解释方法[N].中国知识产权报,2015-10-30(6).

12 地理标志获《商标法》保护不以注册为前提

——国家知识产权局与法国国家产品原产地与质量管理局商标权无效宣告请求行政纠纷案 *

裁判要旨

《商标法》第 16 条规定，商标中有商品的地理标志，而该商品并非来源于该标志所标示的地区，误导公众的，不予注册并禁止使用。对于源自其他国家并以中文以外的其他语言文字表现的地理标志，如果中国相关公众已经将其与特定的中文标志建立起稳定的对应关系，应该对该特定中文标志予以保护。

争议商标核定使用商品类别与地理标志所标识类别不一致，但具有较为密切的关联，仍然容易导致相关公众误认为该产品来源于该地区并因此具有特定的质量、信誉或者其他特征的，亦违反《商标法》第 16 条第 1 款之规定。

案情简介

第三人吴某萍经商标核准转让于 2017 年 1 月 13 日获得涉案商标"罗曼尼·康帝"所有权，涉案商标申请注册日期为 2011 年 1 月 10 日，注册号

---

* 一审：北京知识产权法院（2018）京 73 行初 397 号判决书；二审：北京市高级人民法院（2019）京行终 1343 号判决书。

为第 9037930 号，核定使用商品为第 33 类"烧酒；苹果酒；葡萄酒；酒（利口酒）；白兰地；威士忌酒；含水果的酒精饮料；米酒；伏特加酒；黄酒"。

2017 年 8 月 31 日，经法国国家产品原产地与质量管理局申请，我国商标评审委员会作出商评字 [2017] 第 109592 号《关于第 9037930 号"罗曼尼·康帝"商标无效宣告请求裁定书》（以下简称"被诉裁定"），认定在案证据不足以证明涉案商标违反了《商标法》第 16 条之规定，亦未违反第 10 条第 2 款、第 10 条第 1 款第（八）项、第 41 条第 1 款之规定，予以维持。

一审北京知识产权法院认为：第一，"Romanee-Conti"与中文"罗曼尼·康帝"之间存在稳定的对应关系，后者应当作为葡萄酒商品上的地理标志予以保护；第二，争议商标在葡萄酒商品及与葡萄酒具有密切联系的商品上的注册，容易导致相关公众误认，违反《商标法》❶第 16 条的规定；第三，"Romanee-Conti""罗曼尼·康帝"不属于中国一般公众所知晓的外国地名，争议商标并未违反《商标法》第 10 条第 2 款的规定；第四，争议商标由中文"罗曼尼·康帝"构成，该标志并不会对我国的政治、经济、文化、宗教、民族等社会公共利益和公共秩序产生消极、负面影响，不构成对《商标法》第 10 条第 1 款第（八）项的违反。同时，鉴于《商标法》其他条款已对法国国家产品原产地与质量管理局权利予以保护，故不再适用《商标法》第 41 条第 1 款的规定。

国家知识产权局和吴某萍不服一审判决，向北京市高级人民法院提起上诉。

📝 诉辩意见

国家知识产权局的主要上诉理由如下：第一，"Romanee-Conti"虽然在其原属国已经获得葡萄酒原产地名称的保护，但该商标作为地理标志目前尚未在中国获准注册；第二，现有证据不能证明"Romanee-Conti"与"罗曼尼·康帝"已形成唯一对应关系。因而原审法院对《商标法》第 16 条适用错误。

第三人吴某萍的上诉理由如下：第一，法国国家产品原产地与质量管

---

❶ 本案例中的《商标法》若无特别说明均指 2001 年《商标法》。

理局所称的地理标志并非真实存在的地理名称；第二，原审判决认定的证据未经公证认证，应当不予采信；第三，争议商标所核定使用的商品并非"葡萄酒"，且吴某萍的商品标明的产地为中国国内，不会误导公众；第四，吴某萍是通过转让善意取得争议商标的。综上，不构成对《商标法》第16条之违反。

法国国家产品原产地与质量管理局服从一审判决。

裁判理由

二审北京市高级人民法院裁判理由如下。

（一）"Romanee-Conti"与"罗曼尼·康帝"满足《商标法》第16条关于地理标志保护的要件

1. "Romanee-Conti"是标示来源于法国特定地区葡萄酒商品的标志

据《商标法》第16条规定："商标中有商品的地理标志，而该商品并非来源于该标志所标示的地区，误导公众的，不予注册并禁止使用；但是，已经善意取得注册的继续有效。前款所称地理标志，是指标示某商品来源于某地区，该商品的特定质量、信誉或者其他特征，主要由该地区的自然因素或者人文因素所决定的标志。"依据本案中法国国家产品原产地与质量管理局提交的法兰西共和国官方公报、中国国家图书馆科技查新中心检索报告、相关葡萄酒专业书籍中的介绍、互联网上相关文章介绍等证据，能够证明"Romanee-Conti"是标示来源于法国特定地区葡萄酒商品的标志，而该商品的特定质量、信誉或者其他特征，主要由该地区的自然因素或者人文因素所决定。

2. 外国地理标志保护不以在国内申请注册为前提

虽然"Romanee-Conti"并未在我国作为地理标志商标申请注册，但《商标法》并未将此作为地理标志保护的前提条件，国家知识产权局以此作为上诉理由，缺乏事实和法律依据。

3. "Romanee-Conti"与"罗曼尼·康帝"已形成较为稳定的对应关系

法国国家产品原产地与质量管理局提交的《中华人民共和国国内贸易行业标准 SB/T11122-2015 进口葡萄酒相关术语翻译规范》相关摘页、相关报道等证据能够证明"Romanee-Conti"与中文"罗曼尼·康帝"之间存在稳定的对应关系，因此在中文"罗曼尼·康帝"与"Romanee-Conti"地理标志存在稳定对应关系的情形下，"罗曼尼·康帝"亦应作为葡萄酒商品上的地理标志予以保护。

（二）争议商标核定使用的葡萄酒商品以外的其他商品，与葡萄酒商品具有较为密切的关联，易导致相关公众误认

争议商标由中文"罗曼尼·康帝"构成，核定使用在第33类"烧酒；苹果酒；葡萄酒；酒（利口酒）；白兰地；威士忌酒；含水果的酒精饮料；米酒；伏特加酒；黄酒"商品上。其中，争议商标核定使用在葡萄酒商品上，显然容易误导公众，使相关公众误认为使用该商标的商品来源于该地理标志所标示的地区或具备相关品质特征，违反了《商标法》第16条第1款之规定。

依据《审理商标授权确权行政案件规定》第17条第1款的规定："……如果诉争商标指定使用的商品与地理标志产品并非相同商品，而地理标志利害关系人能够证明诉争商标使用在该产品上仍然容易导致相关公众误认为该产品来源于该地区并因此具有特定的质量、信誉或者其他特征的，人民法院予以支持。"而争议商标核定使用的葡萄酒商品以外的其他商品，亦与葡萄酒商品具有较为密切的关联，争议商标使用在上述商品上，仍然容易导致相关公众误认为该产品来源于该地区并因此具有特定的质量、信誉或者其他特征，依据《商标法》第16条第1款应予无效宣告。

案件评析

本案是典型的主张地理标志保护无效抢注商标的案件，本案一审、二审判决对于依据《商标法》第16条主张地理标志保护的适用具有重要参考意义。

具体而言，本案中存在两点实质性启发：一是《商标法》第16条所称地理标志的保护是否以在我国获得商标注册为前提；二是地理标志的保护范围是否仅限于相同商品。

关于争议焦点一，地理标志受到商标法的保护是否以获得我国商标注册为前提？答案是否定的。司法实践中一般认为对于《商标法》第16条中的地理标志的认定是一种事实认定，与其是否受到获得商标注册无关。其可获得保护的时间点也应以其实质成为地理标志的时间为准而非以其注册日为准。❶ 本案中，国家知识产权局以"Romanee-Conti"作为地理标志目前尚未在我国获准注册作为上诉理由，而二审法院明确表示《商标法》并未将获得我国商标注册作为地理标志保护的前提条件，不予支持。

类似的观点也在"西山焦 xishanjiao"商标争议行政诉讼案❷中得到支持。该案中第三人陈某华于 2004 年 12 月 16 日申请的第 4417386 号"西山焦 xishanjiao"商标，于 2007 年 6 月 14 日获准注册，而引证商标"西山焦枣"地理标志证明商标由池州市贵池西山富硒焦枣协会于 2009 年 10 月 30 日申请注册。该案中法院经审理认定"西山焦枣"符合《商标法》第 16 条所称地理标志保护要件，并进一步明确地理标志系事实认定，不以其作为注册商标的申请日为判断节点。在"香槟（CHAMPAGNE）"民事纠纷案❸中，北京市第一中级人民法院在分析"香槟"作为地理标志受保护的法律依据时，同样指出，《商标法》第 16 条体现了对未注册商标的保护，虽然属于授权性条款，但可参照该规定对遭受不法侵害的地理标志进行救济，而无须以该地理标志已取得商标注册为前提。

尽管不要求以在我国获得商标注册以作为地理标志受商标法保护的前提，但这并不意味着任何包含地名的标志均能受到我国商标法对地理标志的保护，尤其是当原标志与国内的语言文字有所差异时。本案中，法院进行了两个逻辑层面的论证。首先，依据法国国家产品原产地与质量管理局提交的 2 份法国官方公报载明，"Romanee-Conti"所指区域具备鲜明的自然属性与人文特征，与葡萄酒品质之间具有密切关联，故可以作为地理标志进行保护。其次，依据《中华人民共和国国内贸易行业标准 SB/T11122-2015 进口葡萄酒相关术语翻译规范》相关摘页等证据信息，可以认定在相关公众眼中"Romanee-Conti"与中文"罗曼尼·康帝"之间存在稳定的对应关系，后者亦可以作为地理标志受到保护。

在该事实认定的举证方面，当事人提供的常见证据除了原产地原产国官方公报、相关法令之外，还包括我国相关商品类别中的通用书籍、搜索

---

❶ 张涵、崔雯. 商标法体系下地理标志的司法保护 [EB/OL]. (2019-12-02)[2020-4-30]. https : //mp.weixin.qq.com/s/C1_siA4bXG_9-xDE2_8snQ.

❷ 北京市高级人民法院（2015）高行（知）终字第 1568 号行政判决书。

❸ 北京市第一中级人民法院（2012）一中民初字第 1855 号民事判决书。

引擎的搜索结果等，用于证明该标识能够体现出商品品质与自然人文因素之间的关联关系，且不构成通用名称。倘若涉及标识在各国不同语言文字间的相互转换，如本案中的法文地理标志"Romanee-Conti"与中文"罗曼尼·康帝"，则需要另外补充关于翻译对应关系的证据材料，如原产国官方公报中的对应翻译、我国贸易行业标准相关术语翻译规范、辞典中的翻译等。

关于争议焦点二，《商标法》第 16 条第 1 款所限定适用的商品范围问题，究竟是仅禁止同地理标志商品相同类别的商品的注册使用，或是禁止与地理标志商品类似的商品上注册使用，还是可以扩展到禁止他人在所有商品上注册和使用？本案中一审、二审法院观点一致，认为将争议商标核定使用在葡萄酒商品上，且争议商标中完整包含与葡萄酒商品上的地理标志"Romanee-Conti"具有稳定对应关系的中文译文"罗曼尼·康帝"的前提下，当然会导致相关公众的误认。而将争议商标核定使用在葡萄酒商品以外的其他商品上，由于这些商品均与葡萄酒商品具有较为密切的关联，仍然容易导致相关公众误认为该产品来源于该地区并因此具有特定的质量、信誉或者其他特征。

《审理商标授权确权行政案件规定》第 17 条第 1 款明确规定："……如果诉争商标指定使用的商品与地理标志产品并非相同商品，而地理标志利害关系人能够证明诉争商标使用在该产品上仍然容易导致相关公众误认为该产品来源于该地区并因此具有特定的质量、信誉或者其他特征的，人民法院予以支持。"也就是说，对于地理标志的保护可以扩展到"非同类"商品领域。但是对于该"非同类商品"的内涵，在解释上仍存在一定争议。有观点认为"非同类商品"应当作限制性解释，仅包括与地理标志商品相同或相类似的商品，而不包括不相类似的商品。[1] 而另有观点认为《商标法》第 16 条可以解读为包含"跨类"保护，因为《审理商标授权确权行政案件规定》第 17 条第 2 款确认地理标志商标可以选择依照《商标法》中驰名商标条款的第 13 条进行保护，据此判断地理标志可以如同驰名商标一样获得跨类

---

[1] 宋晓明，王闯，夏君丽，董晓敏.《关于审理商标授权确权行政案件若干问题的规定》的理解与适用 [J]. 人民司法（应用），2017（10）：35-43.

保护。❶

　　对此，司法实践中通常是将《商标法》第 16 条第 1 款的适用限定于相同或相类似商标的保护上。在"CHAM-PAIGN"商标行政纠纷案❷中，法院认定法国香槟酒行业委员会的"CHAMPAGNE"虽构成地理标志，但判定争议商标核定使用的洗发水、化妆品、喷发胶等商品与地理标志商品气泡白葡萄酒不属于"相同或者类似商品"，从而不会误导相关公众。而在本案中，争议商标"罗曼尼·康帝"核定使用在第 33 类"烧酒；苹果酒；葡萄酒；酒（利口酒）；白兰地；威士忌酒；含水果的酒精饮料；米酒；伏特加酒；黄酒"商品上。其中葡萄酒构成地理标志的相同商品，而其他商品也都是与葡萄酒相类似的含酒精的饮品。将涉案地理标志使用在这些饮品商品上，毫无疑问会使得相关公众误认为该产品来源于该特定地区并因此具有特定的质量、信誉或者其他特征。

　　此外，对于"误导公众"要件的判断，此处的"误导公众"，与普通商标的来源混淆有所不同，指的是误认为该产品来源于特定地区从而具有特定品质或其他特征。❸地理标志在同类产品使用时的绝对保护强调权利保护的确定性与绝对性，在非同类产品上使用的相对保护则更具有竞争性的色彩，因此需加以适用要件以确立侵权行为。而对于地理标志来说，其价值核心在于产源识别，而非商品识别，因而即使在某些情形下，未使得相关公众对产品的生产来源产生误认，但对产品的地理来源产生了不真实的引导，亦应当视为侵权行为。❹

　　本案还涉及地理标志条款和其他地名条款的适用关系问题。一审中原告法国国家产品原产地与质量管理局除了主张《商标法》第 16 条的地理标志保护之外，还提出《商标法》第 10 条第 2 款的地名商标条款、第 10 条第 1 款第（八）项的不良影响条款，以及第 41 条第 1 款其他不正当手段条

---

❶ 亓蕾.商标行政案件中地理标志司法保护的新动向——兼评《关于审理商标授权确权行政案件若干问题的规定》第 17 条 [J]. 法律适用，2017（17）：9-15.

❷ 北京市高级人民法院（2010）高行终字第 560 号行政判决书。

❸ 庄晓苑.含有"一切糕"二字就会产生误认吗？——从"切糕王子"商标驳回复审案谈《商标法》第十条第一款第（七）项的理解和适用 [J]. 中华商标，2017（7）：59-63.

❹ 钟莲.我国地理标志保护规则困境及体系协调路径研究 [J]. 华中科技大学学报（社会科学版），2020，34（01）：84-92.DOI：10.19648/j.cnki.jhustss1980.2020.01.11.

款等禁止注册事由。一审法院认为其中第 10 条第 2 款、第 10 条第 1 款第（八）项在本案中并不适用，而第 41 条第 1 款则在适用优先性上劣于第 16 条。《商标法》第 16 条作为地理标志保护的特殊条款，倘若能够在案件中满足其适用要件，依据特别条款优先于一般条款的原则，确应优先于地名商标条款、不良影响条款及其他不正当手段条款进行适用。

13 乔丹商标侵害迈克尔乔丹姓名权问题研究

——迈克尔·乔丹与国家工商行政管理总局商标评审委员会、乔丹体育股份有限公司商标争议行政纠纷案*

📝 裁判要旨

2001年《商标法》❶第31条❷规定的在先权利，指被保护的民事权利、民事权益在商标注册之日前就已经存在，已由民事主体依法享有，并且根据《中华人民共和国民法通则》（以下简称《民法通则》）《中华人民共和国侵权责任法》（现为《中华人民共和国民法典》替代，下同）（以下简称《侵权责任法》）和其他法律的规定，对此类民事权利或民事权益应予保护。

在适用《商标法》第31条关于"不得损害他人现有的在先权利"的规定时，自然人就特定名称主张姓名权保护的，该特定名称应当符合以下三项条件：其一，该特定名称在我国具有一定的知名度，为相关公众所知悉；其二，相关公众使用该特定名称指代该自然人；其三，该特定名称已经与该自然人之间建立了稳定的对应关系（但不需要达到唯一的程度）。姓名权人对其姓名的使用行为并非其姓名获得在先权利保护的必要条件。

系争商标申请人在明知他人姓名、名称知名度的前提下，仍注册与之

---

* 一审：北京市第一中级人民法院（2014）一中行（知）初字第9163号行政判决书；二审：北京市高级人民法院（2015）高行（知）终字第1915号行政判决书；再审：最高人民法院（2016）最高法行再27号行政判决书。

❶ 本案例中的《商标法》若无特别说明均指2001年《商标法》。

❷ 对应现行《商标法》第32条。

相同的商标，且不能就该商标使用缘由给出合理、令人信服的解释，可以认定商标申请人具有主观恶意，有违诚实信用的原则，系争商标侵害了姓名权人的在先姓名权。乔丹体育股份有限公司（以下简称"乔丹公司"）的经营状况，以及乔丹公司对其企业名称，有关商标的宣传、使用、获奖、被保护等情况，均不足以使得争议商标的注册具有合法性。

案情简介

乔丹公司是国内具有较高知名度的体育用品企业，在国际分类第25类、第28类等商品或者服务上拥有"乔丹""QIAODAN"等注册商标。迈克尔·乔丹系美国NBA著名篮球明星。2012年，迈克尔·乔丹以争议商标的注册损害其姓名权，违反《商标法》第31条关于"申请商标注册不得损害他人现有的在先权利"的规定等为由，向商标评审委员会提出撤销争议商标的申请。商标评审委员会裁定争议商标予以维持。商标评审委员会认为，从双方使用的广泛性、持续性、唯一对应性等方面综合考虑，本案尚不能认定"乔丹"商标与迈克尔·乔丹之间的对应关系已强于乔丹公司。综上，争议商标的注册未损害迈克尔·乔丹的姓名权。

迈克尔·乔丹不服，向北京市第一中级人民法院提起行政诉讼。北京市第一中级人民法院判决维持商标评审委员会的裁定。一审法院认为，本案证据尚不足以证明争议商标的注册损害了迈克尔·乔丹的姓名权，且通过各自较大规模的宣传、使用，双方已分别形成了各自的消费群体和市场认知，以及较为稳定的竞争秩序，故争议商标不应被撤销。迈克尔·乔丹不服，向北京市高级人民法院提起上诉，北京市高级人民法院判决驳回上诉。

迈克尔·乔丹不服，向最高人民法院申请再审。

诉辩意见

再审申请人迈克尔·乔丹的主要上诉理由如下：第一，关于再审申请人主张保护姓名权有法律依据，《商标法》第31条规定的"在先权利"包括姓名权；第二，再审申请人对"乔丹"和"QIAODAN"享有姓名权；第三，再审申请人具有超越篮球运动领域的广泛知名度，在相关公众的认知中，"乔丹"已经与再审申请人建立了对应关系；第四，再审申请人是否主动使用"乔丹""QIAODAN"对于其在本案中主张保护姓名权没有影响；第五，争议商标容易使相关公众联想到再审申请人，并认为标记有争议商标的商品与再审申请人有代言、许可等特定联系，损害了再审申请人的姓名权；第六，乔丹公司注册争议商标时存在明显的主观恶意；第七，乔丹公司的知名度建立在相关公众混淆误认的基础上，获得了本不属于其的市场竞争地位和经济利益，其知名度并不是诚信经营的结果，不能使其恶意注册正当化；第八，再审申请人并未怠于保护其姓名权；第九，二审判决遗漏了其有关《商标法》第 31 条的上诉理由；第十，争议商标违反《商标法》第 10 条第 1 款第（八）项、第 41 条第 1 款的规定。

商标评审委员会辩称：第一，关于再审申请人主张保护姓名权的法律依据，《商标法》第 31 条规定的"在先权利"包括姓名权，外国人的姓名权也可依法在我国受到保护，但应根据其在我国的知名情况来认定；第二，关于再审申请人姓名权所保护的具体内容，姓名的保护应当以我国社会公众的认知为基础，以社会公众对争议商标文字与姓名权人之间已经形成唯一、固定的对应性认知为前提；第三，关于再审申请人在我国的知名度，再审申请人在我国具有较高的知名度，但"乔丹"并未唯一、固定地指向再审申请人；第四，本案证据不能证明再审申请人及 NIKE 公司主动使用了"乔丹"或者"QIAODAN"，仅能证明再审申请人对于被称呼为"乔丹"并未提出异议；第五，关于争议商标的具体情形是否会使相关公众误认其与再审申请人具有关联，虽然争议商标指定的商品与再审申请人知名的领域及其商业价值均存在一定关联，但是从双方使用的广泛性、持续性、唯一对应性等方面综合考虑，难以认定在争议商标指定的商品上使用"乔丹"或"QIAODAN"时，相关公众将之与再审申请人联系的可能性会强于乔丹公司；第六，关于乔丹公司对于争议商标的注册是否存在主观恶意，虽然乔丹公司某些行为确有不当，但争议商标属于乔丹公司对其既已申请注册的其他商标的延续性注册；第七，乔丹公司对"乔丹"商标进行了长期、广泛的使用，取得较高的市场占有率和较大的影响力，与再审申请人及 NIKE 公司的商业活动并存市场已长达近 20 年，已分别形成了各自的消费群体和市场认知，本案并无证据证明在双方并存市场期间，客观上造成了混淆误认及竞争秩序混乱;第八,再审申请人具有怠于保护其姓名权的情形;第九,争议商标的注册未违反《商标法》第 10 条第 1 款第(八)项、第 41 条第 1 款的规定。

乔丹公司述称:第一,《商标法》第 31 条虽规定了"在先权利",但并未明确规定其中包括姓名权,不能用兜底条款或者通过扩大解释"在先权利",事后限制他人获得商标注册的机会;第二,再审申请人不能就"乔丹"享有姓名权;第三,再审申请人并未实际使用"乔丹"商标并对其贡献过商誉,或者受到财产损失;第四,乔丹公司基于信赖和防御目的申请注册争议商标,不违反法律规定;第五,乔丹公司对于争议商标的注册不存在主观恶意;第六,乔丹公司通过依法申请注册,有效地确立了与"乔丹"商标的具体联系;第七,我国商标制度采取的是"注册在先原则",如果姓名权的效力过分扩张,会使商标注册制度在很大程度上成为多余,因此本案应当严格解释《商标法》第 31 条中的"在先权利";第八,争议商标的注册未违反《商标法》第 10 条第 1 款第(八)项、第 41 条第 1 款的规定。

裁判理由

再审最高人民法院裁判理由如下。

(一)关于再审申请人主张保护姓名权的法律依据

首先,《商标法》第 31 条规定:"申请商标注册不得损害他人现有的在先权利"。该"在先权利"为概括性规定,可以根据《民法通则》《侵权责任法》等法律对特别民事权利和民事权益予以保护。❶ 其次,关于再审申请人在本案中主张的姓名权,《民法通则》第 99 条第 1 款、《侵权责任法》第 2 条第 2 款均明确了姓名权属于民事权益。据此,姓名权可以构成《商标法》第 31 条规定的"在先权利"。最后,姓名被用于指代、称呼、区分特定的自然人,姓名权是自然人对其姓名享有的重要人格权。在适用《商标法》第 31 条的规定对他人的在先姓名权予以保护时,不仅涉及对自然人人

---

❶ 当前,《民法典》第 1012 条规定:"自然人享有姓名权,有权依法决定、使用、变更或者许可他人使用自己的姓名,但是不得违背公序良俗。"《民法典》第 1018 条规定:"自然人享有肖像权,有权依法制作、使用、公开或者许可他人使用自己的肖像。"

格尊严的保护，而且涉及对自然人姓名，尤其是知名人物姓名所蕴含的经济利益的保护，否则可能导致消费者误认来源。

（二）关于再审申请人主张的姓名权所保护的具体内容

本案涉及再审申请人能否就其外文姓名的部分中文译名享有姓名权的问题。首先，由于语言和文化等方面的差异以及为了便于称呼，我国相关公众通常习惯于以外国人外文姓名的部分中文译名来指代、称呼该外国人，在判断外国人能否就其外文姓名的部分中文译名主张姓名权保护时，需要考虑我国相关公众对外国人的称谓习惯。其次，在适用《商标法》第31条关于"不得损害他人现有的在先权利"的规定时，自然人就特定名称主张姓名权保护的，该特定名称应当符合以下三项条件：其一，该特定名称在我国具有一定的知名度，为相关公众所知悉；其二，相关公众使用该特定名称指代该自然人；其三，该特定名称已经与该自然人之间建立了稳定的对应关系。本案中，迈克尔·乔丹作为知名球星，在我国具有广泛的知名度，乔丹公司也曾在《招股说明书》中承认相关公众可能会联想到球星迈克尔·乔丹，且两份调查报告的结果也显示相关公众普遍认为迈克尔·乔丹和乔丹公司之间存在特定联系。因此，根据自然人姓名权保护的条件，再审申请人就"乔丹"享有姓名权。

（三）关于再审申请人在我国具有何种程度和范围的知名度

本案证据可以证明在争议商标的申请日之前，直至2015年，再审申请人在我国一直具有较高的知名度，其知名范围已不仅局限于篮球运动领域，而是已成为具有较高知名度的公众人物。

（四）关于再审申请人及其授权的 NIKE 公司是否主动使用"乔丹"，其是否主动使用的事实对于再审申请人在本案中主张的姓名权有何影响

首先，"使用"是姓名权人享有的权利内容之一，并非其承担的义务，更不是姓名权人"禁止他人干涉、盗用、假冒"主张保护其姓名权的法定前提条件。其次，在适用《商标法》第31条的规定保护他人在先姓名权时，相关公众是否容易误认为标记有争议商标的商品或者服务与该自然人存在代言、许可等特定联系，是认定争议商标的注册是否损害该自然人姓名权的重要因素。因此，在符合最高人民法院阐明的有关姓名权保护的三项条件的情况下，自然人有权根据《商标法》第31条的规定，就其并未主动使用的特定名称获得姓名权的保护。

（五）关于争议商标的具体情形是否会使相关公众误认为与再审申请人具有关联

上述商品的相关公众容易误认为标记有争议商标的商品与再审申请人存在代言、许可等特定联系。首先，本案证据足以证明再审申请人及其姓名"乔丹"在我国具有长期、广泛的知名度，相关公众熟悉并普遍使用"乔丹"指代再审申请人。其次，乔丹公司在《招股说明书》之"品牌风险"中特别注明不要与迈克尔·乔丹联系起来，表明其已经认识到相关公众容易将"乔丹"与再审申请人相互联系，可能导致相关公众误认。最后，两份调查报告可以与其他证据结合，进一步证明相关公众容易误认为"乔丹"与再审申请人存在特定联系。

（六）关于乔丹公司对于争议商标的注册是否存在明显的主观恶意

乔丹公司申请注册争议商标时是否存在主观恶意，是认定争议商标的注册是否损害再审申请人姓名权的重要考量因素。而本案证据足以证明乔丹公司是在明知再审申请人及其姓名"乔丹"具有较高知名度的情况下，并未与再审申请人协商、谈判以获得其许可或授权，而是擅自注册了包括争议商标在内的大量与再审申请人密切相关的商标，放任相关公众误认为标记有争议商标的商品与再审申请人存在特定联系的损害结果，使得乔丹公司无须付出过多成本，即可实现由再审申请人为其"代言"的效果。乔丹公司的行为有违《民法通则》第4条规定的诚实信用原则，其对于争议商标的注册具有明显的主观恶意。❶

（七）关于乔丹公司的经营状况，以及乔丹公司对其企业名称、有关商标的宣传、使用、获奖、被保护等情况，对本案具有何种影响

乔丹公司经过多年的经营，已具有较大的规模，占据了一定的市场份额，在相关行业具有一定的知名度。然而，上述事实并不影响关于争议商标的注册损害再审申请人在先姓名权的认定。首先，在认定争议商标的注册是否损害他人在先姓名权时，关键在于是否容易导致相关公众误认为标记有争议商标的商品或者服务与姓名权人之间存在代言、许可等特定联系，

---

❶ 当前，《民法典》第7条规定："民事主体从事民事活动,应当遵循诚信原则,秉持诚实,恪守承诺。"

其构成要件与侵害商标权的认定不同。即使乔丹公司经过多年的经营、宣传和使用，使得乔丹公司及其"乔丹"商标在特定商品类别上具有较高知名度，相关公众能够认识到标记有"乔丹"商标的商品来源于乔丹公司，也不足以据此认定相关公众不容易误认为标记有"乔丹"商标的商品与再审申请人之间存在代言、许可等特定联系。其次，本案争议商标指定的商品为第28类"体育活动器械、游泳池（娱乐用）、旱冰鞋、圣诞树装饰品（灯饰和糖果除外）"。乔丹公司并未举证证明在上述商品上宣传、使用争议商标，使得争议商标具有较高的知名度或者显著性，上述商品与乔丹公司的主营业务"运动鞋、运动服装和运动配饰的设计、生产和销售"亦存在或多或少的差异。因此，难以认定在争议商标指定的商品类别上，争议商标已经具有较高的知名度或者显著性。最后，《民法通则》第4条规定："民事活动应当遵循……诚实信用的原则。"乔丹公司恶意申请注册争议商标，损害再审申请人的在先姓名权，明显有悖于诚实信用原则。

（八）关于再审申请人是否具有怠于保护其主张的姓名权的情形，该情形对本案有何影响

《商标法》第41条第2款规定："已经注册的商标，违反本法……第三十一条规定的，自商标注册之日起五年内，……可以请求商标评审委员会裁定撤销该注册商标。"本案中，再审申请人在争议商标注册之日起五年内向商标评审委员会提出撤销申请，符合上述法律规定。

综上，《商标法》第31条规定的"在先权利"包括他人在争议商标申请日之前已经享有的姓名权。再审申请人对争议商标标志"乔丹"享有在先的姓名权。乔丹公司明知再审申请人在我国具有长期、广泛的知名度，仍然使用"乔丹"申请注册争议商标，容易导致相关公众误认为标记有争议商标的商品与再审申请人存在代言、许可等特定联系，损害了再审申请人的在先姓名权，乔丹公司对于争议商标的注册具有明显的主观恶意。乔丹公司的经营状况，以及乔丹公司对其企业名称、有关商标的宣传、使用、获奖、被保护等情况，均不足以使得争议商标的注册具有合法性。

案件评析

本案是典型的姓名权作为在先权利限制商标权使用的案件。由于再审申请人迈克尔·乔丹是外籍人士,而第三人乔丹公司注册的争议商标又在中国经过了多年的使用,使得其中问题复杂。在再审中,最高人民法院通过对八个相关问题的逐步剖析,最终认定乔丹公司侵犯了迈克尔·乔丹的姓名权,违背诚实信用原则,其中运用的判定思路与法律逻辑值得研读与借鉴。

本案的争议焦点之一是姓名权是否属于《商标法》第 31 条所规定的在先权利。《商标法》第 31 条规定"申请商标注册不得损害他人现有的在先权利",但并未说明"在先权利"究竟有哪些。作为概括性规定,无疑增加了法院判定的难度,本案中正是如此。最高人民法院从立法宗旨出发,认为该"在先权利"应当指根据其他法律的规定应予保护,并且在争议商标申请日之前已由民事主体依法享有的民事权利或者民事权益。通过援引《民法通则》和《侵权责任法》的相关规定,可以认定姓名权属于法律予以保护的民事权益。同时,最高人民法院明确提出随着经济社会的发展,姓名权作为一项人身权利,开始越来越广泛地被应用于商业领域,从而获得了由姓名产生的财产性利益。如果不将姓名权认定为此处的在先权利予以保护,很可能破坏商标识别来源的作用,造成公众的混淆、误认,从商标的核心功能来看,也是不妥的。最高人民法院的上述认定,充分考虑了《商标法》第 31 条的精神,同时又将对姓名权的保护与防止混淆、保护消费者利益的立法目的结合起来,极具说服力。因此,乔丹公司抗辩称不应当对该规定进行扩张性解释,对于这一点,最高人民法院予以了否认。由此可以推定,最高人民法院对于《商标法》第 31 条所指代的"在先权利"的门槛的判定很低,只要一项民事权利或者民事权益是受到某个法律保护的,就应当属于此处的在先权利。随着经济社会的发展,今后的案例中诉称应当作为在先权利予以保护的民事权利甚至民事权益种类将会更多,而最高人民法院的这一认定思路也昭示了在诉讼中抗辩是否属于在先权利的有效路径。

尽管认定了姓名权属于在先权利,但接下来的问题是,满足什么样的要件,才能依据《商标法》第 31 条的规定主张姓名权受保护。从立法宗旨来看,该条规定旨在平衡在先权利人和商标权人的权益,因此标准定得过高或者过低都不够恰当。最高人民法院认为,在适用《商标法》第 31 条关于"不得损害他人现有的在先权利"的规定时,自然人就特定名称主张姓名权保护的,该特定名称应当符合以下三项条件:其一,该特定名称在我国具有一定的知名度,为相关公众所知悉;其二,相关公众使用该特定名称指代该自然人;其三,该特定名称已经与该自然人之间建立了稳定的对应关系。最后一个条件明确推翻了商标评审委员会、一审法院、二审法院认为姓名和自然人必须形成唯一对应关系才能受到保护的观点。最高人民法院指出,如果以商标评审委员会主张的"唯一"对应作为主张姓名权的前提条件,将使得与他人重名的人,或者除本名之外还有其他名称的人,不论其知名度或者相关公众认知情况如何,均无法获得姓名权的保护。正如最高人民法院指出,人有姓名、笔名、绰号等多种称谓,且这些称号不可能是唯一的,比如重名的人也有很多,要求姓名和自然人之间形成"唯一"对应过于严苛,几乎可以说是剥夺了姓名权受保护的可能性,甚至很多世界驰名商标也难以做到商标与商品或者服务达成唯一对应关系的程度。例如,提到"光明"二字,有人可能认为是光明乳业,有人可能认为是"光明日报",由此可见,经营多年、享誉全国的商标尚且会落入非唯一对应关系的困境,何况联结更为薄弱的自然人。商标评审委员会和一审法院、二审法院的观点显然有失妥当,也因此得出了再审申请人的姓名权不能取得保护的错误结论。

在构成要件的争议中,争议焦点之二是姓名权人对其姓名的使用行为是否为其姓名获得在先权利保护的必要条件。乔丹公司辩称,再审申请人并未实际使用"乔丹"商标并对其贡献商誉,亦未受到财产损失。再审申请人已经将其姓名的财产权益独家许可给 NIKE 公司,无权以自己的名义再行主张姓名权中的财产权益。这种申辩蕴含的逻辑是,姓名或者称号如果不经过使用,就不具有商品化权益或者财产价值,这显然是错误的。试想,世界上有着很多知名度极高的名人,但并未将自己的姓名、笔名等授权给他人使用,或自己进行商业性使用,难道此时就不具有财产利益吗?如果答案是肯定的,那么一定会发生大肆的恶意抢注现象,将他人已经具有知名度的称号作为自己的商标使用。判断此种观点的正误,仍需要从商标的功能入手。一旦名人的姓名被作为商标使用,一定会给部分消费者带来影响,认为是名人代言、创设的产品,对商品或者服务的来源产生混淆、误认，损害消费者的权益。同时，恶意攀附他人声誉，行搭便车之实，违背了诚实信用原则，也应当受到《反不正当竞争法》的规制。最高人民法院着眼于消费者的利益，认为在适用《商标法》第 31 条的规定保护他人在先姓名权时，相关公众是否容易误认为标记有争议商标的商品或者服务与该自然人存在代言、许可等特定联系，是认定争议商标的注册是否损害该自然人姓名权的重要因素。此外，最高人民法院还通过《民法通则》第 99 条第 1 款规定，明确表明"使用"是姓名权人的权利，而非义务。

本案的争议焦点之三是，乔丹公司对商标进行了多年的使用和经营，使得乔丹品牌的知名度大大提高，占据了相当大的市场份额，上述事实是否影响关于争议商标的注册损害再审申请人在先姓名权的认定。乔丹公司辩称，即使当初申请时"乔丹"商标侵犯了他人的在先权利，但经过多年的经营、宣传和使用，使得乔丹公司及其"乔丹"商标在特定商品类别上具有较高知名度，已经形成了稳定的消费群体和市场认知，不会造成秩序的混乱，因此撤销"乔丹"商标的理由不复存在。这一观点是不能成立的，也同样被最高人民法院在再审判决中予以否认。

首先，侵权成果的卓越性并非侵权认定的阻却或免责条件。比如，在查某镛诉杨某案[1]中，作家杨某未经允许改编了查某镛的小说，形成了新的作品《此间的少年》，并成为畅销书籍，但如果他的行为符合《中华人民共和国著作权法》（以下简称《著作权法》）规定的侵权要件，无论他的作品此后达到了何等的成就，都不影响他的侵权事实的成立，《商标法》领域亦是如此。同时，可以推断，正是由于在初期恶意攀附了具有较高知名度的名人的姓名或者称号，搭他人在先权利之便车，才会在此后的发展中较为顺利地壮大并取得成功。如果一个侵权行为在后期因侵权成果的丰硕而免于侵权责任的承担，可以想见，市场中故意搭便车、违背诚实信用原则的行为只会愈演愈烈，这无疑是对良好的市场竞争秩序的冲击。

其次，退一步说，即使"乔丹"商标在使用中已经在相关公众中取得了与该企业的稳定联系，仍不能据此认定相关公众不会产生混淆误认。正如前文所述，任何商标和商品、服务之间都很难建立"唯一"稳定的联系，

---

[1] 广州市天河区人民法院（2016）粤 0106 民初 12068 号民事判决书。

相关公众看到"乔丹"商标，既可以联想到乔丹公司，也可以联想到再审申请人，同时也可能产生两者之间存在某种代言、合作关系的联想。在本案中，再审申请人提交的两份零点调查公司于2012年完成的迈克尔·乔丹与乔丹公司联想调查报告（全国、上海），也进一步佐证了该观点。两份调查报告显示，向受访者提问"提到'乔丹'，您第一反应想到的是"时，分别有85%、63.8%的受访者回答想到的是再审申请人，分别有14.5%、24%的受访者回答想到的是"乔丹公司"。在问到再审申请人与"乔丹公司"之间的关系的时候，分别有68.1%、58.1%的受访者认为二者有关。由此可见，公众对于商标与来源的认知并非唯一对应关系，而是多个稳定的联系同时存在。因此，商标评审委员会认定"不能认定'乔丹'与再审申请人之间的对应关系已明显强于与乔丹公司的联系"，由此认定不会造成混淆、误认，在法律上于法无据，在事实上缺乏论据，在逻辑上较为牵强。

该判决的亮点还在于，最高人民法院高度重视主观意图在在先权利侵权判定中的作用。最高人民法院通过商标申请注册的时间、乔丹公司在《招股说明书》中的特别注明、对商标寓意的来源和寓意的解释存在反复和自相矛盾、注册的其他系列商标均与再审申请人存在某种关联等一系列事实，认定乔丹公司注册"乔丹"商标具有侵犯他人在先权利的恶意，并基于此结论进一步认定确属侵犯他人姓名权的情形。从近年来《商标法》的修改中可以看出，立法愈发重视对于恶意注册商标的规制，最高人民法院的判决也顺应了这一趋势，从立法到司法，从核准注册到侵权认定，对于他人在先权利的双重保障有助于进一步打击和遏制恶意注册商标的行为，从而有效促进良好市场秩序的形成。

综上所述，最高人民法院的判决厘清了商标法保护在先权利的范围和构成要件，详细阐述了保护外国人姓名权的合理性和正当性，否定了市场声誉可以阻却侵权成立或免除侵权责任的观点，并指明了姓名权的保护不以使用为前提，对于理论界和实务界更好地理解、适用《商标法》第31条具有重要指导意义。同时，再审申请人在系列诉讼中使用的可视化对比、消费者调查等方式和手段也被各个法院予以了肯定，可以进行摹仿和借鉴。此外，乔丹商标系列案件仍在继续中，比如乔丹拼音商标、乔丹图形商标，作为在先权利的典型案例，各方观点的论证与法院的判决都值得我们持续关注。

14 域名作为在先权利阻却商标注册问题研究

——广州绿油油信息科技有限公司诉国家工商行政管理总局商标评审委员会案 *

📝 裁判要旨

虽然《商标法》❶中没有明确规定域名属于第32条❷规定的"在先权利",但是根据《民法通则》(现为《中华人民共和国民法典》替代)和其他法律的规定,域名属于应予保护的合法权益。域名是注册、使用人在互联网上彰显自己的标志,具有标识性知识产权的性质。因此,虽然域名并非法定权利,但亦应当属于《商标法》第32条所保护的合法权益。

📝 案情简介

原告广州绿油油信息科技有限公司(以下简称"绿油油公司")因商标权无效宣告请求行政纠纷一案,不服被告商标评审委员会于2017年2月17日作出的商评字[2017]第10732号关于第12252609号"PAPERPASS"商标无效宣告请求裁定,于法定期限内向北京知识产权法院提起行政诉讼。北京知识产权法院于2017年4月6日受理后,依法组成合议庭,并通知被

---

* 北京知识产权法院(2017)京73行初2369号行政判决书。
❶ 本案例中的《商标法》若无特别说明均指2001年《商标法》。
❷ 对应现行《商标法》第32条。

诉裁定的利害关系人北京智齿数汇科技有限公司（以下简称"智齿数汇公司"）作为第三人参加诉讼，于2018年1月24日公开开庭审理了此案。

诉辩意见

关于诉争商标的注册是否损害"PaperPass.com"在先域名权，是否以不正当手段抢先注册智齿数汇公司已经使用并有一定影响的商标等问题，原被告诉辩意见如下。被告商标评审委员会在被诉裁定中认为，智齿数汇公司提交的证据显示，诉争商标申请注册前，智齿数汇公司已将"PaperPass"作为其域名和商标使用在论文检测查询系统等服务，经其长期广泛的宣传和实际的商业使用，已在与教育相关的互联网行业具有一定知名度和影响力，"PaperPass"与智齿数汇公司产生紧密联系，应受法律保护，且诉争商标文字与在先域名和商标的显著文字完全相同。根据当事人提交的证据及商标评审委员会查明的事实表明，智齿数汇公司与绿油油公司属相同行业领域中的市场主体，绿油油公司对上述情形理应知晓，其将与智齿数汇公司在先注册域名的显著部分文字及已经使用并有一定知名度和影响力的"PaperPass"商标相同的文字作为诉争商标申请注册，其注册行为难谓正当，已构成《商标法》第32条所规定的情形，诉争商标应予以无效宣告。

原告绿油油公司认为，诉争商标在2013年3月12日申请，第三人智齿数汇公司成立于2013年8月14日，"PaperPass.com"域名原注册人并非智齿数汇公司，现有证据无法证明智齿数汇公司或其股东实际受让"PaperPass.com"域名的时间早于诉争商标申请日，智齿数汇公司对"PaperPass.com"并不拥有在先权利。域名与商标是分属不同体系的标识，域名注册时间较早并不一定产生冲突，只有智齿数汇公司取得了域名并进行了实际使用，并因该使用形成的知名度才能归属于智齿数汇公司。考虑到智齿数汇公司实际成立时间晚于诉争商标申请日，且也无证据证明智齿数汇公司或其股东在诉争商标申请日前取得该域名并主动使用。因此，智齿数汇公司并无与该域名有关的在先权益。智齿数汇公司提供的证据不足以证明其"PaperPass.com"域名在诉争商标申请日前在"论文检测查询"服务上已经具有一定知名度。一方面，智齿数汇公司提交的所有证据显示的均是"PaperPass.org"与智齿数汇公司主张与被告认定的"PaperPass.com"为不同域名，且智齿数汇公司并非"PaperPass.org"域名的注册人，该域名也不复存在，智齿数汇公司对该域名不拥有任何权利，该域名的使用情况与智齿数汇公司无关。即使如智齿数汇公司所述，2012年"PaperPass.org"与"PaperPass.com"绑定，"PaperPass.org"指向"PaperPass.com"，但其提交的"PaperPass.org"使用证据依然不足以证明该域名在诉争商标申请日前的知名度。

被告商标评审委员会辩称，坚持被诉裁定的认定。被诉裁定认定事实清楚，适用法律正确，作出程序合法，请求法院予以维持。

裁判理由

对于《商标法》已有特别规定的在先权利，按照《商标法》的特别规定予以保护；《商标法》虽无特别规定，但根据《民法通则》和其他法律的规定属于应予保护的合法权益的，应当根据该规定给予保护。域名是互联网用户在网络中的名称和地址，其不仅是互联网上识别和定位计算机的层次结构式的字符标识，更是注册、使用人在互联网上彰显自己的标志，具有标识性知识产权的性质。因此，虽然域名并非法定权利，但亦应当属于《商标法》第32条所保护的合法权益。

国际域名注册证书可以证明智齿数汇公司为"paperpass.org"的现注册所有人，享有"paperpass.org"域名的域名权，注册日期2008年5月26日早于诉争商标申请日2013年3月12日。智齿数汇公司提交的（2016）京海诚内民证字第457号公证书可以证明在诉争商标申请日前"paperpass.org"已经投入使用并有一定知名度。该公证书内容包括与"paperpass.org"有关的网络新闻报道及人人网、猫扑大杂烩、百度知道、新浪博客、金沙蚕学梦、日语家园等网站对 www.paperpass.org 的推荐帖、国家图书馆文献复制证明、数据专家网站查询2011年paperpass访问量等使用证据。诉争商标系"PaperPass"英文商标，诉争商标与智齿数汇公司在先域名"paperpass.org"在构成要素、读音、外观等方面十分相近。诉争商标核定使用的"组织教育或娱乐竞赛；组织文化或教育展览；培训；在计算机网络上提供在线游戏；音乐主持服务；教育考核；教育信息；组织表演（演出）；实际培训（示范）辅导（培训）"服务与智齿数汇公司在先域名从事并享有一定知名度的"论文检测查询系统"在服务对象、服务方式上关联密切。因此，如果诉争商标予以核准注册，容易导致相关公众误认为绿油油公司提供的服务来源与智齿数汇公司存在特定联系，可能使智齿数汇公司利益受到损害，故诉争商标损害了智齿数汇公司的在先域名权。

案件评析

互联网的普及和网络经济的迅速发展，极大地便捷了人们的日常生活，但是与此同时，网络侵权问题也极大地冲击了我国的知识产权法律体系。在海量的网络侵权纠纷中，域名的纠纷频繁发生，本案即涉及域名的典型纠纷。

（一）域名的基本概念及特征

一个完整的域名包括域名的通用前缀部分及域名代码部分，通用前缀部分如 http 或 www，而域名代码部分则包括了顶级域名、一级域名、二级域名、三级域名及四级域名等。[1] 顶级域名是用于识别域名注册国家的公用信息代码。

域名具有无形性，与传统的物不同；域名是没有物质实体的，这与知识产权在某种程度上具有相似性，知识产权也是无形的。域名具有唯一性。每一个主机都有自己唯一的代码，这种代码是无法重复出现的，不会出现两台主机拥有同一个域名的情形。[2]

（二）域名与商标的比较

域名与商标都具有一定的标识性，能够使得相关公众识别出某一特定的主体，这是二者之间在功能上的相似之处。正是这种功能上的相似，使得域名与商标时常产生冲突。但是，域名与商标之间亦存在一些不同点。

1. 域名与商标的区别

域名与商标的不同主要体现在如下几个方面。第一，适用对象不同。域名是为了人们上网便利，解决 IP 地址对应的一种方法，域名并不一定与

---

[1] 曾庆云，戴洋. 论域名与商标的冲突与协调 [J]. 重庆邮电学院学报（社会科学版），2006（3）：377-380.

[2] 刘欣. 域名抢注法律问题研究 [J]. 中央民族大学，2016（3）：122-125.

商品或者服务相对应；商标与商品或者服务紧密相关，用于表示商品或者服务的来源。第二，构成不同。域名的组成元素包括数字、字母及符号等，在后申请的域名只要与在先的域名存在着细微不同，那么即认为在后的域名具有了唯一性，可以获得申请；商标可以由数字、字母及图形等构成，商标申请者申请商标是希望此商标能够将自己的商品或者服务与他人的商品或者服务相区分，因此一般要求申请人申请的商标应当具有显著特征，使得消费者易于识别。第三，取得原则不同。各国在域名申请方面，普遍遵循申请在先原则，也即先申请就可以先注册，在注册之时只会进行形式审查，而无实质审查，只要所申请的域名与已有域名不完全相同，即可以获得注册；在商标取得制度方面，部分国家采取注册取得制度，部分国家采取使用取得制。以我国为例，我国是商标注册取得制国家，只有具备显著性以及满足其他的系列要求，一个标识才能够获得商标注册。除此以外，商标注册还有着一系列的异议程序。相较而言，获得域名注册相对容易，而获得商标注册相对较难。

2. 域名与商标会产生冲突的原因

实践中，域名与商标经常会产生冲突，引起一系列的纠纷。域名和商标会产生冲突的原因可以总结为以下几个方面。

第一，域名具有绝对唯一性而商标只具有相对唯一性。除了驰名商标以外，注册商标权利人只在其所注册的类别上享有权利，在不同或者不类似的商品上，完全有可能出现近似的商标。比如一家公司在食品上申请了"佳佳"商标，而另一家公司在电子产品申请了"佳家"商标，这种情形是可能发生的。但是域名则不同，域名具有绝对唯一性，也即不会出现两个完全相同的域名。因此两家都想要申请 jiajia.com 的域名，此时二者之间就会产生冲突。假设一家公司获得了 jiajia.com 的域名，而另一家公司的知名度要更高，那么消费者可能会发生混淆，认为 jiajia.com 是另一家公司的域名，其上所销售的商品是另一家公司的产品。

第二，域名注册只进行形式审查而不进行实质审查。域名注册的审查制度只是形式上的审查，只要域名没有被其他人申请过，就可以获得注册。虽然注册机构要求申请人申请注册的域名不能损害他人的正当权益，但是对于申请人所申请注册的域名到底是否与他人的合法权利相冲突，注册机构并不会做实质性的审查。由于缺乏实质性的事前审查程序，他人的合法权利被侵犯之后只能通过事后程序进行救济，这也是导致纠纷频发的原因之一。

（三）域名可以作为在先权利阻却商标注册

1. 域名属于《商标法》第 32 条保护的范畴

《商标法》第 32 条规定，申请商标注册不得损害他人现有的在先权利，也不得以不正当手段抢先注册他人已经使用并有一定影响的商标，但是对于在先权利包括哪些并未有明确规定。《商标审查审理指南》中提及了商号权、著作权、外观设计专利权、姓名权和肖像权等属于《商标法》所规定的在先权利，但是这种列举是一种开放式的列举，除了上述明确列举的权利之外，其他权利是否属于《商标法》中所规定的在先权利应当进行个案分析。正如本案的判决书中所言，对于《商标法》中没有明确规定，但是依据民法或者其他相关法律的规定，属于应当予以保护的合法权益的，也应当依据在先权利条款进行保护。域名是申请主体在互联网上彰显自己的身份的主要方式，网络时代域名对于企业具有十分重要的意义。虽然域名并非法定权利，但是作为域名所有者的合法权益，也应当属于《商标法》第 32 条的保护范围。因此本案中法院对于原告绿油油公司所主张的域名权予以了支持。无独有偶，在"欢途 HAppytoo 及图"商标案[1]中，原告注册了"欢途 HAppytoo 及图"商标，被告拥有域名 happytoo.cn，在诉讼过程中，被告以原告商标的注册侵犯了自己的在先域名为由，请求认定原告的商标无效。法院判决认为，"HAppytoo 欢途"与在先使用的 happytoo.cn 主要文字部分一致，具有近似性。"HAppytoo 欢途"申请注册的服务类别在《类似商品和服务区分表》中为第 39 类，提供旅行安排等服务与 happytoo.cn 使用的旅游服务，属于类似服务，故"HAppytoo 欢途"构成以不正当手段抢先注册他人已经使用并有一定影响的标识的情形。可见，法院最终亦认可将域名可以作为在先权利进行保护，支持了被告的诉求。

2. 域名作为在先权利的适用要件

对于智齿数汇公司是否可以主张其在先域名为《商标法》中所规定的

---

[1] 参见北京知识产权法院（2016）京 73 行初 3774 号行政判决书。

在先权利这一问题，本案判决书进行了详细分析，但是并未对域名作为在先权利的适用要件作出归纳性总结。对于域名作为在先权利的适用要件，可以借鉴北京知识产权法院判决的另一典型案例——浙江天地之光电池制造有限公司诉商标评审委员会案❶。在该案中，法院将域名作为在先权利的适用要件总结为以下几点：第一，所主张的域名先于诉争商标使用；第二，诉争商标与所主张域名的标志相同或基本相同；第三，该域名应在诉争商标申请注册前通过使用取得一定知名度，且为诉争商标申请人知道或应当知道；第四，该域名通过使用并据以获得知名度的商品与诉争商标指定使用的商品构成相同或类似商品，或具有较强的关联性。上述四个要件须同时具备，方能确认在后商标的注册构成对他人在先域名权的损害。但是在实际纠纷中，"域名已经具有一定的知名度"这一要件较难证明。从本案中智齿数汇公司提供的证据来看，要想证明所拥有的域名已经具有一定的知名度，可以提供以下几类证据：第一类，互联网上的证据，比如网络新闻报道、微博及百度知道等网站的信息；第二类，图书馆文献复制证明；第三类，数据专家网站查询的数据。

  互联网经济发展迅速，域名与商标之间的冲突也发生得更加频繁。域名具有标识功能，且这种标识具有传统标识所不具有的识别和宣传优势，因此应当对域名予以更加全面的保护。对于企业而言，最好是把域名和商标统一起来，这样既能够通过网络渠道向相关公众宣传自己，又能够防止他人将自己的域名申请为商标，产生后续的系列纠纷。

---

❶ 参见北京知识产权法院（2018）京 73 行初 10503 号行政判决书。

15 作品名称与商标权权利冲突

——梦工场动画影片公司等与国家工商行政管理总局商标评审委员会商标异议复审行政纠纷案*

裁判要旨

"商品化权"不是我国现行法律所明确规定的民事权利或法定民事权益类型，但是商标法中的"在先权利"不仅包括法律已有明确规定的在先法定权利，而且包括了依据法律规定应予保护的合法权益。当电影具有了足够的知名度时，电影名称即可以为权利人带来额外的商业价值与交易机会，如果不予以保护，则会损害正常的市场竞争秩序。因此电影名称及其角色名称可以构成商品化权，属于商标法中所保护的"在先权利"。

案情简介

梦工场动画影片公司（以下简称"梦工场公司"）拍摄了电影《功夫熊猫》，2008年12月22日，胡某中向商标局提出了商标注册申请，欲申请注册《功夫熊猫》的英文名"KUNG FU PANDA"商标（被异议商标申请号第6806482号）并指定使用在第12类的"方向盘罩"等商品上，但梦工场公司早在2006年6月6日已注册被核定使用在第9类"计算机外围设备"和第28类"活动玩具玩偶"等商品上的同名商标"KUNG FU PANDA"（分

---

* 一审：北京市第一中级人民法院（2014）一中行（知）初第10379号行政判决书；二审：北京市高级人民法院（2017）京行终4587号行政判决书。

别为引证商标一和引证商标二）。梦工场公司向商标局提出商标异议裁定，被驳回。就商标局作出的关于被异议商标的异议裁定，梦工场公司于法定期限内向商标评审委员会提出异议复审申请，商标评审委员会作出商评字[2013]第105133号《关于第6806482号"KUNG FU PANDA"商标异议复审裁定书》（以下简称"被诉裁定"）。商标评审委员会在该裁定中认定，引证商标一和引证商标二各自核定使用的计算机外围设备、活动玩偶玩具等商品在功能、用途、销售渠道等方面具有较大差异，不属于同一种或类似商品，被异议商标与引证商标并存使用尚不会使消费者对商品来源产生混淆，未构成2001年《商标法》❶第29条所指的使用在同一种或类似商品上的近似商标。"商品化权"在我国并非法定权利或者法定权益类型，且梦工场公司并未指出其请求保护的"商品化权"的权利内容和权利边界，亦不能意味着其对"KUNG FU PANDA"名称在商标领域享有绝对的、排他的权利空间。"KUNG FU PANDA"作为梦工场公司美术作品的名称，其不属于《中华人民共和国著作权法》（以下简称《著作权法》）关于美术作品的保护范畴，故梦工场公司有关被异议商标的注册损害其在先著作权的理由不成立。在案证据尚不足以证明在被异议商标申请注册前，梦工场公司将"功夫熊猫/KUNG FU PANDA"作为商标在与被异议商标指定使用的方向盘罩等商品相同或类似的商品上在先使用，并已具有一定影响，故被异议商标的注册未构成《商标法》第31条所指的以不正当手段抢先注册他人已经使用并有一定影响商标的情形。被异议商标不属于《商标法》第10条第1款第（八）项和第41条第1款所指情形。综上，依据《商标法》第33条、第34条的规定，裁定对被异议商标予以核准。

　　梦工场公司不服被诉裁定，向北京市第一中级人民法院提起诉讼，请求撤销被诉裁定，并判令商标评审委员会重新作出裁定。北京市第一中级人民法院判决维持商标评审委员会作出的被诉裁定。梦工场公司不服原审判决，向北京市高级人民法院提起上诉，请求撤销原审判决和被诉裁定。

---

❶ 本案例中的《商标法》若无特别说明均指2001年《商标法》。

诉辩意见

梦工场公司主张：第一，原审法院将"商品化权益"排除在"在先权利"范畴之外，违背《商标法》第 31 条保护在先权利的立法目的及司法实践。梦工场公司制作的《功夫熊猫》电影已于被异议商标申请日前进行了广泛宣传并公映，且票房和口碑俱佳，该知名电影名称已蕴含了很高的商业价值和很多的商业机会，应当作为民事权益进行保护。被异议商标指定使用的商品属于电影衍生商品的范围，其注册和使用容易造成相关公众混淆其标示的商品来源，损害梦工场公司享有的在先商品化权益，已构成《商标法》第 31 条规定之情形，不应获准注册。第二，胡某中不仅申请注册"功夫熊猫 / KUNG FU PANDA"系列商标，还申请注册摹仿其他知名电影的商标，存在明显主观恶意，违反诚实信用原则，损害公平竞争秩序，构成《商标法》第 10 条第 1 款第（八）项和第 41 条第 1 款规定之情形。

被上诉人商标评审委员会和第三人胡某中均服从原审判决。

裁判理由

本案应适用 2001 年《商标法》进行审理。2001 年《商标法》第 31 条规定，申请商标注册不得损害他人现有的在先权利。该条款所指的"在先权利"不仅包括法律已有明确规定的在先法定权利，也包括根据《民法通则》和其他法律的规定应予保护的合法权益。梦工场公司主张的其对"功夫熊猫 KUNG FU PANDA"影片名称享有的"商品化权"确非我国现行法律所明确规定的民事权利或法定民事权益类型，但当电影名称或电影人物形象及其名称因具有一定知名度不再单纯局限于电影作品本身，而与特定商品或服务的商业主体或商业行为相结合，电影相关公众将其对于电影作品的认知与情感投射于电影名称或电影人物名称之上，并对与其结合的商品或服务产生移情作用，使权利人据此获得电影发行以外的商业价值与交易机会时，则该电影名称或电影人物形象及其名称可构成适用《商标法》第 31 条"在先权利"予以保护的在先"商品化权"。如将上述知名电影名称或知名电影人物形象及其名称排斥在受法律保护的民事权益之外，允许其他经营者随意将他人知名电影作品名称、知名电影人物形象及其名称等作为自己商品或服务的标识注册为商标,借此快速占领市场,获取消费者认同,不仅助长其他经营者"搭便车"抢注商标的行为,而且会损害正常的市场竞争秩序。这显然与商标法的立法目的相违背。因此,将知名电影作品名称、知名电影人物形象及其名称作为民事权益予以保护,将鼓励智慧成果的创作激情与财产投入,促进文化和科学事业的发展与繁荣,亦符合相关法律规定及知识产权司法保护的本意。

综上,商标评审委员会和原审法院有关"商品化权"并非法定权利或法定权益类型,故不构成《商标法》第31条规定的在先权利的认定有误,北京市高级人民法院对此予以纠正。

同时,根据梦工场公司提交的证据可以认定其是动画电影《功夫熊猫》的出品单位,且在被异议商标申请日前该影片已经在中国进行了广泛的宣传,并已公映,"功夫熊猫KUNG FU PANDA"作为梦工场公司知名影片及其中人物形象的名称已为相关公众所了解,具有较高知名度。而且,该知名度的取得是梦工场公司创造性劳动的结晶,其所带来的商业价值和商业机会也是梦工场公司投入大量劳动和资本所获得。因此,"功夫熊猫KUNG FU PANDA"作为在先知名的电影名称及其中的人物形象名称,应当作为在先"商品化权"得到保护。

同时需要指出,虽然"功夫熊猫KUNG FU PANDA"作为梦工场公司知名电影名称及知名电影人物形象名称的商品化权应受到保护,但其保护范围仍需明确。在判断他人申请注册与该商品化权所指向的名称相同或近似的商标是否侵害该商品化权时,需要综合考虑如下因素。

一是知名度高低和影响力强弱。知名电影名称及知名电影人物形象名称的商品化权范围与其知名度及影响力相关。商品化权的保护范围与知名度、影响力成正比,知名度越高、影响力越强,则保护范围越宽,且随着知名度增高、影响力增强,该商品化权的保护范围亦随之扩大,反之亦然。

二是混淆误认的可能性。商标的主要功能在于标识商品或服务的来源,尽可能消除商业标志混淆误认的可能性。在目前的商业环境下,电影作品衍生品已涵盖了多类商品,但商品化权的保护范围并不当然及于全部商品和服务类别,仍应根据诉争商标指定使用的商品或服务与电影衍生商品或服务是否密切相关，是否彼此交叉或者存在交叉可能，是否容易使诉争商标的权利人利用电影的知名度及影响力获取商业信誉及交易机会，从而挤占知名电影权利人基于该电影名称及其人物形象名称而享有的市场优势地位和交易机会等因素综合判断。

鉴于商标评审委员会和原审法院均未就被异议商标是否对梦工场公司在先商品化权益构成损害进行评述，北京市高级人民法院径行审查判断将造成当事人的审级损失，故北京市高级人民法院对此不予评述。商标评审委员会在重新评审时应综合考虑上述因素并予以评判。

《商标法》第10条第1款第（八）项规定，有害于社会主义道德风尚或者有其他不良影响的标志，不得作为商标使用。该条款中规定的"其他不良影响"是指标志或者其构成要素对我国政治、经济、文化、宗教、民族等社会公共利益和公共秩序产生消极、负面的影响，不涉及私权的事项。被异议商标并非该条所调整的内容，故对梦工场公司相关的上诉理由，北京市高级人民法院不予支持。

《商标法》第41条第1款规定，已经注册的商标，违反《商标法》第10条、第11条、第12条规定的，或者是以欺骗手段或者其他不正当手段取得注册的，由商标局撤销该注册商标；其他单位或者个人可以请求商标评审委员会裁定撤销该注册商标。第2款规定，已经注册的商标，违反《商标法》第13条、第15条、第16条、第31条规定的，自商标注册之日起五年内，商标所有人或者利害关系人可以请求商标评审委员会裁定撤销该注册商标。对恶意注册的，驰名商标所有人不受五年的时间限制。虽然上述规定字面表述针对的是已经注册的商标，但根据"举重以明轻"的法律解释方法，已经注册的商标尚且可以撤销其注册，对于处于异议阶段、尚未获准注册的商标，如其违反了法律的上述规定，当然更不应核准其注册。因此，原审法院认为上述法律规定的适用对象仅为已经获得注册的商标，而不能适用本案被异议商标是错误的，北京市高级人民法院对此亦予以纠正。但同时，《商标法》第41条第1款规定的"其他不正当手段"是指商标注册申请人在申请商标注册时采用针对商标注册行政机关的不正当注册手段，或者不针对特定主体的不正当行为，即该条款中的"其他不正当手段"仅适用于损害公共利益和公共秩序等事由。本案中，胡某中申请注册被异议商标的行为虽具一定主观恶意，但不构成上述规定中的"其他不正当手段"。因此，对梦工场公司的相关上诉理由，北京市高级人民法院亦不予支持。

案件评析

本案的争议焦点在于，第三人试图将电影名称注册为商标时，著作权人是否可以主张其电影名称属于商品化权，从而依据在先权利条款获得保护。他人将电影作品权利人的作品名称注册为商标，损害了权利人的利益，同时可能会导致消费者的混淆。但是，由于大多数情形之下，电影名称由简单的汉字、字母等组合而成。如果因为这些组合为在先电影作品的名称，就禁止他人将其注册为商标，可能会导致注册人注册商标的自由受到限制。[1]因此，如何在这两种利益之间维持平衡，一直是理论界及实务界颇具争议的问题。

（一）作品名称可以作为商品化权获得保护

如果将他人的姓名或者肖像等人格权注册为商标，那么一般可以通过姓名权或者肖像权进行保护。然而将权利人的作品名称注册为商标之时，权利人找不到合适的在先权利，因此只能从商品化权益角度寻求保护。但是电影名称及其角色形象名称是否能够获得保护，对于这一问题，司法实践中存在不同的观点。

部分法院认为作品名称及其角色形象等不能依据商品化权获得保护。比如在本案中，作为一审法院的北京市第一中级人民法院认为法律没有明确设定的权利不属于法定权利，只有法律明确设定并且对于取得要件、保护内容等方面作了明确规定的权利才能被称为法定权利。法律并未明确设定商品化权，因此商品化权不属于在先权利，当事人寻求商品化权的保护于法无据。[2]

亦有法院认为作品名称及其角色形象是商品化权，属于商标法意义上的在先权利，因此可以获得保护。事实上，早在2011年的"邦德007Bond"

---

[1] 吉利.论商标注册程序中作品名称的商品化保护路径[J].电子知识产权，2019（7）：56-66.
[2] 参见北京市第一中级人民法院（2014）一中行（知）初字第4257号行政判决书。

案件中，法院就曾将角色名称作为"在先权利"进行保护。[1]"007"系列电影在世界各地都具有极高的知名度，"JAMES BOND"是电影中的主角，谢某珍于2002年3月22日向商标局申请注册被异议商标"邦德007BOND"。法院认为"007""JAMES BOND"作为丹乔公司"007"系列电影人物的角色名称已经具有较高知名度，这样的角色名称附带着大量的商业价值和商业机会。而此知名角色是丹乔公司创造性劳动的结晶，因此应当作为丹乔公司的在先权利得到保护。但该案也只是从个案角度将电影人物角色名称作为在先权利进行保护，并未直接引入"商品化权"的概念。

在本案的二审中，二审法院直接引入了商品化权的概念，认为作品名称及其角色形象可以作为商品化权获得保护。二审法院认为"商品化权"确非我国现行法律所明确规定的民事权利或法定民事权益类型，但是商标法中的"在先权利"不仅包括法律已有明确规定的在先法定权利，而且包括了依据法律规定应予保护的合法权益。当电影具有了足够的知名度之时，电影名称可以为权利人带来额外的商业价值与交易机会，如果不予保护，任由其他商业主体搭便车，会损害权利人利益及正常的市场竞争秩序。因此本案中北京市高级人民法院认为电影名称及其角色名称可以构成商品化权，属于商标法中所保护的"在先权利"。

从劳动成果说的角度来看，由于作品名称及其角色形象是创作者的智力劳动的成果，因此作者具有对自己的劳动成果进行商品化利用的权利。随着商品经济的发展，商家为了在激烈的竞争中获得优势，会采取各种手段吸引注意力。知名作品名称及角色形象对于公众具有巨大吸引力，这种巨大吸引力会刺激商家在未获得权利人许可的情形下，对作品名称及其角色形象进行利用，损害著作权人的利益。因此，作品名称及其角色形象应当作为商品化权进行保护。

（二）商品化权的保护范围

在本案发生后，于2017年实施的《审理商标授权确权行政案件规定》第22条第2款（2020年修改后的该规定没有改变）中，明确了作品名称

---

[1] 参见北京市高级人民法院（2011）高行终字第374号行政判决书。

可以作为在先权益获得保护。[1]虽然商品化权应当得到保护，但是保护范围不能过分宽泛。本案中，法院提出在判断保护范围之时要综合考虑以下因素：第一，知名度的高低和影响力强弱；第二，混淆误认的可能性。一般而言，知名度越高，影响力越大，保护范围就越宽泛。由于商品化权的保护范围并不及于商品的全部类别，如果在某些商品或者服务类别上使用该电影名称，在判断在该类别上是否存在混淆可能性时，可以综合考虑使用人的使用行为是否会挤占商标权利人的优势地位及交易机会等因素。

本案中，考虑到当事人的审级利益，北京市高级人民法院并未对此进行详细分析。但是法院的上述阐释，在某种程度上对于日后的此类案件起到一定的指导作用。比如在其后的上海游奇网络有限公司诉商标评审委员会一案中[2]，法院在判断"葵花宝典"是否能够受到商品化权的保护时，综合考虑了两个要件：第一，作品名称以及作品中的角色的名称等是否具有较高的知名度；第二，相关公众是否会误认为该商标与在先权益主体之间存在特定联系，是否会误导公众。"葵花宝典"案中法院的判定方法，与本案实属异曲同工。

影视作品名称商品化权是随着娱乐产业的发展而发展出的新型权利。尽管本案将商品化权视为在先权利从而使得《功夫熊猫》影片名称获得了保护。但在现实纠纷之中，作品名称的商品化权保护仍然任重道远。

---

[1] 《审理商标授权确权行政案件规定》第22条第2款规定："对于著作权保护期限内的作品，如果作品名称、作品中的角色名称等具有较高知名度，将其作为商标使用在相关商品上容易导致相关公众误认为其经过权利人的许可或者与权利人存在特定联系，当事人以此主张构成在先权益的，人民法院予以支持。"

[2] 参见北京知识产权法院（2017）京73行初2800号行政判决书。

16 失效商标仍可依据在先著作权抵御商标恶意注册

——泉州市港泉区春回大地电子科技有限公司与国家工商标行政管理总局商标评审委员会因商标权无效宣告请求行政纠纷案 *

裁判要旨

《商标法》[1] 第32条与第44条第1款的立法精神在于贯彻公序良俗原则，维护良好的商标注册、管理秩序，营造良好的商标市场环境，同时适用这两个条款并不矛盾。申请注册期满未续展商标的行为可能构成恶意注册行为，并不当然地具有正当性。在认定"以其他不正当手段取得注册"的情形时，应当综合考虑商标申请人的生产经营规模、申请注册商标的数量和使用情况及与他人具有较高知名度商标的相似程度等多种因素，判断其行为是否超出了正常的生产经营需求，重点把握是否具有真实使用意图，是否具有明显复制、抄袭及摹仿他人高知名度商标的主观故意。

案情简介

泉州市港泉区春回大地电子科技有限公司（以下简称"春回大地公

---

* 一审：北京知识产权法院（2018）京73行初3072号行政判决书；二审：北京市高级人民法院（2018）京行终4406号行政判决书；再审：最高人民法院（2019）最高法行申2877号行政裁定书。

[1] 本案例中的《商标法》若无特别说明均指2013年《商标法》。

司")于 2015 年 2 月 25 日申请注册了第 16412029 号商标（以下简称"诉争商标"，见图 1），核定使用在第 35 类"广告"等服务上。2017 年 1 月，中国人民大学以诉争商标是对其校徽（见图 2）的抄袭、摹仿，侵犯了其在先著作权为由，对诉争商标提出无效宣告请求。2018 年 1 月，商标评审委员会作出商评字 [2018] 第 17416 号《关于第 16412029 号图形商标无效宣告请求裁定书》（以下简称"被诉裁定"），认定诉争商标的注册构成《商标法》第 32 条规定的损害他人现有的在先权利及第 44 条第 1 款规定的以其他不正当手段取得注册之情形，故裁定诉争商标予以无效宣告。

图 1 第 16412029 号商标

图 2 中国人民大学校徽

春回大地公司不服该裁定向北京知识产权法院提起行政诉讼。一审法院认为，首先，春回大地公司在未经许可的情况下，将与中国人民大学享有在先著作权的作品构成实质性相似的图形申请注册为商标，损害了中国人民大学的在先著作权，构成《商标法》第 32 条所指损害他人现有的在先权利之情形。其次，综合考虑春回大地公司的生产经营规模、申请注册商标的数量和使用情况以及与他人具有较高知名度商标的相似程度等多种因素，可以认定春回大地公司的上述行为超出了正常的生产经营需求，具有无使用意图大量囤积商标，甚至明显复制、抄袭及摹仿他人高知名度商标的主观故意，诉争商标构成了《商标法》第 44 条第 1 款所指以不正当手段取得注册之情形。因此，一审法院驳回了春回大地公司的诉讼请求。

春回大地公司不服原审判决，向北京市高级人民法院提起上诉，请求撤销原审判决和被诉裁定，判令商标评审委员会重新作出裁定。

诉辩意见

春回大地公司的主要上诉理由如下。第一，原审判决遗漏、未予评述、错误认定春回大地公司在商标评审阶段和原审诉讼阶段提交的部分证据。第二，原审判决遗漏诉争商标是基于中国人民大学第 3446021 号商标未续展被注销而申请注册的事实。第三，原审判决遗漏本案是否属于中国人民大学恶意无效宣告，是否属于商标评审委员会恶意裁定的问题。第四，原审判决认定诉争商标的注册构成《商标法》第 32 条的情形，又认定构成《商标法》第 44 条第 1 款"以其他不正当手段取得注册"情形，自相矛盾。若诉争商标的注册构成《商标法》第 32 条，则不应再适用《商标法》第 44 条第 1 款的规定。第五，诉争商标的注册不构成《商标法》第 44 条第 1 款规定的"以其他不正当手段取得注册"情形。第六，原审判决对著作权权属的认定不明确，中国人民大学提供的证据不能证明其对主张的图形享有著作权，诉争商标的注册不违反《商标法》第 32 条的规定，中国人民大学提出无效申请时也并非适格的利害关系人。

商标评审委员会、中国人民大学服从原审判决。

裁判理由

北京市高级人民法院裁判理由如下。

首先，诉争商标的注册损害了中国人民大学的在先著作权。第一，中国人民大学主张的校徽图形构成著作权法上的美术作品。中国人民大学主张的校徽图形由三个并列的篆书"人"字为基础，结合学校中英文校名全称及建校时间，经专业艺术设计而成，具有审美意义，构成美术作品。第二，中国人民大学对校徽图形享有在先著作权。根据优势证据的原则，中国人民大学提交的在案证据形成完整证据链，可以证明在诉争商标申请日之前，校徽图形作品创作完成并公开发表，中国人民大学为校徽图形的著作权人（除署名权），而春回大地公司的作品登记证书及使用证据不足以推翻上述认定。第三，诉争商标标志的注册损害了中国人民大学对校徽图形享有的著作权。由于校徽图形在诉争商标申请日之前已经公开发表,春回大地公司具有接触的可能性。诉争商标标志与校徽图形相比,诉争商标标志与校徽图形中间部分三个并列篆书"人"字基本相同,可以认定诉争商标标志与校徽图形的独创性表达构成实质性相似。除法律另有规定外,未经许可使用他人作品构成对著作权的侵害。春回大地公司申请注册诉争商标的行为,损害了中国人民大学对校徽图形享有的著作权。第四,中国人民大学根据《商标法》第 32 条向商标评审委员会提起无效宣告申请,其提交了作为适格主体的相关证据。

其次,同时适用《商标法》第 32 条与《商标法》第 44 条第 1 款之规定并不矛盾。根据在案证据,春回大地公司申请商标数量 600 余件,指定使用商品或服务涵盖 45 个类别,且未提供充分证据证明具有真实使用意图。春回大地公司的行为,超出了正常生产经营需求,扰乱了商标注册秩序,有损于公共利益。其他主体申请注册商标情况不能成为春回大地公司申请大量商标具有正当性的依据和理由。同时,诉争商标的注册既违反《商标法》第 32 条之规定又违反《商标法》第 44 条第 1 款之规定并不矛盾。结合在案证据,商标评审委员会和原审法院认定诉争商标的注册构成"以其他不正当手段取得注册"之情形的结论正确。因此,春回大地公司的相关上诉理由不能成立。

最后,二审法院认为,春回大地公司关于原审判决遗漏、未评述其提交的部分证据、错误认定相关事实及遗漏相关事实等相关上诉理由,均缺乏事实和法律依据,故不予支持。

综上,北京市高级人民法院认为原审判决认定事实清楚,适用法律正确,程序合法,应予维持,最终判决驳回上诉,维持原判。

案件评析

本案社会关注度高,系恶意抢注知名大学校徽的商标无效宣告典型案例,也是失效商标依据在先著作权抵御商标恶意注册的成功案例。商标评审委员会、一审法院、二审法院均以《商标法》第 32 条、第 44 条第 1 款作为法律依据,二审法院详细分析了同时适用上述两个条款之规定并不矛盾。下文围绕本案中的三个典型又值得讨论的法律问题进行评析。

（一）申请商标注册不得损害他人的在先权利

《商标法》第 32 条"申请商标注册不得损害他人现有的在先权利"，是保护在先权利的一条重要的法律规则。根据《审理商标授权确权行政案件规定》第 18 条之规定，《商标法》第 32 条规定的在先权利，包括当事人在诉争商标申请日之前享有的民事权利或者其他应予保护的合法权益。因此，在他人确实享有如著作权、企业名称、未注册驰名商标等在先权利的情况下，申请人注册容易导致消费者混淆、误认的商标，就构成对他人在先权利的侵害，应当予以无效宣告。

本案中，中国人民大学主张对校徽图形的在先著作权，该权利属于《商标法》第 32 条保护的权利。对于诉争商标是否构成《商标法》第 32 条所指损害他人现有在先权利之情形，商标评审委员会在被诉裁定中，从中国人民大学无效宣告请求主体适格、中国人民大学主张的校徽作品在争议商标申请注册日前已具有一定的知名度及著作权侵权构成要件三个角度进行了分析。一审法院认为，判断诉争商标是否损害他人现有的在先权利，一般以诉争商标申请日为准。虽然中国人民大学作品登记证书的登记时间晚于诉争商标申请日期，但据该作品登记证书显示，中国人民大学校徽创作完成时间为 2002 年 8 月，首次发表日期为 2002 年 9 月 26 日，且中国人民大学提交了 2002—2003 学年校政字 8 号《关于实行新的中国人民大学视觉形象识别系统的决定》予以佐证，该决定的发布时间早于诉争商标申请日期，亦早于春回大地公司作品登记证书时间。因此，综合考虑作品登记证书及中国人民大学将作品作为校徽的使用情况，可以认定中国人民大学校徽为诉争商标申请日之前他人已享有著作权的作品。

本案的一个特别之处在于，春回大地公司和中国人民大学均提交了作品登记证书，且中国人民大学的登记时间晚于春回大地公司的登记时间。二审法院对此解释道，由于我国实行作品自愿登记制度，且登记部门对作品首次发表时间、创作完成时间及著作权归属并不作实质审查，在双方当事人均提交了作品登记证书的情况下，不能仅凭作品登记证书对著作权归属作出认定，需要结合中国人民大学提交的其他证据予以判断。二审法院结合中国人民大学校徽创作者章叶青与中国人民大学在 2017 年 4 月 26 日签订的校徽著作权权属协议，以及可以证明中国人民大学自 2002 年 9 月即开始使用所主张的校徽的一系列证据，根据优势证据的原则，认定中国人民大学提交的在案证据形成完整证据链，可以证明在诉争商标申请日之前，校徽图形作品创作完成并公开发表，中国人民大学为校徽图形的著作权人（除署名权），属于应当受到法律保护的在先权利。

（二）"以其他不正当手段取得注册"的认定

《商标法》第 44 条第 1 款规定，已经注册的商标，是以欺骗手段或者其他不正当手段取得注册的，由商标局撤销该注册商标；其他单位或者个人可以请求商标评审委员会裁定撤销该注册商标。该规定的立法精神在于贯彻公序良俗原则，维护良好的商标注册、管理秩序，营造良好的商标市场环境。《审理商标授权确权行政案件规定》第 24 条规定，"其他不正当手段"是指以欺骗手段以外的其他方式扰乱商标注册秩序、损害公共利益、不正当占用公共资源或者谋取不正当利益的情形。

本案中，在具体判断诉争商标构成《商标法》第 44 条第 1 款所指以不正当手段取得注册之情形时，商标评审委员会、一审法院、二审法院均抓住了"是否具有真实使用意图"这一关键点，并结合春回大地公司申请注册商标的数量和使用情况及与他人具有较高知名度商标的相似程度、是否超过实际经营所需等多种因素进行考量，体现了类似案件行政机关与司法机关的裁判思路。

截至一审判决时，春回大地公司具有六家子公司和一家分公司，申请注册商标的数量为 600 余件，指定商品或服务涵盖了 45 个类别，虽然其提供了显示"加加林""花城""AOC"等少数商标的增值税发票，但在缺乏其他证据予以佐证的情况下，仅依据增值税发票难以认定春回大地公司对诉争商标进行了真实使用。然而，诉争商标与中国人民大学的第 3446018 号商标等具有较高知名度的未续展商标完全相同，春回大地公司虽然提供了商标广告宣传印制合同等证据，但或未显示诉争商标，或未达到一定规模。法院综合考虑春回大地公司的生产经营规模、申请注册商标的数量和使用情况以及与他人具有较高知名度商标的相似程度等多种因素，最终认定春回大地公司的上述行为超出了正常的生产经营需求，具有无使用意图大量囤积商标，甚至明显复制、抄袭及摹仿他人高知名度商标的主观故意。可见，在判断诉争商标注册是否具有不正当性、是否构成恶意注册时，需要充分考虑诉争商标申请人申请注册商标的整体情况，重点把握是否具有真实使用注册商标的意图。

（三）申请注册期满未续展商标的行为可能构成恶意注册

本案的特别之处在于，春回大地公司申请注册的是中国人民大学期满未续展的商标。根据《商标法》第39条与第40条之规定，注册商标的有效期为十年，自核准注册之日起计算。注册商标有效期满，需要继续使用的，商标注册人应当按照规定办理续展手续，期满未办理续展手续的，注销其注册商标。可见，尽管理论上常论及商标权人可以通过无限次续展永久拥有注册商标专用权，但是，如果期满未办理续展手续，则商标权人会丧失注册商标专用权。《商标法》第50条规定："注册商标被撤销、被宣告无效或者期满不再续展的，自撤销、宣告无效或者注销之日起一年内，商标局对与该商标相同或者近似的商标注册申请，不予核准。"根据该制度设计，一般而言，在注销之日起一年后，其他人申请注册期满不再续展的商标是不违反法律规定的。

那么，为什么本案中的诉争商标被无效宣告了呢？一方面，中国人民大学就其校徽享有合法的著作权，而春回大地公司申请注册的诉争商标与中国人民大学的校徽美术作品构成实质性相似，且从时间来看，春回大地公司有接触该美术作品的可能性，故诉争商标的注册损害了中国人民大学的在先著作权，应当依法予以无效宣告，这也体现了不同知识产权权利之间的冲突与协调。另一方面，尽管有关引证商标因期满未续展而被注销，但中国人民大学仍然享有凝结在该商标上的商誉，春回大地公司的注册行为会导致相关公众发生混淆误认，有损社会公众利益。

本案所带来的启示主要有两点。第一，申请注册期满未续展商标的行为可能构成恶意注册行为，并不当然地具有正当性。因为在一个商业标识上，可能会承载诸如商标权、著作权、外观设计专利权、企业名称权等不同的权利，当其中的商标权丧失后，该标识仍然可能基于其他权利受到法律保护。第二，对类似本案的商标恶意注册行为应予制止，否则不仅会导致相关公众对商品或服务的来源产生混淆误认，更违反了诚实信用原则，扰乱了正常的商标注册管理秩序，有损于公平竞争的市场秩序。

17 "撤三"案件使用证据的认定标准

——江西恒大高新技术股份有限公司诉国家工商行政管理总局商标评审委员会商标权撤销复审行政纠纷案*

裁判要旨

"撤三"程序的目的在于清理闲置商标，督促商标权人积极使用商标。"撤三"案件中，商标使用证据的审查和认定是核心，司法实践普遍认可商标使用证据坚持优势证据标准。但是，如果商标注册人伪造商标使用证据，则应当对其提供的证据采用更高的标准。同时，对于证据链，应当先逐一审查单个证据的真实性、合法性，在确认相关证据真实性、合法性的基础上，从其与案件事实的关联程度、各证据之间的联系等方面，判断有无证明力及证明力的大小。

案情简介

江西恒大高新技术股份有限公司（以下简称"恒大公司"）于 2008 年 9 月 2 日申请注册第 6931816 号"恒大"商标，2010 年 5 月 21 日获准注册，核定使用在第 32 类"啤酒；无酒精果汁饮料；蔬菜汁（饮料）；可乐；乳酸饮料（果制品，非奶）；奶茶（非奶为主）；纯净水（饮料）；植物饮

---

* 一审：北京知识产权法院（2016）京 73 行初 6116 号行政判决书；二审：北京市高级人民法院（2017）京行终 4247 号行政判决书；再审：最高人民法院（2018）最高法行申 4748 号行政裁定书。

料；豆类饮料；饮料制剂"商品上。2013年12月30日，潘某以连续三年未使用为由向商标局提出撤销申请，本案的指定期间为2010年12月30日至2013年12月29日。2014年9月27日，商标局以恒大公司提交的商标使用证据有效为由，驳回潘某的撤销申请。

2016年1月7日，商标评审委员会作出商评字[2016]第01179号《关于第6931816号"恒大"商标撤销复审决定书》（以下简称"被诉决定"），认为恒大公司提供的使用证据，存在倒签合同、发票存疑、收据序号与开具日期矛盾的问题，提供的证据真实性不足、无法形成完整的证据链。因此，商标评审委员会依据2001年《商标法》第44条第（四）项、2013年《商标法》第54条、第55条的规定❶，撤销第6931816号"恒大"商标。

诉辩意见

恒大公司不服被诉决定，向北京知识产权法院提起行政诉讼，请求撤销被诉决定，并责令商标评审委员会重新作出决定。北京知识产权法院一审认为，商标使用是一系列商业经营的结果，商标使用的事实也需要通过相互关联的商业活动证据体现出来。对证据的认定，通常需要整体考虑、综合判断，审查是否多份证据形成证据的链条，而不能割裂证据之间的关系。

第一，恒大公司授权云居山泉公司及星河纳米公司使用恒大商标。尽管商标评审委员会以通常不会在同一时间签订两份内容相异的合同为由，认定恒大公司存在伪造合同订立时间的行为，但北京知识产权法院认为其忽略了当事人协商一致变更部分合同条款的可能性。

第二，被许可人云居山泉公司和星河纳米公司实际使用的证据。商标评审委员会以收据序号与开具日期矛盾、发票晚于指定期间以及广告宣传、委托加工无法证明实际使用为由，不认可被许可人真实使用，但一审依据优势证据规则，认定各个证据相互印证达到高度盖然性，认定被许可人存在真实使用。

第三，指定期间之后的使用。一审引用北京市高级人民法院（2011）高行终字第335号判决，"三年指定期间内没有使用证据，但确有证据表明

---

❶ 本案实体问题适用2001年《商标法》，程序问题适用2013年《商标法》。

指定期间内为使用进行了准备,并且审查期间后仍持续大量进行的使用,根据三年停止使用制度的立法目的,恒大商标可以予以保留",认定恒大公司在2014—2016年持续大规模销售,表明其并非出于囤积商标的目的,没有必要撤销。综上,依据《行政诉讼法》第70条第1款第(一)项,判决撤销被诉决定,责令商标评审委员会就潘某对第6931816号"恒大"商标提出的撤销复审申请重新作出决定。

商标评审委员会和潘某均不服原审判决,请求撤销原审判决,维持被诉决定,主要上诉理由如下。第一,一审判决的证据认定违背高度盖然性证明规则。恒大公司提交的证据存在多处疑点,存在伪证,且不能形成有效的证据链条,无法证明恒大商标在指定期间内进行了商业使用。同时,鉴于原告证据存疑,故不应考虑其指定期间之后提交的使用证据,即便考虑,也应从严掌握。第二,即便认定恒大商标在"纯净水"商品上进行了使用,因"啤酒"与"纯净水"不构成类似商品,在"纯净水"商品上的使用证据也不能延及"啤酒"商品上。原审判决认定上述商品属于类似商品,与事实不符。第三,恒大公司在原审诉讼阶段提交的指定期间之后形成的证据,未达到持续使用并有一定规模的使用程度,不应作为认定维持恒大商标注册的依据。

裁判理由

北京市高级人民法院经审理查明,一审法院关于证据的认定存在如下问题。

第一,混淆八王寺饮料公司与八王寺实业公司。原告主张其被许可人星河纳米公司委托八王寺饮料公司加工,并由旺中旺超市销售。但是,证据所示产品的商品条码显示产品来源于源合实业公司,而非八王寺饮料公司。虽然南昌市工商局的《公司变更通知书》载明源合实业公司是由八王寺实业公司变更而来,但八王寺饮料公司与八王寺实业公司并非同一主体,而是两个独立的法人。

第二,错误采信星河纳米公司开具的四张手工发票。原告主张其被许可人星河纳米公司委托华美公司和林德公司进行销售,但是,相关发票所载的开具时间晚于其实际领购时间。二审法院认为,该行为属于倒签发票日期的伪证行为，系恒大公司为使上述发票落入指定期间而进行的恶意造假行为。

第三，原告伪造部分恒大商标商品销售照片。原告提交的销售照片所示拍摄日期为 2013 年 7 月至 9 月，但照片中人物着装、树木花草状态看明显处于冬季。二审法院认为，恒大公司存在伪造照片拍摄时间的情节。

二审法院认为一审法院查明的其他事实属实，经审查予以认定。同时，潘某补充提供了原告多类别申请"恒大"商标的证据，恒大公司补充提供指定期间之后持续使用、宣传的证据。

二审法院认为，对于商标使用事实的证明标准，通常遵循优势证据标准。鉴于实践中不乏伪造使用证据的情况，如果商标注册人提供的部分使用证据系伪造，则应当对其提交的所有证据从严审查，相应提高证明标准。本案中，鉴于恒大公司许可星河纳米公司和云居山泉公司使用恒大商标的证据并非商标实际使用的直接证据，因而需要结合被许可人实际使用的证据考量其证明力。因此，本案主要争议焦点在于对被许可人使用证据的认定。

第一，对于被许可人星河纳米公司的使用证据。①星河纳米公司委托八王寺饮料公司加工，并由旺中旺超市销售。如上所述，八王寺饮料公司与八王寺实业公司并非同一主体，因此无法证明委托八王寺饮料公司加工。与旺中旺超市销售合同无法证明实际使用，公证购买时间在指定期间之后，因此无法证明旺中旺超市实际销售。②星河纳米公司委托华美公司、林德公司销售。如上所述，相关发票系倒签发票，无法证明实际销售。

第二，对于被许可人云居山泉公司的使用证据。①产品包装印刷证据。由于为准备环节，无法证明商标进入商品流通领域。②产品销售证据。相关收据与发票可相互印证，但是鉴于原告在前述证据中存在倒签发票行为，且相关发票日期与另案提出"撤三"的时间相近，故即便无法否定真实性，也可认定仅为象征性使用。③产品网上销售证据。相关发票及公证书在指定期间之后，无法证明实际销售。④产品宣传证据。无其他证据印证，不足以证明实际使用。

第三，对于指定期间之后的使用证据。二审法院认为，在指定期间使用证据明显不足的情况下，结合指定期间之后的使用证据以维持恒大商标的注册，缺乏法律依据。

综上，二审法院依据《行政诉讼法》第 69 条、第 89 条第 1 款，判决撤销一审判决，驳回原告的诉讼请求。

案件评析

本案历经商标局的维持、商标评审委员会的撤销、一审的维持、二审的撤销，可谓一波三折，其核心争议问题是对原告使用证据的审查和认定。本案二审法院对于商标使用证据的审查标准、能否形成证据链、伪证法律后果等问题给出了明确的指引。

"撤三"案件中，商标使用证据的审查和认定是核心。根据《商标审查及审理标准》（现《商标审查审理指南》）的规定，用于证明注册商标不存在连续三年不使用的情形的证据材料，应当满足以下要求：①能够显示出使用的系争商标标识；②能够显示出系争商标使用在指定使用的商品或服务上；③能够显示出系争商标的使用人，既包括商标注册人自己，也包括商标注册人许可的他人，如许可他人使用的，应当能够证明许可使用关系的存在；④能够显示出系争商标的使用日期，且应当在自撤销申请之日起向前推算三年内；⑤能够证明系争商标在《商标法》效力所及地域范围内的使用。"撤三"案件中，商标使用证据的审查和认定主要围绕上述条件而展开。本案中，为证明实际使用，恒大公司提供了众多证据以证明被许可人在纯净水上使用了"恒大"商标。然而，商标评审委员会和第三人潘某认为恒大公司提供的部分证据存疑。在此，就涉及商标使用证据之间如何形成证据链，以及伪证的法律后果等问题。

第一，商标使用证据之间的证据链形成问题。本案中，一审法院认为，证据认定"需要整体考虑、综合判断，审查是否多份证据形成证据的链条，而不能割裂证据之间的关系"。因此，对于商标评审委员会和第三人潘某主张存疑的证据，一审法院认为相关证据可以相互印证，从而形成具有高度盖然性的证据链。例如，对于证明星河纳米公司向林德公司销售的证据，一审法院认为虽然收据序号与开具日期矛盾，但是销售合同、收据、发票可以相互印证，形成了证据链，所以认定星河纳米公司向林德公司销售恒大纯净水。

显然，一审法院忽视了证据真实性审查与形成证据链的判断顺序。审查商标使用证据,既要审查单个证据的真实性、合法性、关联性,也要对各个证据之间的关系进行综合判断。但是,正如二审法院所述,"当事人提交多个证据试图形成证据链证明某一事实时,一般应先逐一审查单个证据的真实性、合法性,在确认相关证据真实性、合法性的基础上,从其与案件事实的关联程度、各证据之间的联系等方面判断有无证明力及证明力的大小"。证据链的形成以单个证据的真实性为基础,一审法院在销售发票存疑的情况下,以其与相关证据的关联性认定星河纳米公司向林德公司销售恒大纯净水,显然是证据真实性审查与形成证据链前后倒置。

第二,"撤三"案件中商标注册人提供伪证,则相应提高证明标准。对于商标使用证据的证明标准,法院普遍认可应当采用优势证据规则,即只要证据能够在高度盖然性标准上证明在核定商品上实际使用涉案商标即可。然而,由于商标使用证据往往由商标注册人提供,司法实践中不乏商标注册人伪证的情况。本案二审中法院就查明了恒大公司倒签发票,伪造星河纳米公司向林德公司销售恒大纯净水的证据。对此,二审法院提出,"为避免连续三年停止使用注册商标撤销制度目的落空,形成鼓励当事人如实、规范提供商标使用证据的导向,如果商标注册人提供的部分使用证据系伪造,则应当对其提交的所有证据从严审查,相应提高证明标准"。因此,本案二审法院在查明恒大公司伪造发票、销售照片存疑的情况下,表示"本院对其在提交证据过程中的诚信度产生怀疑"。

在审查云居山泉公司与林德公司销售证据过程中,销售合同、发票、收据等证据可相互印证,二审法院认为,上述证据"正常情况下可予以采信",但是鉴于原告伪造星河纳米公司向林德公司销售恒大纯净水的证据,并且发票日期与另案当事人申请"撤三"日期相近,因而提出"即便无法否定该组证据的真实性,也可以认定该组证据系恒大公司为维持恒大商标注册所进行的象征性使用"。在该组证据的审查上,二审法院显然采用排除合理怀疑的证明标准,而非优势证据规则,以作为原告伪造证据的惩处。

第三,指定期间之外的使用证据。《商标法》第49条规定:"注册商标成为其核定使用的商品的通用名称或者没有正当理由连续三年不使用的,任何单位或者个人可以向商标局申请撤销该注册商标。"因而,原则上"撤三"案件中商标注册人提供的使用证据应当在所指定的三年指定期间之内。

但是，这并不意味着指定期间之前或之后的证据无法采信。

对于指定期间之前的使用证据，在阿尔卑斯公司诉商标评审委员会案[1]中，在商标注册人提供的指定期间使用证据略有不足的情况下，商标注册人提供了指定期间之前的使用证据，北京知识产权法院因而认为商标注册人对争议商标具有真实使用意图，维持了涉案商标。对于指定期间之后的使用证据，在乐邦公司诉商标评审委员会案[2]中，在商标注册人不能证明在指定期间内实际使用商标，仅能证明指定期间内为使用进行准备的情况下，北京市高级人民法院结合指定期间之后的使用证据及指定期间之内类似商品的使用证据，认定商标注册人实际使用了注册商标。然而，上述案件均建立在原告已经证明在指定期间内真实使用或准备使用的基础上。如本案中二审法院所述，在先判决的要旨是商标注册人有证据证明其于指定期间内进行了使用准备且在指定期间后进行了大量使用，上述两要件须相互结合、缺一不可。然而，恒大公司并未举证证明其于指定期间内为后续的大量使用事先做好了准备，故法院未予采信。

---

[1] 北京知识产权法院（2015）京知行初字第951号行政判决书。
[2] 北京市高级人民法院（2011）高行终字第335号行政判决书。

18 "一事不再理"原则在商标评审程序中的适用

——北京国美电器有限公司、国家知识产权局与第三人武某杰商标权无效宣告请求行政纠纷案 *

裁判要旨

2001年《商标法》第13条第2款虽然规定了"误导公众"审查要件，但该要件的相关司法解释❶于2009年4月23日公布。在此之前，商标审查机关主要适用混淆理论，与第01672号裁定认定的"注册会造成消费者的混淆误认"相吻合。本案中，经过法院从第01672号裁定内容、当事人的异议请求、审查时的标准、当时审理实务来看，对案件整体、综合判断，足以认定第01672号裁定审查了国美公司在异议申请中主张的2001年《商标法》第13条规定。2014年《商标法实施条例》对"一事不再理"的修改是为了配合异议程序的重大修改，而不是对2001年《商标法》第42条的否定，新旧法的不同设置，不能因为旧法下已生效的裁决给当事人产生的信赖利益，在新法下被打破，让当事人无所适从。

---

* 一审：北京知识产权法院（2018）京73行初6204号行政判决书；二审：北京市高级人民法院（2020）京行终3078号行政判决书。

❶ 2009年4月23日，最高人民法院发布《关于审理涉及驰名商标保护的民事纠纷案件应用法律若干问题的解释》。

案情简介

北京国美电器有限公司（以下简称"国美公司"）因商标权无效宣告请求行政纠纷一案，不服商标评审委员会作出的商评字[2018]第70141号关于第3574427号"国美GUOMEI"商标（以下简称"诉争商标"）无效宣告请求裁定（以下简称"被诉裁定"），向法院提起诉讼。

被诉裁定系商标评审委员会针对国美公司就武某杰拥有的诉争商标所提无效宣告请求而作出的。商标评审委员会在被诉裁定中认定：第一，国美公司曾就诉争商标向商标局提出过异议申请，国美公司提交的证据虽然较原异议程序中增加了很多，但对于在原异议裁定作出之前产生的证据为何在原异议程序中未提交，未给出合理解释，而其提交的在原异议裁定作出之后发生的证据亦不足以证明已形成新的事实。因此，国美公司再次援引引证商标一[1]并寻求2001年《商标法》第13条第2款保护的主张，已构成"一事不再理"情形，应予驳回。第二，国美公司援引第1097721号"GUOMEI及图"商标主张2001年《商标法》第13条第2款，属于新理由。但至国美公司提出无效宣告请求时，诉争商标核准注册已超过五年，且在案证据尚不足以证明引证商标二[2]在诉争商标申请日前已达到相关公众广泛熟知的程度，亦不足以证明诉争商标的申请注册存在恶意情形，据此，对其该项主张予以驳回。第三，国美公司关于武某杰在诉争商标申请日后在第33类酒类商品上大量注册包含"国美"字样的商标及设立多家使用"国美"字号的企业等理由，不属于本案评审范围，对其该项主张不予评述。综上，商标评审委员会依照2001年《商标法》第45条第2款、第46条的规定，裁定诉争商标予以维持。

国美公司不服该裁定，向法院提起诉讼。

---

[1] 引证商标一为第1097722号"国美电器"商标，由北京市国美电器总公司于1996年6月12日申请注册，核定使用服务为第35类：广告；室外广告；样品散发；张贴广告；商品展示；商店橱窗布置；商业信息；贸易业务的专业咨询；推销（替他人）；公共关系。2000年1月28日，该商标经商标局核准转让予国美公司，经续展，专用期限至2027年9月6日。

[2] 引证商标二为第1097721号"GUOMEI及图"商标，由北京市国美电器总公司于1996年6月12日申请注册，核定使用服务为第35类：广告；室外广告；样品散发；张贴广告；商品展示；商店橱窗布置；商业信息；贸易业务的专业咨询；推销（替他人）；公共关系。2000年1月28日，该商标经商标局核准转让予国美公司，经续展，专用期限至2027年9月6日。

诉辩意见

原告国美公司诉称,第一,原告援引引证商标一主张诉争商标违反2001年《商标法》第13条第2款规定,不构成一事不再理,被诉裁定认定事实和适用法律错误,程序违法。首先,虽然此前原告曾援引引证商标一及2001年《商标法》第13条规定就诉争商标向商标局提出过商标异议申请,但商标局针对该次异议申请作出的(2009)商标异字01672号裁定(以下简称"第01672号裁定")中并未就该项理由进行审理,其不利后果不应由原告承担。其次,一事不再理属于程序问题,根据实体从旧、程序从新的原则,应当适用2013年《商标法》的规定,2013年《商标法》删除了2001年《商标法》第42条规定,2014年《商标法实施条例》第62条限缩了一事不再理的适用范围,因此依照新《商标法》及其实施条例,其属于新的理由,不构成一事不再理。综上,被诉裁定认定该项理由系一事不再理而未予审查,适用法律错误,作出程序违法。第二,在案证据可以证明在诉争商标申请注册日前引证商标一、引证商标二已经构成第35类"推销(替他人)"服务上的驰名商标,被诉裁定漏审了引证商标一构成驰名商标的请求,属于程序违法;被诉裁定认定引证商标二未构成驰名商标,属于事实认定不清。第三,诉争商标的注册申请构成了对两引证商标的抄袭和摹仿,存在明显的主观恶意且持续至起诉时,违反了2001年《商标法》第13条第2款的规定。第四,诉争商标和引证商标一、引证商标二共存市场,有混淆、误导相关公众的可能,使消费者误认为其系由原告生产或提供,或与原告存在投资、许可等关系,导致原告利益受到损害。综上,请求撤销被诉裁定,判令被告重新作出裁定,对诉争商标予以无效宣告。

被告国家知识产权局辩称,一事不再理是实体问题,应当适用旧法。国美公司并未针对商标局作出的第01672号裁定申请复审,该裁定已生效,应视为其已放弃权利;被诉裁定作出程序合法;其他坚持被诉裁定的意见。综上,被诉裁定认定事实清楚,适用法律正确,作出程序合法,请求驳回原告的诉讼请求。

第三人武某杰述称,原告在先的异议申请主张了2001年《商标法》第13条,但未区分第1款和第2款,商标局第01672号裁定是一并审查的,并不存在漏审,且原告未对第 01672 号裁定提出异议复审,已经放弃了权利。综上,原告在本案中就引证商标一主张 2001 年《商标法》第 13 条第 2 款的无效宣告理由不属于新的理由,被诉决定的相关认定正确,请求依法驳回原告的诉讼请求。

裁判理由

法院认为,2019 年 4 月 23 日第四次修正的《商标法》已于 2019 年 11 月 1 日起实施,本案诉争商标系在 2013 年《商标法》施行前已经核准注册的商标,而被诉裁定的作出时间则处于 2013 年《商标法》施行期间,故本案涉及新旧《商标法》及其实施条例的法律适用问题。对此法院认为,2015 年《立法法》第 93 条❶规定,法律、行政法规、地方性法规、自治条例和单行条例、规章不溯及既往,但为了更好地保护公民、法人和其他组织的权利和利益而作的特别规定除外。本案中,诉争商标被核准时的审查依据是 2001 年《商标法》,而本案无效宣告请求的受理时间及被诉裁定的作出时间均处于 2013 年《商标法》施行期间,故依据 2015 年《立法法》第 93 条,并参照《最高人民法院关于商标法修改决定施行后商标案件管辖和法律适用问题的解释》第 7 条的规定,本案程序问题的审理应适用 2013 年《商标法》及其实施细则,本案实体问题的审理应适用 2001 年《商标法》及其实施细则。

关于一事不再理原则,法院认为,根据本案查明事实,诉争商标于 2003 年 5 月 30 日申请注册,国美公司于 2001 年 12 月 1 日援引引证商标一和 2001 年《商标法》第 13 条向商标局提出商标异议申请,其虽未明确系第 13 条哪一款,但从具体异议理由来看已经涵盖了第 13 条第 2 款,能够认定其已经提出了第 13 条第 2 款的主张,而商标局就该项异议申请所作的第 01672 号裁定中并未就该项理由作出回应。该裁定作出后,国美公司并未就第 01672 号裁定提起复审,该裁定现已生效。因此,本案的争议焦点之一在于,国美公司再次援引引证商标一主张 2001 年《商标法》第 13 条第 2 款的无效请求理由是否违反了"一事不再理"原则。"一事不再理"

---

❶ 对应 2023 年《立法法》第 104 条。

属于程序问题，应当适用 2013 年《商标法》。2001 年《商标法》第 42 条规定："对核准注册前已经提出异议并经裁定的商标，不得再以相同的事实和理由申请裁定。"2013 年《商标法》中删除了上述规定，并未对"一事不再理"作出规定。2014 年《商标法实施条例》第 26 条第（四）项规定，同一异议人以相同的理由、事实和法律依据针对同一商标再次提出异议申请的，商标局不予受理。该实施条例第 62 条规定，申请人撤回商标评审申请的，不得以相同的事实和理由再次提出评审申请。商标评审委员会对商标评审申请已经作出裁定或者决定的，任何人不得以相同的事实和理由再次提出评审申请。但是，经不予注册复审程序予以核准注册后向商标评审委员会提起宣告注册商标无效的除外。根据上述规定，商标局审理商标异议申请，应遵守"一事不再理"原则；商标评审委员会审理商标评审案件，除对经不予注册复审程序予以核准注册商标提起无效宣告请求的以外，其他事由应遵守"一事不再理"原则。同时，2013 年《商标法》第 35 条规定，向商标局所提异议申请不成立的，可以依据相同的事实和理由向商标评审委员会提出商标无效宣告。可见，在商标局的异议审查程序与商标评审委员会的无效宣告评审程序间并不适用一事不再理原则。

综上，与 2001 年《商标法》相比，2013 年《商标法》及实施条例对商标评审委员会评审程序中"一事不再理"原则的规制范围有所限缩，对于未经商标评审委员会审理的诉争商标，依据相同的事实和理由再次提出评审申请的，不受"一事不再理"原则的限制。应当看到，2013 年《商标法》作出这一变化的根本原因在于商标异议程序的简化，对于异议人向商标局所提异议理由不成立的，不再给予其向商标评审委员会申请复审直至提起诉讼的权利，诉争商标可直接获得注册。在此情形下若仍适用"一事不再理"原则禁止异议人以相同的事实和理由提起无效宣告请求，则将不适当地剥夺异议人的程序救济途径。

然而，与 2013 年《商标法》因商标异议程序简化的"一事不再理"问题相比，本案中的"一事不再理"问题有其特殊性，其关系法律修改前后不同审查程序间的衔接适用问题。国家知识产权局基于此主张不应因修法而使当事人获取额外救济。对此法院认为，本案中，由于第 01672 号裁定并未对国美公司的相关异议理由进行审理，故无论是在 2001 年《商标法》

体系下进行考量，还是根据"一事不再理"原则的基本含义和公认标准来判断，均不能认为其违背了"一事不再理"原则，进而亦不能认为当事人获取了额外程序救济，具体理由如下。

首先，从2001年《商标法》的规定来看，第42条规定了一事不再理原则，即"对核准注册前已经提出异议并经裁定的商标，不得再以相同的事实和理由申请裁定。"可见，"一事不再理"原则的规则范围是"已经提出异议并经裁定的"。本案中，国美公司虽曾援引引证商标一和2001年《商标法》第13条第2款针对诉争商标向商标局提出过商标异议申请，但商标局就该异议申请所作第01672号裁定中并未就上述理由作出回应，因而本案系虽提出异议但未经实体裁定的，并不属于2001年《商标法》第42条的规制范围。

其次，从"一事不再理"原则的基本含义和公认标准来判断，"一事不再理"原则系一项基本法律原则，包括两层含义：一是基于诉讼系属效力，不得就已经起诉的案件重新起诉，即不得重复起诉的问题；二是基于既判力效力，对已经发生法律效力的裁判文书，除法律另有规定以外，不得基于同一事实和理由再行起诉和受理，即我们通常理解的"一事不再理"，指争议事项在实体上受生效裁判的拘束，程序上不得再次处理和实体上禁止作出矛盾裁判。商标评审程序虽然并非诉讼程序，但具有准司法程序的性质，且2001年商标法和2014年《商标法实施条例》均对"一事不再理"原则的适用作出了规定，可见在商标评审程序中亦参照适用"一事不再理"原则。如前所述，第01672号裁定并未对国美公司的上述异议理由作出回应，存在漏审。商标局辩称，由于国美公司并未对第01672号裁定提出复审请求，应视为其已经接受该裁定结果，现第01672号裁定已经生效，国美公司无权再依据该项事实理由提出无效请求。可见其该项抗辩意见正是基于第01672号裁定的既判力，因而问题的实质即在于第01672号裁定的既判力能否及于国美公司前述理由。尽管国美公司并未就第01672号裁定向商标评审委员会提出复审申请，第01672号裁定已经发生法律效力，然而由于第01672号裁定中并未就国美公司所提前述异议理由作出回应，实质上并未对前述事实和理由作出实体裁判，因而其既判力亦不能及于该项事实和理由。

综上，国美公司在本案中援引引证商标一主张 2001 年《商标法》第 13 条第 2 款的无效理由并未违反一事不再理原则，被诉裁定对此认定有误，法院予以纠正。国美公司的相关诉讼主张成立，法院予以支持。

案件评析

一事不再理原则起源于"诉权消耗论"，是指经过一个完整的诉讼过程之后，无论结果如何，诉权都已被消耗完毕。[1]这是一项古老的诉讼原则，源于罗马法并且一直延续到现在。本案主要涉及在 2001 年《商标法》和 2013 年《商标法》衔接过程中，一事不再理原则在商标评审程序中的适用问题。

（一）新旧《商标法》对于"一事不再理"原则的不同规定

2001 年《商标法》第 42 条规定，对核准注册前已经提出异议并经裁定的商标，不得以相同的事实和理由申请裁定。2013 年《商标法》删除了此规定，但在《商标法实施条例》第 62 条中规定了"申请人撤回商标评审申请的，不得以相同的事实和理由再次提出评审申请。商标评审委员会对商标评审申请已经作出裁定或者决定的，任何人不得以相同的事实和理由再次提出评审申请。但是，经不予注册复审程序予以核准注册后向商标评审委员会提起宣告注册商标无效的除外。"这实际上是对"一事不再理"原则适用范围的限缩。在 2013 年《商标法》施行之后，当事人即使对于予以核准注册的复审决定不服，也无法提起诉讼，只能再次提起无效宣告。因此《商标法实施条例》规定了"不予注册复审程序予以核准注册后向商标评审委员会提起无效宣告"这一例外，属于此例外情形的，不受一事不再理原则的约束，从而保障当事人权利。

也即，当被诉争议商标核准于 2001 年《商标法》实施之时，而被诉裁定作出于 2013 年《商标法》实施之时，由于两部《商标法》及其实施细则对于一事不再理原则的不同规定，会产生新旧《商标法》的衔接适用问题。在北京知识产权法院曾审理的荣麟创意公司案件中[2]，荣麟创意公司申请"京瓷"商标，第三人京瓷株式会社在 2001 年《商标法》施行期间就争

---

[1] 张卫平．重复诉讼规制研究：兼论"一事不再理"[J]．中国法学，2015（2）：43-65．
[2] 北京知识产权法院（2017）京 73 行初 5292 号行政判决书．

议商标提起异议和异议复审，在 2013 年《商标法》施行之后以相同的事实和理由再次提出无效宣告申请。北京知识产权法院认为，此种情形应当受到一事不再理规则的限制。这是因为，2001 年《商标法》第 42 条规定，对核准注册前已经提出异议并经裁定的商标，不得再以相同的事实和理由申请裁定。虽然 2013 年《商标法》对异议程序有所调整，删除了 2001 年《商标法》第 42 条的规定，但 2014 年《商标法实施条例》第 62 条规定亦为一事不再理原则的体现。规定不予注册复审程序予以核准注册后向商标评审委员会提起无效宣告的除外，是因为在 2013 年《商标法》施行后，当事人对予以核准注册的不予注册复审决定不服的无法提起诉讼，只能再次提起无效宣告，为保障其权利，该情况不受一事不再理的约束。但考虑到在 2001 年《商标法》的规定下，无论异议复审结果如何，当事人均可以提起诉讼，其各项程序权利得到了充分的保障，所以在 2013 年《商标法》施行前，已经经过异议复审裁定的，在 2013 年《商标法》施行后以相同的事实和理由提出无效宣告申请的，应当受到一事不再理规则的限制。

简言之，在 2001 年《商标法》及其实施细则施行期间已有生效裁定，但于 2013 年《商标法》及其实施细则施行期间提起无效宣告申请的，并不属于《商标法实施条例》第 62 条中"经不予注册复审程序予以核准注册后向商标评审委员会提起宣告注册商标无效的除外"这一例外情形。此种情形，依然需要受一事不再理原则的约束。

（二）本案在适用一事不再理原则时的特殊性

多玛家霸公司案件❶与本案在情节上较为类似。在多玛家霸公司案件中，北京知识产权法院认为，争议商标授权期间，多玛家霸公司曾以上海兄谊公司申请争议商标与引证商标等商标构成类似商品上的近似商标，争议商标侵犯多玛家霸公司在先商号权益及争议商标是对多玛家霸公司在先商标的抄袭、摹仿、违反诚实信用原则、造成不良影响为由，向商标局提起异议。商标局裁定异议理由不成立，核准了该案争议商标的注册。在 2001 年《商标法》的规定下，无论异议结果如何，当事人均可以提起复审，而多玛家霸公司当时并未针对商标局上述裁定提出复审申请，自愿放弃了

---

❶ 北京知识产权法院（2017）京 73 行初 5568 号行政判决书。

向商标评审委员会提出复审程序以获得救济的权利。如果因为新旧法律的衔接而使得多玛家霸公司获得额外的救济机会，从而造成已经发生法律效力的审查结果重新处于效力待定的法律状态，则无论从商标法还是从程序公平的角度来讲，均显属不当。因此，北京知识产权法院认定，多玛家霸公司的无效宣告请求应当受到一事不再理原则的限制。

本案与上述多玛家霸公司案存在着一定的相似性，在2001年《商标法》及相关实施细则施行期间，国美公司已经获得生效裁定，但是于2013年《商标法》及相关实施细则施行期间再次提起无效宣告。商标评审委员会认为如果不适用一事不再理原则，可能使得国美公司获得了重复救济。因此在本案中商标评审委员会在被诉裁定中强调国美公司分别在异议程序和无效程序中两次援引"引证商标和2001年《商标法》第13条第2款"的理由，并基于此适用一事不再理原则驳回国美公司该无效理由。

但是在这过程中，商标评审委员会遗漏了异议裁定漏审异议理由这一重要事实，对于一事不再理原则机械套用。一事不再理原则主要包括两个方面的含义：第一，诉讼一经提起，不能再就同一案件重复起诉，即禁止就未决案件重复起诉；第二，判决确定之后不能够再就同一案件再次起诉，即禁止对已决诉讼重复起诉。[1] 在本案中，国美公司未及时对商标局的裁定提出复审请求，商标局的裁定已经生效。然而由于裁定漏审了国美公司所提的异议理由，实质上并未对漏审的事实和理由作出实体裁判，因而被诉裁定的既判力亦不能及于该漏审的事实和理由。因此，正如法院在判决书中所言，由于异议裁定存在对异议理由漏审的事实，故无论是在2001年《商标法》体系下进行考量，还是从一事不再理原则的基本含义和公认标准来判断，国美公司的无效请求均未违背一事不再理原则。

"一事不再理"原则是民事诉讼中的重要原则，该原则可以提高诉讼效率，避免重复诉讼，节约司法资源。可以尽早确定判决的既判力，落实权利义务关系，保障交易安全。本案涉及2001年《商标法》和2013年《商标法》衔接过程中的一事不再理原则的适用问题。在2001年《商标法》及其实施细则施行期间已有生效裁定，但于2013年《商标法》及其实施细

---

[1] 周丽婷.论商标评审程序中"一事不再理"原则的适用[J].知识产权，2018（6）：38-44.

则施行期间提起无效宣告申请的，并不属于《商标法实施条例》第 62 条中"经不予注册复审程序予以核准注册后向商标评审委员会提起宣告注册商标无效的除外"这一例外情形。但如果生效裁定中存在漏审的事实，该裁定的既判力不能及于该漏审事实，此时无效申请并不违背一事不再理原则。

19 商标个案审查原则的司法适用规则

——盖璞公司诉国家工商行政管理总局商标评审委员会商标驳回复审行政纠纷再审案*

裁判要旨

商标评审及司法审查程序虽然要考虑个案情况，但审查的基本依据均为商标法及其相关法律规定，亦不能以个案审查为由而忽视执法标准的统一性问题。相对于损害特定民事主体利益的禁止商标注册的相对理由条款而言，绝对理由条款的个案衡量空间应当受到严格限制，对是否有害于社会公共利益和公共秩序进行判断的裁量尺度更不应变动不居。

案情简介

盖璞公司于2009年7月17日向商标局提出申请注册第7550607号"蓋璞内衣"商标，2011年8月22日，商标局作出第ZC7550607BH1号《商标部分驳回通知书》，初步审定申请商标在紧身内衣（服装）商品上的注册申请，驳回在服装、衬裤、短裤、运动裤、工装裤等商品上的注册申请。盖璞公司不服，向商标评审委员会提出复审申请。2013年8月5日，商标评审委员会作出第29791号维持的决定。盖璞公司不服，向法院提起诉讼。

---

* 一审：北京市第一中级人民法院（2014）一中知行初字第799号行政判决书；二审：北京市高级人民法院（2014）高行终字第1932号行政判决书；再审：最高人民法院（2016）最高法行再7号行政判决书。

北京市第一中级人民法院一审认为,2001 年《商标法》❶第 10 条第 1 款第(八)项规定,有害于社会主义道德风尚或者有其他不良影响的标志,不得作为商标使用。申请商标为纯文字商标"蓋璞内衣",由于其中包含"内衣"字样,易使消费者在接触到申请商标后,误认为该商标所标识的商品为内衣类服装从而误导消费,造成不良影响,已构成《商标法》第 10 条第 1 款第(八)项所规定的情形,其他商标获准注册的情形与本案申请商标并不相同,不是申请商标获准注册的当然理由。因此,盖璞公司有关申请商标不具不良影响应予核准注册的诉讼主张,缺乏事实和法律依据,一审法院不予支持。据此,一审法院依照 2000 年《行政诉讼法》第 54 条第(一)项之规定,判决维持第 29791 号决定。

盖璞公司不服一审判决,向北京市高级人民法院提起上诉,主要理由如下。一审判决及第 29791 号决定以《商标法》第 10 条第 1 款第(八)项驳回申请商标的注册属于适用法律错误,申请商标未包含任何对我国政治、经济、文化、宗教、民族等社会公共利益和公共秩序产生消极、负面影响的因素和含义。盖璞公司另一件与本案申请商标文字相同的商标已核准注册,商标评审委员会应当遵循统一的执法标准。据此,请求二审法院撤销第 29791 号决定及一审判决,并判令商标评审委员会重新作出决定。

商标评审委员会服从一审判决。

北京市高级人民法院二审认为,申请商标为纯文字商标"蓋璞内衣",由于其中包含有"内衣"字样,易使消费者在接触到申请商标后,误认为该商标所标识的商品为内衣类服装,即对消费者在购买商品时产生错误的指引,从而误导消费,造成不良影响,已构成《商标法》第 10 条第 1 款第(八)项所规定的情形。其他商标获准注册的情形与本案申请商标并不相同,不是申请商标获准注册的当然理由。因此,盖璞公司有关申请商标不具有不良影响应予核准注册的上诉主张,二审法院不予支持。综上所述,一审判决及第 29791 号决定认定事实清楚,适用法律正确,审理程序合法,依法应予维持。盖璞公司的上诉理由缺乏事实和法律依据,其上诉请求该院不予支持。据此,二审法院依照《行政诉讼法》第 61 条第(一)项之规

---

❶ 本案例中的《商标法》若无特别说明均指 2001 年《商标法》。

定，判决驳回上诉，维持原判。

盖璞公司不服二审判决，申请再审。

诉辩意见

盖璞公司申请再审称，第一，关于审查标准一致性与个案审查原则。盖璞公司含有相同"盖璞内衣"四个汉字的商标经历商标评审委员会的驳回复审程序被核准注册或者直接被商标局核准注册的情况，说明个案审查原则不适用于本案。盖璞公司其他"盖璞内衣"商标及他人含有"内衣"的商标在相同或类似商品上核准注册的事实证明，本案申请商标同样具有可注册性和可使用性，商标评审委员会和一审、二审法院认定申请商标会造成不良社会影响，却在相同或类似商品上核准注册了其他"盖璞内衣"及其他含有"内衣"的商标，违反了审查标准一致、执法统一及同案同判的公平原则，极大地损害了盖璞公司作为行政相对人的期待利益。第二，关于申请商标是否具有"不良影响"。申请商标未包含任何对我国政治、经济、文化、宗教、民族等社会公共利益和公共秩序产生消极、负面影响的因素和含义，不属于《商标法》第10条第1款第（八）项所禁止作为商标注册和使用的标志，也不属于《商标审查及审理标准》所列举的有害于社会主义道德风尚或者有其他不良影响的情形。第三，申请商标"蓋璞内衣"指定使用在第25类服装、衬裤、短裤、运动裤等商品上，不会导致消费者的误认误购，商标评审委员会和一审、二审法院认为申请商标会造成不良社会影响属于事实认定错误。综上，第29791号决定及一审、二审判决认定事实不清，适用法律错误，请求最高人民法院依法予以撤销。

商标评审委员会辩称，申请商标已构成《商标法》第10条第1款第（八）项所涉情形，一审、二审法院认定事实清楚，适用法律正确，请求最高人民法院依法予以维持。

裁判理由

关于第29791号决定是否违反了审查标准一致性的原则。盖璞公司认为，其曾经申请的另外两件"盖璞内衣"商标已经获准注册，其中涉及的第7547927号"盖璞内衣"商标还曾经经历与本案相同的驳回复审程序，最终仍被商标评审委员会准予注册。商标评审委员会针对申请商标作出的第29791号决定，违反了审查标准一致性、执法统一及同案同判的公平原则。对此最高人民法院认为，商标评审及司法审查程序虽然要考虑个案情况，但审查的基本依据均为《商标法》及其相关法律规定，亦不能以个案审查为由而忽视执法标准的统一性问题。经查明，盖璞公司拥有的第7547927号"盖璞内衣"商标的申请日与本案申请商标只相隔一天，指定使用商品完全相同，商标构成要素高度近似，差别仅在于其中一字的繁简体不同。在商标驳回复审程序中，商标评审委员会推翻了商标局关于第7547927号"盖璞内衣"商标违反了《商标法》第10条第1款第（八）项规定的认定，对该商标在全部指定使用商品上的注册申请予以核准。本案中，商标评审委员会将申请商标未予核准注册的理由归结为"个案审查原则"。

最高人民法院认为，首先，如前所述，申请商标与第7547927号"盖璞内衣"商标在指定使用商品及商标构成要素上高度近似，商标评审委员会并未在本案中向本院举证证明申请商标相较于第7547927号"盖璞内衣"商标具有必须予以特殊考量的个案因素。其次，商标评审委员会在本案中系适用《商标法》第10条第1款第（八）项规定对申请商标予以驳回，该条款是对申请商标是否有碍社会公序良俗的价值判断。相对于损害特定民事主体利益的禁止商标注册的相对理由条款而言，绝对理由条款的个案衡量空间应当受到严格限制，对是否有害于社会公共利益和公共秩序进行判断的裁量尺度更不应变动不居。据此，商标评审委员会对申请商标是否违反《商标法》第10条第1款第（八）项规定的审查结论有违审查标准一致性及同案同判的公平原则，损害了盖璞公司作为行政相对人合理的期待利益，最高人民法院对此予以纠正。

案件评析

本案中，能否适用个案审查原则是争议焦点之一。由于不同的商标案件具有不同的事实情况，并且公众对于商标的理解和认识也会随着社会的发展而有所不同，因此商标审查及审理过程中强调个案审查。

（一）对个案审查原则的理解

商标的个案审查原则是指对于商标是否具有混淆可能性、是否近似、是否知名及是否具有显著性等问题，要结合个案的特定因素和不同情况进行考虑，无法从先例中总结出后案必须加以援引的公式或者依据。❶

个案审查原则现已经成为商标评审委员会在撰写各类裁定和决定时常用的理由之一，同时也是行政诉讼中商标评审委员会最常用的答辩理由之一，甚至也可以说是获得人民法院支持最多的答辩理由之一。譬如在安德力亚庞佩里奥公司诉商标评审委员会案❷中，原告试图通过三个引证商标均含有字母"A"，并得以注册和共存为由，主张依据审查标准一致性原则，申请商标亦应获准注册。法院认为商标审查遵循个案审查原则，由于每个案件的情况各不相同，其他商标的申请、审查、核准情况与该案没有必然的关联性，亦不能成为该案的定案依据。因此，该案中法院最终并未支持原告的主张。个案审查原则在商标审查和后续的司法审查中使用频率较高，但是无论是起诉人还是法院，都极少对此原则进行详细阐述。起诉人通常只是列举出已获得核准注册的类似商标，然后主张依据审查标准一致性原则，其申请的商标也应当获得注册。法院裁判理由也较为笼统，一般是"依据个案审查原则，其他商标的核准注册情形并不能成为争议商标是否可以获得注册的依据"❸。但是大多数法院在其判决书中，并未对适用个案审查原则的理由进行详细论述。

事实上，商标的个案审查原则无论是在实务还是在理论中，都是一个被广为接受的原则。在理论界，如黄晖博士曾在其博士论文中提及"对于'混淆可能性'的认定归根结底是一个事实问题，每次认定都必须在个案的基础上进行"。❹学者曾陈明汝也曾在其书中提及"商标显著性之有无，应以个案并就交易事情加以斟酌。因此过去注册之案例并不能比附援引"。❺在实务界，比如在利捷航空公司案件❻中，法院不仅使用了个案审查原则并且曾尝试对于特定案件中应否适用个案审查原则进行了进一步论述。在该案中，原告主张法院应当参照在另一案件"安途 ANTU 及图"案件中的

---

❶ 熊文聪."商标个案审查原则"的误读与澄清 [J]. 法学家, 2018（4）: 168-176.

❷ 北京市高级人民法院（2015）高行（知）终字第3618号行政判决书。

❸ 陈志兴."个案审查"在商标制度上的合理性 [N]. 中国知识产权报, 2015-07-17（005）.

❹ 黄晖. 商标权利范围的比较研究 [D]. 北京：中国社会科学院研究生院, 2000.

❺ 曾陈明汝. 商标法原理 [M]. 北京：中国人民大学出版社, 2003：123.

❻ （2015）京知行初字第2215号行政判决书。

裁判标准，认定该案中申请商标与引证商标不构成类似服务上的近似商标。法院适用个案审查原则驳回了原告的这一请求，并提出了要进行个案审查而非直接参照"安途 ANTU 及图"案的两项理由。第一，商标注册制度本身由一系列的制度构成，即使获得初步审定，其后还有商标异议制度，获准注册的商标仍然面临着商标无效等制度的考验，而且部分案件中商标审查的结论可能还要接受法院的司法审查。第二，商标能否获准注册还与商品或服务的内容、商标的使用状况、引证商标的情况等一系列因素相关。

商标的审查应当坚持个案审查原则。商标案件具有特殊性，不同的商标案例中，涉案商标在使用情况、消费群体、商标指定的商品或者服务等方面都不相同。由于这些因素上的差异，商标审查不能援引在先案例。并且，消费者对于一个商标的认知是随着时间而变化的，五年前十分著名的商标在五年后可能已经被人们所淡忘。因此，在先案例的结果显然不能类推适用于在后案例。

（二）个案审查原则的司法适用

1. 个案审查原则的适用

在法律条文的解释方面，个案审查原则并不适用，上级法院对一个法律条文的理解对于下级法院依然具有指导或者借鉴意义。例如《商标法》的"其他不正当手段"是绝对理由条款还是相对理由条款，《商标法》第 15 条规定的"代理"是否包括二级代理，对于这些法条的理解，在先案件对于在后案件依然具有指导或者借鉴意义，既有案件对法律条文的理解依然可以为后续案件的判决提供参考。但是在商标的授权确权、驰名商标的司法实践等问题中，司法机关应当遵循个案审查原则，对于此类商标的审查，应当依据特定案件的具体情况进行个案处理，其他在先案件中的商标审理情况，并非当然地对本案产生影响。

譬如在"合家"商标案件[1]中，李某杰申请注册"合家"商标（该案被异议商标），泸州老窖公司以被异议商标与其"合家欢"商标构成近似为由提出异议申请。李某杰认为"合家欢"商标与"合家"商标并不构成近似，并且其还主张自己拥有先于引证商标注册的 938084 号"合家 HEJIA"商标

---

[1] 北京市第一中级人民法院（2013）一中知行初字第 3230 号行政判决书。

的专用权,该案被异议商标与该商标文字相同,因此李某杰认为其应当获准注册。法院认为依据商标个案审查原则,其他商标的注册情况不能成为被异议商标获准注册的当然依据。

2. 个案审查原则在适用上的限制

个案审查原则在商标确权授权案件中得到了广泛适用,随之而来的是,越来越多的类似案件和关联案件出现了裁判标准不统一的问题。裁判标准不统一会导致裁判结果的不可预期性,破坏了法律的稳定性和司法的公信力。因此,对于商标个案审查原则应当进行一定的限制,尤其是在涉及不予注册的绝对事由的商标案件中,要受到"审查标准一致性原则"的限制。

在本案中,最高人民法院再审认为,相对于损害特定民事主体利益的禁止商标注册的相对理由条款而言,绝对理由条款的个案衡量空间应当受到严格限制,对是否有害于社会公共利益和公共秩序进行判断的裁量尺度更不应变动不居。因此,最高人民法院认为本案中商标评审委员会不应适用个案审查原则,在涉及不予注册的绝对事由的商标案件中,个案审查原则要受到"审查标准一致性"原则的限制。"美皮护"案件❶与本案类似,在"美皮护"案件中,原告提出"美皮康""美皮贴"商标均未违反《商标法》第 10 条第 1 款第(七)项的规定,且均已获准注册,因此与二者相似的"美皮护"也应当获得注册。法院认为虽然商标授权实行个案审查原则,但是《商标法》第 10 条第 1 款第(七)项属于绝对禁止条款,在商标标识相同或高度近似的情形下,商标审查的个案性原则应当受到限制,因此法院最终支持了原告的主张。可见,从司法实践的经验来看,在涉及不予注册的绝对事由的商标案件中,个案审查原则应当受到严格限制。因为,判断是否有害社会主义公共利益和公共秩序的标准,不应当是变化不定的。

商标具有特殊性,公众对于商标的理解和认识会随着社会的发展而有所不同,这一特殊性决定了在商标案件中使用个案审查原则十分必要。但是如果不对商标个案审查原则进行一定的限制,在所有案件中一味使用商标个案审查原则,可能会导致司法裁量权的不当扩大,破坏法律的稳定性。因此,在涉及不予商标注册的绝对事由之时,一般不适用个案审查原则。

---

❶ 北京知识产权法院(2016)京 73 行初 1454 号判决书。

第二篇

商标民事案例解析

20 商标性使用及类似商品或服务的判断

——江苏省广播电视总台等与金某欢 侵害商标权纠纷案 *

裁判要旨

判断被诉标识是否属于商标性使用，关键在于相关标识的使用是否为了指示相关商品或服务的来源，是否起到使相关公众区分不同商品或服务的提供者的作用。

判断商品或服务的类别是否类似，不能仅根据其题材或表现形式来简单判定，应当根据商标在商业流通中发挥识别作用的本质，结合相关服务的目的、内容、方式、对象等方面情况并结合相关公众的一般认识，进行综合考量。

案情简介

原告金某欢，于 2009 年 2 月 16 日向商标局申请注册"非诚勿扰"商标。2010 年 6 月 6 日，商标局发布了包括"非诚勿扰"商标在内的商标初步审定公告。2010 年 9 月 7 日，金某欢获得第 7199523 号"非诚勿扰"商标注册证，有效期为 2010 年 9 月 7 日至 2020 年 9 月 6 日，核定服务项目

---

* 一审：广东省深圳市南山区人民法院（2013）深南法知民初字第 208 号民事判决书；二审：广东省深圳市中级人民法院（2015）深中法知民终字第 927 号民事判决书；再审：广东省高级人民法院（2016）粤民再 447 号民事判决书。

为第 45 类，包括"交友服务、婚姻介绍所"等。

被告江苏省广播电视总台于 2010 年 1 月 15 日开播其制作的大型电视台婚恋交友节目《非诚勿扰》。江苏省广播电视总台《非诚勿扰》节目的网页显示"新派交友电视节目"及"非诚勿扰"等文字，其中"非诚勿扰"为突出使用，上述网页在节目简介中称《非诚勿扰》是一档适应现代生活节奏的大型婚恋交友节目"。本案争议的"非诚勿扰"词汇由 2008 年 12 月 18 日冯小刚执导的电影《非誠勿擾》创设，意为"没有诚意，就不要来打扰"，适用于婚恋交友领域。

一审法院依据《商标法》[1]第 56 条、第 57 条的规定，认定被告使用"非诚勿扰"作为电视节目名称的行为构成商标性使用，但原被告使用的服务属于不同类的服务，因此被告不构成商标侵权，判决驳回原告的诉讼请求。

二审法院依照《商标法》第 4 条第 2 款、第 57 条第（一）项，《民事诉讼法》第 170 条第 1 款第（一）项、第（三）项，《最高人民法院关于民事诉讼证据的若干规定》第 2 条的规定，判决撤销一审判决，认定被告构成商标侵权，要求被告承担侵权责任。

江苏省广播电视总台、深圳市珍爱网信息技术有限公司（以下简称"珍爱网公司"）不服二审判决，向广东省高级人民法院申请再审，广东省高级人民法院于 2016 年 5 月 13 日作出（2016）粤民申 69 号民事裁定，提审本案。

诉辩意见

江苏省广播电视总台的再审申请理由如下：第一，江苏省广播电视总台对于节目名称的使用并未产生商标区分来源的功能，不属于商标性使用，二审判决对此认定错误；第二，申请人与被申请人针对涉案商标所使用的服务类别并不相同或类似，二审判决对此认定有误；第三，《非诚勿扰》节目与金某欢涉案注册商标不会造成混淆或反向混淆，不构成侵权；第四，金某欢不应对通过侵权获得的涉案注册商标享有权利，江苏省广播电视总台使用该标识获得了授权；第五，二审判决不仅严重损害江苏省广播电视总

---

[1] 本案例中的《商标法》若无特别说明均指 2013 年《商标法》。

台权利，也将严重损害社会公共利益，与商标法立法精神相悖。

金某欢辩称二审法院认定事实清楚，适用法律正确。第一，江苏省广播电视总台申请再审所提供的证据及理由均不成立；第二，金某欢涉案第7199523号注册商标合法有效，专用权稳定；第三，江苏省广播电视总台违背诚实信用原则，在一审、二审中其均认可其对"非诚勿扰"的使用构成商标性使用，在再审中又反悔；第四，"非诚勿扰"既是其节目名称，又是其婚介、交友、相亲服务的服务标识，具有标识来源作用。

珍爱网公司诉称同意江苏省广播电视总台的申请再审请求与理由，亦提出再审申请。

裁判理由

再审广东省高级人民法院裁判理由如下。

（一）江苏省广播电视总台对被诉标识的使用是否属于商标性使用

相关标识具有节目名称的属性并不能当然排斥该标识作为商标的可能性，判断被诉"非诚勿扰"标识是否属于商标性使用，关键在于相关标识的使用是否为了指示相关商品或服务的来源，起到使相关公众区分不同商品或服务提供者的作用。江苏省广播电视总台对被诉"非诚勿扰"标识反复多次、大量地在其电视、官网、招商广告、现场宣传等商业活动中单独使用或突出使用，使得该标识具备了区分商品或服务的功能，该行为构成商标性使用。

（二）关于江苏省广播电视总台是否侵害金某欢涉案注册商标权的问题

在商标侵权裁判中，必须对被诉标识与注册商标是否相同或近似、两者所标识的商品或服务是否相同或类似，以及是否容易引起相关公众的混淆误认作出判断。

1. 关于被诉标识与涉案商标是否相同或近似的问题

本案中，被诉"非诚勿扰"文字标识及图文标识分别与金某欢涉案第7199523号注册商标相比对，文字形态上均存在繁体字与简体字的区别，且字体和文字排列存在差异，更是增加了颜色及图形的差异，二者不属于相同标识。该两被诉标识与金某欢涉案注册商标的显著部分与核心部分均为"非诚勿扰"，在自然组成要素上相近似。但客观要素的近似并不等同于商标法意义上的近似。商标法所要保护的，并非仅以注册行为所固化的商标标识本身，而是商标所具有的识别和区分商品或服务来源的功能。如果被诉行为并非使用在相同或类似商品或服务上，或者并未损害涉案注册商标的识别和区分功能，亦未因此导致市场混淆后果的，不应认定构成商标侵权。

2. 关于两者服务类别是否相同或类似的问题

本案中判断服务是否类似，不能仅根据看其题材或表现形式来简单判定，应当根据商标在商业流通中发挥识别作用的本质，结合相关服务的目的、内容、方式、对象等方面情况并综合相关公众的一般认识，进行综合考量。

江苏省广播电视总台将被诉标识使用在电视节目上，其目的在于通过向观众提供电视节目，凭借节目的收视率和关注度获取广告赞助费；服务内容是向社会公众提供文化、娱乐节目；服务对象为广大不特定的电视观众。而金某欢将涉案商标用于第45类商品，其目的是通过提供促成婚恋配对的服务来获取经济收入；服务内容是收集管理人员信息、提供咨询建议、传递意向信息等；服务对象是有婚恋需求的未婚男女。

故两者无论在服务目的、内容、方式和对象上均区别明显。以相关公众的一般认知，能够清晰区分电视文娱节目的内容与现实中的婚介服务活动，不会误以为两者具有某种特定联系，两者不构成相同服务或类似服务。

（三）关于被诉标识与涉案商标是否相同或近似的问题

本案中，被诉"非诚勿扰"文字标识及图文标识分别与金某欢涉案第7199523号注册商标相比对，文字形态上均存在繁体字与简体字的区别，且字体和文字排列存在差异，更是增加了颜色及图形的差异，二者不属于相同标识。该两被诉标识与金某欢涉案注册商标的显著部分与核心部分均为"非诚勿扰"，在自然组成要素上近似。但客观要素的近似并不等同于商标法意义上的近似。商标法所要保护的，并非仅以注册行为所固化的商标标识本身，而是商标所具有的识别和区分商品或服务来源的功能。如果被诉行为并非使用在相同或类似商品或服务上，或者并未损害涉案注册商标的识别和区分功能，亦未因此导致市场混淆后果的，不应认定构成商标侵权。

（四）关于两者服务类别是否相同或类似的问题

本案中判断服务是否类似，不能仅根据其题材或表现形式来简单判定，应当根据商标在商业流通中发挥识别作用的本质，结合相关服务的目的、内容、方式、对象等方面情况并综合相关公众的一般认识，进行综合考量。

江苏省广播电视总台将被诉标识使用在电视节目上，其目的在于通过向观众提供电视节目，凭借节目的收视率和关注度获取广告赞助费；服务内容是向社会公众提供文化、娱乐节目；服务对象为广大不特定的电视观众。金某欢将涉案商标用于第 45 类商品，其目的是通过提供促成婚恋配对的服务来获取经济收入；服务内容是收集管理人员信息、提供咨询建议、传递意向信息等；服务对象是有婚恋需求的未婚男女。

故两者无论在服务目的、内容、方式和对象上均区别明显。以相关公众的一般认知，能够清晰区分电视文娱节目的内容与现实中的婚介服务活动，不会误以为两者具有某种特定联系，两者不构成相同服务或类似服务。

（五）关于珍爱网公司是否与江苏省广播电视总台构成共同侵权的问题

鉴于已就江苏省广播电视总台的行为不构成商标侵权进行了认定，故金某欢关于珍爱网公司协助江苏省广播电视总台就《非诚勿扰》节目开展广告推销、报名筛选、后续服务，构成共同侵权的主张不能成立。

案件评析

本案是一起典型商标侵权案件，针对商标侵权案件中商标性使用及类似商品或服务的判断，法院明确了标准的判断范式，对同类案件具有重要的参考价值。

（一）本案的第一个争议焦点在于被告江苏省广播电视总台将"非诚勿扰"作为节目名称的行为是否构成商标性使用

针对商标性使用，《商标法》第 48 条规定："本法所称商标的使用，是指将商标用于商品、商品包装或者容器以及商品交易文书上，或者将商标用于广告宣传、展览以及其他商业活动中，用于识别商品来源的行为。"换句话说，商标使用的构成要素包括在商业活动中使用、有真实的使用意图、发挥识别商品或服务来源的作用。虽然我国《商标法》目前尚未明确规定商标性使用是构成商标侵权的前提，但最高人民法院的诸多案例中均支持了这一观点，如辉瑞商标侵权案❶、庆丰商标侵权案❷，故在司法实践过程中，要判定行为人的行为是否构成商标侵权，首先要认定的即是行为人使用涉案标识的行为是否发挥了识别来源的作用，即是否构成了商标性使用。本案中，被告江苏省广播电视总台将"非诚勿扰"用于电视节目名称的行为已经在客观上起到了识别该类电视节目服务来源的作用。江苏省广播电视总台不仅使用"非诚勿扰"对其节目内容进行描述，还在广告宣传、官网上突出使用了"非诚勿扰"标识。该标识已经起到了让消费者区分其他卫视的同类电视婚恋交友节目和识别江苏省广播电视总台制作的其他节目的作用。

客观上，江苏省广播电视总台将"非诚勿扰"标识反复多次在商业活动中使用，超出了对节目内容进行描述的必要范围；主观上，江苏省广播电视总台多次将"非诚勿扰"标识同其他品牌共同宣传，也曾向第三人谋求商标授权。以此认定其构成商标性使用，这是正确的。

首先，商标的功能在于识别商品或服务的来源，权利人享有的注册商标权，即法律保护其针对该标识享有识别来源的排他性权利，若是针对该标识的使用并未起到识别商品或服务来源的作用，那么该行为并没有破坏注册商标识别来源的功能，故该行为并不构成商标侵权。

其次，认定行为人使用该标识的行为是否起到识别来源的作用，要综合考虑使用时间、使用方式、客观表征等因素。第一，相关标识发生识别来源的作用与该标识投入市场被消费者所熟知的程度密切相关。一个标识投入市场的时间越久，消费者对该标识的熟悉度越高，则其产生识别来源作用的可能性随之越大。第二，使用的方式是认定是否产生识别来源作用的重要因素，如果将他人的商标用作自己的节目名称，仅仅是在该商标的第一含义上的使用，即客观地描述节目的内容，该行为将构成叙述性合理使用（又称描述性合理使用），并不构成商标性使用。"描述性合理使用，是指对本产品的通用名称、图形、型号或者直接表示商品质量、主要原料、

---

❶ 最高人民法院（2009）民申字第 268 号民事判决书。
❷ 最高人民法院（2016）民再字第 238 号民事判决书。

功能、用途、数量及其他特点，或者含有地名的使用。"❶譬如武汉市中级人民法院在"如果爱"案件中，认定电视台使用"如果爱"作为恋爱真人秀节目名称构成叙述性合理使用。❷第三，在客观上将商标作为节目名称是否已经让相关公众将该节目名称作为区分同类节目的标识也是重要的参考要素。

最后，节目名称可能具有商标属性，但不等于电视台的使用必然是商标性使用，因为电视台的使用依旧可能构成第一含义上的使用（即仅仅是区分同一电视台的不同栏目并说明节目内容）。❸但在本案中，被告江苏省广播电视总台在婚恋交友类电视节目上使用"非诚勿扰"已经超出了合理使用的范围，其并不仅仅是在第一含义上进行描述性合理使用，而是已经使得"非诚勿扰"标识起到了区分了同类电视节目来源的作用，故江苏省广播电视总台使用"非诚勿扰"标识的行为已经构成商标性使用。

（二）被告江苏省广播电视总台是否侵害了原告金某欢涉案注册商标权

被告江苏省广播电视总台是否侵犯了原告金某欢的涉案注册商标权，是在认定了前一个争议焦点被告的行为构成商标性使用的基础之上来进行判断的，也是本案最为核心的问题所在。本争议焦点涉及两方面问题：一方面是关于被诉标识与涉案商标是否相同或近似的问题；另一方面是关于两者服务类别是否相同或类似的问题。

一方面，首先，虽然二者使用的文字均是"非诚勿扰"，但二者存在繁体和简体的差异，且在字体和文字排列上也存在较大差异，二者不构成相同商标。其次，认定是否构成近似商标，依据相关司法解释的规定，需要满足易使相关公众对商品或服务的来源产生误认或者认为其来源与原告注册商标的商品或服务有特定的联系❹的要件。本案的被诉标识和原告的注册商标虽然在构成要素上近似，但是两标识是分别使用在不同类别的服务之上，并不会导致相关公众混淆，依据最高人民法院的相关司法解释❺，本

---

❶ 王莲峰. 商标法学 [M]. 北京：北京大学出版社，2019：183.
❷ 武汉市中级人民法院（2015）鄂武汉中知初字第 00254 号民事判决书。
❸ 李琛. 对"非诚勿扰"商标案的几点思考 [J]. 知识产权，2016（1）：3-6.
❹ 《最高人民法院关于审理商标民事纠纷案件适用法律若干问题的解释》第 9 条第 2 款。
❺ 《最高人民法院关于审理商标民事纠纷案件适用法律若干问题的解释》第 9 条。

案中被诉标识和原告的注册商标不构成侵犯注册商标专用权意义上的近似商标。

另一方面，首先，在我国目前的立法中，并没有认定"相同商品或服务"的规定，其中最为重要的原因，是申请商标注册必须以《类似商品和服务区分表》中商品与服务的具体名称为客观标准划分商品与服务的类别。这意味着无论是在商标注册还是在侵权纠纷中，认定"相同商品或服务"采用的都是客观标准，即以该分类表作为认定依据。❶ 在本案中，原告针对"非诚勿扰"享有的注册商标权是在第45类，即"交友服务，婚姻介绍"类别上；被告江苏省广播电视总台商标"非诚勿扰"是在"电视节目"，即第41类上使用。二者并不构成相同服务，这一点毋庸置疑。其次，根据最高人民法院相关司法解释的规定，类似服务是指在服务的目的、内容、方式、对象等方面相同，或者相关公众一般认为存在特定联系、容易造成混淆的服务。❷ 根据该司法解释的规定，类似服务的范围包括客观的目的、内容等方面存在等同的服务及相关公众主观上会产生联想或者误认的服务。在认定类似服务时，相关司法解释认为，应当以相关公众对商品或者服务的一般认识综合判断；《商标注册用商品和服务国际分类表》《类似商品和服务区分表》可以作为判断类似商品或者服务的参考。❸ 具体到本案，被告江苏省广播电视总台使用"非诚勿扰"的"电视节目"类服务与原告金某欢拥有注册商标权的"交友服务，婚姻介绍"类服务是否构成类似服务需要以相关公众对服务的一般认识来进行判断。制作与播出《非诚勿扰》节目与提供"婚姻介绍、交友服务"在服务的目的、内容、方式和对象上都存在很大的差异，二者很难说具有竞争或者互补关系。"电视观众观看《非诚勿扰》节目寻求的精神享受难以在婚恋介绍所获得满足，而寻求婚恋对象的男男女女也难以通过欣赏《非诚勿扰》节目找到伴侣。"❹ 本案根据相关公众的一般认识来判断，二者难以构成"类似服务"。

---

❶ 王迁.论"相同或类似商品（服务）"的认定——兼评"非诚勿扰"案[J].知识产权,2016(1)：22-28.

❷《最高人民法院关于审理商标民事纠纷案件适用法律若干问题的解释》第11条第2款.

❸《最高人民法院关于审理商标民事纠纷案件适用法律若干问题的解释》第12条.

❹ 王迁.论"相同或类似商品（服务）"的认定——兼评"非诚勿扰"案[J].知识产权,2016(1)：22-28.

本案是关于商标权侵权的经典案例。本案一审判决从相关公众的认知角度认定被控服务和涉案注册商标核定使用的服务不构成类似服务；二审判决仅强调服务本身，未考虑"相关公众"，从而认定二者构成相同服务；再审判决纠正了二审判决的错误认定，商标侵权中相同服务和类似服务的认定作出了迄今为止在司法判决中最为清楚的阐述。另外，本案严格遵循了商标侵权的判定规则，从被告的行为是否构成商标性使用出发，判定二者商标的相同和近似与否，再判定二者适用的服务类别的相同和类似与否，是商标侵权案件司法审判的标准范式。对相关市场主体而言，本案的判决厘清了商标权的界限，给予市场主体足够且合法的市场适用空间。

21 游戏名称商标侵权案件中的通用名称抗辩

——成都掌娱天下科技有限公司与腾讯科技（深圳）有限公司、深圳市腾讯计算机系统有限公司侵害商标权纠纷案 *

裁判要旨

以涉案商标构成通用名称进行抗辩，应证明涉案商标依据法律规定或者国家标准、行业标准已经属于商品或服务的通用名称，或证明诉争商标已被相关公众普遍认为是能够指代一类商品或服务的某一名称，属于约定俗成的通用名称。

游戏软件名称是否构成商标侵权可从三个方面进行分析：第一，是否属于商标法意义上的使用；第二，是否构成使用在同一种或类似商品或服务上的相同或近似商标；第三，是否会使相关公众将其与注册商标相混淆。

案情简介

腾讯科技（深圳）有限公司（以下简称"腾讯科技公司"）申请注册有以下4个商标：①第6584970号"QQ炫舞"商标，核定服务项目为第41类"提供在线游戏、娱乐"等；②第14120778号"QQ炫舞"商标，核定

---

* 一审：北京海淀区人民法院（2016）京0108民初24146号民事判决书；二审：北京知识产权法院（2018）京73民终991号民事判决书。

使用商品为第9类"计算机游戏软件"等;③第14120698号"炫舞"商标,核定服务项目为第41类"在计算机网络上提供在线游戏"等;④第14120680号"炫舞"商标,核定使用商品为第9类"计算机游戏软件"等。腾讯科技公司授权深圳市腾讯计算机系统有限公司(以下简称"腾讯计算机公司")排他使用上述四个商标。

腾讯科技公司和腾讯计算机公司主张,成都掌娱天下科技有限公司(以下简称"掌娱天下公司")运营、宣传推广"唱吧炫舞"游戏,在"唱吧炫舞"中所使用的游戏名称及游戏标识,属于在与其涉案商标同一种商品上使用与涉案商标近似的标识,容易造成混淆的情形,掌娱天下公司侵害了两原告的涉案商标权,并构成不正当竞争,遂向法院提起诉讼。

一审北京市海淀区人民法院认为,第一,"炫舞"不属于游戏类别中的通用词汇;第二,"唱吧"和"炫舞"相结合作为游戏名称,并无突出"唱吧",弱化"炫舞"显著性的情形;第三,掌娱天下公司未证明使用"唱吧炫舞"游戏名称的时间早于第14120680号"炫舞"商标申请注册的时间,故根据2013年《商标法》第59条第3款提出的抗辩缺乏事实依据。因此,掌娱天下公司在其运营维护的《唱吧炫舞》游戏软件中将"炫舞"作为游戏名称及游戏标识的重要组成部分使用,属于在与涉案4个商标同一种商品上使用与涉案4个商标近似的标识,容易构成混淆的行为。该行为未经腾讯科技公司、腾讯计算机公司许可,系侵害涉案商标权的行为。对于仿冒"炫舞"系列知名游戏特有名称"炫舞"的不正当竞争主张,由于掌娱天下公司的行为属于侵害商标权的情形,不应再适用《反不正当竞争法》进行调整。

掌娱天下公司不服一审判决,向北京知识产权法院提起上诉。

诉辩意见

掌娱天下公司的主要上诉理由如下:第一,"炫舞""QQ炫舞"系列注册商标含有本商品或服务的通用名称,被上诉人无权禁止他人正当使用;第二,"唱吧炫舞"的显著识别部分为"唱吧",被诉行为中对于"唱吧炫舞"的使用不会使相关公众混淆,故不构成对"炫舞""QQ炫舞"系列注册商标专用权的侵犯;第三,一审法院判定的赔偿数额过高。

腾讯科技公司、腾讯计算机公司辩称：第一，"炫舞""QQ炫舞"系列注册商标相对于核定使用商品或服务具有显著特征，不含有本商品或服务的通用名称；第二，"唱吧炫舞"的显著识别部分为"炫舞"，即便通过各种方式标明游戏的经营者，也不影响被诉行为中对于"唱吧炫舞"的使用易使相关公众产生混淆、误认，故被诉行为侵犯了被上诉人的注册商标专用权；第三，一审法院判定的赔偿数额合理，不存在数额过高情况。

裁判理由

二审北京知识产权法院裁判理由如下。

（一）被上诉人"炫舞""QQ炫舞"系列注册商标是否含有本商品或服务的通用名称

本案中，上诉人仅提交百度百科中关于"炫舞"的查询结果等证据，不能证明依据法律规定或者国家标准、行业标准"炫舞"已经属于商品或服务的通用名称，亦不能证明"炫舞"已被相关公众普遍认为是能够指代一类商品或服务的某一名称而成为约定俗成的通用名称。故被上诉人的权利商标相对于核定使用商品或服务具有显著特征，未构成《商标法》第59条第1款规定的情形。

（二）被诉行为是否构成侵犯被上诉人"炫舞""QQ炫舞"系列注册商标专用权的行为

关于上诉人对于"炫舞"的使用是否属于商标意义上的使用。相关公众会用"炫舞"来区分在线游戏服务与计算机游戏软件商品，这一认知意味着在上述服务和商品上"炫舞"标识已具有实际上的识别作用，属于商标法意义上的使用。

关于上诉人在被诉行为中使用的"唱吧炫舞"与被上诉人的"炫舞""QQ炫舞"系列商标是否构成使用在同一种或类似商品或服务上的相同或近似商标。上诉人使用"唱吧炫舞"提供的在线游戏服务及游戏软件商品，与被上诉人权利商标核定使用的第41类及第9类商品或服务属于相同或类似的商品或服务。涉案权利商标为"炫舞"或其显著识别部分为"炫舞"，而"唱吧炫舞"中完整包含了权利商标中的"炫舞"。因此，在被诉行为中使用的"唱吧炫舞"与权利商标构成近似，两者构成使用在同一种或类似商品或服务上的相同或近似商标。

关于被诉行为中对于"唱吧炫舞"的使用是否会使相关公众将其与被上诉人的"炫舞""QQ炫舞"系列商标相混淆。虽然一部分网络平台用户会选择由被上诉人经营的"炫舞"系列游戏应用App，进行下载、安装，但仍会有部分用户可能选择上诉人经营的"唱吧炫舞"游戏应用App，进行下载、安装，从而可能使原本属于被上诉人的用户转而使用上诉人提供的商品和服务。故被诉行为中对于"唱吧炫舞"的使用会使相关公众将其与被上诉人的"炫舞""QQ炫舞"系列商标相混淆。综上，上诉人实施的被诉行为已构成对被上诉人"炫舞""QQ炫舞"系列注册商标专用权的侵犯。

（三）一审法院判定的赔偿数额是否过高。

第一，上诉人虽提出此上诉理由，但其并未举证证明其实际获利情况。第二，被诉行为中对于"唱吧炫舞"的使用使原本属于被上诉人的用户转而使用上诉人提供的商品和服务，这种情况一方面会造成被上诉人基于其"炫舞""QQ炫舞"系列商标所应得的商业利益的流失，另一方面会降低商标与商标权人之间的唯一对应关系。一审法院在充分考量侵权行为的起止时间、权利商标的知名度、被诉行为涉及的网络平台、下载数量等众多因素的情况下，依法确定上诉人应予赔偿的数额，并无不当。被上诉人为本案支出的律师费、公证费，属于为制止侵权支付的合理开支，上诉人依法应予赔偿。故一审法院判定的赔偿数额不存在过高情形，北京知识产权法院对此予以支持。

案件评析

本案是一起较为典型的游戏名称商标侵权案件，法院对于通用名称抗辩的分析及游戏名称的商标侵权判定具有重要参考价值。

本案的争议焦点之一是"炫舞"是否构成游戏类别中的通用名称。根据《商标法》规定，直接反映商品类别、功能、性质等基本特征的名称，属于商品的通用名称，不具有显著性，通用名称涉及的词汇即使成为注册商标的组成部分，商标权人也无权阻止他人在通用名称意义上使用该词汇。对于掌娱天下公司提出的"炫舞"是音乐舞蹈类游戏的通用名称这一主张，一审法院认为,"音乐舞蹈"反映了游戏的基本特征,而"炫舞"二字并没有;缺乏充分证据证明在日常生活中"炫舞"一词已被广泛用作场景音乐使用的情形;再结合腾讯科技公司、腾讯计算机公司提交的"炫舞"系列游戏及围绕这些游戏多年来开展"炫舞节"等活动广受欢迎的证据,可以认定"炫舞"不属于游戏类别中的通用词汇。二审法院所持观点与一审法院一致,但主要理由是上诉人未能举证证明依据法律规定或者国家标准、行业标准"炫舞"已经属于商品或服务的通用名称,亦未能举证证明"炫舞"已被相关公众普遍认为能够指代一类商品或服务,属于约定俗成的通用名称。

相较于一审判决的裁判理由,二审法院引用了《商标法》第 11 条第 1 款第（一）项、第 59 条第 1 款及《审理商标授权确权行政案件规定》第 10 条作为说理依据,对于通用名称抗辩的分析更加详细。根据《商标法》第 11 条第 1 款第（一）项之规定,仅有本商品的通用名称、图形、型号的标志,不得作为商标注册。这是因为若允许将本商品的通用名称作为商标注册,一方面不能实现商标最重要的来源识别功能;另一方面会妨碍同业经营者的使用,损害同业经营者的利益。因此,《商标法》第 59 条第 1 款进一步规定:"注册商标中含有的本商品的通用名称、图形、型号,或者直接表示商品的质量、主要原料、功能、用途、重量、数量及其他特点,或者含有的地名,注册商标专用权人无权禁止他人正当使用。"这一条款是关于注册商标专用权人权利限制的规定,若涉案商标的构成要素属于相关商品的通用名称,则其他生产经营者有权在相关商品上使用该通用名称,进而达到向消费者描述商品的具体种类与内容等目的。商标专用权人无权禁止其他生产经营者在相关商品上使用该通用名称,这是出于对公共利益平衡的考量。但是,什么情形可以认定构成通用名称,一度是司法实践中的难点。

"金骏眉"商标行政纠纷案[1]是通用名称认定的典型案例,入选最高人民法院 2013 年知识产权十大案例。"金骏眉"一直被视为国内高端红茶的代表,但"金骏眉"到底是某一企业的商标,还是一类红茶的通用名称,

---

[1] 北京市高级人民法院（2013）高行终字第 1767 号行政判决书。

在此之前始终没有定论。在该案中，一旦正山茶叶公司的"金骏眉"商标最终获得注册，他人将丧失使用"金骏眉"字样的权利。[1]该案明确了一条裁判规则，即判断诉争商标是否为其指定使用商品的通用名称，应当审查其是否属于该商品法定的或者约定俗成的名称。该案二审法院认为，综合正山茶叶公司和桐木茶叶公司提供的相关证据，足以证明在商标评审委员会作出驳回裁定时，"金骏眉"已作为一种红茶的商品名称为相关公众所识别和对待，成为特定种类的红茶商品约定俗成的通用名称。最终，"金骏眉"未能被核准注册为商标。

随后，"金骏眉"商标行政纠纷案的裁判思路被纳入司法解释。2017年《审理商标授权确权行政案件规定》第10条首先明确通用名称包括法定的和约定俗成的两种，并对二者的认定标准提出了指导性意见："……依据法律规定或者国家标准、行业标准属于商品通用名称的，应当认定为通用名称。相关公众普遍认为某一名称能够指代一类商品的，应当认定为约定俗成的通用名称。被专业工具书、辞典等列为商品名称的，可以作为认定约定俗成的通用名称的参考。约定俗成的通用名称一般以全国范围内相关公众的通常认识为判断标准。对于由于历史传统、风土人情、地理环境等原因形成的相关市场固定的商品，在该相关市场内通用的称谓，人民法院可以认定为通用名称。诉争商标申请人明知或者应知其申请注册的商标为部分区域内约定俗成的商品名称的，人民法院可以视其申请注册的商标为通用名称。人民法院审查判断诉争商标是否属于通用名称，一般以商标申请日时的事实状态为准。核准注册时事实状态发生变化的，以核准注册时的事实状态判断其是否属于通用名称"。至此，通用名称的认定有了较为明确的标准，本案二审法院在判决中遵循了这一标准。

在本案中，掌娱天下公司为证明"炫舞"属于游戏类别中的通用名称，仅提交百度百科中"炫舞"词条的查询结果作为证据，其中解释"中文名：2场景音乐，场景音乐主要是指在某一个单一场景中使用的，只对具体场景发挥作用的音乐……"以此证明"炫舞"的检索结果并非唯一确定。这样的举证方式是不充分的，从而导致通用名称抗辩最终不被法院采纳。可

---

[1] 中国法院网."金骏眉"之争尘埃落定 法院终审认定其为通用名称[BE/OL].（2013-12-12）[2019-01-13].https：//www.chinacourt.org/article/detail/2013/12/id/1161493.shtml.

见,在商标侵权案件中,若被告以通用名称进行抗辩,应当提供较为充分的证据。最有力的证据是相关法律规定或者国家标准、行业标准;其次是行业协会或行业专家的证明,以及专业工具书、辞典、行政机关、新闻媒体将涉案商标视为通用的商品或服务名称的记录等。

本案的另一争议焦点是"唱吧炫舞"作为游戏软件名称使用是否侵犯"炫舞""QQ炫舞"系列注册商标专用权。二审法院明确指出被诉行为构成商标法意义上的使用行为,是认定是否构成侵权的前提。这体现了司法实践普遍采用的裁判思路,即在认定商标侵权时首先考察被告对诉争商标的使用是否构成商标性使用,倘若构成商标性使用,则进一步考察是否在相同或类似的商品上使用相同或近似的商标,否则可以直接将被诉行为排除出商标侵权的范畴。

二审判决较为出彩的一点是进一步将被诉行为细化为四种表现形式:①用户查找、下载及安装游戏应用 App 过程中出现的文字"唱吧炫舞";②游戏界面内显示的文字"唱吧炫舞";③"唱吧炫舞"游戏官方网站及微信公众号内表述的文字"唱吧炫舞";④上诉人官方网站及微信公众号内表述的文字"唱吧炫舞"。针对③和④,二审法院认为,上诉人对"唱吧炫舞"的文字表述并非利用网络媒体使相关公众认识到其为服务商标,亦非用来区分其所指示的商品与其他同类商品的来源,而仅仅系针对该游戏本身的宣传介绍,故不属于商标意义上的使用。针对①和②,二审法院认为,相关公众会用"炫舞"来区分在线游戏服务与计算机游戏软件商品,这一认知意味着在上述服务和商品上"炫舞"标识已具有实际上的识别作用,属于商标法意义上的使用。可见,二审法院并非笼统地认定被诉行为对"唱吧炫舞"文字标识的使用均属于商标意义上的使用,这种细化的认定方法既保障了商标权人的合法权益,亦为市场上其他经营者的合理使用留下了空间。

由此所得的启示是,在判断标识是否构成商标性使用时,不宜笼统认定,而应当结合标识使用的商品和服务类别细化被诉行为的表现形式,核心是判断该标识是否发挥了来源识别作用,以及是否造成了消费者混淆。

22 商标描述性合理使用抗辩

——美食达人股份有限公司与光明乳业股份有限公司等侵害商标权纠纷案 *

裁判要旨

在处理涉及合理使用抗辩的问题时，应当在比对被控侵权标识与涉案注册商标相似程度、具体使用方式的基础上，分析被控侵权行为是否善意和合理，以及使用行为是否使相关公众产生混淆和误认等因素，综合判断被控侵权行为究竟是商标侵权行为，还是属于正当使用行为，以合理界定注册商标专用权的保护范围，达到商标专用权和公共利益之间的平衡。

案情简介

美食达人股份有限公司（以下简称"美食达人公司"）系一家知名度较高的台资餐饮企业，主要生产销售面包、蛋糕、咖啡等产品。2005年，美食达人公司核准注册了第4514340号"85度C"商标（见图1），核定使用在第43类咖啡馆、蛋糕店（主要供店内食用）等服务上，该商标于2014年被商标局认定为驰名商标。美食达人公司先后于2007年、2012年和2014年被核准注册的第6111661号"85C"商标（见图2）、第11817439号"85℃"商标（见图3）、第13872266号"85℃ DailyCafe"商标（见图

---

* 一审：上海市黄浦区人民法院（2016）沪0101民初24718号民事判决书；二审：上海知识产权法院（2018）沪73民终289号民事判决书。

4）均使用在第 29 类牛奶制品、奶茶等商品上。

85度^C

图 1　第 4514340 号商标

85^C

图 2　第 6111661 号商标

85℃

图 3　第 11817439 号商标

85℃ Daily Cafe

图 4　第 13872266 号商标

光明乳业股份有限公司（以下简称"光明公司"）是全国知名的乳制品生产、销售企业，其"光明"品牌始创于 20 世纪 50 年代，于 2014 年核准注册"光明、优倍和 UBEST 及图"组合商标，核定使用商品为第 29 类可可牛奶（以奶为主）、奶茶（以奶为主）、牛奶、牛奶饮料（以牛奶为主）、牛奶制品等。

2016 年，美食达人公司以光明公司在市场上销售的光明优倍鲜牛奶包装上突出显著印有"85℃"的字样，易使相关公众造成混淆，以侵犯其商标权为由向上海市黄浦区人民法院提起诉讼。一审法院支持了美食达人公司的诉讼请求，判令光明公司停止侵权、赔偿损失并支付合理维权开支，而二审法院最终撤销一审判决，驳回了原告的全部诉讼请求。

诉辩意见

原告诉称，被告光明公司生产的优倍系列鲜牛奶产品外包装上的显著位置，使用了与原告注册商标相同或相似的"85℃"标识，该商品与原告注册商标核定使用的商品和服务类别构成相同或类似，并且光明公司在广告宣传中亦突出使用了"85℃"标识，极易在相关消费者中造成混淆，构成对原告商标权的侵犯。"85℃"与巴氏杀菌没有明确的指代关系，被告光明公司的上述使用行为并非描述性使用。此外，2016年4月原告已书面通知被告光明公司存在商标侵权行为，但其仍坚持在奥运会等宣传中大量使用涉案标识，主观上具有侵权故意。被告上海易买得超市有限公司（以下简称"易买得公司"）所属分公司销售了侵犯原告注册商标专用权的商品，但因该分公司已注销，故应由其承担相应的民事责任。

被告光明公司辩称未侵犯原告的注册商标专用权。首先，其在优倍系列鲜牛奶的生产加工中使用了巴氏杀菌技术，工艺参数为85℃、15秒，在牛奶产品的包装盒上标注"85℃"是一种善意、合理的描述性使用，且该"85℃"标识与原告的系列注册商标在读音、含义和功能方面，均存在显著差异。其次，原告系以咖啡、烘焙为主的专卖连锁店，被告则是一家乳制品企业，两者分属不同的行业领域，销售渠道亦完全不同，两者的商品既不相同也不类似，优倍系列产品包装盒上的文字等亦清晰地向消费者传递了光明公司的企业、商标、产品特征等信息，不存在消费者对该商品来源混淆和误认的基础。最后，光明公司作为具有近百年历史的国内乳制品行业的老品牌，并无搭原告便车加强自我营销的需要。

被告易买得公司辩称，其在销售涉案商品时主观上并无过错且来源合法，在接到诉状后，含有涉案包装的牛奶产品均已下架，故不应承担侵权责任。

裁判理由

（一）一审法院裁判理由

一审法院围绕三个争议焦点问题进行阐述。

争议焦点一：原告的注册商标是否注册在先，并具有较高知名度。"85度C"取自"咖啡在85℃时喝起来最好"的意思。2008—2015年原告注册的"85度C"系列商标均合法有效，原告对上述注册商标享有专用权。原告及其关联企业通过持续、广泛地经营、宣传和报道，在相关公众中已经建立起"85度C"与其所经营门店的一一对应关系，在广大消费者中具有一定的知名度、美誉度。

争议焦点二：被告光明乳业公司对"85℃"的使用是否构成正当使用。首先，被控侵权标识应当具有描述性含义，这是构成正当使用的前提，本案被告标注的"85℃"本身属于描述性词汇，表明温度概念。其次，法院应当参考商业惯例等因素综合判定其具体使用方式是否具有正当性，包括主观善意和客观合理。被告不足以证明其已采用了85℃的巴氏杀菌工艺，且85℃的杀菌工艺并不能得到比其他的巴氏杀菌奶更新鲜、更好的牛奶，其突出标注"85℃"显然缺乏正当性基础。被告在商业活动中完整使用他人注册商标的使用方式已经超出说明或客观描述商品本身的特点和正当使用的界限，其主观上难谓善意，客观上可能造成相关公众对商品来源的混淆。因此，被告光明乳业公司关于其标注"85℃"字样属于正当使用的抗辩主张不能成立。

争议焦点三：两被告的行为是否构成商标侵权。首先，根据《商标法》[1]第57条第1款第（二）项的规定，由于原告未提供证据证明会使相关公众产生混淆，故被告光明公司未侵犯原告第4514340号"85度C"商标、第6111661号"85C"商标及第13872266号"85℃ DailyCafe"商标的注册商标专用权。其次，被控侵权标识使用在牛奶商品上，而原告第11817439号"85℃"商标核定使用的范围系第29类牛奶制品、奶茶（以奶为主）、可可牛奶（以奶为主）等商品，其中牛奶制品包括液体乳类，即杀菌奶、灭菌奶、酸奶等这一大类，故两者应属同种商品；经商标比对，被控侵权标识与原告的商标构成相同；被告光明公司在产品的外包装上的醒目位置突出使用"85℃"，已超出正当使用的限度，属于商标意义上的使用，其行为构成在同一种商品上使用与他人注册商标相同的商标，被告光明公司未提供任何反证证明两者不构成混淆，因此根据《商标法》第57条第1款第（一）项可以认定被告光明公司标注"85℃"的行为构成商标侵权。被告光明公司对外销售侵犯注册商标专用权的商品，易买得公司的分公司从光明公司进货后，亦实施对外销售，两被告的销售行为均构成对原告注册商标专用权的侵犯。综上，被告光明公司应当承担停止侵权、赔偿损失的

---

[1] 本案例中的《商标法》若无特别说明均指2013年《商标法》。

民事责任，被告易买得公司应当承担停止侵权的民事责任，且两被告均应当赔偿原告的合理开支。

（二）二审法院裁判理由

二审法院对一审法院认定光明公司、易买得公司对美食达人公司诉请保护的4个注册商标中的3个注册商标不构成侵权予以认同，并围绕光明公司是否侵害了美食达人公司享有的第11817439号"85℃"注册商标专用权这一争议焦点展开论述。

首先，二审法院纠正了一审法院对被控侵权标识与涉案注册商标的比对。将被控侵权标识"85℃"与涉案注册商标相比对，两者字形元素相同但排列不同；商标权人及相关公众对涉案商标标识的读音与一般公众对"85℃"作为温度表达时的读音也不尽相同。故两者之间虽在外形上构成近似，但不构成相同商标。此外，根据《类似商品和服务区分表（第十一版）》第29类奶和乳制品类似群中记载，被控侵权商品牛奶与涉案注册商标核定使用的牛奶制品、奶茶（以奶为主）、可可牛奶（以奶为主）等商品，在功能、用途、销售渠道、消费对象等方面基本相同，两者之间构成类似商品，一审法院将之认定为相同商品有误。

其次，关于被控侵权行为是对注册商标的使用还是对温度表达的正当使用，二审法院认为，光明公司在被控侵权商品上使用"85℃"，仅是为了向相关公众说明其采用的巴氏杀菌技术的工艺特征，仍属于合理描述自己经营商品特点的范围，并非对美食达人公司注册商标的恶意使用。

最后，二审法院指明美食达人公司从未生产过被控侵权商品（牛奶），也未在牛奶商品上使用过涉案商标，故在牛奶商品上相关公众对于美食达人公司并无认知。而光明公司在牛奶等乳制品商品上享有的"光明"商标为驰名商标，被控侵权商品上还使用了光明公司注册的"光明、优倍和UBEST及图"组合商标，与光明公司善意和合理地在被控侵权商品上使用温度的标准表达方式"85℃"事实相结合，相关公众不会产生被控侵权商品来源于美食达人公司或与美食达人公司有关的混淆和误认。

综上，二审法院认为光明公司关于其在被控侵权商品上使用"85℃"的行为，属于对温度标识的合理使用，不构成对涉案注册商标侵害的上诉主张成立，判决撤销一审判决，驳回美食达人公司一审的全部诉讼请求。

案件评析

本案是一起比较典型的涉及合理使用抗辩的商标侵权纠纷，对于《商标法》第57条第1款第（一）（二）项与第59条的平衡适用具有一定的参考价值。

二审法院在判决中首先明确了商标侵权判定的一般规则：其一，在相同商品上商标性使用相同商标，是商标专用权人的固有权利，在上述行为发生时，推定发生混淆，应当认定为商标侵权行为；其二，就类似商品使用相同商标、相同商品使用近似商标以及类似商品使用近似商标行为的侵权判断，均应以混淆作为侵权判断的必要条件。因此，在商标侵权案件中，注册商标与侵权标识的比对结果不仅影响侵权判定规则的选择，也影响最终是否构成商标侵权的判断。二审法院纠正了一审法院在事实查明部分进行法律认定的不当之处：一审法院在对被控侵权标识与涉案商标进行两两比对的事实查明中，既包括了将两者比对的客观事实（如"两者均包含数字"85"，主要识读部分均为"85度"，含义均与温度有关""不同之处仅在于美食达人公司的商标高低稍有错落，且系美术字体，"C"字相对偏小，而光明公司则采用较为标准、大小一致的字体"等），也掺杂了对于两者是否构成商标法意义上相同的法律认定（如"两者的排列组合方式无实质差异""但就整体而言，以相关公众的一般注意力为标准，两者在视觉上基本无差别，构成相同"等）。

本案一审、二审法院对光明公司是否构成商标侵权持不同的观点，其中的主要分歧在于光明公司在牛奶产品外包装上使用"85℃"标识是否构成合理使用。

商标合理使用又称商标正当使用，是指在一定条件下使用他人商标，不视为商标侵权行为。同专利权和著作权合理使用制度一样，商标合理使用是一种重要的侵权抗辩事由。我国关于商标合理使用最早的规定是1999年发布的《国家工商行政管理局关于商标行政执法中若干问题的意见》第9条："下列使用与注册商标相同或者近似的文字、图形的行为，不属于商标侵权行为：（一）善意地使用自己的名称或者地址；（二）善意说明商品或者服务的特征或者属性，尤其是说明商品或者服务的质量、用途、地理来源、种类、价值及提供日期。"随后，商标合理使用制度被纳入2002年施行的《商标法实施条例》，其第49条规定："注册商标中含有的本商品的通用名称、图形、型号，或者直接表示商品的质量、主要原料、功能、用途、重量、数量及其他特点，或者含有地名，注册商标专用权人无权禁止他人正当使用。"2013年《商标法》修订时，从法律层面确立了商标合理使用制度，其中第59条第1款与2002年《商标法实施条例》第49条的规定相同，被称为描述性商标合理使用。该次修法还增加了第59条第2款关于功能性三维标志合理使用的规定，"三维标志注册商标中含有的商品自身的性质产生的形状、为获得技术效果而需有的商品形状或者使商品具有实质性价值的形状，注册商标专用权人无权禁止他人正当使用"。学界一般认为商标合理使用包括描述性合理使用、指示性合理使用和滑稽模仿合理使用几种类型。

本案涉及描述性商标合理使用，光明公司在诉讼中抗辩其在牛奶产品的包装盒上标注"85℃"是一种善意、合理的描述性使用。尽管《商标法》第59条第1款对描述性商标合理使用有了明确规定，但是其构成要件无具体规定。

一审法院认为，根据《商标法》第59条的规定，当注册商标具有描述性时，他人出于说明或者客观描述商品特点的目的，以善意方式在必要的范围内予以标注，不会导致相关公众将其视为商标而导致来源混淆的，构成正当使用。可见一审法院认为构成描述性商标合理使用需要满足四个要件：一是标识本身具有描述属性；二是主观心态为善意；三是使用方式合理；四是客观结果不会造成相关公众混淆。在本案中，一审法院认可光明公司标注的"85℃"表明温度概念，本身属于描述性词汇，但认为其在生产、销售的商品外包装盒正面的显著位置突出标明"85℃"字样属于在商业活动中完整使用他人注册商标的使用方式，已经超出说明或客观描述商品本身的特点而正当使用的界限，其主观上难谓善意，客观上可能造成相关公众对商品来源的混淆。因此，一审法院认为光明公司关于其标注"85℃"字样属于合理使用的抗辩主张不能成立。

二审法院指出，应当在比对被控侵权标识与涉案注册商标相似程度、具体使用方式的基础上，分析被控侵权行为是否善意和合理，以及使用行为是否使相关公众产生混淆和误认等因素，综合判断被控侵权行为究竟是商标侵权行为，还是属于正当使用行为。其中"善意"的标准是有无将他人商标标识作为自己商品或服务的标识使用的恶意，"合理"的标准为是否仅在说明或者描述自己经营的商品或服务的特点等必要范围内使用。

二审法院认为，首先，光明公司对"85℃"的使用属于温度的标准表达方式，主观上不具有恶意；其次，结合使用巴氏杀菌技术生产工艺与"85℃"配有文字说明的事实，认为光明公司仅是为了向相关公众说明其采用的巴氏杀菌技术的工艺特征，仍属于合理描述自己经营商品特点的范围，并非对美食达人公司第11817439号注册商标的使用，而是对温度表达方式的正当使用。而二审法院关于被控侵权行为是否使相关公众产生混淆和误认的分析是在认定光明公司构成合理使用之后。

由上述分析可知，一审和二审法院均认为描述性商标合理使用的构成要件都包括标识本身具有描述属性、主观心态为善意、使用方式合理。但是，一审法院认为光明公司在牛奶包装上对"85℃"的使用主观上难谓善意，客观上使用方式不合理，并且可能造成相关公众对商品来源的混淆；而二审法院却认为光明公司主观上不具有恶意，属于合理描述自己经营商品特点的范围，并进一步得出不会产生混淆和误认的结论。从上述截然相反的观点可以看出，对于使用方式是否善意与合理的判断是本案一审、二审法院出现分歧的重要原因，最终影响混淆可能性与是否构成商标侵权的判断。因此，论证使用方式是否善意与合理应当是类似案件诉讼中关注的重点问题。

司法实践中，在处理涉及正当使用抗辩的问题时，应当在比对被控侵权标识与涉案注册商标相似程度、具体使用方式的基础上，分析被控侵权行为是否善意（有无将他人商标标识作为自己商品或服务的标识使用的恶意）和合理（是否仅是在说明或者描述自己经营的商品或服务的特点等必要范围内使用），以及使用行为是否使相关公众产生混淆和误认等因素，综合判断被控侵权行为究竟是商标侵权行为，还是属于正当使用行为，以合理界定注册商标专用权的保护范围，达到商标专用权和公共利益之间的平衡。

23 商标在先使用的判定规则

——北京中创公司与北京市启航学校等侵害商标权纠纷案 *

> **裁判要旨**

通过该案件，法院详细阐明2013年《商标法》第59条第3款规定先用抗辩的适用要件为：①他人在注册商标申请日之前存在在先使用商标的行为；②该在先使用行为原则上应早于商标注册人对商标的使用行为；③该在先使用的商标应具有一定影响；④被诉侵权行为系他人在原有范围内的使用行为。同时指出在适用上述要件②时应将在先使用人的善意作为重要考量因素。对于要件④"原有范围"的理解，应考虑"商标""商品或服务""使用行为"及"使用主体"等要素。

本案中，被上诉人在涉案商标申请日之前存在在先使用行为；在先使用商标达到"一定影响"；在经营活动中对于"启航考研"的使用符合"原有范围"的要求。因此，被上诉人启航学校、启航公司在经营活动中使用"启航考研"的行为均符合2013年《商标法》第59条第3款的适用要件，未构成对注册商标专用权的侵犯。

---

* 一审：北京市海淀区人民法院（2014）海民（知）初字第27796号民事判决书；二审：北京知识产权法院（2015）京知民终字第588号民事判决书。

案情简介

2003年4月7日，贵阳市云岩启航英语培训学校（简称"贵阳启航英语培训学校"）在第41类学校（教育）等服务上注册了第1985953号"启航学校Qihang School"商标（即"涉案商标"）。2013年4月1日，贵阳启航英语培训学校将涉案商标许可给中创公司独占使用。启航学校成立时间为1998年，启航公司成立于2003年，启航学校的主营业务为提供考研培训，启航公司负责对外加盟活动。启航学校企业名称在涉案商标注册之前已在全国范围内享有较高的知名度和影响力。

启航学校及启航公司在共同运营的启航世纪网站发放的宣传材料、名片、教材等上使用与涉案商标相近似的"启航教育""启航考研""启航网校""启航名师"等标识。中创公司认为启航学校及启航公司的行为侵犯了中创公司享有的涉案商标专用权，遂提起诉讼。一审法院判决：北京市海淀区启航考试培训学校（以下简称"启航考试学校"）、启航公司应对经营活动中商标意义上使用"启航考研"附加适当区别标识，停止其他商标意义上使用"启航"文字的行为；启航学校、启航公司赔偿中创公司经济损失5万元及公证费1.5万元；驳回中创公司的其他诉讼请求。中创公司不服一审判决，提起上诉。

诉辩意见

中创公司一审诉称，2003年4月7日，贵阳启航英语培训学校在第41类学校（教育）等服务上注册了第1985953号"启航学校Qihang School"商标。2013年4月1日，贵阳启航英语培训学校将涉案商标许可给中创公司独占使用。启航学校的主营业务为提供考研培训，启航公司负责对外加盟活动。启航学校及启航公司在共同运营的启航世纪网站发放的宣传材料、名片、教材等上使用与涉案商标相近似的"及SAILING启航"（简称"启航及图"）、"启航教育""启航考研""启航网校""启航名师"等标识。启航学校以"北京启航学校"、"启航教育集团"名称获得多项荣誉。启航学校及启航公司的行为侵犯了中创公司享有的涉案商标专用权。故请求判令：启航学校及启航公司停止在教育培训活动中使用"启航及图"标识、"启航"文字；启航学校在经营活动中使用全称，不得使用简称；启航学校及启航公司赔偿中创公司经济损失 300 万元及公证费 1.5 万元。

启航学校、启航公司一审辩称，启航学校成立于 1998 年，启航公司成立 2003 年，早于涉案商标注册时间。启航学校企业名称在涉案商标注册之前已在全国范围内享有极高的知名度和影响力。长期以来，启航学校及启航公司在公务员考试和考研范围内使用企业名称和字号，与贵阳启航英语培训学校经营的幼儿英语范围没有冲突，不会造成消费者混淆误认。中创公司主要股东苏某曾是启航学校及启航公司的高级管理人员，离职后成立了中创公司，并从贵阳启航英语培训学校处高价取得涉案商标使用权，在考研培训领域大量使用该商标，扰乱市场秩序。启航学校及启航公司对自己在先登记使用并已有极高知名度的企业名称和字号的使用，未侵犯中创公司享有的商标权。请求法院驳回中创公司的诉讼请求。

中创公司上诉称，第一，启航学校使用"启航考研"商标的时间虽然早于涉案商标申请日，但晚于涉案商标注册人对于涉案商标的使用时间，因此启航学校的使用行为不符合 2013 年《商标法》第 59 条第 3 款的规定。此外，启航公司的成立时间晚于"启航考研"商标的申请日，而启航学校即便存在在先使用行为，其亦仅有权自己使用该商标，无权将"启航考研"商标授权许可给启航公司使用。启航公司的使用行为不符合《商标法》第 59 条第 3 款的规定。综上，一审判决认定启航学校及启航公司对于"启航考研"商标的使用行为符合《商标法》第 59 条第 3 款的规定，该认定有误。第二，上诉人在一审程序中已提交了被上诉人的侵权获利证据，法院应当据此确定赔偿金额，但一审法院仅判令被上诉人赔偿 5 万元，该赔偿数额明显过低。

被上诉人启航学校、启航公司仍坚持一审的答辩意见。

裁判理由

二审法院认为，本案争议焦点在于被上诉人在经营活动中使用"启航考研"商标的行为是否符合《商标法》第 59 条第 3 款的规定。

（一）被上诉人在涉案商标"申请日"之前是否存在在先使用行为

本案中，涉案商标的申请日为 2001 年 10 月 18 日，但被上诉人启航学校在该日期前已经组织编写并出版了多本考研图书。此外，启航学校自2000年3月起在《中国青年报》上连续刊登考研招生宣传报道，并列有多种启航考研辅导材料。在涉案商标申请日之前，被上诉人启航学校在考研等教育服务上存在在先使用"启航"商标的行为。

（二）被上诉人的在先使用商标是否达到"一定影响"

被上诉人启航学校自2000年3月起即在《中国青年报》上连续刊登考研招生宣传报道，并列有多种启航考研辅导材料。同时，启航学校已经组织编写并出版了多本考研图书。上述证据足以证明被上诉人启航学校的"启航"商标的使用在涉案商标申请日之前已具有一定规模，"启航"商标在考研服务上已实质上产生了识别作用。

（三）被上诉人在先使用"启航"商标的时间是否早于上诉人使用涉案商标的时间

上诉人主张涉案商标注册人对涉案商标的使用早于被上诉人启航学校的相应使用行为，因被上诉人启航学校最早使用"启航"商标的时间为2000年，故上诉人应举证证明该时间前涉案商标注册人曾使用过"启航学校QihangSchool"商标或与其基本相同的商标。但上诉人提交的全部证据中均未显示涉案商标"启航学校QihangSchool"，而仅仅显示有"启航英语"等字样，且涉及"启航英语"的证据中所显示的使用主体名称与涉案商标注册人亦并不一致，因此现有证据无法看出涉案商标注册人存在在先使用涉案商标的行为。

即便针对涉案商标的在先使用事实确实存在，但上诉人证据中所显示的使用范围主要限于贵州地域内，涉案商标注册人亦位于贵阳市，而被上诉人启航学校的注册地及经营地点则主要位于北京地区，两地相距较远。在上诉人无证据证明存在其他事实足以使被上诉人启航学校知晓涉案商标的情况下，仅仅依据其在先使用的事实无法得出被上诉人启航学校知晓涉案商标在先使用的结论，不能证明被上诉人启航学校使用"启航"商标存在过错，亦不能仅基于此而认定被上诉人启航学校的先用抗辩不能成立。

（四）被上诉人在经营活动中对于"启航考研"的使用是否符合"原有范围"的要求

在使用服务方面，被上诉人启航学校的服务内容与被上诉人启航学校在先使用的服务内容并无不同。至于其使用的"启航"商标,亦与被上诉人启航学校在先使用的商标并无不同。

就使用主体而言,本案涉及被上诉人启航学校及启航公司两个主体的使用行为。对于被上诉人启航学校的行为,因其自身在经营活动中对于"启航考研"商标的使用,无论是使用的商标及服务类别还是规模,均处于原有范围之内。对于被上诉人启航公司的行为,因在其网站宣传等经营活动中对于"启航考研"的使用均仅是为被上诉人启航学校提供宣传推广的行为,其网站中所显示内容亦均指向被上诉人启航学校,因此被上诉人启航公司并未单独使用"启航"等商标提供考研等教育服务,其与被上诉人启航学校之间的关系并非商标法意义上的许可人与被许可人之间的关系。被上诉人启航公司的行为是否构成侵权,取决于被上诉人启航学校的先用抗辩是否成立。在二审法院已认定被上诉人启航学校的先用抗辩成立的情况下,虽然被上诉人启航公司的成立时间晚于涉案商标申请日,但其使用"启航考研"进行宣传等的行为同样不构成侵权。

综上,被上诉人启航学校、启航公司在经营活动中使用"启航考研"的行为均符合《商标法》第59条第3款的适用要件,未构成对注册商标专用权的侵犯。上诉人关于该行为不符合《商标法》第59条第3款的主张不能成立,二审法院未予支持。

案件评析

商标的在先使用问题是本案的争议焦点之一。我国商标法实行的是注册主义原则,一般情况下只有注册后的商标才能享有商标专用权的保护。但是如果严格贯彻注册主义原则可能会引发抢注商标等问题,为了克服注册主义的弊端,我国对在先使用的未注册商标同样予以一定的尊重和保护。因此,《商标法》第59条第3款规定:"商标注册人申请商标注册前,他人已经在同一种商品或者类似商品上先于商标注册人使用与注册商标相同或者近似并有一定影响的商标的,注册商标专用权人无权禁止该使用人在原使用范围内继续使用该商标,但可以要求其附加适当区别标识。"也即,虽然我国对于在先使用的未注册商标提供保护,但是在使用条件及法律效果方面,在先使用的未注册商标和注册商标是不同的。

（一）在先使用商标获得保护的构成要件

若需要获得在先使用商标的保护，则要满足一定的条件。依据《商标法》第 59 条第 3 款的规定，需要满足的条件包括时间要求、知名度要求和使用要求。

1. 时间要求

本案中，法院认为在先使用行为不仅要早于商标注册人申请商标注册，原则上还应当早于商标注册人对商标的使用行为，也即要遵循"双重在先"原则。有学者并不赞成"双重在先"原则，这种观点认为，首先，从文义角度来看，《商标法》第 59 条第 3 款只是规定了要早于商标注册人注册，并不能从中解读出还要早于商标注册人使用。其次，从立法目的角度来看，《商标法》第 59 条第 3 款的规定是为了保护商标在先使用人，其背后体现的是对公平价值的追求。假设甲是在先使用人，乙是注册人且乙的使用早于甲的使用，但是乙在注册之前只是在局部地方小规模零星地使用，而甲大规模使用并且产生了一定影响。此时如果只是因为乙先注册了商标而导致甲完全无法继续使用该商标，显然对于甲是不公平的，这违背了《商标法》第 59 条第 3 款的立法目的。最后，从比较法的角度来看，我国商标法的规定参照了德国、意大利、欧盟商标条例的有关规定，而这些国家均未要求双重在先。[1] 可见，对于在先使用的时间要求，理论界与实务界尚存争议，有待于司法实践及理论研究的进一步发展。

2. 知名度要求

在先使用商标需要达到一定的影响，在先使用人才能获得保护。这种影响不需要达到驰名的条件，因为如果其知名度已经达到了驰名的要求，那么该商标就可以诉诸现行《商标法》第 13 条获得驰名商标的保护，而无须再诉诸在先使用进行抗辩。[2] 司法实践中一般认为如果这种使用的确为真实使用且在使用地域内起到了识别作用，那么此商标就达到了"一定影响"的要求。在本案中，法院认为启航考试学校在《中国青年报》登载的宣传报道出版的考研图书，可以证明其商标已经在考研服务上产生了识别作用，

---

[1] 李雨峰. 未注册在先使用商标的规范分析 [J]. 法商研究，2020，37（1）：185-196.
[2] 杜颖. 商标先使用权解读《商标法》第 59 条第 3 款的理解与适用 [J]. 中外法学，2014，26（5）：1358-1373.

满足"一定影响"要件。

3. 使用要求

现行《商标法》第 48 条规定："本法所称商标的使用，是指将商标用于商品、商品包装或者容器以及商品交易文书上，或者将商标用于广告宣传、展览以及其他商业活动中，用于识别商品来源的行为。"其核心在于，使用行为必须识别商品或者服务的来源，即此种行为必须是商标性使用行为。比如报纸或者杂志对于某个商标进行的单纯的知识介绍，不能被认为属于这类使用行为。司法实践中判断某种行为是否属于商标性使用时，可以综合考虑以下因素：商品上是否使用了其他商标、同种商品使用标记的一般方法的等。❶

（二）商标在先使用的法律效力

如果使用人的使用行为满足了在先使用的时间要求、知名度要求及使用要求，那么该使用人构成对商标的在先使用，使用人可以在原有范围内继续使用，注册人可以要求使用人附加一定的区别标识。

1. 在原有使用范围之内继续使用

在原有范围内继续使用包括几个方面的含义。第一，原使用的商品或者服务的范围，即在先使用人后续使用行为只能限于在先使用的商标及商品或者服务。注册商标的保护范围不仅包括相同商标及相同的商品或者服务，也包括近似商标及类似的商品或者服务，但是在先使用只限于相同商标及相同商品或者服务。第二，使用规模。本案法院认为商标的在后使用行为的规模不受在先使用规模的限制，因为对于在先使用人的后续使用规模不作限制，虽会使商标权人的利益受到一定影响，但因为《商标法》为注册商标提供的保护力度仍远大于对于未注册商标的保护，故这一做法并不会动摇现有的商标注册制度。对于使用规模问题，也有观点认为如果在先使用人超出其商标知名度和信用覆盖地域范围扩大生产经营规模，则不能再适用在先使用抗辩。比如在本案中，被告启航学校已经超越注册商标申请日之前的商标知名度和信用度覆盖的地域范围极大扩展其商标"启航"的使用地域范围，此时不应再适用在先使用条款，而是可以适用权利懈怠

---

❶ 李扬. 商标在先使用抗辩研究 [J]. 知识产权，2016（10）：3-16+2.

抗辩原则驳回原告的诉讼请求。❶

2. 附加适当区别标识

在在先使用成立之后，法院通常会判令在先使用人附加区别标识，但是对于到底附加什么样的区别标识却并未明确，这很可能会导致被告对于附加区别标识这一判项敷衍完成。因此原告若是想要最大化保护自己的利益，可以在诉讼请求中明确如何让被告附加区别标识。比如在上海汇丽案❷中，原告诉讼请求即具体为"判令被告在地板及包装盒上加入与其名称同样大小字体的'非汇丽地板，与汇丽集团无关'字样"，法院最后对此项诉讼请求予以了支持。

---

❶ 李扬. 商标在先使用抗辩研究[J]. 知识产权，2016（10）：3-16，2.

❷ 上海市第一中级人民法院（2014）沪一中民五（知）终字第213号判决书。

24 商标先用权及被诉侵权人不承担赔偿责任抗辩的认定

——广州市梦庄国际贸易有限公司与北京聚汇美科技发展有限公司等侵害商标权纠纷案 *

裁判要旨

商标侵权案件中，被告提出先用权抗辩，需要严格从以下方面进行分析：①享有先用权的主体要件；②被诉侵权人在商标申请注册前使用了相关商标，而非在申请注册后公告前使用；③该在先使用的商标和核准注册的商标构成近似商标且使用在相同或类似商品上；④在先使用的商标具有一定影响力；⑤先用权人应当添加适当的区别标识；⑥在原有范围内使用。

在三年不使用不赔偿的抗辩问题上，即使该抗辩成立，被告依旧需要承担赔付原告合理开支的法律责任。在销售商合法来源抗辩问题上，核心在于销售商主观不知晓要件的判断，主观不知晓需要从原告商标的知名度、被告实际从事的销售行为的具体类型等方面进行综合认定。

案情简介

原告广州市梦庄国际贸易有限公司（以下简称"梦庄公司"）拥有第4038907号"KERASYS"注册商标，核定使用在第3类商品上，包括洗面

---

* 北京市西城区人民法院（2018）京0102民初2058号民事判决书。

奶、化妆品、去污剂、上光剂、磨光制剂、化妆品用香料、洗涤剂、牙膏、香、动物用化妆品；拥有第 7512503 号"克拉洗丝"注册商标，核定使用商品为第 3 类，包括洗发液、洗涤剂、去污剂、上光剂、磨光制剂、化妆品用香料、化妆品、牙膏、香、动物用化妆品。

2015 年 12 月 23 日，原告通过广东省广州市广州公证处的计算机及网络设备连接互联网，在京东商城某个人护理专营店购买了"韩国爱敬 Kerasys 克拉洗丝沙龙护理洗发香波（滋养型）""韩国爱敬 Kerasys 克拉洗丝香水弹性滋养洗发露紫罗兰""韩国爱敬 Kerasys 克拉洗丝沙龙护理护发素（染烫发质使用）""韩国爱敬 Kerasys 克拉洗丝沙龙护理护发素（滋养型）"四款商品，上述洗发商品瓶身背面均标明：制造商为韩国爱敬产业株式会社（以下简称"爱敬公司"），进口商为威海方正国际合作有限公司（以下简称"方正公司"），原告遂向北京市西城区人民法院提起商标侵权之诉。

诉辩意见

原告梦庄公司诉讼请求，第一，请求判令二被告立即停止侵犯原告第 4038907 号、第 7512503 号注册商标专用权的行为；第二，请求判令二被告连带赔偿原告经济损失和合理开支共计人民币 10 万元；第三，请求判令本案诉讼费用由二被告承担。

事实与理由如下。梦庄公司对第 4038907 号"KERASYS"、第 7512503 号"克拉洗丝"注册商标享有专用权，这两个商标至诉讼时仍在注册有效期内。经原告长期宣传使用，已获得消费者的认同与喜爱，在市场上具有较高的知名度。2015 年 12 月，原告发现被告北京聚汇美科技发展有限公司（以下简称"聚汇美公司"）在被告京东电子商务公司经营的网络平台京东商城上开办"聚汇美个人护理专营店"，该专营店销售大量侵犯原告第 4038907 号、第 7512503 号注册商标专用权的洗发用品。2017 年 5 月，原告委托律师向被告京东电子商务公司的关联企业北京京东世纪贸易有限公司发送律师函，要求该公司下架侵权商标。北京京东世纪贸易有限公司签收该律师函后至诉讼时未有任何回应。上述侵犯原告注册商标专用权的行为，给原告造成了巨大的经济损失，依法应当承担相应的赔偿责任。为维护原告的合法权益，故诉至法院，请求法院支持原告的诉讼请求。

被告京东电子商务公司答辩称，京东电子商务公司作为电子商务平台，不是被诉商品的销售方，并且已经尽到了平台应尽的审核义务，依法不应当承担连带责任，不同意原告的诉讼请求。

被告聚汇美公司答辩称，第一，"KERASYS"是韩国知名商标，原告恶意抢注"KERASYS"相关的商标。第二，关于英文商标，被诉侵权产品在销售时，生产商依法拥有"AEKYUNGKERASYS"商标专用权，原告的主张没有法律依据。爱敬公司对被诉侵权产品上的拥有合法的在先著作权，且商品上附加有区别度的"原装进口"的标识，在中国拥有一定知名度，故不构成混淆。第三，关于中文"克拉洗丝"商标，被告聚汇美公司及生产商均在先使用"克拉洗丝"，并且商品上附加有区别度的标识，在中国已经具有一定的影响。第四，关于中英文商标，被诉侵权产品从韩国生产商原装进口，有合法来源，聚汇美公司事前并不知情，依法不应承担赔偿责任；原告没有实际使用本案的中文和英文商标；原告第 4038907 号商标核定使用范围不包括被诉侵权商品，且与被诉侵权商品的包装图案和标识并不近似，不构成混淆；被告在京东商城上开办的"聚汇美个人护理专营店"于 2016 年已经停止营业，原告主张的侵权行为已经不存在。综上所述，不同意原告的诉讼请求。

🖉 裁判理由

北京市西城区人民法院裁判理由如下。

被诉商品生产商爱敬公司对"KERASYS"商标不具有在先使用权，对"克拉洗丝"商标具有在先使用权。

由于商标权具有地域性的特征，因此 2013 年《商标法》第 59 条第 3 款规定的在先使用应当是在我国境内的在先使用。从被告聚汇美公司提交的检验报告、进口非特殊用途化妆品备案证、海关进口货物报关单等证据及庭审陈述来看，其所主张向爱敬公司进口商品的时间均晚于原告第 4038907 号商标申请注册时间 2004 年 4 月 27 日，被告聚汇美公司也无其他证据证实爱敬公司在原告申请注册时间之前在我国境内有使用过该商标，故被诉商品生产商对"KERASYS"商标不构成在先使用。

原告申请注册"克拉洗丝"商标的日期为 2009 年 7 月 1 日，商标专用权注册有效期自 2010 年 10 月 14 日起；被诉商品的生产商爱敬公司早在 2006 年就以"爱敬克拉洗丝"作为商品名称，并对其出口到中国的被诉商品进行送检。方正公司作为爱敬公司在中国的代理销售商，于 2008 年 5 月至 12 月期间就大量进口商品名称为"爱敬克拉洗丝"的洗发用品及沐浴用品进入我国市场领域，并合法流通。上述进口商品的销售数量在 2008 年已形成一定规模，在我国市场上具有一定的影响力。因此，被诉商品生产商爱敬公司对"克拉洗丝"商标的使用构成商标法上的在先使用，对"克拉洗丝"商标在原使用范围内具有在先使用权。

（一）被告聚汇美公司销售被诉商品的行为构成侵犯原告注册商标专用权

被诉商品的外包装正面均突出使用了"Kerasys"标识，该标识与原告注册的第 4038907 号商标主要部分"KERASYS"虽然在字母大小写及字体上有所差别，但字母内容及读音相同，在隔离状态下进行整体比对，两者构成近似；该被诉商品与第 4038907 号商标核定使用的洗面奶、化妆品同为第 3 类商品，属于类似商品。虽然被诉商品上标注有"原装进口"及"韩国爱敬株式会社""原产地韩国"等标识，但这不能排除消费者会认为爱敬公司就该商标与原告存在特定联系，从而误认为被诉商品与原告存在特定联系。虽然被诉商品生产商爱敬公司对"Kerasys"享有著作权，但其不能以著作权来对抗原告的注册商标专用权。

（二）二被告民事责任的承担

原告在本案中未能提供证据证明其在起诉前三年内实际使用了涉案商标，也不能证明其因侵权行为受到其他损失，因此被告聚汇美公司不承担赔偿责任。本案被告提供的证据可以证明被告聚汇美公司自北京恒城实业发展有限公司取得被诉商品，北京恒城实业发展有限公司自方正公司取得被诉商品，方正公司自爱敬公司处进口被诉商品。因此，被告聚汇美公司不具有主观故意，且能证明被诉商品是自己合法取得并说明提供者，根据《商标法》第 64 条第 2 款，依法可不承担赔偿责任。

被告京东电子商务公司作为网络服务平台，没有参与被诉侵权商品的销售；原告梦庄公司在本案诉讼之前向北京京东世纪贸易公司发送律师函，而非向京东电子商务公司发送律师函，故原告并没有在本案诉讼之前通知京东电子商务公司断开被诉侵权商品链接；被诉商品现已下架，被告京东电子商务公司已经尽到了应尽的注意义务，无须承担责任。

案件评析

在商标侵权诉讼中，商标法为被诉侵权人规定了多种法定抗辩事由，其中包括先用权抗辩、合法来源抗辩、三年不使用不赔偿抗辩等，在本案中，被告提出的抗辩事由均包含上述三项，且均得到了法院的支持。故本案在商标侵权诉讼中判定被诉侵权人的相关抗辩事由成立方面，具有较大的参考意义。

（一）先用权抗辩成立要件的评析

本案中，被诉商品生产商爱敬公司对"KERASYS"商标不具有在先使用权，对"克拉洗丝"商标具有在先使用权。理由在于爱敬公司将贴附有"KERASYS"商标的商品出口到中国境内销售的时间晚于本案原告对该商标在我国提出商标注册申请的时间。但针对"克拉洗丝"商标，爱敬公司将相关商品出口到中国销售的时间早于本案原告针对该商标提出注册申请的时间，且在该商品上贴附了"原装进口""爱敬"等区别标识，大量的销售也使得该使用行为具有一定影响，故针对"克拉洗丝"商标，爱敬公司可以享有先用权。从法院的判决可以看出，法院主要从使用商品和商标的类似或近似程度、使用时间、是否产生一定影响力、是否贴附了区别标识等因素对先用权进行认定。实际上，针对法定先用权的判断因素要多于上述四种。

现行《商标法》第 59 条第 3 款确立了先用权抗辩❶，此法条即先用权抗辩的法律依据。先用权抗辩成立的要件包括：①享有先用权的主体要件；②被诉侵权人在商标申请注册前使用了相关商标，而非在申请注册后公告前使用；③该在先使用的商标和核准注册的商标构成近似商标且使用在相同或类似商品上；④在先使用的商标具有一定影响力；⑤先用权人应当添加适当的区别标识；⑥在原有范围内使用。在主体要件上，应当仅限于

---

❶ 现行《商标法》第 59 条第 3 款规定："商标注册人申请商标注册前，他人已经在同一种商品或者类似商品上先于商标注册人使用与注册商标相同或者近似并有一定影响的商标的，注册商标专用权人无权禁止该使用人在原使用范围内继续使用该商标，但可以要求其附加适当区别标识。"

"在先使用人"本人及在先已获授权许可的"被许可使用人"。在时间点的判断上，法律明确规定的是在商标注册申请提出前，这是作为使用人主观善意与否的判断，实务中商标申请注册人完全可能在提出商标注册申请前也已经使用该商标。在"启航"商标侵权案中，法院认为在适用该要件时应将在先使用人的善意作为重要考量因素。例如，商标注册人虽存在在先使用行为，但在先使用人对此并不知晓，且亦无其他证据证明在先使用人存在恶意情形的，则不能仅因商标注册人具有在先使用行为而否认先用抗辩的成立。❶在一定影响力和区别标识要素的判断上，法院在本案中作出了详细论证，即一定影响标准无须达到驰名程度。针对区别标识的适当是指能够使二者的消费者可以区分即可。譬如本案中爱敬公司增加的"原装进口""爱敬"等。在路某丰诉北京市锦山阿里郎烤肉城有限责任公司侵犯注册商标专用权案件中被告采用先用权抗辩，法院支持了附加适当区分标识的"锦山阿里郎"对"阿里郎"的商标侵权抗辩。❷在原有范围要素判断上，本案并未涉及在先使用人扩大范围的情形。在"丹那帕"商标侵权案中，法院认为对"原有范围"的理解，应考虑"商标""商品或服务""使用行为"及"使用主体"等要素。在后使用的商标及商品或服务应与在先使用的商标及商品或服务"相同"或"基本相同"，且使用主体仅限于"在先使用人"本人及在先已获授权许可的"被许可使用人"，但商标在后使用行为的规模不受在先使用规模的限制。❸

在对先用权抗辩成立与否的判断上，应该综合考虑上述六个方面的要素。当然，正如本案法院在判决中所述，方正公司在先、善意、规范地使用"克拉洗丝"标识，主观上没有攀附原告商誉的恶意，客观上亦不会造成相关公众对其销售产品来源产生误认或与商标权人存在特定联系的混淆，故不构成对原告"克拉洗丝"注册商标专用权的侵害。先用权抗辩成立与否的核心就在于先用权人主观上没有攀附商标权人商誉的恶意，客观上也没有产生消费者混淆的结果。

---

❶ 北京知识产权法院（2015）京知民终字第 588 号民事判决书。
❷ 北京市西城区人民法院（2016）京 0102 民初 19674 号民事判决书。
❸ 常州市中级人民法院（2016）苏 04 民终 3528 号民事判决书。

（二）被诉侵权人不承担赔偿责任的抗辩要件分析

本案中，由于爱敬公司对"KERASYS"商标不具有在先使用权，因此被诉商品系未经原告许可，在类似商品上使用与第4038907号"KERASYS"注册商标近似的商标，容易导致消费者混淆，侵犯了注册商标专用权；被告聚汇美公司销售侵犯注册商标专用权的商品，亦构成侵犯注册商标专用权。但在承担怎样的民事责任方面，法院从原告无法举证起诉前三年内实际使用涉案商标的证据以及聚汇美公司作为销售商，在不具有主观恶意、可以说明商品的合法来源和提供者的基础上，不承担赔偿责任，仅承担赔付原告维权合理开支的法律责任。此外，被告京东电子商务公司依据《侵权责任法》第36条确立的"通知+必要措施"规则，不承担法律责任。本案中法院分别从两个方面对被告享有不承担赔偿责任的抗辩进行了论证，且明确了不承担赔偿责任的情形下并不免于赔付合理开支的责任。该裁判思路具有一定的司法导向性。

本案在判定原告提供的证据能否证明其在起诉前三年内对"KERASYS"商标进行过使用的问题上，原告提供了其将该商标使用于香皂上的证据，但由于香皂并非该商标核定使用的商标类别，故该证据无法证明原告针对此商标在核定使用的商品类别上进行了使用。此外，原告还提供了商标局于2015年12月11日作出的《关于第4038907号第3类"KERASYS"注册商标连续三年不使用撤销申请的决定》，但本案原告应当举证证明于2015年1月9日至2018年1月8日期其实际使用涉案商标的事实，法院认为该决定不能用于证明在前述期间内使用了"KERASYS"商标。要构成商标意义上的使用，根据2013年《商标法》第48条的规定，此种使用行为应当是足以产生识别来源功能的，象征性地仅仅在宣传册等方面的使用、仅签订商标许可使用合同等行为均不能构成商标法意义上的使用。法院在本案的认定也进一步告知商标权利人欲维持商标权，必须在商标注册核定使用的商品类别上使用核准注册的商标，即使是类似的类别也无法维持商标效力，这也是商标权的使用权与禁止权的区分所在。

在被告主张的合法来源抗辩问题上，该抗辩成立的三个要件分别是：主观上不知晓、能够说明合法来源、可以说明提供者。在主观不知晓的问题上，本案法院从原告在注册商标不具有知名度、被告销售的商品上贴附的商标由爱敬公司 2002 年在韩国已经注册，且商品上明显标注了原装进口和爱敬标识，故被告具有不知晓的合理理由。在合法来源和提供者问题上，被告聚汇美公司提供了其销售的商品的采购单据等一系列证据，法院认为足以证明其具有合法来源。合法来源和提供者问题的证明相对是一个客观标准，《商标法实施条例》第 79 条也明确列举的相关情形。故该抗辩的难点在于主观不知晓要件的判断上，主观不知晓的认定本身只能通过客观证据去推定行为人的主观状态。本案主要考虑了原告商标的知名度及被告销售的商品具有合法外观标识因素。实际上，在案件中销售者本身的资质及注意义务是重要考虑因素。一般而言，销售者本身专业性越高、营业规模越大，其注意义务就越高。譬如在"劲霸"商标侵权案中，法院明确表示被告作为专门经营皮包的经营者，其注意义务应当更高，因此不认定其主观上不知。❶

　　本案涉及商标侵权案件中常见的三种抗辩类型，本案的判决对三种抗辩类型的成立要件进行了详细的论证。在具体的司法案件中，被告欲提出相应的抗辩事由，需严格依据各抗辩类型的法律构成要件进行举证。

---

❶ 新疆维吾尔自治区高级人民法院（2015）新民三终字第 52 号民事判决书。

25 连续不使用注册商标之损害赔偿请求权限制制度

——珠海格力电器股份有限公司诉广东美的制冷设备有限公司"五谷丰登"商标侵权案 *

裁判要旨

商标侵权案件中，因商标权人连续三年无正当理由未实际使用注册商标，被控侵权人免于承担损害赔偿责任。但是，应当赔偿商标权人为制止侵权行为所支付的合理开支。

案情简介

2010年2月8日，珠海格力电器股份有限公司（以下简称"格力公司"）申请"五谷丰登"商标注册，2011年4月21日注册公告，注册号为第8059133号，核定使用商品为包括空气调节装置等在内的第11类商品。之后，格力公司于2013年年底与相关公司签订《供货合同》及《采购合同》，开始生产、销售"五谷丰登"空调器产品。因广东美的制冷设备有限公司（以下简称"美的公司"）空调器的室内机面板正面左上方贴有"五谷丰登"标识，同时中心位置还贴有"美的"商标标识，格力公司主张美的公司及其销售商的行为侵犯其商标权，于2013年11月8日向珠海市中

---

* 一审：广东省珠海市中级人民法院（2013）珠中法知民初字第1498号民事判决书；二审：广东省高级人民法院（2015）粤高法民三终字第145号民事判决书。

级人民法院提起诉讼。一审期间，2014年4月25日，美的公司以连续三年不使用为由，申请撤销格力公司注册的第8059133号"五谷丰登"商标。本案中，由于被控侵权行为发生在2013年《商标法》实施之前，所以本案适用2001年《商标法》[1]。

诉辩意见

珠海市中级人民法院一审认为，被告侵权产品所贴的"五谷丰登"标识与原告第8059133号"五谷丰登"文字商标构成相同的商标。因而，被告构成在相同的商品上使用与原告注册商标相同的商标的侵权行为。另外，对于美的公司正当使用抗辩，尽管美的公司在空调器上同时使用了"美的"标识，而且侵权商品是在美的专卖店或网站中销售，但其行为仍然侵犯了格力公司的商标权。综上，一审法院依据举证妨碍制度并考虑被告主观过错，酌定被告美的公司赔偿原告格力公司经济损失380万元。

美的公司不服一审判决，提起上诉，请求撤销一审判决，驳回格力公司全部诉讼请求。其主要上诉理由是：①美的公司为正当使用。在家电下乡背景下，美的公司将"五谷丰登"作为产品系列名，起区分产品规格的作用，是叙述性使用，不是商标法意义上的使用。②美的公司不构成侵权。格力公司未实际使用本案商标，显著性弱、知名度低，美的公司将"五谷丰登"标识与"美的"驰名商标组合使用，被诉侵权产品均在美的专柜或专卖店内销售，不会引起相关公众混淆。因此，两者不构成相同或者近似商标，美的公司的行为不构成侵权；③美的公司不应承担赔偿责任。格力公司没有实际使用涉案商标，根据2009年《最高人民法院关于当前经济形势下知识产权审判服务大局若干问题的意见》第7条规定，原告主张的赔偿不应当得到支持。

裁判理由

广东省高级人民法院对一审查明的事实予以确认。同时，二审中格力公司提交了商标局于2015年2月13日作出的《关于第8059133号"五谷

---

[1] 本案例中的《商标法》若无特别说明均指2001年《商标法》。

丰登"注册商标连续三年不使用撤销申请的决定》，用于证明格力公司实际使用了本案"五谷丰登"注册商标。

二审法院认为，首先，对于被控侵权行为是否属于商标性使用问题。商品名称是否具有识别商品来源意义，不以使用人的主观认识或者称谓上的差异为转移，而是要根据其客观上是否具有了识别商品来源意义进行判断。本案中，美的公司未能证明"五谷丰登"属于空调器的通用名称，而且鉴于"五谷丰登"与空调器产品特征无关，因而在空调器上使用"五谷丰登"具有显著特征。因此美的公司使用"五谷丰登"标识行为客观上起到了指示商品来源的作用，应认定为商标法意义上的使用。

其次，对于美的公司使用"五谷丰登"标识是否侵害格力公司商标权问题。美的公司使用涉案商标的商品为空调器，因此被诉侵权商品与格力公司本案注册商标核定使用的商品属于同类商品。格力公司商标为"五谷丰登"文字商标，被告使用的"五谷丰登"标识为艺术字体，并有浪花造型，因此二者构成近似商标。鉴于美的公司在专卖店、官网中销售被控侵权产品，并同时使用知名度非常高的"美的"商标，因此美的公司的行为足以使相关公众将该被诉侵权标识与美的公司的特定商品产生联系，误以为该被诉侵权标识就是美的公司的商标；而格力公司使用时，相关公众反而会认为格力公司侵害了美的公司的商标权，从而割裂格力公司与其本案注册商标之间的联系。因此，美的公司侵犯了格力公司商标权。

最后，对于损害赔偿问题。法院认为，商标法保护商标识别功能，未使用的注册商标没有区分商品来源的作用，因而侵权行为不会造成混淆，侵权人也没有利用商标权人的商誉，因而不会给商标权人造成损失。无论是《最高人民法院关于当前经济形势下知识产权审判服务大局若干问题的意见》，还是2013年《商标法》新增的第64条第1款，均印证了该观点。本案中，由于原告格力公司未能提供证据证明其在美的公司实施被诉侵权行为之前已经实际使用涉案商标，因此，虽然美的公司侵害了格力公司商标权，但不会给格力公司造成实际损失，而且美的公司也没有借用格力公司的商誉。因此，格力公司请求以美的公司侵权获利作为计算赔偿损失的依据，不应得到支持。但是，其为制止侵权行为所支付的合理开支，可以予以赔偿。

综上，二审法院依据《商标法》第 51 条、第 52 条第（一）项、第（二）项及第 56 条第 1 款，判决维持一审法院有关两被告立即停止侵权、被告美的公司赔偿合理开支 5510 元的判决，撤销一审法院有关被告美的公司赔偿原告损失 380 万元、声明道歉的判决，并驳回格力公司其他诉讼请求。

案件评析

本案是继"红河"案之后有关连续不使用注册商标之请求权限制的典型案件。二审法院详细阐释了连续不使用注册商标情况下限制商标权人损害赔偿请求权的正当性，在认定美的公司构成商标侵权的情况下，判定美的公司仅承担原告合理开支，免于按侵权获利承担损害赔偿责任。

本案争议焦点之一是美的公司使用"五谷丰登"标志是否构成侵权。美的公司认为，美的公司将"五谷丰登"标识与"美的"驰名商标组合使用，其中"美的"起识别产品来源作用，而"五谷丰登"作为系列产品名称，是叙述性使用，并且被诉侵权产品均在美的专柜或专卖店内销售，不会引起相关公众混淆。对此，二审法院进行了精确的阐述。二审法院认为，正因如此，相关公众会认为"五谷丰登"标识是美的公司的商标，格力公司使用时相关公众反而误以为格力侵权，"其后果损害了格力公司依法享有的注册商标专用权，也损害了我国商标注册制度的根基"。显然，二审法院以反向混淆为由认定美的公司构成侵权。

本案争议焦点之二是美的公司的"连续不使用"抗辩是否成立。二审法院以商标法保护商标识别功能和商誉为逻辑基础进行阐释。二审法院认为："未使用的注册商标因为没有使用，也就没有区分商品来源的功能，所谓侵害商标权不会造成消费者混淆，也不会给商标权人造成损失；未使用的注册商标也不是商誉的载体，侵害人无从借用其商誉推销自己的产品，无从通过侵害行为获得利益，所以未使用的注册商标的商标权人没有因侵害行为受到损害，其侵权损害赔偿请求权也就不成立。"二审法院的逻辑是：无使用无识别，无识别无混淆，无混淆无损失；无使用无商誉，无商誉无搭便车。因而，二审法院认为除原告为制止侵权所支付的合理开支外，原告以被告侵权获利请求损害赔偿并无依据。

二审法院的观点存在两个问题。第一，本案是反向混淆案件。在判定侵权是否成立问题上，二审法院认为，美的公司的行为"割裂格力公司与其本案注册商标之间的联系"，损害了格力公司注册商标专用权，也损害了商标注册制度的根基。在判定侵权人是否承担赔偿的问题上，二审法院却认为"格力公司没有提供证据证明美的公司使用被诉侵权标识的行为给格力公司注册商标造成不良影响，从而损害该商标可能承载的商誉"。对此观点，其一，正如学者所述，二审法院"混淆了商标侵权责任与损害赔偿责任构成要件及判断顺序"。[1] 是否造成混淆是认定商标侵权是否成立时应当判断的问题。侵权既已成立，则必然存在混淆。其二，反向混淆行为给原告带来了损失。正如二审法院所述，原告损失源于两方面，一是相关公众混淆产品来源，二是侵权人搭便车、利用商标权人商誉。由于原告格力公司在诉前并未使用商标，显然不存在美的公司攀附格力公司商誉的情况。但是，由于美的公司的行为割裂了"五谷丰登"商标与格力公司的联系，原告格力公司为消除反向混淆的不良影响、恢复"五谷丰登"标志与自身联系，则必然需要支付额外的宣传费用，此即为反向混淆的损失。

第二，法院将"连续三年不使用无赔偿"拓展为"无使用无赔偿"，背离了商标注册取得制度。通说认为，商标注册人负有规范使用和连续使用注册商标并积极维护注册商标显著性的法定义务。为打击商标囤积行为，2013年《商标法》新增了第64条第1款规定，以限制连续不使用注册商标之权利人的损害赔偿请求权。如前所述，本案适用2001年《商标法》，而非2013年《商标法》。因而，广东省高级人民法院并未以2013年《商标法》第64条第1款作为法律依据，而是援引《最高人民法院关于当前经济形势下知识产权审判服务大局若干问题的意见》第7条，"注册人或者受让人并无实际使用意图，仅将注册商标作为索赔工具的，可以不予赔偿；注册商标已构成商标法规定的连续三年停止使用情形的，可以不支持其损害赔偿请求"。可见，无论是依据《商标法》，还是最高人民法院指导意见，以商标权人连续不使用注册商标为由提出抗辩均需要满足"连续三年停止使用"。

---

[1] 张铃. 商标不使用抗辩规则的困境与出路 [J]. 烟台大学学报（哲学社会科学版）, 2019, 32（4）: 45-53.

具体到"五谷丰登"案中,"五谷丰登"商标于 2011 年 4 月 21 日注册公告,至原告格力公司 2013 年 11 月 8 日提起诉讼,仍不满三年。同时,原告格力公司还提供了 2013 年年底的商标使用证据。也就是说,尽管格力公司起诉前未实际使用商标,但是起诉后已经实际使用"五谷丰登"商标。正因如此,商标评审委员会驳回了美的公司的"撤三"申请。综上,本案不满足也不可能满足"连续三年停止使用"的要件。因而,本案二审法院运用的是"无使用无赔偿"规则,而非"连续三年不使用无赔偿"。

然而,"无使用无赔偿"规则与商标法注册取得制度相违背。虽然商标注册人负有连续使用注册商标并积极维护注册商标显著性的义务,但是我国仍然以注册制度为基础。这意味着,法律应当为商标注册人使用商标留有一定的准备时间。"连续三年不使用无赔偿"在打击商标囤积行为与维护商标注册制度之间进行平衡,其平衡点即商标注册人是否连续三年实际使用注册商标。"无使用无赔偿"破坏了"连续三年不使用无赔偿"所维系的平衡,背离了商标注册取得的制度基础,也不符合《商标法》限制连续不使用的商标权人损害赔偿请求权的立法目的。"五谷丰登"案件中,格力公司在家电下乡的大背景下,在空调器产品上注册"五谷丰登"商标,合情合理,之后的实际使用证据也表明格力公司是为了正常使用目的注册该商标。❶二审法院没有任何理由限制原告格力公司的损害赔偿请求权。

此外,需要注意,一审中被告美的公司以提起"撤三"程序为由申请中止审理,一审法院驳回申请。正如四川省高级人民法院在"泸州老窖"案中所述,"即便上述商标因连续三年不使用而被撤销,其注册商标专用权也自撤销公告之日起终止,而被诉侵权行为系发生在此之前,故花冠酒业公司该项主张不影响侵权行为的认定"。❷

---

❶ 彭学龙.论连续不使用之注册商标请求权限制 [J].法学评论,2018,36(6):111.
❷ 四川省高级人民法院(2019)川知民终 214 号民事判决书。

26 商标侵权赔偿难下的举证妨碍制度

——广州医药集团有限公司诉广东加多宝饮料食品有限公司等侵害商标权纠纷案 *

裁判要旨

适用举证妨碍以举证责任人在其举证能力范围内尽到举证责任为前提。侵权人无合理理由一再申请延期提供财务账簿,其实质为拒不举证、利用程序拖延诉讼,构成举证妨碍。对此,侵权人应承担相应不利法律后果,法院可参考权利人主张和提供的证据判定赔偿数额。

案情简介

广州医药集团有限公司(以下简称"广药集团")系"王老吉"注册商标的商标权人,该注册商标核定使用在第32类商品上。2000年5月2日,广药集团曾与香港鸿道(集团)有限公司(以下简称"鸿道集团")签订《商标许可协议》(以下简称"2000年协议"),授权鸿道集团在中国使用"王老吉"商标,为期10年,即至2010年5月1日止。其后,双方于2002

---

* 一审:广东省高级人民法院(2014)粤高法民三初字第1号民事判决书;二审:最高人民法院(2018)最高法民终1215号民事裁定书。本案被告分别为:广东加多宝饮料食品有限公司(以下简称"广东加多宝公司")、浙江加多宝饮料有限公司(以下简称"浙江加多宝公司")、加多宝(中国)饮料有限公司(以下简称"加多宝(中国)公司")、福建加多宝饮料有限公司(以下简称"福建加多宝公司")、杭州加多宝饮料有限公司(以下简称"杭州加多宝公司")、武汉加多宝饮料有限公司(以下简称"武汉加多宝公司")。

年、2003年先后签署《"王老吉"商标许可补充协议》（以下简称"2002年补充协议"）、《关于"王老吉"商标使用许可合同的补充协议》（以下简称"2003年补充协议"）两份补充协议，将许可期限延至2020年5月1日止。后来，因该两份补充协议系以非法手段行贿取得，侵害国家利益和广药集团利益，被中国国际经济贸易仲裁委员会裁定无效。广药集团发现，在2000年协议到期且补充协议被裁定无效后，六家加多宝公司在未经许可的情况下，仍然继续使用广药集团王老吉商标。广药集团向广东省高级人民法院提起诉讼，请求广东加多宝公司赔偿自2010年5月2日至2012年5月19日因侵害"王老吉"注册商标造成广药集团经济损失293 015.55万元，其余五被告承担连带赔偿损失责任。

本案为王老吉与加多宝系列商标案件之一，所涉侵权问题较为复杂，在此本文仅探讨其中与损害赔偿相关部分，以分析司法实践中的举证妨碍制度。

诉辩意见

原告广药集团请求六家加多宝公司赔偿经济损失293 015.55万元，约30亿元。为证明经济损失，广药集团提供了系列证据。①会计师事务所出具的《专项分析报告》。《专项分析报告》计算侵权期间六家加多宝公司净利润总额合计为293 015.55万元。具体而言，广东、浙江、杭州、武汉的四家加多宝公司利润数据来源于在各地工商部门备案的年度审计报告或者年度外商投资企业联合年检报告。加多宝（中国）公司、福建加多宝公司利润数据系参照广东、浙江和杭州加多宝公司同期平均数据，综合考虑成立时间、注册资本、生产规模等因素进行估算得出。②《2012年中国饮料行业运行状况分析报告》。该报告记载2012年1—9月饮料行业利润率水平为7.3%。③相关宣传报道。加多宝官网报道，"2011年加多宝红罐凉茶销售额为160亿至180亿元""10年时间，产品年销量从2002年的1.8亿元增长到2012年的200亿元"。其他媒体报道，2012年"加多宝的红罐王老吉占据了70%市场，销售额近200亿元""据公开资料显示，2011年加多宝红罐凉茶销售额为160亿至180亿元"。

提起诉讼后，广药集团在一审诉讼中向法院提交了《司法会计鉴定申请书》，申请法院委托专业会计或审计机构鉴定六家加多宝公司在侵权期间生产、销售使用"王老吉"注册商标产品的数量、金额及利润，以查明六家加多宝公司侵权所获利益。据此，一审法院于 2017 年 12 月向六家加多宝公司发出《限期举证通知书》，要求 15 日内提交相关财务账册。六家加多宝公司以账册整理工作量大、难以在短期内完成财务账册数据资料梳理工作为由，于 2018 年 1 月申请延期。一审法院遂将举证期限延长至 2018 年 3 月 5 日。2018 年 3 月 5 日，六家加多宝公司又向一审法院申请再延长 6 个月举证期限。直至 2018 年 6 月 5 日，一审法院第二次庭审时，六家加多宝公司仍以整理账册工作量过多为由拒不提交相关财务账册。

裁判理由

广东省高级人民法院一审认为，2000 年协议届满之后，六家加多宝公司使用涉案"王老吉"商标的被诉行为既无法律依据，亦无合同依据，广药集团关于六家加多宝公司被诉行为构成侵权并存在侵权主观恶意的主张有理，法院予以支持。一审法院依据侵权期间因侵权所获得的利益来计算损害赔偿的金额，判决六家加多宝公司向广药集团赔偿经济损失及合理维权费用共计 1 450 680 000 元。

一审法院认为，首先，原告广药集团已尽到举证责任。广药集团明确请求按照六家加多宝公司因侵权所获得利益来计算金额，并提交了其会计师事务《专项分析报告》和六家加多宝公司销售额的新闻报道、《2012 年中国饮料行业运行状况分析报告》和相关网页新闻，证明饮料行业利润率和品牌使用费。虽然以上证据并非严谨的财务审计报告，但广药集团在无法获得六家加多宝公司持有的相关利润数据情况下，已尽到了其举证能力范围内的举证责任。

其次，六家加多宝公司构成举证妨碍。法院责令六家加多宝公司限期提交相关财务账册，并多次提示逾期提交或拒不提交的法律风险。然而六家加多宝公司无合理理由一再申请延期，实质拒不举证、利用程序拖延诉讼的恶意明显，应承担相应不利法律后果。因此，一审法院依法参考广药集团的主张和提供的证据判定赔偿数额。

最后，具体计算损害赔偿额。其一，六家加多宝公司侵权获利为 29 亿元。《专项分析报告》所估算六家加多宝公司的净利润合计 293 015.55 万元，同时扣减原告无法证明存在侵权行为的期间获利，一审法院认定六家加多宝公司侵权期间净利润为 29 亿元。同时，依据加多宝公司官网报道和《2012 年中国饮料行业运行状况分析报告》，2011 年销售额为 160 亿至 180 亿元、2012 年销售额为 200 亿元，以饮料行业利润率 7.3% 来计算，六家加多宝公司侵权期间的利润至少达到 26.28 亿元〔(160+200)×7.3%=26.28 亿元〕。考虑"王老吉"商标知名度，六家加多宝公司所获得的利润应高于行业平均水平。因此，从侧面印证了前述六家加多宝公司被诉侵权获利为 29 亿元的合理性。其二，原被告双方均有过错。一方面，两份补充协议因受贿而无效，因此补充协议被认定无效的原因不能仅归于鸿道集团，原告广药集团对被诉侵权行为的发生具有一定过错。另一方面，六家加多宝作为鸿道集团子公司，明知补充协议无效后，仍然继续使用商标并转移商誉，主观恶意明显。因此，赔偿数额宜以六家加多宝公司在被诉侵权期间所获利润的一半为宜，即 29 亿元 ×50%=14.5 亿元。其三，原告的合理开支。广药集团主张的合理维权费中有票据的费用为 68 万元。

综上，一审法院依据 2001 年《商标法》第 52 条第（一）项、第 56 条，确定六家加多宝公司应向广药集团赔偿经济损失及合理维权费用共计 1 450 680 000 元。

广药集团与六家加多宝公司均不服一审判决，向最高人民法院提起上诉。最高人民法院裁定撤销一审判决，发回重审。最高人民法院二审认为，一审法院应当先判断六家加多宝公司是否"未经商标权人许可"，进而再判断六家加多宝是否应承担法律责任。同时，《专项分析报告》是一审法院确定损害赔偿数额的重要证据，但其结论部分对分析结果作出多处保留，明确指出缺失大量基础财务数据且无相关人员的资质证明及签章。因此，二审法院认为《专项分析报告》在证据内容和证据形式上存在重大缺陷，不能作为定案证据。

案件评析

本案中，一审法院采信原告广药集团以《专项分析报告》为基础计算损害赔偿的重要理由是法院认为被告六家加多宝公司构成举证妨碍。

（一）举证妨碍制度以解决损害赔偿计算难问题为目的

举证妨碍制度对解决损害赔偿计算难问题具有重要意义。所谓举证妨碍是指不负有证明责任的一方当事人通过作为或者不作为阻碍负有证明责任的一方当事人对其事实主张的证明。[1]现行《商标法》第63条第2款规定："人民法院为确定赔偿数额，在权利人已经尽力举证，而与侵权行为相关的账簿、资料主要由侵权人掌握的情况下，可以责令侵权人提供与侵权行为相关的账簿、资料；侵权人不提供或者提供虚假的账簿、资料的，人民法院可以参考权利人的主张和提供的证据判定赔偿数额。"2001年《商标法》中并没有该规定，举证妨碍制度是2013年修法时才引入《商标法》的。

实际上，在此之前，民事诉讼相关法规中就已经规定了举证妨碍制度。2001年《最高人民法院关于民事诉讼证据的若干规定》首次在民事诉讼中确立举证妨碍制度，该规定第75条规定："有证据证明一方当事人持有证据无正当理由拒不提供，如果对方当事人主张该证据的内容不利于证据持有人，可以推定该主张成立。"2007年雅马哈发动机株式会社诉浙江华田工业有限公司等商标侵权纠纷案中，对于被控侵权人在限期内拒不提供财务资料的行为，一审江苏省高级人民法院正是依据《最高人民法院关于民事诉讼证据的若干规定》第75条，认为应当原告雅马哈发动机株式会社主张的被告浙江华田工业有限公司、台州华田摩托车销售有限公司应负赔偿数额成立。对该种计算方式，最高人民法院二审予以维持，二审认为"鉴于上诉人侵权故意较为明显，且在原审法院和本院审理期间，均未提供完整的财务资料，原审法院据此推定雅马哈发动机株式会社主张的赔偿数额成立并无不妥"。2013年3月召开的第三次全国法院知识产权审判工作会议上，最高人民法院曾强调"要强化举证妨碍制度的运用，当权利人能够证明被诉侵权人的行为构成侵权并应承担赔偿责任，而被诉侵权人持有关于侵权获利的证据无正当理由拒不提供的，可以根据情况推定权利人关于损害赔偿数额的诉请成立"。

（二）举证妨碍的构成要件

根据现行《商标法》第63条第2款的规定，适用举证妨碍需要满足三

---

[1] 张广良. 举证妨碍规则在知识产权诉讼中的适用问题研究 [J]. 法律适用，2008（7）：16-20.

个条件。

第一，权利人已经尽力举证。商标侵权纠纷贯彻"谁主张，谁举证"的举证责任分配原则。为证明自己所主张的损害赔偿额，权利人应当尽己所能提供相应证据。同时，即使权利人尽力举证，也并没有提供确切证据证明损失，案件事实仍然处于真伪不明的状态。否则，法院可径行认定权利人主张，而无须要求侵权人提供证据。本案中，原告广药集团为证明被告六家加多宝的侵权获利，提供了交了其会计师事务《专项分析报告》和六家加多宝公司销售额的新闻报道、《2012年中国饮料行业运行状况分析报告》和相关网页新闻以证明饮料行业利润率和品牌使用费。因而，一审法院认为原告广药集团已尽到举证责任。

值得注意的是，对举证妨碍制度是否属于举证责任转移存在争议。一种观点认为，举证妨碍属于举证责任转移。[1]另一种观点则认为，举证责任转移的前提是当事人提供的证据足以证明其主张，举证妨碍中权利人证据不能证明其主张的实际损失或侵权获利的数额时，因此不会发生举证责任转移。例如，权利人提交了销售记录同比下降的相关单据、自己近几年的财务报告等证据证明其实际损失，但法院审查认为以上证据未能充分证明实际损失，此时举证责任转移的要件尚未成立。[2]

第二，侵权行为相关的账簿、资料主要由侵权人掌握。这意味举证妨碍通常发生在以实际损失或侵权获利为基础主张损害赔偿的情形。以许可费合理倍数计算损害赔偿时，商标许可相关资料通常由权利人掌握。而适用法定赔偿时，法院综合商标知名度、侵权时间、主观过错等各种因素综合确定，无须侵权人提供资料。

第三，侵权人不提供或者提供虚假的账簿、资料。对此，《商标法》规定不够明确，需要结合《最高人民法院关于适用〈中华人民共和国民事诉讼法〉的解释》第112条的规定进行理解。根据第112条规定，"书证在对方当事人控制之下的，承担举证证明责任的当事人可以在举证期限届满前

---

[1] 陈晓艳,程春华.商标侵权民事责任承担的举证责任分配及证明要求——以新商标法的规定为考察范围[J].知识产权，2014（10）：57-61.

[2] 张学军,朱文彬.知识产权侵权诉讼中"证据披露—举证妨碍"制度之探索适用[EB/OL].（2015-05-25）[2024-03-21].https://mp.weixin.qq.com/s/wL-KtsmIOu TheqrmQFDvZw.

书面申请人民法院责令对方当事人提交……对方当事人无正当理由拒不提交的，人民法院可以认定申请人所主张的书证内容为真实"。因此，应当以侵权人无正当理由为前提。本案中，2017年12月一审法院第一次要求被告六家加多宝公司提供财务账册，直到2018年6月5日第二次开庭被告仍未提交。其间，六家加多宝公司以工作量大为由多次申请延期。因而，一审法院认定被告构成举证妨碍并无不当。

（三）构成举证妨碍的法律后果

根据法律规定，如果侵权人构成举证妨碍，其法律后果是法院可以参考权利人的主张和提供的证据判定赔偿数额。但是对于何谓"参考"权利人主张法律并没有作出解释，因此司法实践中举证妨碍的法律后果并不统一。有的案件中，法院直接推定权利人主张的损害赔偿额成立；有的案件中，法院实质上降低了损害赔偿的证明标准。❶

本案中，原告广药集团所提供的《专项分析报告》中，加多宝（中国）公司、福建加多宝公司的利润数据是参照广东加多宝、浙江加多宝和杭州加多宝公司同期平均数据，综合考虑成立时间、注册资本、生产规模等因素进行估算得出。其实际是估算数据，而非被告侵权获利的实际数据。一审法院也认为《专项分析报告》"并非严谨的财务审计报告，难以精确确定六家加多宝公司的获利情况"。然而因为被告构成举证妨碍，法院认为应当由被告承担相应不利后果，从而将《专项分析报告》等证据作为确定损害赔偿额的参考。一审法院实质降低了对侵权获利的证明标准。

---

❶ 刘晓. 证明妨碍规则在确定知识产权损害赔偿中的适用 [J]. 知识产权，2017（2）：55-63.

27 以实际损失或侵权获利为基础酌定赔偿数额

——宜宾五粮液股份有限公司诉甘肃滨河食品工业（集团）有限责任公司与北京谭氏瑞丰商贸有限公司侵害商标权纠纷案 *

裁判要旨

酌定赔偿是法官在一定事实和数据基础上，根据具体案情酌定实际损失或侵权所得的赔偿数额，不受法定赔偿最高或者最低限额的限制。如果证据不足以证明被告因侵权所获的利益，但是现有数据已经远远高于《商标法》法定赔偿的最高限额，那么法院可以综合考虑被诉侵权行为的表现形式、被诉侵权期间商品的销售利润和销售范围、被控侵权者的主观恶意，以及涉案商标的知名度、权利人为制止侵权行为支付的合理费用等因素，酌定公平合理的赔偿数额。

案情简介

四川省宜宾五粮液股份有限公司是第1789638号"五粮液"商标（核定使用在第35类广告服务上）、第160922号"WULIANGYE 五粮液"、

---

* 一审：北京市第一中级人民法院（2013）一中民初字第4718号民事判决书；二审：北京市高级人民法院（2014）高民终字第2462号民事判决书；再审：最高人民法院（2017）最高法民再234号民事判决书。

第 3879499 号 "五粮液 68" 商标（上述两商标核定使用在第 33 类酒类商品上）的注册商标专用权人，宜宾五粮液股份有限公司（以下简称"五粮液公司"）系上述注册商标的独占被许可人。"五粮液"商标于 1991 年获得"中国驰名商标"称号，五粮液系列商品多次获得国内外各种奖项。

2012 年，五粮液公司发现北京谭氏瑞丰商贸有限公司（以下简称"谭氏瑞丰公司"）销售的 53 度及 45 度两种"滨河九粮液"白酒的商品包装、宣传册等上所使用的商标与五粮液公司商标近似，且谭氏瑞丰公司销售的被诉侵权商品均来源于甘肃滨河食品工业（集团）有限责任公司（以下简称"滨河公司"）。随后，五粮液公司向北京市第一中级人民法院提起诉讼，主张商标近似、商品类似，谭氏瑞丰公司和滨河公司构成商标侵权，请求法院判令立即停止侵权，赔偿五粮液公司经济损失 7000 万元，并刊登声明消除影响。

滨河公司辩称：第一，被诉侵权商品上所使用的商标是其注册的第 314446 号、第 7499007 号、第 3241213 号、第 6054117 号四个注册商标，属于正当使用；第二，被诉侵权商品上的标志中对于"九粮"的使用系对商品原料及工艺的描述性使用，属于正当使用。五粮液公司上述商标与滨河公司商标并存二十余年，并未发生混淆情形。

诉辩意见

北京市第一中级人民法院一审认为，鉴于五粮液公司提交的证据可以证明其"五粮液"商标具有很高知名度，故虽然被诉侵权商品中所使用的"滨河九粮液"与上述两"五粮液"注册商标较为近似，但"五粮液"商标所具有的知名度使得酒类商品的相关公众在看到被诉侵权商品上的上述标志时，虽通常会联想到五粮液公司的五粮液商标，却通常并不会认为被诉侵权商品系由五粮液公司生产或与五粮液公司具有特定联系。因此，被诉侵权商品上对于"滨河九粮液"商标的使用并不会使相关公众产生混淆误认，侵权不成立。综上，依据《商标法》[1]第 52 条第（一）（二）项的规定，判决驳回五粮液公司的全部诉讼请求。

---

[1] 本案例中的《商标法》若无特别说明均指 2001 年《商标法》。

五粮液公司、滨河公司不服原审判决，向北京市高级人民法院提起上诉。五粮液公司的主要上诉理由是：一审判决认定的"近似但不混淆"的理由是错误理解了侵害商标权行为的判断标准，其基于五粮液商标的知名度得出的近似商标不混淆的结论难以令人信服。

北京市高级人民法院二审认为，第一，对于被告滨河公司主张正当使用自己注册商标的抗辩。被诉侵权商品包装上使用的是"滨河九粮液"或"九粮液"，"滨河九粮液"中的"滨河"二字较小、"九粮液"三字较为突出，两者呈现拆分的形式，因此滨河公司在被诉侵权商品上实际使用的标志与其在本案中提供的注册商标标志不同，并非对注册商标的使用。第二，关于商标是否近似。判断商标是否近似，需要考虑商标标志的近似性、在先商标的知名度和显著性、在后商标使用人的主观意图等因素，以是否足以导致相关公众混淆误认作为判断标准。基于此，一审判决不足以产生混淆有事实和法律依据，并无不当。综上，依据《民事诉讼法》第170条第1款第（一）项之规定，判决驳回上诉，维持原判。

五粮液公司不服二审判决，向最高人民法院提起再审。

裁判理由

最高人民法院对一审、二审法院查明的事实予以确认，且再审审理另查明以下事实。第一，2005年5月，滨河公司申请注册第4646265号"滨河九粮液"商标。初审公告期间，五粮液公司提出异议申请。之后，商标局裁定异议理由成立，不予注册；商标评审委员会复审，裁定被异议商标予以核准注册。最终历经一审、二审及最高人民法院再审裁定，第4646265号"滨河九粮液"商标被核准注册。第二，2006年商标局的批复，明确认定"四粮液"与"五粮液"商标构成近似；（2011）高民终字第3898号民事判决中，认定"七粮液"商标与"五粮液"构成近似。

再审法院认为，五粮液公司主张专用权保护的三个注册商标为"WULIANGYE五粮液及图""五粮液68"和"五粮液"，其中"五粮液"文字为主要识别部分。滨河公司被诉侵权商品上使用的标识是"滨河九粮液"或"九粮液"，"滨河九粮液"标识中的"滨河"二字较小，"九粮液"三字较为突出。被诉侵权标识"九粮液"或者主要识别部分"九粮液"与

"五粮液"相比,仅一字之差,且区别为两个表示数字的文字,同时使用在酒类商品上,易使相关公众对商品的来源产生混淆误认或者认为二者之间存在关联关系。但是,对于核定使用在第 35 类广告等服务上的"五粮液"注册商标,因服务类别存在较大差异,且五粮液公司未能证明其知名度,因此在广告等第 35 类服务上未产生混淆误认。综上,滨河公司生产、销售被诉侵权商品的行为构成商标侵权。

对于滨河公司和谭氏瑞丰公司应当承担的侵权责任,再审法院认为,根据《商标法》第 56 条及相关规定,五粮液公司主张依据滨河公司在侵权期间因侵权所获得的利益确定赔偿数额,具有法律依据。①五粮液公司提供的滨河公司侵权获利证据。证据主要包括刊登滨河公司企业发展、商品销售情况及商标使用情况的杂志、滨河公司商品电视广告视频,以及应五粮液公司请求一审法院向相关部门调取证据的申请。法院认为,上述证据中涉及滨河公司及关联企业的总体发展情况,无法从中区分被诉侵权商品的生产量和销售量,且无相应合同、票据等证据予以佐证,不足以证明滨河公司在侵权期间因侵权行为所获得的利益。②法院调取的证据。民乐县地方税务局向一审法院提供了滨河公司 2011 年度及 2012 年度的财务报告。法院认为,上述数据包含滨河公司的商品销售利润,但是根据现有证据无法区分被诉侵权商品在其中所占的比例和具体利润,故仍无法清楚证明滨河公司因侵权所获得的利益。尽管五粮液公司提供的证据及法院查明的证据无法确定被告的侵权获利,但是法院认为,鉴于上述数据已经远远高于《商标法》第 56 条规定的 50 万元的法定赔偿最高限额,综合考虑被诉侵权行为的表现形式、滨河公司被诉侵权期间商品的销售利润和销售范围、滨河公司的主观恶意,以及五粮液公司注册商标的知名度,为制止本案侵权行为支付的合理费用等因素,再审法院确定滨河公司向五粮液公司支付赔偿金人民币 500 万元。

综上,再审法院依据《商标法》第 52 条第(一)(二)项、第 56 条,判决撤销一审判决、二审判决;滨河公司立即停止生产、销售标有"九粮液"文字或突出标有"九粮液"文字的白酒商品,谭氏瑞丰公司停止销售;滨河公司赔偿五粮液公司损失 500 万元,并声明道歉。

案件评析

本案适用 2001 年《商标法》，根据 2001 年《商标法》的规定，法定赔偿上限不超过 50 万元。然而，本案中最高人民法院却综合各种因素考量，确定被告滨河公司向五粮液公司赔偿 500 万元。实际上，本案中最高人民法院采用了酌定赔偿标准。

（一）酌定赔偿标准产生于司法实践中难以确定实际损失或侵权获利

现行《商标法》第 63 条第 1 款规定："侵犯商标专用权的赔偿数额，按照权利人因被侵权所受到的实际损失确定；实际损失难以确定的，可以按照侵权人因侵权所获得的利益确定；权利人的损失或者侵权人获得的利益难以确定的，参照该商标许可使用费的倍数合理确定。对恶意侵犯商标专用权，情节严重的，可以在按照上述方法确定数额的一倍以上五倍以下确定赔偿数额。赔偿数额应当包括权利人为制止侵权行为所支付的合理开支。"第 63 条第 3 款规定："权利人因被侵权所受到的实际损失、侵权人因侵权所获得的利益、注册商标许可使用费难以确定的，由人民法院根据侵权行为的情节判决给予五百万元以下的赔偿。"尽管现行《商标法》与 2001 年《商标法》法定赔偿上限不同，但侵权损害赔偿额计算标准相同，即实际损失、非法获利、许可使用费合理倍数及法定赔偿四种。同时，这四种计算标准的适用有先后顺序。根据法律规定，法定赔偿适用于"权利人因被侵权所受到的实际损失、侵权人因侵权所获得的利益、注册商标许可使用费难以确定"的情况下。

相较而言，以实际损失、非法获利、许可使用费合理倍数计算赔偿额更符合商标侵权损害赔偿的目的。然而，司法实践中，商标侵权案件中适用法定赔偿的超过九成。据学者调查，2011—2016 年的 9057 个判例样本中，有 8666 件样本适用法定赔偿标准，占样本总数的 95.68%。其中，商标权样本 1206 份，适用法定赔偿标准的 1126 件，占比 93.37%。[1] 法定赔偿占比如此之高，显然是因为商标权人无法提供充足证据证明实际损失、非法获利或者许可使用费合理倍数。但是，法定赔偿是有上限的。由此产生的问题是，有些案件中商标权人尽管不能提供确定证据证明侵权获利，但是现有证据可以

---

[1] 曹新明. 我国知识产权侵权损害赔偿计算标准新设计 [J]. 现代法学，2019，41（1）：110-124.

表明损失或获利超过了法定赔偿上限。这种情况下，还机械地适用法定赔偿将被告承担的损害赔偿额限制在法定上限内，必然不能为商标权人提供充分救济。为解决该问题，司法实践中探索出了酌定赔偿标准。

（二）酌定赔偿可超过法定赔偿上限

在 2009 年《最高人民法院关于当前经济形势下知识产权审判服务大局若干问题的意见》（以下简称《知识产权审判服务大局意见》）第 16 条指出，"……积极引导当事人选用侵权受损或者侵权获利方法计算赔偿，尽可能避免简单适用法定赔偿方法。对于难以证明侵权受损或侵权获利的具体数额，但有证据证明前述数额明显超过法定赔偿最高限额的，应当综合全案的证据情况，在法定最高限额以上合理确定赔偿额"。该意见为司法实践中法院解决商标侵权赔偿难、超过法定赔偿上限提供了指导方向。然而，《知识产权审判服务大局意见》并没有确定这种"在法定最高限额以上合理确定赔偿额"方式的法律性质。

（三）酌定赔偿不是法定赔偿，而是以实际损失标准或侵权获利标准为基础

司法实践中，对于法定赔偿标准，还是实际损失标准或侵权获利标准，或者一种新的损害赔偿计算标准存在争议。2013 年第三次全国法院知识产权审判工作会议上，最高人民法院首次确定了"酌定赔偿"的概念，并明确其性质。最高人民法院指出，"要正确把握法定赔偿与酌定赔偿的关系，酌定赔偿是法官在一定事实和数据基础上，根据具体案情酌定实际损失或侵权所得的赔偿数额，其不受法定赔偿最高或者最低限额的限制。积极适用以相关数据为基础的酌定赔偿制度，在计算赔偿所需的部分数据确有证据支持的基础上，可以根据案情运用自由裁量权确定计算赔偿所需的其他数据，酌定公平合理的赔偿数额"。

2014 年腾讯诉奇虎商标侵权及不正当竞争纠纷中，二审最高人民法院正是运用了酌定赔偿标准。最高人民法院认为，上诉人认为一审法院确定的 500 万元赔偿数额明显过高，缺乏事实依据。已有证据足以表明奇虎公司发布扣扣保镖的行为给腾讯公司造成的损失已经明显超过了法定赔偿的最高限额，该案依法不适用法定赔偿额的计算方法，而应当综合案件的具体证据情况，在法定赔偿最高限额以上合理确定赔偿额。因此，法院综合

考虑各种因素，并结合现有证据确定腾讯遭受的经济损失数额已经远远超过法定赔偿限额的情形下，将赔偿数额确定为500万元。❶

本案中，再审最高人民法院在确定原告五粮液公司依据被告侵权所获利益为依据主张赔偿的基础上，认为五粮液公司提供的期刊及宣传不足以证明侵权获利，一审法院调取的滨河公司侵权期间财务报告也无法查清其中因侵权所获利益。在确定以侵权获利为依据，而现有证据无法查清的基础上，法院认为鉴于现有数据已经表明获利超过了《商标法》50万元的法定赔偿上限，所以综合被诉侵权行为的表现形式、被诉侵权期间商品的销售利润和销售范围、被控侵权者的主观恶意，以及涉案商标的知名度、权利人为制止侵权行为支付的合理费用等因素，酌定500万元的赔偿数额。

显然，酌定赔偿标准并非十分精准，最高人民法院再审所确定的500万元赔偿数额只是综合各种因素，但并不能说清具体数额来源。但是，考虑到商标侵权赔偿难、权利人难以提供确切数据的司法实践，这种方式"虽不中，亦不远"，不失为一种有效的救济方法。❷

---

❶ 最高人民法院（2013）民三终字第5号民事判决书。
❷ 黄晖.知识产权法中法定及酌定赔偿数额的综合认定及举证要求[J].知识产权,2016（5）:29-33.

28 商标反向混淆案件中侵权及赔偿数额认定分析

——杭州联安安防工程有限公司与小米通讯技术有限公司等侵害商标权纠纷案 *

裁判要旨

反向混淆行为会破坏注册商标的基本功能、损害商标权人的利益，构成商标侵权；反向混淆行为赔偿数额的认定应考虑行为人在被控侵权商品上使用的其他标识的知名度与品质保证功能对消费者的影响，从而酌情确定侵权标识对行为人利润的贡献率。

案情简介

杭州联安安防工程有限公司（以下简称"联安公司"）享有第10054096号注册商标专用权，该标识为"MIKA 米家"（以下简称"涉案商标"），核定使用的商品为第9类"网络通信设备，摄像机，录像机"等。该商标注册有效期为2012年12月7日至2022年12月6日。联安公司自2016年起通过新浪网、中讯网等媒体对"米家"摄像机、报警器进行宣传报道。联安公司通过公证书的方式举证其于2017年8月期间，分别进入天猫网站"某官方旗舰店"，京东网站"某官方旗舰店京东自营"及"××.com"

---

* 一审：浙江省杭州市中级人民法院（2017）浙01民初1801号民事判决书；二审：浙江省高级人民法院（2020）浙民终264号民事判决书。

网站发现并购得"米家全景相机套装""米家无线开关""小米米家对讲机""米家智能摄像机 1080P"等产品。通过公证方式举证，在"MIJIA 米家"公众号的历史消息中发现如下内容：2016 年 3 月 29 日，小米通讯技术有限公司（以下简称"小米通讯公司"）对小米生态链进行战略升级，推出全新产品——MIJIA，中文名为"米家"。联安公司以小米通讯公司等构成对其第 10054096 号"MIKA 米家"注册商标的侵权，遂向杭州市中级人民法院起诉。

诉辩意见

原告诉讼请求依据的事实和理由：联安公司成立于 2003 年 5 月 22 日，是国内较早提供联网报警系统的企业之一，其拥有注册商标专用权的第 10054096 号"MIKA 米家"商标经过其真实、公开、合法的使用，该商标具有一定的知名度，"MIKA 米家"品牌摄像机、报警器、探测器等产品受到市场好评。2016 年 3 月起，小米通讯公司、小米科技有限责任公司（以下简称"小米科技公司"）陆续将"米家"商标使用在小白摄像机、智能摄像机云台版、智能摄像机 1080P、全景相机、烟雾报警器等商品上。北京京东世纪贸易有限公司（以下简称"京东世纪公司"）向小米通讯公司采购相关侵权产品后，分别转售给杭州京东惠景贸易有限公司（以下简称"京东惠景公司"）、昆山京东尚信贸易有限公司（以下简称"京东尚信公司"）、上海圆迈贸易有限公司（以下简称"圆迈公司"），由京东惠景公司、京东尚信公司、圆迈公司、京东世纪公司北京京东叁佰陆拾度电子商务有限公司（以下简称"电子商务公司"）开设的京东网店上进行销售。小米通讯公司、小米科技公司未经联安公司许可，在摄像机、行车记录仪、对讲机、报警器等商品上使用与联安公司的"MIKA 米家"注册商标相近似的"米家"商标导致相关公众对商品来源产生混淆误认，构成商标侵权行为，电子商务公司、京东惠景公司、京东尚信公司、圆迈公司、京东世纪公司作为侵权商品的销售者，应承担相应的民事责任。

被告答辩称，小米通讯公司被控侵权行为不会造成混淆，不构成对涉案商标权的侵害。①从正向混淆的角度看，相关公众不会将被控商品误以为来自联安公司，或与联安公司有关联。②从反向混淆角度看，相关公众不会将联安公司商品误以为来自小米通讯公司，或与小米通讯公司有关联。反向混淆不能成为商标注册人掠夺他人诚信劳动果实的工具。

小米科技公司辩称，①联安公司的商标权范围的限定：其一，联安公司仅对"MIKA米家"商标有专用权，对"米家"不享有专用权；其二，联安公司不能擅自改变"MIKA米家"注册商标，不规范的商标使用行为不受到商标法保护；其三，联安公司的涉案注册商标中具有显著特征的部分是"MIKA"而非"米家"。②小米科技公司对"米家"未突出使用。③被控侵权产品的商品名称与联安公司的注册商标不近似。联安公司的商标"MIKA米家"是"英文+中文"的组合商标，被控侵权商品的名称是包含有"米家"或"小米米家"或不含有"米家"的一段文字，与联安公司的注册商标读音并不相同。④被控侵权产品与联安公司商标核定使用的商品不构成类似商品。二者在功能、销售渠道、消费对象上存在很大不同。

电子商务公司答辩称，其仅是京东商城网站的经营者，不参与商品的实际销售，不应承担连带责任。京东惠景公司、京东尚信公司、圆迈公司、京东世纪公司答辩称，被控侵权产品有合法来源，不应承担赔偿责任。

裁判理由

关于侵权行为的判定如下。第一，被控侵权使用形态属于商标性使用：涉案各被控侵权商品在网页链接和（或）商品描述页面中均单独或与"（MIJIA）"组合使用了"米家"字样，各该使用形态属于将"米家"作为商品来源识别的标记，发挥了识别来源作用；第二，被控侵权商品与涉案商标核定使用的商品构成类似商品：涉案商标所核定使用的"网络通信设备"外延相对宽泛，覆盖到与网络通信有关的各种设备，被控侵权的产品与涉案商品核定使用的产品构成类似；第三，被控侵权标识与涉案商标标识构成近似：涉案商标"MIKA米家"，其中中文文字为"米家"，"MIKA"是其英文谐音，相对于国内相关公众而言，"米家"是该商标的主要呼叫部分，是该商标发挥识别来源作用的主要依据所在，被控侵权标识为"米家"，与涉案注册商标主要呼叫部分完全一致，构成近似商标；第四，具有混淆可能性：联安公司对涉案商标广告宣传，足以认定其主观上具有使用自有注册商标进行正常商业经营、逐步累积商誉的主观意愿。小米科技公司和小米通讯公司对被控侵权"米家"标识的大量宣传和使用，会使得相关公众将"米家"标识与小米科技公司或小米通讯公司形成联系，进而割裂该标识与其注册商标权利人联安公司之间的联系，影响该商标本应具有的表征作为商品来源的联安公司的作用的发挥，损害商标最基本、最本质的功能。

关于赔偿数额的认定如下。考虑到涉案各侵权商品在网页链接标题、商品详情、商标侵权和商品实物包装上基本均使用了"米家"标识，"米家"标识对各侵权商品来源识别作用贯穿于消费者选择、购买、使用的全流程，结合小米通讯公司、小米科技公司及其在侵权商品上与销售过程中所使用的其他商业标识的知名度与品质保证功能对消费者的影响，以及其他在案事实，法院酌情确定侵权标识对小米通讯公司和小米科技公司利润的贡献率，并据此认定小米通讯公司因本案侵权行为承担的赔偿金额为1200万元，小米科技公司对其中的670万元承担连带责任。

案件评析

本案是一起典型的商标反向混淆类案件。反向混淆，即未经商标权人同意，行为人在相同或类似商品上使用与商标权人注册商标相同或近似的商标，导致相关公众误以为商标权人的商品来源于行为人。反向混淆并非我国立法体系中明文规定的法律术语，而是法院在司法实践中提出的概念。❶反向混淆不关心在后商标是否窃取了在先商标的声誉，其所关心的是与在先商标打交道的顾客会不会误认为他们在和在后商标打交道。❷目前虽然尚未在立法层面得到确认和重视，但在各地法院的司法实践和学界中，反向混淆作为商标侵权行为的定性得到了较为广泛的认同。本案是继"蓝色风暴"案件❸、"新百伦"案件❹后又一关于反向混淆商标侵权的典型案例。本案的关键问题在于反向混淆行为侵权的判定及反向混淆案件中赔偿数额的认定问题。

---

❶ 黄伟兰.浅议反向混淆在司法适用中若干问题[EB/OL].(2018-09-26)[2024-03-21].https://www.sohu.com/a/256347520_221481.

❷ 黄晖.商标法[M].北京：法律出版社，2004：145.

❸ 浙江省高级人民法院（2007）浙民三终字第74号民事判决书。

❹ 广东省高级人民法院（2015）粤高法民三终字第444号民事判决书。

（一）反向混淆行为侵权判定问题

被告小米通讯公司在答辩中辩称，"反向混淆所制止的是在后使用者利用自身的经济实力和市场地位，在毫无正当理由的情况下，强行使用他人在先注册商标相同的标识，致使注册在先的商标声誉被湮没，无法有效发挥指示商品来源的作用。反向混淆重点应该考察商标共存的可能性"。其认为在本案中联安公司注册商标和被控标识具有在市场上共存的可能性，对于相关公众而言并不会造成混淆或误认。法院在判决中指出，"混淆可能性包括将商标权人的商品误认为被诉侵权人的商品或误认商标权人与被诉侵权人有某种联系，妨碍商标权人行使其注册商标专用权，进而实质性妨碍该注册商标发挥识别作用"。即法院认为"可能造成相关公众混淆"中的混淆可能性问题包含了"反向混淆"。法院在说理部分并未讨论被告提出的商标共存问题，而是认为被告的行为割裂了原告与涉案商标的联系，破坏了原告拥有注册商标专用权的商标的基本功能。法院进一步指出，"商标注册取得制度下应然的秩序应当是商标与其注册人之间行为唯一对应的来源联系，仿冒者通过仿冒标识去攀附这种来源联系的行为，擅用者通过其他方式去破坏这种来源联系的行为，均应受到法律的禁止"。

实际上，在现行《商标法》未明确规定其所称的混淆可能性仅仅指"正向混淆"的情形下，"反向混淆"当然地应该属于法定的混淆类型，因为二者都会损害商标权人的利益，满足商标侵权中的混淆要件。但是二者在事实构成、损害后果及对市场和消费者的影响方面存在不同。[1] 在认定是否构成反向混淆侵权时，本案中法院的分析路径包括：①被控侵权使用形态是否属于商标性使用；②商品是否类似；③商标是否近似；④是否存在混淆可能性。上述是当前商标侵权类案件中的标准分析范式，在分析反向混淆类案件时也同样适用。

至于被告在本案中提出的考虑是否存在商标共存可能性的问题，不应是该行为是否构成侵权的考虑因素，而是构成认定构成侵权之后，在后使用人针对该商标进行了巨大投入如何处理的问题。从某地区的具体实际出发，将有长远发展的商标集中于资金雄厚的大企业具有战略意义，在认定

---

[1] 彭学龙.商标反向混淆探微——以"'蓝色风暴'商标侵权案"为切入点[J].法商研究,2007(5)：140-147.

构成侵权后完全禁止被告使用该商标并非万全之策。❶ 由于该商标在市场上已经丧失了与在先权利人的联系，此时如果完全禁止对该商标商誉的累计进行大量投入的在后使用人使用该商标，对整个社会而言并非一种经济的选择。有学者提出可以在构成反向混淆且行为人不存在故意侵权的前提下，构建一种商标的强制许可制度（且必须为强制独占许可），从而使得在后使用人在支付许可费后可以继续使用该商标，从而避免社会财富的流失。❷当然，此种制度构成是否得当，还需要经过司法实践的进一步检验。

（二）反向混淆类案件中赔偿数额的认定问题

反向混淆案件中争议最大的部分莫过于赔偿数额的认定问题。本案中被告虽然提出了"米家"商标对其利润的贡献率为0.71%的问题，但是法院并未采纳，最终法院综合案件具体实际，酌定确定赔偿数额为1200万元。在该部分法院并未明确说明该1200万元的计算方式，但实际上根据现行《商标法》第63条确立的赔偿标准，法院1200万元的计算应当是属于依据被告获利所得。❸ 本案在该部分法院模糊对待，并未明确释明计算方式，也体现出了法院在面对反向混淆类案件的赔偿数额认定时尤为困难。

在民事侵权领域，遵循的基本原则是"填平原则"，即因被告需赔偿因其侵权行为给原告造成的损失，使原告经济利益恢复到侵权行为发生前的状态。故在商标侵权的赔偿问题上，法律确立的第一个标准就是原告损失，只有当原告的损失无法计算时，才考虑后续的计算方式。但在反向混淆类案件中，作为小企业的原告可能根本没有损失，甚至由于被告的行为给原告带来了更多的获利。此时如果依据原告损失标准来确定赔偿数额将无法实施。但倘若我们采用第二种方式即被告获利，则会产生诸多天价赔偿。❹ 由此带来的问题是大量的滥诉及助长商标领域的不正当抢注之风，也

---

❶ 杜颖.商标反向混淆构成要件理论及其适用[J].法学，2008（10）：56-63.

❷ 孙久云.商标反向混淆中的法律问题研究[EB/OL].(2018-01-10)[2020-02-10].https ://www.sohu.com/a/215764106_195414.

❸ 当前法定赔偿最高额是500万元，1200万元远远超过法定赔偿的上限，且本案中原告的损失远远达不到1200万元，故法院酌定的1200万元赔偿数额只能是法律依据"米家"商标对原告利润的贡献率得出的。

❹ 譬如在"新百伦"商标侵权案中，一审判决被告承担9800万元的赔偿金，参见广东省广州市中级人民法院（2013）穗中法知民初字第547号民事判决书。"G2000"案件，一审法院酌定赔偿数额为2000万元，杭州市中级人民法院（2006）杭民三初字131号民事判决书。

不利于保护社会公共利益。❶

　　在原告损失和被告获利都无法确定赔偿数额的情况下，采用商标许可使用费的合理倍数来确定反向混淆中的赔偿数额是一种较为合理的选择。假设商标权人和在后商标使用人签订了一个商标许可协议，由在后商标使用人按照合理的许可使用费支付对价。但同时由于未对被告起到惩戒作用且实践中原被告主张的许可费用差距巨大、无法达成合意等原因，最好对合理的许可费用有一个法律上的规定作为参考，并在适用时注意参照许可费计算赔偿时的可比性。❷充分考虑在先商标的许可使用情况、在先商标的经营状况和盈利能力、正常许可与侵权实施在实施方式、时间和规模等方面的区别、在后使用人的主观恶意程度等因素，并体现侵权赔偿金适当高于正常许可费的精神，以此更好地实现法律的公允性。

　　本案作为一例典型的反向混淆商标侵权案件，其进一步释明了法院在司法实践中对待反向混淆行为构成商标侵权的裁判态度，但同时也暴露出了反向混淆案件中赔偿数额认定困难的问题。针对赔偿数额的判定，进一步完善以许可使用费的合理倍数为基础的判定模式应当是该类案件今后的裁判路径选择。

---

❶ 刘小鹏．从新百伦案看我国商标侵权赔偿原则的司法适用[J]．知识产权，2015（10）：76-83．

❷ 李亚楠．小议商标反向混淆的损害赔偿[J]．法制与社会，2012（10）：98-99．

29 侵犯商标权惩罚性赔偿适用条件的判断

——斐乐体育有限公司诉浙江中远鞋业有限公司、
温州独特电子商务有限公司、
刘某侵害商标权纠纷案 *

📝 裁判要旨

被诉侵权商品的生产者、销售者作为权利商标核定使用商品的同行业经营者，在其先前申请的商标因与权利商标构成近似被驳回后，仍然在所生产、销售的相同商品上使用与权利商标近似的标识，并且在多个电商平台进行销售，获利数额巨大，其主观恶意明显、侵权情节严重，应按照其侵权获利数额的三倍赔偿损失。

📝 案情简介

2008年，斐乐体育有限公司（以下简称"斐乐公司"）经授权取得第163332号商标、第163333号商标、第881462号斐乐商标、国际注册第691003A号等商标在中国地区的唯一合法使用权。多年来，斐乐公司一直将"FILA"系列注册商标广泛用于其生产、销售的服装及鞋类上，并投入巨额广告费进行各种商业推广活动及宣传，使该品牌在国内外均具有较高

---

* 一审：北京市西城区人民法院（2017）京0102民初2431号民事判决书；二审：北京知识产权法院（2017）京73民终1991号民事判决书；再审：北京市高级人民法院（2018）京民申4666号民事裁定书。

市场知名度。2016年6月，斐乐公司发现浙江中远鞋业有限公司（以下简称"中远公司"）在网络商店及线下实体店，温州独特电子商务有限公司（以下简称"独特公司"）在京东、天猫等线上网络销售平台，宣传展示及销售的鞋类商品使用的商标标识与斐乐公司所持有的"FILA"系列注册商标字形、读音相近，使用形式上亦抄袭了斐乐公司的商标。

斐乐公司认为中远公司为侵权商品的生产商，刘某作为中远公司原法定代表人、独特公司法定代表人、GFLA 杰飞乐等商标的注册人，共同参与了上述生产、销售和宣传的侵权行为，其应对上述行为承担连带责任。遂向法院提起民事诉讼。

一审法院认定中远公司、独特公司、刘某构成对斐乐公司涉案注册商标权的侵权，且主观恶意明显，情节严重，适用法定三倍的惩罚性赔偿。

二审法院认为一审判决认定事实清楚，适用法律正确，予以维持。

二审上诉人中远公司、独特公司、刘某不服二审判决，向北京市高级人民法院申请再审，北京市高级人民法院于2018年11月20日作出裁定，驳回再审申请。

诉辩意见

中远公司、独特公司、刘某的再审申请理由如下。

（1）二审判决将被诉侵权商品的销售利润认定为41.8%，仅考虑了被诉侵权商品生产制造环节的成本，忽视了宣传销售环节的支出，并且与国内中小型制造企业、制鞋行业及中远公司的实际生产经营情况严重违背，属于事实认定错误。

（2）中远公司涉案年份除经营宣传报道提及的包括诉争商标在内的三个品牌之外，还接受他人委托从事外销鞋类商品生产业务，且该项业务是营业收入的主要来源，一审判决在计算被诉侵权商品的营业利润时未予考虑，二审判决对此未予纠正，属于事实认定错误。

（3）一审判决未对被诉商标侵权行为与生产销售被诉侵权商品所取得的利润之间的直接因果关系予以确认，将中远公司涉案年份就被诉侵权商品所得的营业利润全部归为对被诉侵权商标的使用，二审对此未予纠正，属于事实认定错误。

（4）二审判决在证据不充分的情况下适用三倍的惩罚性赔偿，属于事实认定错误。

（5）二审判决在没有直接证据证明再审申请人刘某具有与中远公司、独特公司共同实施被诉商标侵权行为的故意并且共同实施了被诉商标侵权行为的情况下，认定其承担连带责任，属于事实认定错误和法律适用错误。

裁判理由

北京市高级人民法院在再审审查中认定，再审申请人中远公司、独特公司、刘某对于涉案被诉标识构成对被申请人斐乐公司注册商标专用权的侵犯没有异议。本案的关键在于二审判决对于商标侵权所承担的损害赔偿数额的计算方法是否正确及刘某是否应当承担连带侵权责任。

再审申请人认为一审判决推定被诉侵权商品的营业利润所占比例为中远公司涉案年份总营业利润的1/3与事实不符，二审并未予以纠正。再审法院认为根据本案证据，中远公司在其网站中所进行的宣传显示，涉案年份包括涉案侵权商标在内的三个鞋类品牌形成三足鼎立之势，公司销售量与品牌知名度迅速提升。故再审申请人的营业收入必定包含涉及诉争商标的三个品牌，一审法院在中远公司提供的2015年、2016年度财务数据的基础上计算出营业利润后，按照其宣传的三个品牌形成鼎立之势，推定涉案商品占比为1/3，按照其营业利润的1/3为基准计算赔偿额的方法并无不妥。

再审申请人中远公司、独特公司、刘某认为二审判决确定的商品单位利润畸高，主张商品单位利润应为纯利润，即不仅应减去商品制作成本，还应减去销售、财务等各项支出。《最高人民法院关于审理商标民事纠纷案件适用法律若干问题的解释》第14条并未将商品单位利润限定为纯利润，在当前加大知识产权侵权损害赔偿力度的司法政策指引下，二审法院考虑了侵权行为与正常商品经营之间的区别，从遏制侵权加大赔偿力度的角度出发，采取销售价格减去成本价格后再除以销售价格的方法计算得出毛利润后作为计算赔偿数额的依据并无明显不当。

再审申请人中远公司、独特公司、刘某作为与再审被申请人斐乐公司同行业经营者，在其申请商标与斐乐公司主张权利的商标近似的情况下被驳回后，仍在生产销售的涉案侵权商品上通过改变自身注册商标标志的方式造成消费者的混淆误认，在涉案侵权商品销售数额巨大的情况下，一审、二审法院适用三倍的惩罚性赔偿并无不当。

刘某作为第 7682295 号商标的专用权人，在明知其商标已经在"鞋"类商品上的注册申请被驳回的情况下，仍授权给中远公司及独特公司在鞋类商品上使用，且其作为中远公司的前法定代表人和独特公司的现法定代表人，在涉案侵权行为中主观上存在过错，属于共同实施侵权行为，二审法院判定其承担连带责任正确。

案件评析

本案作为适用惩罚性赔偿的典型案例，案件的主要争议在于惩罚性赔偿的适用和赔偿数额的计算问题，法院对于商标领域惩罚性赔偿的适用条件和数额计算进行了分析和论证，对同类案件惩罚性赔偿条款的适用具有重要参考意义。

（一）针对惩罚性赔偿的适用要件问题

本案适用的法律为 2013 年《商标法》。2013 年《商标法》首次在知识产权领域引入惩罚性赔偿制度，法定的惩罚性赔偿要件为"恶意侵犯商标权、情节严重"，但不论是《商标法》还是相关司法解释，对于"恶意"和"情节严重"的判断因素均未明确规定。

1. 对法定"恶意"条件的认定

从惩罚性赔偿制度的制度目标来看，其根本目的是遏制侵权行为的发生，针对的是那些本来可以避免，但由于主观上存在过错而发生的侵权行为，也即行为人可以预见或者意识到却故意实施侵权行为而导致损害结果的发生。"恶意"应包括"故意"中程度特别严重的"直接故意"，即明知会侵犯他人商标专用权，仍然希望侵权损害后果发生的主观态度；不包括明知可能发生侵犯他人商标专用权，仍然放纵侵权损害后果发生的"间接故意"。鉴于主观过错属于行为人的一种心理状态，在审判中只能通过其外在的行为推定其主观上的过错程度。本案中，法院推定被告存在恶意，主要基于以下几点判断。

行为人针对涉案标识提出过商标注册申请，在被行政机关驳回后，稍加改变继续使用和授权他人使用相关标识，其主观恶意明显。❶ 在本案中，被告和斐乐公司属于同类商品的经营者，理应知晓斐乐公司注册商标的知名度，同时商标局早在 2010 年 7 月 19 日就以被告申请的 7682295 号商标与斐乐公司拥有商标权的第 G691003A 号商标近似为由，驳回了被告的申请，被告此时显然知晓斐乐公司在先注册的"FILA"系列商标。在这种情况下，被告还通过改变自身注册商标的方式向斐乐公司享有知名度的商标靠拢，意图给消费者造成混淆，从而借助斐乐公司商标的知名度提升自己商品的销售量。本案权利商标"FILA"系列商标在涉案领域享有较高的知名度，被告作为同领域的生产商，在知晓权利人商标知名度的基础上，理应在标识使用方面进行合理避让。但行为人不仅未进行合理避让，反而在商标注册被驳回之后，大肆在鞋类商品上使用相关标识，其攀附权利人商标商誉的主观意图十分明显，存在傍靠名牌谋取不当利益的故意，可以认定为存在恶意。❷

结合类似案件，针对惩罚性赔偿中"恶意"的认定，还应当包括以下因素：①被告因商标侵权受到行政处罚后，继续实施侵权行为；❸②被告和斐乐公司存在特殊关系，譬如在地理位置上毗邻。类似案件如在东莞市糖酒集团美宜佳便利店有限公司诉李某斌侵害商标权纠纷一案❹中，被告开设在原告正规加盟店隔壁，且在接到律师函后未停止侵权行为，有明显恶意。

2. 对"情节严重"的认定

商标法并未具体规定什么样的行为属于"情节严重"。司法实践中，在基于对前述"恶意"判断的基础上，对于"情节严重"的判定，一般可以从侵权时间长短、侵权行为的具体方式、地域范围、权利人遭受损失的严重程度、对市场秩序产生的影响程度等方面综合考量。本案中，法院主要从以下几个方面认定被告行为构成了情节严重。

在侵权行为的具体方式方面，被诉侵权商标与权利商标近似程度越高，

---

❶ 类似案件如上诉人叶某锐与被上诉人佛山市瑞芯工业电子有限公司侵害商标权纠纷，四川省高级人民法院（2016）川民终 940 号民事判决书。
❷ 类似案件如上海市高级人民法院（2016）沪民终字 409 号民事判决书。
❸ 参见北京知识产权法院（2016）民初 93 号民事判决书。
❹ 广东省东莞市第二人民法院（2014）东二法知民初字第 356 号民事判决书。

被诉侵权商标与权利商标核定使用的商品范围越一致，则相关公众产生混淆的可能性越大，被诉行为给权利人造成的损害就越大，侵权情节也就越严重。本案中，被告中远公司、独特公司与斐乐公司作为同类商品的经营者，理应知晓斐乐公司注册商标在该类商品上的知名度，其生产且销售的商品上使用的标识与权利商标非常近似，在二者使用的商品类别相同的基础上，更加容易导致相关公众产生混淆。

在侵权行为影响的地域范围方面，被告在京东商城、天猫商城、淘宝商城开设多家店铺，销售被诉侵权商品。被告售卖电商平台均为我国领先的电子商务平台，由于互联网的特点，销售对象及侵权商品可以被销售到全国各地，甚至是其他国家。同时，被告在采取线上销售的基础上，亦通过线下模式销售侵权商品，故被诉侵权行为给权利商标造成的负面影响巨大。

在被告的侵权获利方面，本案中，中远公司、独特公司自认在两年的时间里销售金额达到 1600 多万元，除去相关成本，其通过被诉侵权行为的获利仍是巨大的。

（二）惩罚性赔偿数额的计算问题

在司法实践中，确定对被诉侵权行为人适用惩罚性赔偿后，确立惩罚性赔偿的数额成为又一难点所在。主要包括两个方面：一方面是惩罚性赔偿数额的计算基础；另一方面是惩罚性赔偿的倍数确定问题。针对第一方面的问题，2013 年《商标法》确立的计算基础为"权利人损失 - 侵权人获利 - 许可使用费"的合理倍数，且从法条的规定来看，当事人针对计算基数不再具有选择的权利，只有当前项基数无法确定时，才适用后项的计算基数。针对惩罚性赔偿的倍数确定问题，在当前的司法实践中，在适用惩罚性赔偿的案件中，权利人主张的赔偿数额大于三倍惩罚性赔偿的数额，一般适用三倍顶格的惩罚性赔偿数额。权利人主张的赔偿数额小于三倍惩罚性赔偿金的数额，一般法院全额支持权利人主张的赔偿数额，并不一定顶格适用三倍赔偿金❶。

本案中，一审法院参照 2001 年《最高人民法院关于审理专利纠纷案件适用法律问题的若干规定》第 20 条第 3 款规定，结合中远公司网页上关于

---

❶ 2019 年《商标法》针对惩罚性赔偿的倍数更改为一倍以上五倍以下。

其品牌的宣传内容，推定被诉商品的营业利润所占比例为中远公司营业利润的 1/3，依据被告侵权所获得的利润 =（营业收入 - 营业成本 - 营业税金及附加 - 销售费用管理费用 - 财务费用）÷3 的计算方法得出被告中远公司两年侵权所获得的利润为 2 638 322 元。本案中斐乐公司主张的赔偿额为 900 万元，高于法院依据惩罚性赔偿顶格三倍计算出的赔偿数额，因此适用三倍惩罚性赔偿来确定赔偿数额，即 791 万元的赔偿额和 41 万元的合理开支。二审法院对一审法院的计算方法予以认可，同时采取不同的计算方法进行了检验，被控侵权人 2015、2016 年销售被控侵权商品的获利计算方式为被控侵权商标销售总数额 × 被控侵权商标销售利润率 = 被控侵权商标销售获利，侵权获利为 752.4 万元，高于一审法院认定的 2 638 322 元，因此认为一审法院认定的侵权获利适当。二审法院认为上诉人作为专门从事鞋和服装生产的企业，理应知晓斐乐商标的存在，主观恶意明显，故维持了一审法院关于适用三倍惩罚性赔偿的判决。再审法院认为二审法院考虑了侵权行为与正常商品经营之间的区别，从遏制侵权加大赔偿力度的角度出发，采取销售价格减去成本价格后再除以销售价格的方法计算得出毛利润后作为计算赔偿数额的依据并无明显不当。

　　本案中，一审、二审实际上提供了两种不同的计算方法。一审法院参照专利的有关规定，综合考虑被诉侵权商品对于被告企业整体营业利润的贡献率，确定赔偿额的计算基数。二审法院则是在被告自认销售额事实的基础上，根据《最高人民法院关于审理商标民事纠纷案件适用法律若干问题的解释》第 14 条之规定，根据侵权商品销售量与该商品单位利润乘积计算侵权人的侵权获利。二审法院认为，中远公司关于一审法院认定赔偿数额过高的上诉主张没有事实及法律依据，不予支持。应当说，两种方法对于确定惩罚性赔偿数额的基数都具有重要的参考意义。

　　惩罚性赔偿条款的适用，不仅依赖于立法本身的规定，更依赖于司法实践中的具体应用。在司法实践中，适用的思路为先判断被诉行为人是否满足"恶意"及被诉行为是否满足"情节严重"，在前述得到肯定判断的基础上再来确定惩罚性赔偿数额的计算基数和倍数。本案在惩罚性赔偿的适用方面不论是针对"恶意""情节严重"的判断还是针对数额的计算，都进行了清晰的论证，对今后的同类案件具有重要的参考意义。

30 商标权与在先著作权的权利冲突

——陈某彪诉厦门佐纳服饰有限公司著作权侵权纠纷案 *

📝 裁判要旨

对于侵犯在先著作权的注册商标，在先著作权人既可向行政机关请求宣告注册商标无效，也可向法院提起著作权侵权诉讼。注册商标五年无效期间经过后，在先著作权人仍可获得民事诉讼救济，但是如果被诉侵权的注册商标经过长期使用后已经形成了稳定的市场秩序，法院不再给予在先著作权人停止侵权救济。

📝 案情简介

原告陈某彪系美术作品《女人》的著作权人，该作品于 2011 年创作完成。2012 年 06 月 28 日，厦门佐纳服饰有限公司（以下简称"佐纳服饰公司"）以与该美术作品实质相似的图形在多个商品类别上注册商标。2013 年 11 月 14 日，厦门佐纳体育用品有限公司经国家工商行政管理总局商标局核准，取得第 11137242 号、第 11137298 号、第 11137382 号、第 11137429 号注册商标，核定使用商品类别分别为第 18 类、第 25 类、第 28 类、第 35 类。2017 年陈某彪向法院提起诉讼，主张佐纳服饰公司注册商标抄袭了其美术作品，认为佐纳服饰公司的相关行为侵犯了其署名权、保护作品完

---

* 福建省高级人民法院（2018）闽民终 1033 号民事判决书。

整权、复制权等著作权，要求佐纳服饰公司停止侵权并赔偿损失。

📝 诉辩意见

厦门市中级人民法院一审认为，考虑到原告陈某彪的美术作品创作完成后就对外公开，他人具有接触该作品的可能性，同时，被告佐纳服饰公司的注册商标与原告陈某彪的美术作品构成实质性相似，因此，被告佐纳服饰公司构成了对原告作品著作权的侵犯。具体而言，鉴于被告佐纳服饰公司对原告美术作品的局部细微修改，并未改变作品的整体风格或者作者所表达的思想感情，因而并未侵犯保护作品完整权，但构成对复制权、署名权及修改权的侵害。就侵权责任，一审法院认为，被告佐纳服饰公司应当承担停止侵权的责任，并且考虑到"原告陈某彪未在《商标法》❶第45条规定的期限内请求宣告该注册商标无效"，应当综合考虑各种因素以作品的合理使用费确定损害赔偿的数额。

原告陈某彪与被告佐纳服饰公司不服一审判决，均提起上诉。原告陈某彪认为，佐纳服饰公司的篡改行为对原作品整体形状进行了巨大的变动，设计的巧妙性和艺术性大打折扣，应构成对保护作品完整权的侵犯。同时，"因涉案商标注册时间已将近6年之久，上诉人无法申请无效，这将导致在这4个商标类别上上诉人将无法使用或授权他人再注册商标使用该美术作品"，严重影响原告的商标授权费获益，所以一审判决赔偿额明显过低。被告佐纳服饰公司认为，自2012年申请商标注册就开始使用涉案商标，6年期间已经为该商标付出巨大的成本和代价，即使构成侵权，也不应当判决停止侵权。

📝 裁判理由

二审福建省高级人民法院驳回上诉，维持原判。

二审法院认为，被告佐纳服饰公司虽然是在对原告陈某彪的美术作品进行局部细节的更改后作为申请注册商标的图形，但这种更改并未对作者在作品上所要表达的思想、感情进行恶意歪曲篡改，故陈某彪上诉主张佐

---

❶ 本案例中的《商标法》若无特别说明均指2013年《商标法》。

纳服饰公司的行为构成对涉案作品完整权的侵害于法无据。

对侵权责任的承担问题，二审法院认为，"被告佐纳服饰公司注册的涉案商标属于对他人在先权利的侵害，是否应当被宣告无效，应由商标行政管理部门予以评判。本案中，佐纳服饰公司注册的涉案商标由于侵害陈某彪作品的著作权，原审法院依据相关法律规定，判令其停止使用并无不当"。同时，二审法院还查明，被告佐纳服饰公司注册涉案商标之后，并未进行实际使用。因而，二审法院认为，即使判令其停止使用，也不会给佐纳服饰公司的正常经营造成重大影响。

案件评析

本案虽为著作权侵权案件，但是实际涉及了对商标法保护在先权利原则的解读问题。按照商标法的规定，包括著作权人在内的在先权利人可以在商标注册之日起五年内请求宣告侵犯在先权利的注册商标无效。然而，无效期间经过后，在先著作权人是否还能够通过民事诉讼获得救济？在先著作权人的著作权请求权是否因无效期间经过而受到限制？

第一，无论无效期间是否经过，在先著作权人均可通过民事诉讼获得救济。本案中，二审法院认为"被告佐纳服饰公司注册的涉案商标属于对他人在先权利的侵害，是否应当被宣告无效，应由商标行政管理部门予以评判"。法院实际表明，行政救济与民事救济并行不悖，后者并不因无效期间经过而受到妨碍。注册商标与在先著作权之间的冲突问题，既是权利冲突问题，也是侵权问题，因而需要行政程序和民事诉讼共同为在先权利人提供救济，前者解决注册商标的效力问题，后者填补在先权利人的损失。《最高人民法院关于审理注册商标、企业名称与在先权利冲突的民事纠纷案件若干问题的规定》第1条明确规定："原告以他人注册商标使用的文字、图形等侵犯其著作权、外观设计专利权、企业名称权等在先权利为由提起诉讼，符合民事诉讼法第一百一十九条规定的，人民法院应当受理。"因而，只要在先著作权合法、有效，在先著作权人就可通过民事诉讼获得救济。

第二，在先著作权人的停止侵权请求权会因无效期间经过而受到一定限制。二审中，被告佐纳服饰公司的主要抗辩理由是，商标注册后被告就开始使用，6年期间已经为该商标付出巨大的成本和代价，因而即使著作权侵权成立，也不应当判定其停止使用。对此，二审法院以本案为著作权侵权案件而非商标无效案件，且被告佐纳服饰公司并未实际使用为由，判决被告停止侵权。

实际上，被告佐纳服饰公司的抗辩并非毫无缘由。2009年《最高人民法院关于当前经济形势下知识产权审判服务大局若干问题的意见》第9条指出："对于注册使用时间较长、已建立较高市场声誉和形成自身的相关公众群体的商标，不能轻率地予以撤销，在依法保护在先权利的同时，尊重相关公众已在客观上将相关商标区别开来的市场实际。要把握商标法有关保护在先权利与维护市场秩序相协调的立法精神，注重维护已经形成和稳定了的市场秩序，防止当事人假商标争议制度不正当地投机取巧和巧取豪夺，避免因轻率撤销已注册商标给企业正常经营造成重大困难。与他人著作权、企业名称权等在先财产权利相冲突的注册商标，因超过商标法规定的争议期限而不可撤销的，在先权利人仍可在诉讼时效期间内对其提起侵权的民事诉讼，但人民法院不再判决承担停止使用该注册商标的民事责任。"该指导意见中，最高人民法院一方面肯定了无效期间经过后，在先权利人仍可获得民事救济；另一方面为维护市场秩序，认为法院不应当再判决停止侵权。需要注意，该指导意见第9条的主旨是维护市场秩序稳定，因而只有那些"注册使用时间较长、已建立较高市场声誉和形成自身的相关公众群体的商标"，才应当免于承担停止侵权责任。本案中，二审法院判决被告佐纳服饰公司停止侵权，其中一个理由就是被告佐纳服饰公司并未实际使用涉案商标，即使停止使用也不会给被告带来重大损失。此观点与最高人民法院2009年指导意见一脉相承，即只有在停止使用注册商标会损害已经形成的市场格局的情况下，才会限制在先著作权人的停止侵权请求权。

司法实践中，已有最高人民法院指导意见的判例，即宋某麟等诉昆山奥灶馆有限公司（以下简称"昆山奥灶馆"）侵害著作权纠纷案中，原告之父于1988年为被告昆山奥灶馆题字，被告昆山奥灶馆于1993年将该题字与古建筑图案一起申请了注册商标并使用。原告之父去世后，其子女于2017年向法院起诉，主张被告昆山奥灶馆侵犯了其父作品的著作权。江苏省昆山市人民法院认为，被告无法证明其已经获得著作权人的实际或口头许可，其行为构成著作权侵权。然而，法院认为，"被告昆山奥灶馆的上述注册商标经过长期的宣传和使用，已经在江苏地区甚至全国具有了一定知名度，建立了较高的市场声誉，形成了自身相关公众群体，且上述注册商标已超过《商标法》规定的争议期限而不可撤销"，因而如果判决停止使用上述注册商标，将使得被告之前对商标的投入付诸东流，易造成企业正常经营困难，也不利于维护已经形成的稳定的市场秩序。所以，法院遵循2009年《最高人民法院关于当前经济形势下知识产权审判服务大局若干问题的意见》第9条的精神，保护在先权利与维护市场秩序相协调，不再判决被告停止侵权。❶

对于侵犯在先著作权的注册商标，在先著作权人既可向行政机关请求宣告注册商标无效，也可向法院提起著作权侵权诉讼。注册商标五年无效期间经过后，在先著作权人仍可获得民事诉讼救济；但是如果被诉侵权的注册商标经过长期使用后已经形成了稳定的市场秩序，法院不再给予在先著作权人停止侵权救济。此种对停止侵权救济的限制，一方面，可避免在先著作权人假借维权之名敲诈商标权人，从而维持市场秩序稳定。经过长期使用，商标权人为注册商标投入大量资源，停止使用将使商标权人的投入付诸东流，并割裂了商标与商标权人之间的联系。另一方面，可避免社会资源浪费。商标权既包含对内的商标专用权，也包含对外的商标排他权。由于无效期间经过，在先著作权人并不能以侵害在先权利为由无效注册商标。若法院判决停止使用，商标权人实质上丧失了对内的商标专用权，但其对外的排他权仍然有效，即商标权人仍然有权禁止他人使用。这就形成了一种僵持局面，即对内商标权人自己无法使用该标志，对外注册商标仍然有效，即使经著作权人许可，他人也不能使用该标志。这种局面，于社会而言显属资源浪费。因此，对于那些经过长期使用已经具有一定影响力的注册商标，法院不再判决停止使用。

此外需注意，本案中虽然两审法院及当事人均提出，因超过《商标法》规定的五年无效期间，无法请求商标无效。但是，本案中，四个涉案商标的申请日期为2012年06月28日，注册公告日期为2013年11月14日，

---

❶ 江苏省昆山市人民法院（2017）苏0583民初7981号民事判决书。

二审判决日期为 2018 年 9 月 12 日。根据最高人民法院（2019）最高法行申 2874 号裁定书，"根据 2013 年修正的《商标法》第 45 条规定，自商标注册之日起五年内，在先权利人或者利害关系人可以请求商标评审委员会宣告该注册商标无效。从实现商标权无效宣告请求制度的设立初衷以及保障社会公众平等享有该项权利的立法目的出发，上述规定的'商标注册之日'应理解为商标核准注册公告之日"。因此，自商标注册公告日期起开始计算，即使到二审判决作出之日，涉案商标并未超过五年无效期间。

31 企业名称、姓名权等与商标权的冲突裁判规则

——北京庆丰包子铺与山东庆丰餐饮管理有限公司侵害商标权与不正当竞争纠纷案 *

裁判要旨

我国商标法鼓励生产、经营者通过诚实经营保证商品和服务质量，建立与其自身商业信誉相符的知名度，不断提升商标的品牌价值，同时保障消费者和生产、经营者的利益。公民享有合法的姓名权，当然可以合理使用自己的姓名。但是，公民在将其姓名作为商标或企业字号进行商标使用时，不得违反诚实信用原则，不得侵害他人的在先权利。明知他人注册商标或字号具有较高的知名度和影响力，仍注册与他人字号相同的企业字号，在同类商品或服务上突出使用与他人注册商标相同或相近似的商标或字号，明显具有攀附他人注册商标或字号知名度的恶意，容易使相关公众产生误会，其行为不属于对姓名的合理使用，构成侵害他人注册商标专用权和不正当竞争。

* 一审：山东省济南市中级人民法院（2013）济民三初字第 716 号民事判决书；二审：山东省高级人民法院（2014）鲁民三终字第 43 号民事判决书；再审：最高人民法院（2016）最高人民法院民再 238 号民事判决书。

案情简介

北京庆丰包子铺于 1956 年创立于北京西长安街 122 号，北京庆丰包子铺的第 1171838 号"慶豐"商标于 1998 年 1 月 28 日核准注册，核定使用在第 42 类（现为第 43 类）服务项目上；其第 3201612 号"老庆丰 + laoqingfeng"商标于 2003 年 7 月 21 日核准注册，核定使用在第 30 类商品上。2009 年 6 月 24 日，山东庆丰餐饮管理有限公司（以下简称"庆丰公司"）经核准登记成立，法定代表人徐某丰，经营范围为餐饮管理及咨询。

北京庆丰包子铺的"庆丰"字样获得"北京老字号"在内的多项荣誉。且截至 2009 年 6 月 24 日庆丰公司成立时，北京庆丰包子铺分店已开设超过 100 家。庆丰公司网站设有"走进庆丰""庆丰文化""庆丰精彩""庆丰新闻"等栏目，庆丰公司在经营过程大量使用了"庆丰"字样。

一审法院认为，庆丰公司使用"庆丰"二字时与其使用环境一致，并未从字体、大小和颜色等方面突出使用，是对企业名称简称或字号的合理使用，故庆丰公司在其网站设立"走进庆丰"等栏目行为不构成对北京庆丰包子铺主张的涉案商标的侵权。北京庆丰包子铺无证据证明在庆丰公司注册并使用被诉企业名称时，其经营地域和商誉已经涉及或影响到山东，亦无证据证明庆丰公司注册并使用被诉企业名称有假借北京庆丰包子铺商标商誉的可能。同时，北京庆丰包子铺提供的现有证据也不能证明相关公众有将北京庆丰包子铺与庆丰公司误认或存在误认的可能，故庆丰公司注册并使用"济南庆丰餐饮管理有限公司"企业名称具有合理性，并未侵害北京庆丰包子铺的注册商标专用权。

二审法院认为，首先，庆丰公司使用"庆丰"二字时并未从字体、大小和颜色等方面突出使用，是对企业名称简称或字号的合理使用；其次，将被诉侵权标识"庆丰"与繁体庆丰文字商标比对来看，二者差别较大，不构成相同商标；最后，北京庆丰包子铺提供的证据无法证明其涉案商标在被诉侵权行为发生时在山东地区具有较高的知名度。庆丰公司的涉案行为不构成对北京庆丰包子铺涉案商标的侵权。此外，庆丰公司在主观上没有攀附北京庆丰包子铺商标商誉的意图，客观上不会造成相关公众的混淆误认，不违反诚实信用等原则，不构成不正当竞争。

北京庆丰包子铺不服二审判决，向最高人民法院申请再审。最高人民法院与于 2015 年 12 月 28 日作出（2015）民申字第 205 号民事裁定，提审本案。

诉辩意见

北京庆丰包子铺申请再审的理由如下。

第一，"庆丰"系北京庆丰包子铺在先的企业字号及注册商标，具有较强的显著性，应受法律保护，庆丰公司成立前，其法定代表人徐某丰长期在北京从事餐饮服务，其应当知晓北京庆丰包子铺的商标及字号的知名度，其使用"庆丰"字号成立餐饮公司，具有主观搭便车的恶意；第二，二审法院认定庆丰公司的行为属于对企业名称简称或字号的非突出使用错误，庆丰公司突出使用"庆丰"商标及字号的行为容易造成相关公众的混淆和误认，构成商标侵权；第三，庆丰公司将"庆丰"作为企业字号登记使用，经营相同或类似的服务，构成不正当竞争。

庆丰公司未提交书面答辩意见。

裁判理由

（一）庆丰公司在其网站、经营场所使用"庆丰"文字的行为构成对北京庆丰包子铺的涉案注册商标专用权的侵害

首先，庆丰公司在其公司网站上开设"走进庆丰""庆丰文化""庆丰精彩""庆丰新闻"等栏目，在经营场所挂出"庆丰公司全体员工欢迎您"的横幅，相关公众会将"庆丰"文字作为区别商品或者服务来源的标识，庆丰公司的使用行为属于对"庆丰"商标标识的突出使用，其行为构成商标性使用。其次，北京庆丰包子铺经过多年诚信经营和广告宣传，取得了较高的显著性和知名度。再次，庆丰公司将"庆丰"文字商标性使用在与北京庆丰包子铺的上述两注册商标核定使用的商品或服务构成类似的餐馆服务上，容易使相关公众对商品或服务的来源产生误认或者认为其来源庆丰公司与北京庆丰包子铺之间存在某种特定的联系，可能导致相关公众的混淆和误认。最后，庆丰公司的法定代表人为徐某丰，其姓名中含有"庆丰"二字，徐某丰享有合法的姓名权，当然可以合理使用自己的姓名。但是，徐某丰将其姓名作为商标或企业字号进行商业使用时，不得违反诚实信用原则，不得侵害他人的在先权利。其在应当知晓北京庆丰包子铺注册商标的知名度基础上，依旧突出使用相关字样，主观恶意明显，不构成合理使用。庆丰公司的行为构成对北京庆丰包子铺注册商标的侵权。

（二）关于庆丰公司将"庆丰"文字作为其企业字号注册并使用的行为构成不正当竞争的问题

北京庆丰包子铺的"庆丰"字号属于具有较高的市场知名度、为相关公众所知悉的企业名称中的字号，庆丰公司擅自将北京庆丰包子铺的字号作为其字号注册使用，经营相同的商品或服务，具有攀附北京庆丰包子铺企业名称知名度的恶意，其行为构成不正当竞争。

（三）关于庆丰公司民事责任承担的问题

庆丰公司的被诉侵权行为构成侵害北京庆丰包子铺注册商标专用权的行为和不正当竞争，应当承担停止上述行为并赔偿损失的民事责任。因北京庆丰包子铺未提供因庆丰公司上述侵权行为所遭受的损失或庆丰公司所获利润的证据，故法院结合侵权行为的性质、程度及庆丰公司上述侵权行为的主观心理状态等因素，酌定庆丰公司赔偿北京庆丰包子铺经济损失及合理费用人民币5万元。

案件评析

本案作为2016年最高人民法院公布的十大知识产权案例之一，涉及商标权的行使与其他权利，如姓名权的冲突问题，相关裁判标准最高人民法院在本案中予以明确。本案对于今后同类案件具有重要的参考意义。

本案的争议焦点之一是庆丰公司在其网站、经营场所使用"庆丰"文字的行为是否侵害北京庆丰包子铺的涉案注册商标专用权。庆丰公司的涉案行为属于将他人的注册商标用于企业名称（字号）。根据相关司法解释，将与他人注册商标相同或者相近似的文字作为企业的字号在相同或者类似商品上突出使用，容易使相关公众产生误认的，属于商标侵权行为。[1] 因此判断庆丰公司的行为是否构成商标侵权需要从以下几个方面判断：首先

---

[1] 《最高人民法院关于审理商标民事纠纷案件适用法律若干问题的解释》第1条第1款。

是该使用行为是否构成商标性使用，即庆丰公司使用"庆丰"标识的行为是否产生了识别来源功能；其次是判断北京庆丰包子铺涉案标识的知名度问题；再次是判断庆丰公司的涉案行为是否足以导致相关公众混淆；最后是考虑庆丰公司的涉案行为是否构成合理使用，综上得出是否侵权的结论。

结合本案具体实际，本案在判断是否构成商标侵权时，庆丰公司的行为是否构成合理使用成为本案的关键所在。在面对在后登记的企业名称和在先注册的商标权之间的冲突时，在后企业名称的登记行为是否构成合理使用，登记主体的主观态度成为判断的关键所在。一方面，在企业名称核准登记之时，该注册商标在企业经营范围内是否具有足够的知名度，以此判断行为人对企业名称登记时是否具有主观攀附注册商标商誉的恶意。另一方面，企业名称登记的主体是否通过其他渠道足以知晓在先注册商标的知名度，也应当成为判断其是否具有攀附商誉恶意的判断因素。一审、二审判决在对上述合理使用进行判断时，均只从第一方面进行了考虑，即认为庆丰公司在 2009 年 6 月 24 日核准登记成立，北京庆丰包子铺的注册商标在山东范围内不具有足够的知名度，以此即认定庆丰公司不具有主观攀附商誉的恶意。再审判决对此进行了纠正，根据北京庆丰包子铺提供的证据，证明庆丰公司的法定代表人徐某丰，在成立庆丰公司前，曾在北京从事餐饮行业多年，此时北京庆丰包子铺在北京具有较高知名度，徐某丰对此应当知晓。故庆丰公司在登记"庆丰"企业名称时，具有攀附北京庆丰包子铺涉案商标商誉的恶意。虽然徐某丰针对"庆丰"二字拥有合法的姓名权，但将其姓名作为商标或企业字号进行商业使用时，不得违反诚实信用原则，不得侵害他人的在先权利。综上认定庆丰公司登记涉案企业名称的行为，不构成合理使用。综合庆丰公司针对"庆丰"标识的使用行为构成商标性使用，结合该行为足以造成相关公众混淆，故认定庆丰公司涉案行为构成对北京庆丰包子铺注册商标的侵权。本案中针对企业名称与注册商标权冲突时，是否构成合理使用的判断，对其主观恶意采取多方面的判定方法，对今后的类似案例具有重要的参考价值。

本案的争议焦点之二是庆丰公司将"庆丰"文字作为其企业字号注册并使用的行为是否构成不正当竞争的问题。根据现行《商标法》第 58 条规定，将他人注册商标、未注册的驰名商标作为企业名称中的字号使用，误导公众，构成不正当竞争行为的，依据《反不正当竞争法》处理。二审判决认为涉案商标为繁体庆丰文字商标及简体老庆丰文字拼音商标，庆丰公司的企业字号"庆丰"与涉案商标并不相同，且在认定庆丰公司在主观上没有攀附北京庆丰包子铺商誉恶意的基础上，认定庆丰公司的涉案行为不违反诚实信用原则，不构成不正当竞争。二审法院上述认定存在问题，在判断字号使用行为是否构成不正当竞争行为时，除了依据现行《商标法》第58条来判断行为人使用的字号是否与商标权人的注册商标一致，即以权利人注册商标和行为人使用的字号做比对判断之外，还需要从《反不正当竞争法》角度来分析行为人使用相关字号的行为是否构成对商标权人相关字号的不正当竞争。1993年《反不正当竞争法》第5条第1款第（三）项规定："擅自使用他人的企业名称或者姓名，引人误以为是他人的商品的行为属于不正当竞争行为。"北京庆丰包子铺自1956年开业，1982年1月5日起开始使用"庆丰"企业字号；庆丰公司自2009年成立后使用同样的"庆丰"字号。故本案中，北京庆丰包子铺不仅具有涉案的注册商标权，还针对"庆丰"字号享有相关权益。因此需要从庆丰公司的行为是否构成对北京庆丰包子铺相关字号权益的角度来判断其行为是否构成不正当竞争。二审法院在判决中对此有所遗漏，再审判决对此进行了纠正。北京庆丰包子铺针对"庆丰"字号的使用，截至庆丰公司成立时，已逾27年，具有较高知名度。结合前述商标侵权中庆丰公司具有主观攀附商誉的恶意，因此认定其将北京庆丰包子铺具有法定权益的"庆丰"字号登记为自己的企业名称的行为，构成不正当竞争。本案在针对涉及企业名称、字号的不正当竞争行为的判断时，最高人民法院在再审判决中的说理分析，明确了在此类案件中需要从现行《商标法》第58条和现行《反不正当竞争法》第6条第1款第（二）项两个方面分析，即将商标权人的商标作为企业名称、字号使用时的不正当竞争行为以及将他人企业名称、字号作为自己的企业名称、字号使用时的不正当竞争行为。

  通过本案可以发现企业名称的确定需要考虑多方面因素，进而判断是否存在侵权的风险。首先，若行为人把他人的注册商标作为企业名称，且在相同或类似的商品上使用，造成消费者混淆的，该行为将构成商标侵权。当然，此种侵权风险完全可以通过进行商标检索来规避。其次，若行为人仅把他人的注册商标、未注册驰名商标作为企业名称，误导了相关公众，则可能构成不正当竞争行为。《企业名称登记管理规定》第 9 条也明确要求企业名称不得使公众产生误解或欺骗公众。也就意味着，如果将他人的注册商标或未注册驰名商标作为企业名称，虽未在相同或类似商品上使用，但此种行为同样具有违法性，可能构成不正当竞争或者在企业名称登记时就会被驳回。故企业在确定企业名称时，应尽量避开他人的注册商标及未注册驰名商标，以降低后续的侵权风险。最后，根据《反不正当竞争法》第 6 条的规定，企业名称若擅自使用了他人有一定影响力的商品名称、企业名称、社会组织名称、姓名的，存在构成不正当竞争的风险。究竟如何判断相关标识是否有一定影响力成为关键所在，有一定影响力的标识应当是指在市场上有一定知名度，为一定范围内的相关公众知悉的标识。❶故企业在确定企业名称时，应尽量避开有一定影响力的上述名称。

本案作为最高人民法院公布的知识产权年度十大案例之一，体现了本案重要的指导和参考价值：一方面是针对企业名称、姓名权等与商标权冲突时的判断问题，另一方面是设计企业名称、字号的不正当竞争行为的判断问题。

---

❶ 孔祥俊. 反不正当竞争法新原理分论 [M]. 北京：法律出版社，2019：27.

32 企业名称与商标权冲突的司法裁判规则

——大润发购物广场有限公司等诉康成公司等侵害商标权与不正当竞争纠纷案 *

📝 裁判要旨

吴江大润发公司开设的网站在对外宣传图片中显示"大润发"字样,在其授权的加盟店的门牌上,"大润发"三字大于"吴江"二字且使用了不同的字体。吴江大润发公司对于"大润发"三字进行了突出使用,使相关公众对超市服务的来源产生误认,容易使相关公众认为吴江大润发公司及其加盟商与康成公司具有许可使用、关联企业等特定联系。由此,吴江大润发公司的使用行为侵犯了康成公司的注册商标专用权。

📝 案情简介

康成公司依法享有第 1284783 号"大潤發"、第 5091186 号"大润发"、第 4072235 号、第 5293126 号等注册商标专用权,商标核准日期为 1999 年 6 月 14 日。吴江大润发公司成立于 2000 年 9 月 25 日,公司类型为有限责任公司,并于 2012 年授权汪某某及李某某开设加盟店。康成公司称吴江大润发公司开设的网站在对外宣传过程中,故意突出使用"大润发"商标,并虚假扩大其公司规模,误导消费者,使消费者误认为其与康成公司名下大润发

---

* 一审:南京市中级人民法院(2014)宁知民初字第 163 号民事判决书;二审:江苏省高级人民法院(2015)苏知民终字第 00303 号民事判决书。

超市之间存在关联关系。汪某某所开的店面店招上突出使用"大润发"，且"大润发"与"吴江"两字字样上有明显区别；招牌上的图形标识、塑料袋上的图形标识与康成公司第 4072235 号商标相比仅是翻转后的使用，在会员卡上突出使用了"大润发"字样；李某某所开店面的店招、会员卡及塑料袋上其均突出使用"大润发"字样。康成公司认为，吴江大润发公司、汪某某、李某某的行为，严重侵犯了康成公司的商标专用权并且构成不正当竞争，给康成公司造成了巨大的经济和商誉损失，故诉至法院。

诉辩意见

康成公司一审诉称，康成公司依法享有大润发注册商标专用权。前述商标已经在全国范围内享有极高知名度，符合被认定为驰名商标的条件。吴江大润发公司作为康成公司的同业竞争者，为了谋取利益，恶意使用与康成公司商标文字内容相同的企业名称，甚至以开设分店或授权于汪某某和李某某等个体工商户以类似加盟性质使用企业名称的方式，扩大侵权范围。吴江大润发公司、汪某某、李某某的行为，严重侵犯了康成公司的商标专用权并且构成不正当竞争，给康成公司造成了巨大的经济和商誉损失。吴江大润发公司一审辩称，康成公司提供的证据不足以认定"大润发"商标为驰名商标；吴江大润发公司在 2000 年 9 月已经合法注册，其经营过程中标注企业名称的简称是合法使用，不构成侵权；吴江大润发公司与汪某某、李某某是商业合作关系，无法律上的隶属关系，康成公司提供的证据也不能证明汪某某、李某某的行为构成侵权。

吴江大润发公司二审上诉称，本案中吴江大润发公司不存在侵权行为。康成公司繁体字商标虽然是 1999 年核准注册的，但康成公司并没有实际使用，康成公司实际使用的简体字商标是 2009 年 12 月核准注册的，而吴江大润发公司成立于 2000 年 9 月，其成立至今一直使用"吴江大润发超市"作为经营字号和店招，在吴江地区已经具有一定的知名度，其使用该店招的行为没有攀附康成公司涉案注册商标的故意，不构成商标侵权。另外，康成公司提供的证据不足以证明涉案网站是吴江大润发公司开设的，一审法院关于该事实的认定存在错误。吴江大润发公司不存在侵权行为，康成公司也没有提供证据证明其实际损失或侵权获利，一审判决确定的赔偿数额缺乏事实依据。康成公司二审答辩称，一审法院认定事实清楚，适用法律正确，请求驳回上诉人的上诉请求。

裁判理由

本案中，首先，吴江大润发公司没有规范使用其企业名称，属于将与涉案注册商标相同或者近似的文字作为字号突出使用的行为。涉案"大润发"注册商标的知名度远远大于吴江大润发公司的字号，吴江大润发公司对该注册商标理应具有更高的注意和避让义务，其规范使用企业名称更有利于保障消费者的利益。综上，由于康成公司"大润发"商标具有较高的知名度，对于相关公众而言，吴江大润发公司此种使用方式必然容易导致相关公众产生误认，构成商标侵权。

其次，涉案网站应认定系吴江大润发公司开设，其在涉案网站上突出使用"大润发""吴江大润发"等文字的行为构成商标侵权。吴江大润发公司在该网站上大量突出使用与康成公司"大润发"注册商标相同或近似的文字"大润发""吴江大润发"等，容易造成相关公众的混淆，属于侵害康城公司涉案注册商标专用权的行为。

最后，吴江大润发公司发展加盟店，并许可加盟店使用其企业名称申请经营名称的行为构成不正当竞争。本案中，作为同业经营者，吴江大润发公司对于康成公司"大润发"注册商标具有较高知名度的事实应是明知的，而其只是在苏州市吴江地区具有有限的知名度，但其在苏州市吴江地区之外大量发展加盟店，在其不存在其他特许经营资源且并不对所发展的加盟店提供商品配送等管理服务的情况下，其向加盟店收取高额加盟费，许可加盟商使用其企业名称申请经营名称开展经营活动，明显是在利用其企业字号与康成公司"大润发"注册商标文字相同的特点来攀附康成公司"大润发"注册商标的商誉，超出了企业名称合理使用的范围，违反了诚实信用原则和公认的商业道德，构成不正当竞争行为。

案件评析

企业名称与商标权的冲突问题，一直是司法中的难点问题。本案即由吴江大润发公司的企业名称与康成公司的注册商标专用权之间的冲突引起的纠纷。企业名称与商标之间在功能上的相似性是导致企业名称和商标权利冲突的根本原因，本案即此类冲突的典例。吴江大润发公司的行为是否侵犯康成公司的注册商标专用权，以及吴江大润发公司是否应当停止使用企业名称，是本案中的两个争议焦点。

（一）企业名称与商标权冲突产生的根本原因

企业名称与商标权在功能上的相似性是二者产生冲突的根本原因。企业名称与商号都能区别商事主体、服务及产品，从而对消费者起到一定的引导作用。在质量保障功能方面，企业名称和商标都能够承载商事主体的信誉，消费者可能会依据商标选购商品，也可能会依据产品生产商的企业名称选购商品。在发挥主体识别功能方面，人们既可以依据一个企业名称识别商事主体，也可以依据商标识别特定商事主体。❶ 基于以上两个方面的原因，消费者时常将企业名称和商标混同，认为当商标与企业名称相似之时，二者指向同一商事主体。然而目前许多企业的企业名称与商标并不相同，如"美加净"是上海家化联合股份有限公司旗下的知名国货品牌，消费者对美加净这一品牌较为熟悉，但是对于家化联合股份有限公司却并不熟悉。如果有其他商事主体使用美加净作为企业名称，并生产护手霜等，那么就极有可能造成消费者的混淆，从而导致企业名称与商标权之间的冲突。商标与企业名称在功能上的相似性是二者经常会产生冲突的根本原因。

（二）"突出使用"是区分合法使用与侵权使用的关键

企业名称与商标权冲突问题具备一定的特殊性，因为此类纠纷中争议双方都具备一定的权利基础。如果企业名称中的某些字样与他人商标相同，此时企业使用这些字样，并不一定构成商标侵权。这种使用行为既可能属于合法使用的范畴，也可能属于侵犯他人商标权的侵权行为。而是否进行了突出使用，以至于容易使得相关公众产生混淆或者误认，是判断合法使用和侵权使用的关键。❷

---

❶ 李亚楠. 小议商标反向混淆的损害赔偿 [J]. 法制与社会，2012（10）：98-99.
❷ 《最高人民法院关于审理商标民事纠纷案件适用法律若干问题的解释》第1条第1款："下列行为属于商标法第五十七条（七）项规定的给他人注册商标专用权造成其他损害的行为：（一）将与他人注册商标相同或者相近似的文字作为企业的字号在相同或者类似商品上突出使用，容易使相关公众产生误认的。"

如果一个企业将与他人商标相似的企业名称进行规范性使用，则该企业的使用行为不会构成商标侵权。比如在起士林案[1]中，起士林生物科技有限公司（以下简称"起士林公司"）的企业名称中有着"起士林"字样，而起士林饭店是"起士林"商标的商标权人。起士林饭店主张起士林公司在公司商品上标注其企业名称"天津市起士林生物科技有限公司"的行为，侵犯了起士林饭店的商标专用权。该案中，法院最终认定起士林公司的行为不构成对起士林饭店商标专用权的侵犯。本案与起士林案件在情节方面存在一定的相似性，但是判决结果却截然相反。本案法院最终认定吴江大润发公司对其企业名称的使用行为，构成对康成公司注册商标专用权的侵犯。

在起士林案件中，起士林公司在其生产的月饼上标注了"天津市起士林生物科技有限公司"字样。与此同时，其月饼上同时使用了注册商标"盛和祥"。起士林公司并未在月饼包装上突出使用"起士林"字样，而是突出了"盛和祥"。因此购买月饼的消费者可以认识到自己购买的是标有"天津市起士林生物科技有限公司"字样的"盛和祥"牌月饼。由此，起士林公司的行为并不构成对起士林饭店"起士林"商标专用权的侵权。而本案中，吴江大润发公司开设的网站在对外宣传图片中显示"大润发"字样，在其授权的加盟店的门牌上，"大润发"三字大于"吴江"二字且使用了不同的字体，而吴江大润发公司并未尽到监督义务。吴江大润发公司对于"大润发"进行了突出使用，使相关公众对超市服务的来源产生误认，容易使相关公众认为吴江大润发公司及其加盟商与康成公司具有许可使用、关联企业等特定联系。由此，吴江大润发公司的使用行为侵犯了康成公司的注册商标专用权。

当企业名称的简称与他人的注册商标可能近似或者相同的时候，企业名称的简称更需规范使用。比如在使用简称之时同时使用自己公司的商标，或者在使用简称之时增加其他的标识，使得消费者可以将企业简称和相似商标进行区分。

对比上述两起案件可知，企业名称与商标权发生权利冲突之时，如果企业对于自己的名称进行规范使用，不会引起相关公众的误认，那么这种

---

[1] 天津市第一中级人民法院（2017）津01民终5204号民事判决书。

使用行为并不会构成商标侵权。如果企业对于自身企业名称中与商标重合的部分进行了突出使用，使得相关公众对商品或者服务的来源产生误认，那么此种使用行为则构成商标侵权行为。通常认为将与他人商标相同或近似的文字，从企业名称中剥离出来使用，或者将与他人商标相同或者相近似的文字进行放大、高亮、加粗使得该部分容易给相关公众留下深刻印象的行为，属于"突出使用"。

（三）侵权使用并不必然导致"停用企业名称"

依据《最高人民法院关于审理注册商标、企业名称与在先权利冲突的民事纠纷案件若干问题的规定》第4条，如果被诉企业名称侵犯商标专用权，被告承担的民事责任可以是停止使用，也可以是规范使用。❶ 一般而言，如果涉案企业名称经过长期使用在特定区域已经具有了一定的知名度，使得相关公众能够将该企业名称与涉案商标相区分。此时法院更倾向于要求该企业规范使用企业名称，而非直接停止使用。四川爱心（集团）有限公司与泸州爱心金行商标侵权及不正当竞争纠纷上诉案❷ 即如此。

本案亦是如此，本案中康成公司请求判令吴江大润发公司停止使用企业名称，这一诉讼请求并未被法院采纳。法院认为吴江大润发公司固有的生存空间应予保留，因此只是判令吴江大润发公司规范使用其企业名称。

商标权和企业名称是市场主体的两项重要的标识性权利❸，企业名称作为一种具有巨大价值的商业标识，越来越受到重视。商标与企业名称登记系统不同，适用地域范围不同导致了二者极容易发生冲突。在企业运营过程中，需要规范使用自身企业名称，避免因不当使用企业简称、字号构成侵权。

---

❶《最高人民法院关于审理注册商标、企业名称与在先权利冲突的民事纠纷案件若干问题的规定》第4条规定："被诉企业名称侵犯注册商标专用权或者构成不正当竞争的，人民法院可以根据原告的诉讼请求和案件具体情况，确定被告承担停止使用、规范使用等民事责任。"

❷ 四川省高级人民法院（2010）川民终字第182号民事判决书。

❸ 张晔，蔡永民. 论企业名称权和商标权冲突的法律适用 [J]. 时代法学，2019，17（2）：58-64.

33 老字号与注册商标的权利冲突

——上海三联（集团）有限公司、上海三联（集团）有限公司上海公司与南京吴良材眼镜有限公司等侵害商标权及不正当竞争纠纷案 *

裁判要旨

企业名称依法由行政区划、字号、行业或经营特点、组织形式构成，其中字号最具识别意义。字号虽然可以被用于特许，但是明知对字号的许可使用行为会造成市场混淆，损害他人合法权益的，该行为本身就不具有合法性，依法应当予以制止。我国是以注册商标制度为主的国家，在商标申请注册之后，如果再允许在先使用字号者许可他人使用该字号，则可能使该字号的使用范围无限扩大，导致注册商标权人对市场上的对抗力量不可预期，也使得注册商标权人在一定程度上丧失商标再许可他人的意义，动摇注册商标制度的根基。在判断老字号企业名称是否构成不正当竞争时，应当本着尊重历史、诚实信用、保护在先和利益平衡等原则进行判断。老字号拓展使用的"合理范围"以与原有使用范围相适应为宜。

---

* 一审：上海市黄浦区人民法院（2015）黄浦民三（知）初字第157号民事判决书；二审：上海知识产权法院（2017）沪73民终246号民事判决书；再审：上海市高级人民法院（2018）沪民申320号民事裁定书。

案情简介

上海三联（集团）有限公司上海公司（以下简称"上海公司"）的前身是上海澄明斋珠宝玉器铺，吴良材的后人于1947年在南京设立分公司。上海公司先后于1989年、1999年在第9类、第42类商品上获准注册"吴良材"文字商标，上海三联（集团）有限公司（以下简称"三联集团"）于2004年在第40类商品上获准注册"吴良材"文字商标。经过长期使用，"吴良材"文字商标已具有很高的市场知名度，并于2004年、2006年被认定为驰名商标与中华老字号。1979年，南京吴良材眼镜有限公司（以下简称"南京吴良材公司"）将"吴良材"注册为其企业名称，后于2011年被认定为中华老字号。由于历史原因，上海、南京两家吴良材公司自公私合营后已不具有任何关联。

2015年，上海公司、三联集团（两原告）发现南京吴良材公司（被告）及其分支机构在宣传和销售中突出使用"吴良材"文字标识，还大肆将字号用于特许经营，并对外宣称"南京吴良材公司是由上海公司设立的南京分公司发展起来的"。两原告认为被告严重损害其合法权益，造成其商誉和经济利益的巨大损失，构成商标侵权和不正当竞争，遂诉至上海市黄浦区人民法院，请求判令三被告停止侵权，赔偿经济损失300万元，并消除影响。

诉辩意见

两原告诉称南京吴良材公司及其分支机构、加盟商于实体店和网上突出使用"吴良材"文字标识，并使用引人误解的涉及原告的历史介绍，不仅侵犯原告注册商标专用权，还构成对上海公司企业名称的不正当竞争和虚假宣传的不正当竞争，故请求判令其停止侵权并赔偿损失、消除影响，被告清清视界公司、汉涛公司亦承担相应责任。

被告南京吴良材公司辩称其对"吴良材"字号的使用系基于在先使用权而合法、正当、规范的使用。首先，其使用"吴良材"字号的时间早于原告取得注册商标的时间，且在经营中从未将"吴良材"三字突出使用，店招及装修均采用与原告白底红字相区分的蓝底白字，字体也不相同；其次，实体店与网上经营中关于"吴良材"字号历史宣传的内容均摘自档案资料，并非虚假宣传；最后，基于合法的在先使用权，其有权使用"南京吴良材眼镜"的企业名称、以广告或网络进行推广和授权直营店及加盟店在经营中使用"南京吴良材"文字等。其与原告都是"吴良材眼镜"嫡系，应当公平竞争、共同发展。故请求驳回原告的全部诉讼请求。

被告清清视界公司与汉涛公司亦辩称不侵权，不同意原告的全部诉讼请求。

📝 裁判理由

一审法院裁判理由如下。

首先，基于历史原因，南京吴良材公司注册使用含"吴良材"文字的企业名称不构成对原告的不正当竞争，其企业名称可以与原告的"吴良材"文字商标共存。但是，南京吴良材公司在明知原告的字号和商标的强大知名度的情况下，通过在南京市以外地区设立分支机构及特许加盟商的方式，来扩展使用最具识别意义的"吴良材"字号的行为，已逾越其企业名称权原有使用范围的边界，与原告商标权的辐射范围产生冲突，易造成相关公众对其与原告之间存在某种特定关系的误认，进而对二者提供的商品和服务来源产生混淆，其攀附原告商誉、抢占市场的恶意显而易见，有违诚实信用原则，已构成对原告上海公司的企业名称的不正当竞争。

其次，南京吴良材公司及其分支机构、加盟商在实体店和网上经营中使用"吴良材"文字构成对原告的商标侵权和虚假宣传的不正当竞争。根据《最高人民法院关于审理商标民事纠纷案件适用法律若干问题的解释》的有关规定，将与他人注册商标相同或者相近似的文字作为企业字号在相同或者类似商品上突出使用，容易使相关公众产生误认的使用方式，属于《商标法》规定的给他人注册商标专用权造成其他损害的行为。被诉行为实际上达到了突出使用"吴良材"字号的效果，容易使相关公众造成混淆和误认，构成对原告的商标侵权。此外，结合实体店与网站所使用的简介内容、整体宣传方式，所要突出的都是被告与老字号"吴良材"的关联性，这种片面宣传构成引人误解的虚假宣传。

最后，清清视界公司在其实体店和网上使用含"吴良材"文字和相关宣传行为构成对原告的商标侵权和不正当竞争。根据汉涛公司以自己名义收取团购产品与服务的货款，以团购券形式提供提货凭证，并直接从消费者支付的款项中抽成获利等情况综合判断，可以认定其为提供眼镜团购商户的合作销售者，故构成共同侵权。

综上，一审法院判决南京吴良材公司立即停止商标侵权及不正当竞争行为并发表声明消除影响，立即停止其分支机构在江苏省南京市以外地区注册、使用含"吴良材"文字的企业名称，赔偿两原告包括合理调查费用在内的经济损失 260 万元；判决清清视界公司、汉涛公司立即停止商标侵权及不正当竞争行为，清清视界公司赔偿两原告包括合理调查费用在内的经济损失 10 万元，汉涛公司发表声明消除影响。

本案经二审与再审，上海知识产权法院与上海市高级人民法院均维持了一审判决，对三被告不侵权的抗辩理由不予采纳。

案件评析

本案是一起老字号与注册商标权利相冲突的典型案例，入选 2017 年上海法院十大知识产权案例。[1] 本案彰显了"尊重历史、禁止混淆、诚实信用、利益平衡"的老字号知识产权司法保护理念，厘清了老字号使用的权利边界，为我国老字号与注册商标权利冲突案件的妥善处理提供了司法经验。

老字号并非一个明确的法律概念，根据认定机构的不同，可分为中华老字号与地方老字号。根据《"中华老字号"认定规范（试行）》[2] 与《中华老字号认定管理办法（征求意见稿）》[3]，中华老字号是指历史悠久，拥有

---

[1] 上海高级人民法院官网.上海高院首发全套中英版知识产权司法保护白皮书及十大案件[EB/OL].（2020-02-23）[2022-02-23].http：//www.hshfy.sh.cn/shfy/gweb2017/xxnr.jsp?pa=aaWQ9MjAwNzQzOTAmeGg9MSZsbWRtPWxtMTcxz&zd=.

[2] 商务部官网."中华老字号"认定规范（试行）[EB/OL].（2012-09-20）[2020-02-23].http：//ltfzs.mofcom.gov.cn/article/aw/201209/20120908348719.shtml.

[3] 商务部官网.商务部关于《中华老字号认定管理办法（征求意见稿）》公开征求意见的通知[EB/OL]（2018-10-12）[2020-02-23].http：//www.mofcom.gov.cn/article/b/g/201810/20181002794910.shtml.

世代传承的产品、技艺或服务，具有鲜明的中华民族传统文化背景和深厚的文化底蕴，取得社会广泛认同，形成良好信誉的品牌。中华老字号由商务部负责认定，《"中华老字号"认定规范（试行）》规定的认定条件包括：①拥有商标所有权或使用权；②品牌创立于1956年（含）以前；③传承独特的产品、技艺或服务；④有传承中华民族优秀传统的企业文化；⑤具有中华民族特色和鲜明的地域文化特征，具有历史价值和文化价值；⑥具有良好信誉，得到广泛的社会认同和赞誉；⑦中国大陆地区资本及中国港澳台地区资本相对控股，经营状况良好，具有较强的可持续发展能力。本案中，上海公司与南京吴良材公司均曾被商务部认定为中华老字号。此外，各省（区、市）为了促进"老字号"的传承保护与创新发展，亦出台相关办法由各省（区、市）的商务主管部门组织认定地方老字号，如《"上海老字号"认定规范（试行）》❶《"江苏老字号"认定规范（试行）》❷等。

基于公私合营等历史原因，我国不少老字号分属于不同地区的不同经营者，以企业名称或者注册商标的形式使用。《最高人民法院关于审理不正当竞争民事案件应用法律若干问题的解释》第6条第1款中明确规定："具有一定的市场知名度、为相关公众所知悉的企业名称中的字号，可以认定为反不正当竞争法第五条第（三）项规定的企业名称。"据此，登记注册为企业名称的老字号可基于企业名称权获得法律保护。企业名称实行分级登记管理，由县级以上人民政府市场监督管理部门进行登记。相较而言，商标则由商标局统一进行注册登记。根据《商标法》第3条之规定，"商标注册人享有商标专用权，受法律保护"。若老字号被注册为商标，这种法律保护是全国范围内的，商标权人有权禁止他人在相同或类似商品上使用相同或近似的标识。正是由于权利基础与保护范围不同，老字号企业名称权与注册商标专用权不可避免地存在重叠与冲突，由此导致的纠纷时有发生。

结合司法实践，因老字号与注册商标权利相冲突产生的纠纷主要包括

---

❶ 上海市商务委员会官网.上海市商务委员会关于开展"上海老字号"认定工作的通知[EB/OL].（2020-02-23）[2022-02-23].http：//sww.sh.gov.cn/ppjs/12315.htm.

❷ 江苏商务厅官网.江苏省商务厅关于下发江苏老字号认定规范（试行）的通知[EB/OL]（2020-02-23）[2022-02-23].http：//jiangsu.mofcom.gov.cn/article/sjtongzhigg/201503/20150300905458.shtml.

以下几种类型：一是将与老字号相同或近似的文字作商标性使用引发的侵害商标权与不正当竞争纠纷，如苏州雷允上良利堂药店起诉吴中良利堂药房侵害商标权及不正当竞争纠纷❶即这种类型；二是因老字号被抢注为商标而引发的纠纷，如中华老字号"王致和"起诉德国欧凯公司恶意抢注❷；三是由于历史原因，相同老字号的不同使用者之间因商标权归属引发的纠纷，典型的如南北"稻香村"商标之争。❸

涉及老字号与注册商标权利相冲突产生的纠纷，最高人民法院 2016 年发布的指导案例第 58 号"成都同德福合川桃片有限公司诉重庆市合川区同德福桃片有限公司、余某华侵害商标权及不正当竞争纠纷案"❹确立了两条有指导意义的裁判规则：一是与"老字号"无历史渊源的个人或企业将"老字号"或与其近似的字号注册为商标后，以"老字号"的历史进行宣传的，应认定为虚假宣传，构成不正当竞争；二是与"老字号"具有历史渊源的个人或企业在未违反诚实信用原则的前提下，将"老字号"注册为个体工商户字号或企业名称，未引人误认且未突出使用该字号的，不构成不正当竞争或侵犯注册商标专用权。该案确立的裁判规则明确了在老字号与注册商标权利冲突情形下的不正当竞争情形的认定，以及老字号与注册商标平行使用的规则。❺

上述指导案例是与老字号无历史渊源的注册商标权人和与老字号有历史渊源的企业名称使用人之间的权利冲突，而本案是与老字号有历史渊源的注册商标权人和与老字号有历史渊源的企业名称使用人之间的权利冲突，二者系老字号同源使用者。本案的最大亮点在于为合理界定同源老字号使用者的权利边界提供了法律思路。

---

❶ 江苏省高级人民法院（2017）苏民终 1153 号民事判决书。
❷ 中国法院网.中华老字号王致和德国商标维权案即将终审判决[EB/OL].（2009-03-30）[2022-02-23]. https：//www.chinacourt.org/article/detail/2009/03/id/351624.shtml.
❸ 人民网.商标之争由来已久南北稻香村为何"同案不同判"[EB/OL].（2018-10-17）[2020-02-23]. http：//ip.people.com.cn/GB/n1/2018/1017/c179663-30346092.html.
❹ 最高人民法院网.指导案例58号：成都同德福合川桃片有限公司诉重庆市合川区同德福桃片有限公司、余晓华侵害商标权及不正当竞争纠纷案 [EB/OL].（2016-06-06）[2020-02-23].http：//www.court.gov.cn/fabu-xiangqing-27511.html.
❺ 中国法院网.最高人民法院发布第12批指导性案例[EB/OL].（2016-06-05）[2020-02-23].https：//www.chinacourt.org/article/detail/2016/06/id/1893353.shtml.

一审法院本着尊重历史、诚实信用、保护在先和利益平衡等原则，综合考虑原告与被告的历史沿革、注册商标及企业名称的知名度和影响力、企业自身发展壮大的需要及相关利益的平衡等因素后，认为被告南京吴良材公司对字号"吴良材"拓展使用的"合理范围"以与被告自身企业名称的原有使用范围相适应为宜，即南京市地区范围内。

二审法院针对南京吴良材公司提出的"一审法院并无权力就南京吴良材公司企业名称注册和使用地域范围进行划定"的上诉主张，认为应当综合"历史、现状、公平"等因素作出裁量。首先，从企业发展历史来看，南京吴良材公司与历史上的吴良材眼镜公司具有一定的历史渊源，故其将"吴良材"注册为企业名称不构成不正当竞争；其次，从现状来看，"吴良材"文字虽然来源于百年之前的"吴良材眼镜店"，但其商标商誉显然是上海公司在注册商标后努力经营的结果，故在相关公众的认知当中，"吴良材"文字商标已经与上海公司形成了稳定的对应关系；最后，从公平的角度而言，在上海公司"吴良材"商标已具有很高的知名度并被认定为驰名商标，而南京吴良材公司在全国范围内尚无知名度的情况下，南京吴良材公司大规模在全国范围发展特许加盟店，并授权加盟店使用含有"吴良材"文字的企业名称，还对外宣传中声称其是"百年老店"，隐瞒其与上海公司不具有关联关系的事实，并谎称其是上海公司的南京分店，上述行为在主观上明显具有攀附上海公司商誉和误导消费者的意图。因此，应当对其企业名称的使用范围进行适当的限制，并制止其在经营活动中的不正当竞争行为，以达到防止市场混淆的效果，维护商标权人的合法权益。

本案各级法院均认为将南京吴良材公司扩展使用"吴良材"字号的合理范围限定在其原有使用范围即南京市地区，既尊重历史所形成的事实与既有市场格局，允许南京吴良材公司的企业名称与"吴良材"商标在一定程度上共存，为被告保留相应发展空间，亦符合诚实信用原则与商标法对注册商标权的保护，避免企业名称权的无限扩张挤压商标权的权利范围，亦有利于防止市场混淆。

综上所述，企业名称权与注册商标专用权系根据不同的法律法规所产生的民事权利，均应依法予以保护。但企业名称主要发挥识别市场主体的作用，注册商标则发挥识别商品或服务来源的作用，两者均属于商业标识类知识产权，故难免在实际经营使用中发生冲突。对于老字号与注册商标相冲突而引发的纠纷，应当在遵循保护在先权利、维护公平竞争和诚实信用等基本原则下予以处理，亦应秉持尊重客观历史、关注市场现状的理念公平合理地裁量双方权益。

34 商标侵权案件中驰名商标的个案认定与跨类保护

——捷豹路虎有限公司与广州市奋力食品有限公司、万某政侵害商标权纠纷案 *

裁判要旨

某个商标是否被认定为驰名商标，属于个案认定和事实认定的问题，即在每一案件中，驰名商标的认定取决于该个案的具体情况及举证情况，对其他案件并不当然具有法律约束力。

根据《最高人民法院关于审理涉及驰名商标保护的民事纠纷案件应用法律若干问题的解释》第11条"被告使用的注册商标违反商标法第十三条的规定，复制、摹仿或者翻译原告驰名商标，构成侵犯商标权的，人民法院应当根据原告的请求，依法判决禁止被告使用该商标"的规定，无论广州市奋力食品有限公司（以下简称"奋力公司"）是否已就"路虎LANDROVER"商标在某一类商品上申请乃至获准商标注册，捷豹路虎有限公司（以下简称"捷豹路虎公司"）均有权寻求禁止在后注册商标使用的民事救济，从而制止奋力公司在实际经营活动中摹仿其驰名商标在不相同和不相类似的商品上作为商标使用、误导公众。

---

* 一审：广东省广州市中级人民法院（2014）穗中法知民初字第75号民事判决书；二审：广东省高级人民法院（2017）粤民终633号民事判决书。

📋 案情简介

捷豹路虎公司的关联公司先后于 1996 年、2004 年和 2005 年在中国境内申请注册了第 808460 号图形商标（见图 1）、第 3514202 号"路虎"文字商标（见图 2）、第 4309460 号"LANDROVER"文字商标（见图 3），以上商标均核定使用在第 12 类"陆地机动车辆"等商品上，具有较高知名度。2013 年，上述三个注册商标（以下称"涉案商标"）转让到捷豹路虎公司名下，捷豹路虎公司享有涉案商标就所产生的任何侵权提起诉讼及获得赔偿的权利。

图 1　第 808460 号商标

路虎

图 2　第 3514202 号商标

LAND ROVER

图 3　第 4309460 号商标

奋力公司在网站、实体店中宣传销售其"路虎维生素饮料"，相关产品罐面、瓶面、包装盒及网页宣传上使用的被诉标识包括"路虎""LANDROVER""landrover 路虎""Landrover 路虎"及上下排列的"路虎 LandRover"等。万某政于其经营的便利店中销售奋力公司生产的"路虎维生素饮料"。捷豹路虎公司以奋力公司与万某政的行为构成商标侵权为由，向广州市中级人民法院提起诉讼。

一审法院经审理认为，捷豹路虎公司主张涉案商标驰名所提供的证据，可以认定本案被诉侵犯商标权行为发生时，涉案商标已构成使用在"陆地机动车辆"商品上的驰名商标。奋力公司在其产品上作为商标使用的被诉侵权标识与捷豹路虎公司驰名的涉案商标相同或者相近似，容易造成相关公众误认为奋力公司生产、销售的商品系经捷豹路虎公司授权，或与捷豹路虎公司具有许可使用、关联企业关系等特定联系，侵犯了捷豹路虎公司涉案注册商标专用权，依法应承担停止侵权和赔偿损失的民事责任。万某政销售奋力公司生产的侵权商品的行为，侵犯了捷豹路虎公司涉案注册商标专用权，依法应承担停止侵权的民事责任。综上，一审法院判决：奋力公司自判决发生法律效力之日起立即停止侵权行为，并销毁侵犯涉案注册商标专用权的商标标识、带有侵犯涉案注册商标专用权的商标标识的包装物及制造侵犯该三个注册商标专用权的商标标识的专用模具；万某政自判决发生法律效力之日起立即停止侵权行为，并销毁侵犯该三个注册商标专用权的商标标识、带有侵犯该三个注册商标专用权的商标标识的包装物；奋力公司自判决发生法律效力之日起 10 日内赔偿捷豹路虎公司人民币 120 万元；驳回捷豹路虎公司的其他诉讼请求。

奋力公司不服一审判决，向广东省高级人民法院提起上诉，并补充提交两份证据：一是商评字 [2014] 第 044638 号《关于第 8429937 号"路虎 LANDROVER"商标异议复审裁定书》，拟证明其申请注册的第 8429937 号"路虎 LANDROVER"商标经商标评审委员会复审，裁定予以核准注册；二是第 8429937 号"路虎 LANDROVER"商标注册证。捷豹路虎公司亦补充提交两份证据：一是北京市高级人民法院（2016）京行终 4412 号行政判决书，拟证明奋力公司前述商评字 [2014] 第 044638 号商标异议复审裁定书已被生效判决所撤销；二是奋力公司网站截图打印件，拟证明直至 2017 年 4 月 20 日，奋力公司的被诉侵权行为仍在继续。

诉辩意见

奋力公司上诉请求撤销原审判决第一项、第三项，改判奋力公司不构成侵权且无须向捷豹路虎公司赔偿人民币 120 万元，并请求一审、二审诉讼费用由捷豹路虎公司负担。主要事实与理由如下。第一，被诉侵权产品使用的是奋力公司自己注册的第 8429937 号商标，且该商标已被核准注册。第二，一审审理时间长达 3 年，涉案商标知名状态在一审判决时与刚开庭时相比发生了巨大变化，导致一审法院对于商标驰名事实的判断发生错误。多个行政裁定和判决都认定捷豹路虎公司相关商标在本案发生时并非驰名商标。第三，奋力公司按照商标局的规定使用注册商标，主观上并无过错。

捷豹路虎公司辩称，一审法院查明事实清楚，适用法律正确，主要理由如下。第一，捷豹路虎公司在一审时已经提供大量证据，证明早在本案被诉行为发生之前，涉案三个注册商标已经达到驰名程度，且若本案不认定驰名商标，则无法进行跨类保护，故一审法院认定驰名商标符合相关事实与法律。第二，奋力公司所谓的第84299937号注册商标已经生效，但行政判决认定不应予以核准注册，故不享有任何注册商标专用权。而且，该商标原是核准注册在第30类商品上，而不是本案被诉产品即第32类的不含酒精饮料商品上，无论其是否核准，均与本案无关。第三，根据商标法相关司法解释规定，无论被告所使用的商标是否注册，均不影响驰名商标权利人制止商标侵权行为。第四，奋力公司使用的商标不正当地利用了捷豹路虎公司的市场商誉，且其囤积了大量其他知名人物、知名企业的商标，恶意明显。奋力公司产品本身还因质量问题受到工商处罚，以上均削弱了捷豹路虎公司涉案商标的显著性，贬损了其市场商誉，造成巨大损失。

裁判理由

二审广东省高级人民法院裁判理由如下。

（一）被诉行为发生时，捷豹路虎公司涉案三个注册商标是否已经处于驰名状态

捷豹路虎公司提交的中国相关媒体报道、汽车行业评奖情况、销售数量统计表、《广告定位排期表》等证据已经足以证明，使用在陆地机动车辆等商品上的涉案三个注册商标在本案被诉侵权行为发生前，即2013年7月前，经捷豹路虎公司的长期使用和广泛宣传，已在中国境内成为社会公众广为知晓的商标，达到了驰名的程度。

奋力公司还认为，捷豹路虎公司关于涉案商标属于驰名商标的主张之前并未受到商标评审委员会或法院的认可，从而主张涉案注册商标并不驰名。对此广东省高级人民法院认为，某个商标是否被认定为驰名商标，属于个案认定和事实认定的问题，即在每一案件中，驰名商标的认定取决于该个案的具体情况及举证情况，对其他案件并不当然具有法律约束力。正因为如此，广东省高级人民法院在全面审核双方当事人提交的证据，并从各证据与案件事实的关联程度、各证据之间的联系等前提下，作出认定捷豹路虎公司在本案中所提交的证据已足以证明其涉案三个注册商标在被诉行为发生前已达到驰名程度。因此，奋力公司相关上诉主张不能成立。

（二）被诉行为是否构成侵权

捷豹路虎公司涉案三个注册商标属于臆造词，其本身作为商标就具有较强的显著性。奋力公司使用的被诉标识为"路虎""LANDROVER""Landrover 路虎"及上下排列的"路虎 LandRover"等，将之分别与捷豹路虎公司涉案三个注册商标相比，构成相同或相近似。奋力公司被诉标识所使用的商品虽然与捷豹路虎公司涉案注册商标核定使用的商品类别不同，但基于捷豹路虎公司涉案注册商标的显著性和长期大量使用，相关公众已将涉案注册商标与捷豹路虎公司建立起紧密联系。相关公众看到被诉产品及被诉标识，容易误以为被诉行为获得了捷豹路虎公司的许可，或者误以为奋力公司与捷豹路虎公司之间具有控股、投资、合作等相当程度的联系，削弱了捷豹路虎公司涉案注册商标作为驰名商标所具有的显著性和良好商誉，损害捷豹路虎公司的利益。因此，原审法院认定奋力公司被诉行为误导公众、致使捷豹路虎公司的利益可能受到损害，从而构成商标侵权，并无不当。

（三）一审判赔数额是否合理

奋力公司上诉称一审判赔金额明显过高。经审查，广东省高级人民法院对该上诉主张不予支持，理由如下。第一，捷豹路虎公司为涉案注册商标的使用、宣传与维护付出了长期、持续、大量的努力，涉案注册商标知名度高，享有良好的市场声誉，应受到与其知名度相匹配的司法保护力度；第二，奋力公司使用的被诉标识均为摹仿、复制捷豹路虎公司涉案三个驰名商标的全部或主要部分，攀附驰名商标声誉的主观恶意明显，情节恶劣；第三，奋力公司侵权行为持续的时间较长、传播范围较广；第四，除了本案所涉被诉标识之外，奋力公司还申请注册了大量与其他名人和知名企业称谓相同的商标，其利用我国商标注册制度囤积和不当使用商标的主观恶意明显；第五，捷豹路虎公司涉案驰名商标的知名度因被诉侵权行为的存在而受到淡化，美誉度因奋力公司的不当使用而受到贬损，捷豹路虎公司因此而遭受的损害较大；第六，捷豹路虎公司为制止本案侵权行为，提供了28万多元的前期调查取证费用凭据，并提供了其他合理开支的部分票据。故一审法院综合本案捷豹路虎公司涉案商标的数量、知名度，奋力公司被诉侵权行为的性质、情节、持续时间、后果、经营范围,以及捷豹路虎公司的合理维权开支情况等,酌情判定奋力公司赔偿捷豹路虎公司经济损失共计 120 万元,并无不当。

综上,奋力公司的上诉请求与理由均不能成立。遂二审判决驳回上诉、维持原判。二审案件受理费人民币 15 600 元,由上诉人奋力公司负担。

案件评析

本案系侵害商标权纠纷,是驰名商标跨类保护、加大知识产权保护力度的典型案例,入选 2017 年中国法院十大知识产权案件。本案在加大驰名商标保护力度、规制商标恶意抢注行为、引导社会公众尊重知识产权等方面,具有良好的裁判导向与示范效果。❶

(一)体现了驰名商标保护"个案认定"的基本原则

2001 年《商标法》明确规定了对驰名商标的保护。一般而言,在以违反现行《商标法》第 13 条的规定为由,提起的侵犯商标权诉讼中;或者以企业名称与其驰名商标相同或者近似为由,提起的侵犯商标权或者不正当竞争诉讼中,人民法院认为确有必要的,需要对所涉商标是否驰名作出认定。❷ 最高人民法院一直非常重视驰名商标的司法保护,分别在《最高人民法院关于审理涉及计算机网络域名民事纠纷案件适用法律若干问题的解释》和《最高人民法院关于审理商标民事纠纷案件适用法律若干问题的解释》中,对在审理计算机网络域名和商标民事纠纷案件中认定和保护驰名商标问题作出了规定。为进一步完善驰名商标的司法保护,最高人民法院又于 2009 年 4 月 23 日发布了《最高人民法院关于审理涉及驰名商标保护的民事纠纷案件应用法律若干问题的解释》。逐步建立起了驰名商标个案认定、因需认定、事实认定等基本制度。❸ 其中,"个案认定"是驰名商标保护案

---

❶ 最高人民法院官网.最高人民法院办公厅关于印发2017年中国法院10大知识产权案件和50件典型知识产权案例的通知 [EB/OL].(2018-04-19)[2020-02-20].http://www.court.gov.cn/fabu-xiangqing-91332.html.

❷ 参见《最高人民法院关于审理涉及驰名商标保护的民事纠纷案件应用法律若干问题的解释》第 2 条。

❸ 孔祥俊,夏君丽《关于审理涉及驰名商标保护的民事纠纷案件应用法律若干问题的解释》的理解与适用 [J]. 人民司法,2009(13):46-52.

件中应秉持的基本原则之一。

在本案二审中,奋力公司上诉称,根据双方当事人在二审中提交的商评字[2014]第044638号商标异议复审裁定书和相关行政判决,捷豹路虎公司在该案中关于涉案商标属于驰名商标的主张并未受到商标评审委员会或法院的认可,从而主张涉案注册商标并不驰名。对此二审法院明确指出,"某个商标是否被认定为驰名商标,属于个案认定和事实认定的问题,即在每一案件中,驰名商标的认定取决于该个案的具体情况及举证情况,对其他案件并不当然具有法律约束力。商标评审委员会作出的相关商标异议复审裁定书及法院所作裁决只能作为认定本案事实的依据之一,并不能作为认定本案事实唯一的或者决定性的证据"。这体现了驰名商标保护"个案认定"的基本原则。由于商标与企业商誉密不可分,商标是否"驰名"事实上处于动态变化之中,受到商标权人对商标使用和宣传效果的影响,也会随着时间和市场的变化而变化。因此,"个案认定"原则不仅体现了严格审查、慎重认定驰名商标的司法态度,亦有利于防止商标权人顶着驰名商标的名头一劳永逸,避免驰名商标"政绩化""荣誉化"等异化现象。

(二)适用了驰名商标跨类保护的特殊规定

根据2001年《商标法》第13条第2款规定:"就不相同或者不相类似商品申请注册的商标是复制、摹仿或者翻译他人已经在中国注册的驰名商标,误导公众,致使该驰名商标注册人的利益可能受到损害的,不予注册并禁止使用。"这是对于已在中国注册的驰名商标进行跨类保护的特殊规定,体现了对高知名度商标的高强度保护。《最高人民法院关于审理涉及驰名商标保护的民事纠纷案件应用法律若干问题的解释》第10条规定:"原告请求禁止被告在不相类似商品上使用与原告驰名的注册商标相同或者近似的商标或者企业名称的,人民法院应当根据案件具体情况,综合考虑以下因素后作出裁判:(一)该驰名商标的显著程度;(二)该驰名商标在使用被诉商标或者企业名称的商品的相关公众中的知晓程度;(三)使用驰名商标的商品与使用被诉商标或者企业名称的商品之间的关联程度;(四)其他相关因素。"该司法解释明确、细化了对驰名商标跨类保护的司法适用考量因素。

在本案中,捷豹路虎公司涉案三个注册商标均核定使用在第12类"陆地机动车辆"等商品上，奋力公司被诉侵权标识主要使用在第32类"不含酒精的饮料"商品上，两者既不属于同类商品也不属于类似商品，但捷豹路虎公司主张其涉案的三个注册商标属于驰名商标，被诉侵权标识系复制、摹仿其驰名商标，因此本案属于2001年《商标法》第13条第2款之情形。一审、二审法院都认定捷豹路虎公司涉案三个注册商标属于驰名商标，且奋力公司在其产品上作为商标使用的被诉侵权标识与捷豹路虎公司涉案驰名商标相同或者相近似，构成对捷豹路虎公司涉案驰名商标的复制、摹仿，容易造成相关公众混淆。值得一提的是，二审法院还指出，涉案商标属于臆造词，其本身作为商标就具有较强的显著性，经过捷豹路虎公司长期的、持续的、广泛的使用、宣传和维护，其显著性得到了进一步加强，这体现了二审法院对《最高人民法院关于审理涉及驰名商标保护的民事纠纷案件应用法律若干问题的解释》第10条中驰名商标显著程度的考量。

（三）彰显了制止恶意囤积商标行为的司法态度

本案的特殊之处在于，除本案被诉侵权标识外，奋力公司还实施了大量涉知名企业与知名人物的商标抢注行为，其在第5、29、30、32类商品上申请注册"张九龄""夏普SHARP""甄子丹""陈道明""广本"等商标。二审法院在分析一审判赔数额是否合理时，从六个方面翔尽论述了确定120万元赔偿数额的事实与法律依据，指出奋力公司不仅无法对其使用被诉侵权标识的行为作出合理解释，反而以其使用的商标曾经获得授权、申请商标注册并不违法为由坚称不侵权，其利用合法形式来掩盖侵权实质行为的主观恶意明显，严重有违诚实信用原则。二审法院对一审判决中120万元赔偿数额予以维持，彰显了制止恶意囤积商标行为的司法态度，有利于引导社会公众尊重知识产权。

35 未注册驰名商标、知名商品特有装潢的认定及其保护

——"新华字典"侵害商标权及不正当竞争纠纷案*

裁判要旨

显著性是商标的基本特征，是一个标志可以作为商标的基本属性。只有具有显著特征的标识才能发挥区别商品来源的作用，进而可以作为商标注册或保护。商品名称只有在具备显著性的情况下，才能够发挥识别商品来源的作用，同时在达到驰名的程度时，可以获得未注册驰名商标的保护。"新华字典"具有特定的历史起源、发展过程、长期唯一的提供主体及客观的市场格局，保持着产品和品牌混合属性的商品名称，已经在相关消费者中形成了稳定的认知联系，具有指示商品来源的意义和作用，具备商标的显著特征。从原告对"新华字典"进行宣传所持续的时间、程度和地理范围来看，"新华字典"已经获得较大的影响力和较高的知名度。综合以上因素，可以认定"新华字典"构成未注册驰名商标。

案情简介

原告商务印书馆有限公司（以下简称"商务印书馆"）与被告华语教

---

* 北京知识产权法院（2016）京 73 民初 277 号民事判决书。

学出版社有限责任公司（以下简称"华语出版社"）同为出版机构。原告商务印书馆自 1957 年至起诉前，连续出版《新华字典》通行版本至第 11 版。2010—2015 年，原告商务印书馆出版的《新华字典》在字典类图书市场的平均占有率超过 50%。截至 2016 年，原告商务印书馆出版的《新华字典》全球发行量超过 5.67 亿册，获得"最受欢迎的字典"吉尼斯世界纪录及"最畅销的书（定期修订）"吉尼斯世界纪录等多项荣誉。

华语出版社 2012 年 7 月出版"实用《新华字典》（全新版）"，版权页及出版前言含有"新华字典"。华语出版社出版的"新华字典"系列辞书审批结果截图，分别包括:《学生新华字典》（精编本）书号实名申领及 CIP 审核结果、《学生新华字典》（精编大字本）书号实名申领及 CIP 审核结果、《小学生新华字典》书号实名申领及 CIP 审核结果、《实用新华字典》书号实名申领及 CIP 审核结果、《学生新华字典》（口袋本）书号实名申领及 CIP 审核结果。

原告商务印书馆诉称被告华语出版社生产、销售"新华字典"辞书的行为侵害了原告商务印书馆"新华字典"未注册驰名商标，且被告华语出版社使用原告商务印书馆《新华字典》（第 11 版）知名商品的特有包装装潢的行为已构成不正当竞争。

📝 诉辩意见

商务印书馆的主要诉讼请求及理由如下。

诉求请求：判令华语出版社立即停止使用商务印书馆的未注册驰名商标"新华字典"，并禁止华语出版社在辞书产品上使用与商务印书馆未注册驰名商标"新华字典"相同或近似的商标；判令华语出版社立即停止不正当竞争行为，并禁止其生产和销售与商务印书馆《新华字典》（第 11 版）的特有包装装潢相同或近似的辞书；判令华语出版社消除因涉案侵权行为给商务印书馆带来的负面影响；判令华语出版社赔偿商务印书馆经济损失 300 万元；判令华语出版社赔偿商务印书馆维权合理支出 40 万元。

事实及理由：长期以来，"新华字典"实际上发挥着商标的作用，稳定地指向产品的来源。商务印书馆，经过 60 余年的长期使用和经营，"新华字典"已经成为公众熟知的字典品牌，构成驰名商标；华语出版社的部分字典与商务印书馆在先出版的《新华字典》(第11版）特有的包装装潢高度近似。华语出版社的行为容易使相关公众误认为此类字典系商务印书馆所出版，容易导致市场混淆；并且，相关证据显示，华语出版社的行为事实上已经造成了严重的市场混淆。

华语出版社的答辩意见及事实理由如下。

答辩意见：不同意商务印书馆的诉讼请求，请求法院驳回商务印书馆的全部诉讼请求。

事实及理由：商务印书馆无权就"新华字典"主张商标权益，"新华字典"由国家项目名称成为公共领域的辞书通用名称，因此任何人均无权要求独占使用该辞书通用名称；"新华字典"已成为辞书通用名称，商务印书馆无权禁止他人正当使用；商务印书馆涉案《新华字典》(第11版）的装潢不属于1993年《反不正当竞争法》第5条第（二）项规定的"特有装潢"，不会使购买者产生混淆或误认；商务印书馆的诉讼具有不正当性，其最终目的是实现辞书类市场的垄断。

裁判理由

（一）涉案"新华字典"是否构成未注册驰名商标？如果"新华字典"构成未注册驰名商标，华语出版社实施的被诉行为是否构成侵权？

1. 涉案"新华字典"构成未注册驰名商标

首先，"新华字典"具备商标的显著特征。本案中，"新华字典"具有特定的历史起源、发展过程和长期唯一的提供主体以及客观的市场格局，是保持着产品和品牌混合属性的商品名称，已经在相关消费者中形成了稳定的认知联系，具有指示商品来源的意义和作用，具备商标的显著特征。本案遵循在先案例（2011）民提字第55号民事判决及（2013）民申字第371号民事裁定中确立的裁判标准，认定"新华字典"具有商标的显著特征，能够发挥商品来源的识别作用。其次，"新华字典"构成未注册驰名商标。综合相关公众对涉案"新华字典"的知晓程度，从商务印书馆使用"新华字典"持续的时间和销售数量，从商务印书馆对"新华字典"进行宣传所持续的时间、程度和地理范围等因素，可以认定"新华字典"构成未注册驰名商标。最后，将"新华字典"作为商务印书馆的未注册驰名商标给予保护，不仅是对之前商务印书馆在经营"新华字典"辞书商品中所产生的识别来源作用和凝结的商誉给予保护，更是通过商标保护的方式使其承担商品质量保障的法定义务和社会责任。这不仅不会损害知识的传播，相反，为了维护"新华字典"良好的品牌商誉，商务印书馆对其出版、发行的标有"新华字典"标识的辞书更会注重提升品质，促进正确知识的广泛传播。

2. 华语出版社复制、摹仿商务印书馆的未注册驰名商标"新华字典"的行为，容易导致混淆，构成商标侵权

商务印书馆和华语出版社使用"新华字典"的商品均为第 16 类辞书，属于相同商品，且华语出版社在其出版的字典上使用了与商务印书馆未注册驰名商标"新华字典"完全相同的商标，该行为属于以复制的方式使用商务印书馆的未注册驰名商标。根据在案证据显示，消费者在购买和使用字典的过程对此已经产生混淆。因此，华语出版社在第 16 类辞书上使用"新华字典"标识的行为已经构成对商务印书馆未注册驰名商标"新华字典"的侵权。

（二）商务印书馆出版的《新华字典》（第 11 版）是否构成知名商品的特有包装装潢？如果构成知名商品的特有包装装潢，华语出版社的被诉行为是否构成不正当竞争？

1. 商务印书馆出版的《新华字典》（第 11 版）构成知名商品的特有包装装潢

首先，商务印书馆出版的《新华字典》（第 11 版）属于知名商品。其次，《新华字典》（第 11 版）使用的装潢是对与其功能性无关的构成要素进行了独特的排列组合，形成了能够与其他经营者的同类商品相区别的整体形象。经过商务印书馆长期的宣传和使用，使得相关公众能够将上述装潢的整体形象与《新华字典》（第 11 版）的商品来源联系起来，该装潢所体现的文字、图案、色彩及其排列组合具有识别和区分商品来源的作用，具备特有性。因此，《新华字典》（第 11 版）的装潢属于 1993 年《反不正当竞争法》第 5 条第（二）项所保护的知名商品的特有装潢。

2. 华语出版社擅自使用《新华字典》（第 11 版）知名商品的特有装潢的行为构成不正当竞争

被诉侵权产品在《新华字典》（第 11 版）之后出版，且在字典封面的整体设计、封面中上部的文字设计、封面中部的版次设计、封面下部的图

形设计、字典书脊的颜色及文字设计方面构成近似。由此，华语出版社的被诉侵权产品的装潢与商务印书馆《新华字典》（第 11 版）的装潢在文字结构、图案设计、色彩搭配、排列位置等整体视觉效果上近似，普通消费者施以一般注意力，容易对原被告商品的来源发生混淆和误认。因此，华语出版社因擅自使用《新华字典》（第 11 版）知名商品的特有装潢而构成《反不正当竞争法》第 5 条第（二）项规定的不正当竞争行为。

（三）华语出版社应当如何承担法律责任？

首先，鉴于华语出版社实施了上述被诉侵权行为，其应当立即停止使用商务印书馆的"新华字典"未注册驰名商标，并禁止在第 16 类辞书商品上使用与"新华字典"相同或近似的商标。其次，综合考虑华语出版社被诉侵权行为的性质及主观故意，参照 2013 年《商标法》第 63 条第 1 款规定，按照上述方法确定数额的 1.5 倍确定本案的赔偿数额。具体计算如下：在 2012 年 9 月 30 日至 2016 年 9 月 30 日，华语出版社因出版印刷被控侵权字典而获利为 20310160×11.29%=2293017.64 元。该数额的 1.5 倍已经超出了商务印书馆 300 万元赔偿数额的诉讼请求，故法院对商务印书馆 300 万元赔偿数额的诉讼请求予以全额支持。最后，商务印书馆主张合理支出 40 万元，并提交了部分维权合理支出的证据。考虑到商务印书馆提交的合理支出凭证与本案的关联性、必要性，法院对于具有凭证的合理支出 277 989.2 元予以支持，超出部分未予支持。

案件评析

本案涉及未注册驰名商标的认定和 1993 年《反不正当竞争法》规定的知名商品特有包装装潢[1]的认定，对同类案件具有重要的参考意义。

本案争议焦点之一是商务印书馆主张的"新华字典"是否构成我国现行《商标法》第 13 条第 2 款的未注册驰名商标。我国当前实行商标注册取得制度，即绝大部分情况下，针对相关标识只有申请获得了注册，才能享有注册商标权。但基于驰名商标的特殊性，我国针对未注册的驰名商标也提供一定的商标法保护。正如在《关于〈中华人民共和国商标法〉修正案

---

[1] 现为《反不正当竞争法》第 6 条第 1 款规定的"有一定影响力的商品装潢"。

（草案）的说明》（2013 年《商标法》修正）解释道："驰名商标制度的本意是在发生商标争议时，对为相关公众所熟知的商标提供特殊保护：无论是否注册，驰名商标所有人均可依法在一定范围内禁止他人注册、使用与该驰名商标相同或近似的商标。"❶ 在我国当前商标法律制度之下，针对驰名商标的认定分为司法认定和行政认定两种，本案中商务印书馆明确提出请求法院针对其主张的"新华字典"进行驰名商标认定。

首先，针对"新华字典"是否构成辞书领域的通用名称的问题。法院认定"新华字典"属于兼具产品和品牌混合属性的商品名称，但在市场上已经产生具有指示商品来源的意义和作用。正如最高人民法院指出的："由于特定的历史起源、发展过程和长期唯一的提供主体以及客观的市场格局，保持着产品和品牌混合属性的商品名称，仍具有指示商品来源的意义，不能认定为通用名称。"❷ 故本案中"新华字典"虽然具有产品名称的功能，但是并不能阻碍其在具备识别同类商品来源作用的基础上构成商标。在商标案件中，通用名称的认定一直是案件审判的难点所在，尤其是针对兼具产品和品牌混合属性的商品名称，更是疑难点。本案对此进行详细的论证，对今后此类案件的审理具有较大的参考意义。

其次，根据现行《商标法》第 14 条的规定，对驰名商标的认定需要考虑以下因素：①相关公众对该商标的知晓程度；②该商标使用的持续时间；③该商标的任何宣传工作的持续时间、程度和地理范围；④该商标作为驰名商标受保护的记录；⑤其他因素。法院结合本案实际对上述因素进行了分析，认定商务印书馆主张的"新华字典"构成未注册知名商标。需要指出的是，针对本条相关公众的认定问题，依据《最高人民法院关于审理商标民事纠纷案件适用法律若干问题的解释》第 8 条的规定，指的是与辞书有关的消费者和与辞书营销有密切关系的经营者。但针对相关公众认定的地域范围，则应当以该商品销售的范围为准，并不笼统地强调必须是全国范围。针对驰名商标的驰名度的地域范围，2013 年之前的《商标法》笼统地强调在全国范围内驰名的规定并不合理。一般情况下，某商标驰名只需

---

❶ 王太平. 商标法原理与案例 [M]. 北京：北京大学出版社，2015：436.

❷ 佛山市合记饼业有限公司与申请再审人珠海香记食品有限公司侵犯注册商标专用权纠纷案，最高人民法院（2011）民提字第 55 号民事判决书。

要在需要者之间知晓的范围相当广泛即可。

最后，针对华语出版社的行为是否构成对商务印书馆未注册驰名商标的侵权问题。依据《商标法》第 13 条第 2 款的规定，在针对未注册驰名商标的侵权判断中，主要考虑：①商品的类别是否相同或类似；②使用的商标是不是复制、摹仿、翻译权利人的未注册驰名商标；③是否容易导致混淆。本案的关键点在于混淆的认定，法院基于原告的证据，认定了被告的行为足以导致了相关公众混淆。需要指出的是，本案审理时，我国商标法律制度中，尚未针对未注册驰名商标构成混淆的判断因素进行明确规定。2017 年出台的《审理商标授权确权行政案件规定》第 13 条针对未注册驰名商标混淆的判断因素，做了如下明确规定：①商标标志的近似程度；②商品的类似程度；③请求保护商标的显著性和知名度；④相关公众的注意程度；⑤其他相关因素；⑥商标申请人的主观意图以及实际混淆的证据可以作为判断混淆可能性的参考因素。❶

本案的第二个争议焦点是商务印书馆出版的《新华字典》(第 11 版)是否构成知名商品的特有包装装潢？如果构成知名商品的特有包装装潢，华语出版社的被诉行为是否构成不正当竞争的问题。本争议焦点法院从两方面进行了分析：一方面是商务印书馆"新华字典"的装潢是否构成知名商品特有装潢；另一方面是在第一个问题得到肯定论证的基础上，华语出版社是否使用了该知名商品的特有装潢。法院在认定知名商品时，参照《商标法》针对驰名商标的认定因素，认定商务印书馆出版的《新华字典》属于知名商品。法院的此种认定方式无疑是合适且正确的。《反不正当竞争法》司法解释针对知名商品的规定为在中国境内具有一定的市场知名度，为相关公众所知悉的商品。故商品的知名度和商标的驰名度都是针对客体的影响力判断，二者采取近似的判断因素无疑是恰当的。针对特有装潢的判断，法院通过分析，认为"相关公众能够将涉案装潢的整体形象与《新华字典》(第 11 版)的商品来源联系起来，该装潢所体现的文字、图案、色彩及其排列组合具有识别和区分商品来源的作用"，因此认定该装潢构成法定的"特有装潢"。针对"特有"要件的分析，本质上等同于商标的

---

❶ 本条规定是针对申请人依据《商标法》13 条第 2 款主张商标无效时混淆的考虑因素，但在未注册驰名商标侵权案件中，在判断混淆时，同样可以参照适用该规定。

"显著性",可参照商标显著性的判断方式;针对"装潢"的认定,正如最高人民法院在"晨光"知名商品特有装潢一案的认定:凡是具有美化商品作用、外部可视的装饰都属于装潢,通常包括文字图案和形状构造类两种类型。❶ 故只要相关知名商品的装潢能够起到区分同类商品的作用,即可以构成《反不正当竞争法》所保护的知名商品特有装潢。

针对上述知名商品特有装潢,现行《反不正当竞争法》修订为"有一定影响力的商品装潢"。首先,对于"一定影响力"的判断和"知名"度的判断并没有本质差别:法律修改的"一定影响力"来源于《商标法》第32条关于"有一定影响力的商标"的措辞。相关司法解释对此条款解释为:在中国境内实际使用并为一定范围的相关公众所知晓的商标。❷ 该规定与《反不正当竞争法》司法解释针对"知名商品"的规定基本一致。其次,新法删除了装潢的前置"特有"要件,在司法实务中,新规定与此前的适用并无差别:因为"特有"本身就是显著性的要求,要构成《反不正当竞争法》保护的装潢,必须具备"显著性",且"特有"的判断已经内含在混淆要件中。故针对现行《反不正当竞争法》下"一定影响力的装潢"判断和旧法中的"知名商品特有装潢"并无本质差别,本案确立的判断标准对当前的司法实践依旧具有重要的参考价值。

---

❶ 最高人民法院(2010)民提字第16号民事裁定书。
❷ 《最高人民法院关于审理商标授权确权行政案件若干问题的意见》第18条第2款。

36 平行进口行为中商标侵权判定分析

——芬迪爱得乐有限公司与上海益朗国际贸易有限公司等侵害商标权及不正当竞争纠纷上诉案 *

裁判要旨

在商标权用尽的基础上，通过平行进口方式进口相关商品并在国内销售的行为并不构成商标侵权。但行为人在后续销售相关商品的过程中，在店招等位置使用该商品贴附的商标的行为，若使得相关公众产生关联关系混淆，则该使用行为并不构成商标的说明性合理使用，应该认定为商标侵权。

案情简介

芬迪爱得乐有限公司（以下简称"芬迪公司"）是"FENDI"注册商标的商标权人，负责产品和包装的设计及提供推广产品所需的材料等。产品的生产、销售由芬迪公司授权其关联公司芬迪有限公司进行。经芬迪公司确认，在我国境内，芬迪有限公司授权关联公司芬迪（上海）商业有限公司（以下简称"芬迪上海公司"）购买和进口"FENDI"产品，并可通过百货商店销售。

上海益朗国际贸易有限公司（以下简称"益朗公司"）通过向法国 SHPDESIGN 公司（经芬迪公司授权的"FENDI"经销商）购买"FENDI"

---

* 一审：上海市浦东新区人民法院（2016）沪 0115 民初 27968 号民事判决书；二审：上海知识产权法院（2017）沪 73 民终 23 号民事判决书。

品牌商品，并与首创奥特莱斯（昆山）商业开发有限公司（以下简称"首创公司"）签订位于江苏省昆山市东城大道首创奥特莱斯面积为 1 515.03 平方米的商铺租赁合同，租赁期限为 5 年。益朗公司租赁上述店铺后，于 2015 年 9 月 30 日开始对外经营并以店中店的形式开设店招为"FENDI"的店铺。在首创奥特莱斯的宣传册及首创奥特莱斯的楼层指示牌中该店铺的名称为中英文"芬迪""FENDI"。"FENDI"标识还出现在宣传册"精品推荐"栏目中，并且在该店铺中购买"FENDI"的商品的包装盒、防尘袋、标签、钱包内侧及销售小票、销售单上均标有"FENDI"标识。购物袋上方显著位置标有益朗公司的标识，尾部以较小白色字体标有"FENDI"等各品牌名称，购物袋左右侧面均标有益朗公司的名称及联系地址、联系方式。涉案店铺的店招、店铺外墙的指示牌及店铺门口放置的折扣信息指示牌上均标有"FENDI"标识。涉案店铺内陈列着"FENDI"品牌的包、鞋等产品，部分陈列的产品后面放置带有"FENDI"标识的包装盒。

芬迪公司认为，益朗公司在涉案店招上使用"FENDI"商标的行为，会导致相关公众误认为涉案店铺系芬迪公司品牌直营店或授权专卖店，涉案店铺的服务提供者就是芬迪公司或者与其存在许可使用的关联关系。因此，上述在涉案店招上使用"FENDI"商标的行为，不但侵犯了芬迪公司的商品商标和服务商标专用权，还构成擅自使用芬迪公司企业名称"FENDI"的不正当竞争行为。据此芬迪公司请求法院判决益朗公司在涉案店铺的店招上使用"FENDI"的行为属于商标侵权和不正当竞争行为，首创公司为益朗公司的上述侵权行为提供了帮助，益朗公司、首创公司并就上述侵权行为赔偿芬迪公司经济损失及合理费用人民币 100 万元。

一审法院认为益朗公司销售合法购买的产品，属于商标权用尽后的处分行为，芬迪公司无权禁止该类行为；且益朗公司店招上使用"芬迪"等标识的涉案行为构成商标合理使用。因此判决驳回芬迪公司的全部诉讼请求。

芬迪公司不服一审判决，向上海知识产权法院提出上诉。

诉辩意见

芬迪公司的上诉理由如下。

益朗公司在涉案店招上使用"FENDI"商标的行为，会导致相关公众误认为涉案店铺系芬迪公司品牌直营店或授权专卖店，涉案店铺的服务提供者就是芬迪公司或者与其存在许可使用的关联关系。因此，上述在涉案店招上使用"FENDI"商标的行为，不但侵犯了芬迪公司的商标专用权，还构成擅自使用芬迪公司企业名称"FENDI"的不正当竞争行为。一审判决认定益朗公司在涉案店铺上使用"FENDI"商标属于善意、必要和合理的使用，不会导致相关公众的误认和混淆，没有侵犯涉案"FENDI"注册商标权，也不构成擅自使用"FENDI"企业名称的不正当竞争，属于认定事实和适用法律错误。二审庭审中，芬迪公司明确其上诉请求为，确认益朗公司在涉案店铺的店招上使用"FENDI"的行为属于商标侵权和不正当竞争行为，被告首创公司为益朗公司的上述侵权行为提供了帮助，益朗公司、首创公司一并就上述侵权行为赔偿芬迪公司经济损失及合理费用人民币100万元（以下币种未注明的均为人民币）。

益朗公司的答辩意见如下。

第一，我国并不承认判例法，因此芬迪公司在本案中递交的相关案例不应在其上诉理由的范围内。第二，芬迪公司关于在涉案店招上对"FENDI"的使用构成商标侵权和不正当竞争的陈述，于法有悖并不成立，不应被采纳。第三，芬迪公司通过抓拍的方式所获取的照片，不应作为本案的判断依据。其在上诉状中列举的其他公司对"FENDI"商标的使用方式中，该些公司均为芬迪公司本案诉讼代理人的客户，与本案有利害关系，不应作为比较的依据。综上，益朗公司请求本院驳回上诉，维持原判。

首创公司的答辩意见如下。

第一，益朗公司对于"FENDI"商标的使用属于善意使用，故首创公司作为场所提供者，不存在侵犯商标专用权或不正当竞争的帮助侵权行为。第二，首创公司作为商场的经营者使用"FENDI"商标进行宣传，属于在一定范围内向消费者宣传益朗公司所销售商品的合理使用行为，不会造成消费者误认的结果，不构成虚假宣传的不正当竞争行为。第三，本案中首创公司不应承担任何赔偿责任。综上，首创公司请求驳回上诉，维持原判。

裁判理由

二审上海知识产权法院的裁判理由如下。

（一）涉案店铺店招上单独使用"FENDI"标识不属于基于善意目的的合理使用

首先，在店招上使用的商标或字号指示的是店铺的经营者，或者指示了店铺的经营者与商标或者字号权利人之间的授权关系。故在涉案店铺上单独使用"FENDI"标识，其实质仍指向涉案店铺的经营者是芬迪公司，或者与芬迪公司存在商标或字号许可使用等关联关系。而益朗公司仅是涉案"FENDI"正牌商品的销售者，其与芬迪公司不存在任何关联关系，包括不存在商标或字号许可使用等关联关系，故益朗公司在涉案店铺店招上单独使用"FENDI"标识的行为尚不属于善意和合理的使用。其次，涉案店铺店招上单独使用"FENDI"标识，显然已经超过了说明或者描述自己经营商品的必要范围。最后，针对益朗公司在涉案店铺的店招中单独使用"FENDI"标识的行为，相关公众施以一般注意义务，在普遍情况下均会得出涉案店铺由芬迪公司经营或者经芬迪公司授权经营的认知，且芬迪公司在二审中提供的问卷调查公证书也证实了益朗公司的涉案行为已经造成相关公众对于涉案店铺由芬迪公司经营或者经芬迪公司授权经营的混淆和误认。故益朗公司在涉案店招上单独使用"FENDI"标识不属于基于善意目的的合理使用。

（二）益朗公司在涉案店铺店招上单独使用"FENDI"标识侵害了芬迪公司涉案商标权

益朗公司在涉案店铺店招上单独使用"FENDI"标识，指示了涉案店铺由芬迪公司经营或者经芬迪公司授权经营，其指向还是涉案店铺经营者的身份，因此在涉案店铺店招上单独使用"FENDI"商标的行为，应当认为是在表明企业经营、管理者身份等服务类别上使用"FENDI"标识的行为。芬迪公司已经在第35类企业经营、企业管理的服务类别中拥有第"FENDI"注册商标，因此益朗公司的涉案行为构成商标侵权。

（三）益朗公司在涉案店铺店招上单独使用"FENDI"标识构成对芬迪公司的不正当竞争

芬迪公司其外国企业名称中的主要部分"FENDI"，经芬迪公司在中国境内长期、单独的使用，具有一定的市场知名度，故"FENDI"作为芬迪公司外国企业名称中的"字号"，可以认定为1993年《反不正当竞争法》

第 5 条第（三）项规定的"企业名称"。上述益朗公司在涉案店铺店招上单独使用"FENDI"标识的行为，属于擅自使用芬迪公司企业名称，引人误认为是芬迪公司提供服务的不正当竞争行为。

案件评析

本案是涉及平行进口的典型案例。平行进口问题在专利和商标领域均存在，《中华人民共和国专利法》第 75 条确立了专利权国际用尽原则使得专利领域的平行进口行为合法化。但在商标领域，由于法律对此未作明确规定，针对商标领域的平行进口行为的法律定性一直存在争议。本案中法院对于平行进口商品及后续销售平行进口商品时使用相关商标的行为性质进行了法律定性，对此类案件具有重要的参考意义。

（一）本案法院认为针对销售平行进口产品行为符合权利用尽，不构成侵权

商标法上的平行进口行为，是指在国际贸易中当某一商标获得两个或两个以上的国家的保护，且这两个或两个以上的国家的商标权属于同一个商标权人所有或者商标权人之间存在许可或控制关系，未经进口国商标所有人或其授权人的许可，第三人进口并销售使用注册商标的商品的行为。[1]平行进口行为的法律定性本身就涉及商标权利用尽原则和商标地域性原则的适用问题。若严格依据商标的地域性，则未经国内商标权人许可在国内销售带有同样商标的商品构成商标侵权；若认为商标的权利用尽如同专利的权利用尽一样，属于国际用尽，则相关销售行为不构成商标侵权。

针对平行进口问题，我国不同法院对此持的裁判观点也并不一致。在"普拉达"案件[2]中，法院认为进口商未能以显著方式表明平行进口商品的来源和生产厂家，其行为构成商标侵权。而在"维多利亚的秘密"案件[3]中，法院认为以平行进口模式进入国内销售的行为，不会造成相关公众对商品来源产生混淆，因此不构成商标侵权。在"J.P.CHENET"案件[4]中，

---

[1] 王太平. 商标法原理与案例 [M]. 北京：北京大学出版社，2015：374.
[2] 乌鲁木齐市中级人民法院（2015）乌中民三初字第 201 号民事判决书。
[3] 上海市第二中级人民法院（2012）沪二中民五（知）初字第 86 号民事判决书。
[4] 天津市高级人民法院（2013）津高民三终字第 24 号民事判决书。

法院认为平行进口行为构成侵权需要以损害商标功能为前提，只要进口商品没有经过任何加工、改动，并合理标注相关信息，不会导致消费者混淆，就不构成商标侵权。总而言之，法院的裁判倾向是，在平行进口商针对平行进口商品的销售行为不会有损该商标的商誉，也不会导致消费者混淆、误认的情形下，一般不认定该平行进口行为构成商标侵权。当然，若平行进口行为人存在下列行为，则具有侵权可能性：①擅自在商品上贴附中文商标；②对平行进口的商品进行重新包装；③改变商品原有标记等。

  本案针对在国内销售平行进口商品的行为，一审法院认为属于商标权用尽，该行为不构成商标侵权；二审法院对此并未予以否定。故本案中一审、二审法院均认为销售平行进口商品符合商标权用尽的原则，该行为并不构成商标侵权。

  北京市高级人民法院曾在其发布的规范性法律文件中也持与本案法院同样的观点：认可在平行进口案件中适用"权利用尽"原则，以此认定平行进口行为不构成商标侵权。❶ 我国现阶段仍处在经济高速发展进程中，对于外贸的依存度很高，而本土企业在国际上的认知度尚处在发展阶段，大部分的国际知名企业仍然多为国外企业。如果我们对平行进口采取国际用尽的标准，认定单纯的平行进口行为不构成商标侵权，将会促进我国经济的进一步发展。但针对我国境内的商标权人而言，在认定平行进口行为本身不构成商标侵权的情形下，则会使得相关平行进口商无成本地攫取了商标权人在本国针对特定商标所进行的广告、宣传投入。故针对本国商标权利人而言，其可以在生产产品和提供服务中追求差异性，即在本国市场生产的产品包装等方面区别于其他国家、其他授权生产商生产的该产品，或者是在后期宣传上突出商品的差异性，从而提早在本国消费者中形成一一对应的识别关系，避免消费者的混淆。

  （二）本案二审法院认为虽然平行进口行为合法，但是行为人在后续售卖通过平行进口获取的产品时，使用权利人相关标识的行为构成侵权

  一审法院认为益朗公司在其店招商使用涉案标识属于基于善意目的的合理使用，二审法院对此予以纠正。二审法院认为益朗公司的行为不满足

---

 ❶ 北京市高级人民法院：《当前知识产权审判中需要注意的若干问题》第二部分：商标部分中关于商标民事案件中的具体问题。

善意合理使用的第三个要件，即使用行为不会使相关公众产生混淆和误认。二审法院认为益朗公司在店招上使用涉案标识，会使得相关公众误以为益朗公司与芬迪公司存在关联关系，即产生所谓的"关联关系混淆"，芬迪公司提交的问卷调查也证实了上述混淆的事实。因此，二审法院认为益朗公司的涉案行为不构成基于善意目的的合理使用，且依此认定益朗公司的行为构成对芬迪公司的商标侵权及不正当竞争。

  本案的上述争议焦点，涉及商标侵权中合理使用的认定问题。合理使用作为商标侵权中的法定抗辩事由，是被控侵权人在诉讼中常用的抗辩手段。商标合理使用的法律依据是现行《商标法》第 59 条关于商标正当使用的规定。在司法实务中，针对商标的合理使用问题，通常分为商标的描述性合理使用和商标的说明性合理使用。前者是指虽然使用了商标标识，但该标识并非用来指示商品或服务的特定来源，而仅是对商品或服务本身所进行的描述，典型的案例包括"85℃"案件中使用"85℃"的行为。❶ 后者是指在销售商品时，为说明来源、指示用途等在必要范围内使用他人注册商标标识的行为。❷ 本案主要涉及后者，即商标的说明性合理使用的认定问题。在判断行为人使用相关标识说明商品来源行为的性质时，该使用行为是否会使得相关公众产生关联关系混淆成为能否构成说明性合理使用的关键。譬如汽车修理店在其店招上说明其可以修理特定品牌的汽车，此种行为即为典型的说明其服务内容的行为，且并不会使得相关公众产生关联关系混淆，构成说明性合理使用。但若汽车修理店在其店招指明其是某汽车品牌的专修店，则该使用行为在说明其服务性质的基础上，会使得相关公众误认为该汽车修理店与某特定品牌存在授权、许可等关联关系，从而使得相关公众产生关联混淆，不能构成合理使用。本案中益朗公司在店招上使用涉案商标的行为，即属于第二种情形。虽然益朗公司在其购物袋上标明了其公司的名称，试图向消费者告知销售涉案商品的企业为益朗公司，但是益朗公司在店招上单独使用涉案标识，在涉案店铺的多处单独使用涉案标识的行为，已经明显超过了说明商品来源的必要限度，会使得相关公众产生关联关系混淆。本案中二审法院较为清晰界定了说明性合理使用的

---

❶ 上海知识产权法院（2018）沪 73 民终 289 号民事判决书。

❷ 《北京市高级人民法院关于审理商标民事纠纷案件若干问题的解答》第 27 条。

判断问题。

通过分析本案，我们发现在认可平行进口行为本身不构成商标侵权的基础上，针对行为人后续销售平行进口商品过程中使用平行进口商品涉及的商标的行为，仍然需要以《商标法》的相关规定为准则，结合案情具体分析。后续销售中主要涉及的即行为人为了销售相关商品，而在店招上使用特定商标的行为，该行为是否构成商标的说明性合理使用成为案件的关键所在。本案在认定说明性合理使用时最终落脚到了商标的本质，即涉案行为是否会产生破坏商标的识别来源功能，使得相关公众产生混淆，此处的混淆既包括来源混淆，也包括关联关系混淆。本案在主张平行进口行为本身不构成侵权的基础上，针对其后续销售行为中涉及的特定标识使用问题进行了侵权性分析，对于平行进口一系列行为的法律定性具有重要参考意义。

37 商标共有及共有人权利范围的认定

——周某剑与吴某商标权权属纠纷案 *

📝 裁判要旨

当市场主体签署相关承诺书、协议书认定商标权属共有时，该承诺书、协议书如无明确附条件赠与的意思表示，应当认定为是对商标权属共有的确认，而非附条件的赠与协议。在商标权共有的情形下，一方不得擅自在相同或类似商品上注册相同或近似商标，即使获得了注册，也应当进行权属共有转让。

商标权共有时，其权利行使的规则应遵循意思自治原则，由共有人协商一致行使；不能协商一致，又无正当理由的，任何一方共有人不得阻止其他共有人以普通许可的方式许可他人使用该商标。

📝 案情简介

温州银利贸易有限公司（以下简称"银利公司"）注册了第8488902号"超级博克"商标，有效期限自2011年8月14日至2021年8月13日，核定使用商品为第32类。2015年7月14日经商标局核准，银利公司将该商标转让给周某剑。2015年12月18日，周某剑向吴某出具承诺书一份，承

---

* 一审：温州市瓯海区人民法院（2018）浙0304民初1828号民事判决书；二审：浙江省温州市中级人民法院（2018）浙03民终5149号民事判决书；再审：浙江省高级人民法院（2019）浙民申3681号民事裁定书。

诺书载明第 8488902 号"超级博克"商标由周某剑、吴某共同持有，此商标今后如有变更均由周某剑、吴某协商同意生效。

2017 年 8 月 28 日，周某剑注册了第 19548578 号"超级博克 SUPERPOKER"商标，有效期至 2027 年 8 月 27 日，核定使用商品/服务项目第 32 类。周某剑分别于 2015 年 12 月 14 日、2016 年 1 月 4 日申请注册第 18586468 号"超级伯克"商标、第 18782491 号"超级博克 SUPER BOCK"商标。

吴某向一审法院提起商标权权属诉讼，要求确认第 8488902 号、第 18586468 号、第 19548578 号、第 18782491 号商标为周某剑、吴某共有，且要求周某剑进行商标转让过户至双方名下，禁止周某剑以独占方式许可第三方使用、转让前述四个商标。一审温州市瓯海区人民法院确认第 8488902 号"超级博克"、第 19548578 号"超级博克 SUPERPOKER"商标归吴某、周某剑共有，要求周某剑协助办理转让过户手续。周某剑不服一审判决，向温州市中级人民法院上诉，二审法院判决驳回上诉，维持原判。周某剑不服二审判决，向浙江省高级人民法院申请再审。

诉辩意见

周某剑再审申请理由如下。

第一，涉案承诺书、协议书没有表述商标所有权共有，也无转让过户登记到吴某、周某剑名下的约定，一审、二审判决认定承诺书、协议书系对涉案商标共有关系的确认，没有事实基础。第二，商标转让涉及行政机关审查，一审、二审判决将涉案商标转让过户登记到吴某、周某剑名下，无事实和法律依据。第三，承诺书、协议书只涉及第 8488902 号"超级博克"商标，并未涉及第 19548578 号"超级博克 SUPERPOKER"商标标识，该两个商标权属关系不应同等对待和一并处理。鉴于第 8488902 号"超级博克"商标系周某剑个人所有，第 19548578 号"超级博克 SUPERPOKER"商标也不应由周某剑与吴某共同共有。第四，案外人银利公司另案提起商标权属纠纷案与本案有实质性关联，且本案的审理结果应当以该案的审理结果为依据，二审法院未同意银利公司、戴某实参加诉讼，也未中止审理，属于程序错误。

裁判理由

浙江省高级人民法院裁判理由如下。

（一）关于第8488902号"超级博克"商标权归属问题

根据一审、二审查明的事实，银利公司为第8488902号"超级博克"商标原权利人，2015年7月14日经国家工商行政管理总局商标局核准，银利公司将该商标转让给周某剑。同年12月18日，周某剑向吴某出具的承诺书明确载明周某剑承诺该商标与吴某共同持有，此商标今后如有变更均由周某剑、吴某协商同意生效。次日，周某剑和吴某共同签署协议书，协议书亦明确载明第8488902号"超级博克"商标是周某剑和吴某运作进口啤酒"SuperBock"时同时拥有的，此商标今后如有变更和转让须由二人协商同意签名为效。因此，从该两份证据的文义看，不仅明确了第8488902号"超级博克"商标为双方共有，而且约定今后涉及该商标事宜也须由二人协商同意才生效，故该约定完全符合商标权共有之意思表示。周某剑提出承诺书与协议书均系附条件的商标赠与关系的抗辩事由没有证据予以支持，也不具有合理性，其作为具有完全民事行为能力的商标权利人，应对其所作出的商标处分行为承担相应的法律责任。一审、二审法院认定吴某为商标共有权人，并判令将第8488902号"超级博克"商标登记至共有权人名下符合法律规定。

（二）关于第19548578号商标权应否一并转让问题

第19548578号商标系2016年4月6日周某剑在与第8488902号商标同一商品类别上申请注册，且商标中文部分均包含"超级博克"四字，英文部分SUPERPOKER系对"超级博克"的翻译，因此两者构成相同类别的近似商标。周某剑在承诺书及协议书明确约定第8488902号"超级博克"商标权为双方共有的情况下，没有办理商标共有权登记，反而以个人名义在相同类别上注册近似商标，具有一定的主观恶意。如果该两枚商标分属不同的权利主体，容易导致相关公众对商品来源产生混淆或带来其他不良影响。因此，根据商标法注册商标整体转让的原则，一审、二审法院判定第19548578号商标一并转让登记至吴某、周某剑二人名下并无不当。

（三）关于本案二审程序是否存在不当问题

银利公司虽为第 8488902 号"超级博克"商标的原权利人，但其早在 2015 年就将该商标权转让给周某剑，法律关系明晰，在本案诉讼之前也从未提出过异议，故二审法院不中止本案诉讼，也不追加其与公司法定代表人戴某实参加本案诉讼并无不当。

案件评析

本案属于商标权权属纠纷，涉及商标权的归属及商标共有时各共有人的权利范围问题。随着商标这一知识产权在市场中的重要性越来越凸显，各市场主体针对商标权的权属问题纠纷也不断增多，当存在商标权共有的情况时，具体的权利行使规则也成为各方争议的焦点。本案一审、二审和再审法院从商标的本质出发，对商标权属和商标共有的行使规则方面进行了详细的法律阐述。

（一）关于本案双方签署的承诺书、协议书法律性质的认定

本案中，周某剑的上诉理由之一为承诺书、协议书系附条件的注册商标份额赠与协议，该赠与因吴某未为银利公司取得进口啤酒中国区域的进口代理权而未生效。故吴某针对涉案的第 8488902 号"超级博克"注册商标不享有权益。且在再审申请理由中也再次强调一审、二审判决认定承诺书、协议书系对涉案商标共有关系的确认，没有事实基础。则本案涉及的承诺书、协议书究竟是双方针对第 8488902 号商标共有关系的确认还是属于附条件的赠与协议成为关键所在。一审、二审和再审法院均认定该承诺书、协议书属于对商标权共有关系的确认，而非附条件的赠与，原因就在于涉案文书本身的文字用语上并未体现任何附条件赠与的意思表示，承诺书强调"周某剑承诺此商标现为吴某共同持有，此商标今后如有变更均由周某剑、吴某协商同意成效"，协议书载明："第 8488902 号'超级博克'商标是周某剑和吴某运作进口啤酒'SuperBock'时同时拥有的，此商标今后如有变更和转让须由二人协商同意签名为效。"故本案三级法院的认定是正确的。

纵然本案中，周某剑原本签订本承诺书、协议书的意图在于当吴某为银利公司取得进口啤酒中国区域的进口代理权时的赠与，但从双方签订的

文书内容上无法得出此种结论，周某剑就需要为此承担不利后果。这也进一步提醒商事主体，在商业活动中签订相关文书，必须充分了解有关法律规定，在文书表达上需充分体现意思内容。

本案在确立了涉案文书的法律性质后，法院依据文书内容，判令周某剑将双方共有的第 8488902 号"超级博克"注册商标转让过户到其与吴某共同名下。周某剑在再审申请中认为"商标转让涉及行政机关审查，一审、二审判决将涉案商标转让过户登记到吴某、周某剑名下，无事实和法律依据"。再审法院对此不予认可。《商标法》第 42 条第 4 款规定，转让注册商标需要经过商标局核准公告后生效。商标转让的核准属于行政事项并无疑问，但法院的生效判决是否可以直接导致知识产权权属发生变更，相关立法中并无明确规定。商标本身属于授权性权利，即商标权的获取需要经过商标局审查，此种审查登记的方式和不动产物权登记生效主义类似。虽然不动产物权的登记事项属于行政范畴，也即不动产物权是否变动需要依据行政机关的登记簿来判断，但《民法典》第 229 条也明确规定：因人民法院、仲裁机构的法律文书或者人民政府的征收决定等，导致物权设立、变更、转让或者消灭的，自法律文书或者征收决定等生效时发生效力。虽《商标法》无此类似规定，但商标权属纠纷属于人民法院的审理范围，即使认为法院判决不能直接导致商标权权属变动，但诉讼主体仍然负有依据法院生效裁判文书履行商标权变动行政登记手续的法律义务。故本案中周某剑提出的此条再审理由无法律依据。

（二）关于第 19548578 号"超级博克 SUPERPOKER"商标权应否一并转让问题

本案中，周某剑分别申请了第 19548578 号"超级博克 SUPERPOKER"商标、第 18586468 号"超级伯克"商标、第 18782491 号"超级博克 SUPER BOCK"商标。该三个商标与此前被认定为双方共有的第 8488902 号"超级博克"商标构成近似商标。根据《商标法》第 30 条的规定，申请人不得在相同或类似商品上申请注册相同或近似商标。本案中第 8488902 号"超级博克"商标构成前述三个商标在相同商品上的近似商标，当第 8488902 号商标为周某剑和吴某共有时，周某剑不得单独申请、获得前述三个商标的商标权。《商标法》第 42 条第 2 款规定："转让注册商标的，商标注册人对其在同一种商品上注册的近似的商标，或者在类似商品上注册的相同或者近似的商标，应当一并转让。"故当法院依据认定第 8488902 号"超级博克"商标应当转让至周某剑与吴某共同名下时，针对前述三个近似商标也应当一并转让至双方共同名下。此规定符合《商标法》的立法目的，商标法在公共利益的保护方面即保护消费者不会混淆且减少搜索成本的利益，当在相同或类似商品上的相同或近似商标分别属于不同的主体享有时，会使得消费者产生混淆。此外，由于本案中的第 18586468 号"超级伯克"商标、第 18782491 号"超级博克 SUPER BOCK"商标，商标局尚未授权，权利属于不明确状态，吴某针对这两个商标确认共有的主张缺乏权利基础。故最终法院判令第 19548578 号"超级博克 SUPERPOKER"商标权一并转让至周某剑和吴某双方名下的决定符合《商标法》的相关规定。

（三）关于商标共有人权利范围的问题

实际上，吴某在本案的一审诉讼请求中还提出：禁止周某剑以独占方式许可第三方使用、转让第 8488902 号、第 18586468 号、第 19548578 号、第 18782491 号商标，即吴某希望法院明确共有商标下各权利人的权利范围问题，但该诉讼请求最终并未得到法院的支持。关于知识产权共有的问题，在《著作权法》和《专利法》中针对共有人的权利范围都进行了明确规定，但《商标法》却对此并未提及。《著作权法》第 14 条第 3 款规定："合作作品可以分割使用的，作者对各自创作的部分可以单独享有著作权，但行使著作权时不得侵犯合作作品整体的著作权。"《著作权法实施条例》第 9 条规定："合作作品不可以分割使用的，其著作权由各合作作者共同享有，通过协商一致行使；不能协商一致，又无正当理由的，任何一方不得阻止他方行使除转让以外的其他权利，但是所得收益应当合理分配给所有合作作者。"《专利法》第 14 条规定："专利申请权或者专利权的共有人对权利的行使有约定的，从其约定。没有约定的，共有人可以单独实施或者以普通许可方式许可他人实施该专利；许可他人实施该专利的，收取的使用费应当在共有人之间分配。"通过上述法律条文可以发现，著作权共有情况下，一方可以行使除转让以外的所有权利；而在专利共有的情况下，一方只能以普通许可的方式许可他人实施。《最高人民法院关于审理商标民事纠纷案件适用法律若干问题的解释》第 3 条也明确规定了商标实施许可合同包括独占、排他和普通三种类型,但针对共有人的权利范围问题并无规定。

最高人民法院在张某恒与沧州田霸农机有限公司、朱某峰侵害商标权纠纷一案中认为,商标权作为一种私权,在商标权共有的情况下,其权利行使的规则应遵循意思自治原则,由共有人协商一致行使;不能协商一致,又无正当理由的,任何一方共有人不得阻止其他共有人以普通许可的方式许可他人使用该商标。❶最高人民法院的理由在于:首先,如果因为商标权共有人难以协商一致导致注册商标无法使用,不仅难以体现出注册商标的价值,有悖于商标法的立法本意,也难以保障共有人的共同利益;其次,商标权共有人单独以普通许可方式许可他人使用该商标,一般不会影响其他共有人利益,但商标权共有人如果单独以排他许可或者独占许可的方式许可他人使用该商标,则对其他共有人的利益影响较大,原则上应禁止;最后,根据《商标法》的规定,许可人应当监督被许可人使用其注册商标的商品质量,被许可人应当保证使用该注册商标的商品质量。因此,从保证商品质量和商标商誉的角度,商标权共有人单独进行普通许可,对其他共有人的利益一般不会产生重大影响。最高人民法院在该案件中的认定,无疑为商标共有情况下共有人的权利范围进行了清晰划定,从内容上我们可以发现,商标共有人的权利范围和《专利法》中专利共有人的权利范围基本一致。当然,著作权共有情况下,其共有人可单独行使著作权的权利范围明显大于商标和专利。

本案涉及的商标权属认定和《商标法》第30条、第42条的具体适用问题,以及结合最高人民法院在张某恒与沧州田霸农机有限公司、朱某峰侵害商标权纠纷一案中针对商标共有人权利范围的认定问题,对商标共有情形下的相关规则的释明具有较大的指导意义。

---

❶ 最高人民法院(2015)民申字第3640号再审民事裁定书。

38 经销代理商侵害被代理方商标权纠纷问题研究

——高分泰克复合材料贸易（上海）有限公司与德国卫仕化工技术有限公司侵害商标权、虚假宣传纠纷案 *

裁判要旨

《商标法》第 15 条规定的代理人应当作广义解释，不仅包括接受商标注册申请人或者商标注册人委托，在委托权限范围内代理商标注册事务等事宜的商标代理人、代表人，而且还包括总经销、独家经销、总代理、独家代理等特殊销售代理关系意义上的代理人、代表人。

依据《商标法》第 15 条第 1 款，代理人或者代表人以自己的名义未经授权擅自注册被代理人或被代表人的商标的，"不予注册"并"禁止使用"。其中"不予注册"确属商标授权行政程序处理范畴，但"禁止使用"应当属于民事救济的范畴，可在商标侵权纠纷中适用。

案情简介

德国卫仕化工技术有限公司（以下简称"卫仕公司"）经注册核准使用英文"weiss""COSMOPUR819""COSMOPUR818""COSMOFEN""COS

---

* 一审：上海市徐汇区人民法院（2016）沪 0104 民初 17873 号民事判决书；二审：上海知识产权法院（2018）沪 73 民终 45 号民事判决书。

MO"等商标（以下简称"涉案商标"），核定使用商品为第 1 类"工业用黏合剂"。卫仕公司与高分泰克复合材料贸易（上海）有限公司（以下简称"高分泰克公司"）于 2009 年 10 月 27 日签订国际授权经销商合同约定，并自 2007 年 12 月 1 日起，卫仕公司授权高分泰克公司在中国区域内销售其生产的黏合剂、特殊清洗剂及其他化学商品。经双方确认，经销代理关系实际于 2011 年 5 至 6 月终止。

卫仕公司主张，高分泰克公司于 2014 年 11 月 4 日后在其所运营的微博首页工业胶剂产品图片标有涉案商标，构成商标意义上的使用，属于在相同或类似商标上使用与注册商标相同商标，侵犯了卫仕公司的注册商标权；并且因其经销代理关系，明知与"卫仕""weiss"注册商标具有对应关系的前提下，在其产品外包装、宣传材料图片等多处印制，依据 2013 年《商标法》第 15 条第 1 款应"禁止使用"；同时在公司简介中对高分泰克公司的从业时间、经验及生产能力等信息作出引人误解的虚假宣传，构成不正当竞争行为。

一审上海市徐汇区人民法院认为，第一，卫仕公司依法享有涉案注册商标专用权，高分泰克公司在清洗剂及相关宣传资料上使用标识的行为侵害了卫仕公司享有的涉案注册商标专用权。第二，高分泰克公司作为卫仕公司的经销代理商，在与卫仕公司相同的商品上使用卫仕公司的未注册商标"卫仕"标识，容易造成相关公众的混淆误认，依据《商标法》第 15 条应予禁止。第三，涉案网站简介关于高分泰克公司的从业时间、经验及生产能力部分易使相关公众产生误解，将卫仕公司使用卫仕品牌积累的商誉转嫁给高分泰克公司，直接损害了卫仕公司利益，故上述信息应认定构成虚假宣传。鉴于案件审理中，涉案网站与微博已停止运营，一审法院同意卫仕公司部分撤回诉讼请求，同时支持要求高分泰克公司停止使用"卫仕胶""高分卫仕"标识，并在相关媒体刊登声明，消除影响的主张。

高分泰克公司不服一审判决，向上海知识产权法院提起上诉。

📝 诉辩意见

高分泰克公司的上诉理由如下。第一，双方当事人之间不存在民法上的代理关系；第二，双方当事人关系应为被上诉人是上诉方高分泰克公司的委托生产商，即卫仕公司是贴牌工厂；第三，被上诉人没有中文"卫仕"商标的注册商标专用权，不应受《商标法》保护；第四，一审法院没有认清涉案商标的保护起始时间，混淆并错误认定了部分事实；第五，一审法院的判决与《商标法》立法本意冲突；第六，一审法院对双方当事人使用的证据排除标准不一致；第七，上诉人使用中文"卫仕"字样的行为没有构成商标侵权，不应当承担刊登声明消除影响的民事责任。

被上诉人卫仕公司辩称，第一，双方当事人具有《商标法》意义上的代理关系；第二，高分泰克公司系卫仕公司的代理商，而非代加工厂；第三，一审法院适用的法律条文并不以卫仕公司是否具有注册商标为前提，而以高分泰克公司存在恶意为前提；第四，卫仕公司未注册商标是否与其他在先权利冲突，不影响本案的认定；第五，一审法院认定高分泰克公司构成恶意使用，并不仅以证人证言为前提，还有多份合同、判决书等证据予以佐证。

裁判理由

二审上海知识产权法院裁判理由如下。

（一）上诉人是否应停止使用"卫仕胶""高分卫仕"标识

依据《商标法》第15条第1款之规定："未经授权，代理人或者代表人以自己的名义将被代理人或者被代表人的商标进行注册，被代理人或者被代表人提出异议的，不予注册并禁止使用。"《审理商标授权确权行政案件规定》第15条第1款规定："商标代理人、代表人或者经销、代理等销售代理关系意义上的代理人、代表人未经授权，以自己的名义将与被代理人或者被代表人的商标相同或者近似的商标在相同或者类似商品上申请注册的，人民法院适用商标法第十五条第一款的规定进行审理。"因而，《商标法》第15条规定的"代理人"应当作广义解释，不只限于接受商标注册申请人或者商标注册人委托，在委托权限范围内代理商标注册事务等事宜的商标代理人、代表人，而且还包括总经销、独家经销、总代理、独家代理等特殊销售代理关系意义上的代理人、代表人，即商务活动中存在的销售代理和销售代表意义上的代理人、代表人也可归入代理人范畴。

本案中，依据双方当事人所提供的授权经销合同、电子邮件、律师函及（2016）京行终1962、1963、1985号行政判决书认定的相关事实等证据，以及上诉人关联企业金仕行公司、博曼公司长期同时使用"WEISS"及图注册商标、卫仕胶、高分卫仕标识进行经营活动的事实，认定上诉人高分泰克公司系被上诉人就"WEISS"商标的经销代理商，且明知"WEISS"商标与中文"卫仕"的对应关系。

上诉人所称被上诉人系其贴牌工厂、中文"卫仕"系其与博曼公司的原创品牌，并无事实依据，与一审查明的事实及前述生效行政判决查明的事实不符，法院不予采信。

二审法院认为，虽然《商标法》第15条中的"不予注册"属于商标授权行政程序处理范畴，但"禁止使用"应当属于民事救济的范畴，且系争商标是否属于未注册驰名商标不是该条适用的条件。一审法院认定上诉人作为被上诉人的经销商，擅自在与被上诉人经营的相同化学商品上使用包含来源于被上诉人的未注册商标的卫仕胶、高分卫仕标识，依法应停止使用，并无不当，应予维持。

（二）一审法院判决上诉人承担刊登声明、消除影响的民事责任是否正确

二审法院认为，一审法院基于上诉人构成虚假宣传的不正当竞争行为，并且该不正当竞争行为会给被上诉人的商业信誉及市场秩序造成不良影响的认定，判决上诉人承担以在《建筑门窗幕墙与设备》刊登声明的方式消除影响的民事责任，并无不当。

案件评析

本案涉及具有代理关系的代理人抢注、使用未注册商标行为的规制，法院的裁判主要具有两方面的启发价值。一是对于《商标法》第15条中"代理人"这一概念范围的认定；二是对于第15条第1款中有关"禁止使用"规定在商标侵权纠纷中的适用。

（一）对于《商标法》第15条中"代理人"概念范围的认定

司法实践中对于该条款中的"代理人或代表人"范围的认定，曾经存在着四种不同的观点。第一种观点认为，此处的"代理人"仅指商标代理人，除非存在其他特别规定；第二种观点认为，依体系化解释原则，《商标法》中的"代理人"应当与《民法典》中"代理人"概念保持一致；第三种观点超出了民法对"代理人"概念的规定，特别指出包括"基于商事业务往来而可以知悉被代理人商标的经销商"；第四种观点则最为广泛，被称为"任意解释"。❶

然而随着目前商标审查实践的发展及相关司法解释的规定，"代理人或代表人"的认定趋向于广义解释。例如，在"头孢西灵 Toubaoxilin"商标案中，❷最高人民法院再审认定，根据2001年《商标法》第15条的立法精神和相关司法解释，并结合《巴黎公约》的规定予以理解，"代理人"应当作广义的理解，不应仅局限于商标代理人、代表人，还应当包括存在销售代理关系的代理人、代表人，以制止特殊经销关系的情形下的抢注行为。2021年《商标审查审理指南》规定，代理人不仅包括《民法典》中规定的代理人，也包括基于商事业务往来而可能知悉被代理人商标的经销商。

本案中，二审法院也援引了《审理商标授权确权行政案件规定》第15条，"商标代理人、代表人或者经销、代理等销售代理关系意义上的代理人、代表人未经授权……人民法院适用商标法第十五条第一款的规定进行审理。"将卫仕公司与高分泰克公司之间的经销代理关系解释为，包含于《商标法》第15条第1款"代理人"关系中。然而，有学者认为，对于销售关系也不能作无限制的解释，如果仅仅是一般的买卖关系或是一般零售商，不应当属于《商标法》所规定的"代理人"，因为他们没有和商标权利人之间形成稳定的商业联系，不得施加可预期的诚信义务，因而不受《商标法》第15条的规制。❸

在举证方面，除了双方签订的授权经销商合同之外，交易凭证、采购资料等都可以作为证实代理关系或其他商业合作、贸易往来关系的证据。若只是在磋商阶段、未签订代理合作协议的，双方之间邮件往来、会议纪要资料等也可作为证据。因而当事人要在商业交往中注意收集整理相关交易凭证，争取形成完整证据链以证明交易的实质内容。

---

❶ 汪泽．"代理人或者代表人"究竟何所指？[EB/OL].（2020-04-20）[2023-03-22].http：//www.zhichanli.com/article/943.htm．

❷ 最高人民法院（2007）行提字第2号行政判决书。

❸ 钟鸣．商标法第十五条的法律适用问题研究[J].科技与法律，2008（1）：36-42．

（二）《商标法》第 15 条第 1 款中的"禁止使用"能否在商标侵权纠纷中适用

本案中最具创新的一点就在于，法院适用《商标法》第 15 条第 1 款，规制在民事商标侵权纠纷中代理人使用被代理人未注册商标的行为。对此，二审法院进一步解释为，虽然"不予注册"属于商标授权行政程序处理范畴，但"禁止使用"应当属于民事救济的范畴。而在此前，该条款中的"禁止使用"几乎从未在商标侵权民事纠纷中适用过。❶ 那么，以"禁止使用"为由提起商标侵权诉讼是否充分呢？尤其是当主张保护的商标还是未注册商标的情形。

对此学界有不少反对意见。我国商标法体系下，除了针对未注册驰名商标保护的《商标法》第 13 条，依据司法解释的明确规定可以作为提请法院禁止使用侵权商标的权利依据之外，并无其他的针对既"非驰名"又"未注册"的商标提供侵害商标权之诉的请求权依据的明确规定。而与《商标法》第 15 条、第 13 条同属于我国恶意抢注商标行为规制体系的第 32 条，对于抢注在先使用并有一定影响的商标，在法律后果上却仅为"不予注册"，并没有规定"禁止使用"。出于对商标规则体系统一性的考量，其法律后果应当保持一致，或者至少其适用情形的差异足以支撑这种不一致后果。然而从构成要件上看，《商标法》第 13 条要求未注册商标达到"驰名"标准，第 32 条则要求"在先使用"并有"一定影响"，而第 15 条第 1 款却既不要求是驰名商标，也不要求在先使用，恐怕会使得"未注册商标权益保护"的要件构成与法律后果伸缩不定，损害规则体系统一性。❷

那么，难道对于利用代理关系抢注商标并使用的行为而言，若在行政程序中无效或者撤销了其商标注册后，对于其继续使用该商标的行为就毫无办法了吗？司法实践中或许可以考虑以《反不正当竞争法》作为请求权依据的选项。

本案中，对于该诉讼请求，卫仕公司在一审中也曾同时援引过 1997 年《反不正当竞争法》第 2 条作为依据。但一审法院基于特别法优于一般法的法律适用规则，认为《商标法》第 15 条已经提供了明确的保护依据，就不

---

❶ 戴文骐. 认真对待商标权：恶意抢注商标行为规制体系的修正[J]. 知识产权，2019（7）：33-46.

❷ 王太平. 我国未注册商标保护制度的体系化解释[J]. 法学，2018（8）：135-150.

应当再援引《反不正当竞争法》的兜底条款进行保护了。但正如上文所分析，倘若将《商标法》第 15 条中的"禁止使用"适用于商标侵权纠纷中，恐怕有害于商标法的体系化解释。一般认为《反不正当竞争法》可以作为《商标法》等知识产权部门法的补充，未注册商标权人的权益即便无法在商标法中获得明确保护，如果竞争者的使用行为违反诚信原则或者商业道德，扰乱市场竞争秩序，损害其他经营者或者消费者的合法权益，则理应受到《反不正当竞争法》的规制。

具体到相关条款的选择上，《反不正当竞争法》第 6 条与第 2 条或许可以提供请求权依据。第 6 条第（一）项保护"有一定影响的商品名称、包装、装潢等相同或者近似的标识"，对于已经形成一定影响的被代理人的未注册商标可以提供一定程度的保护；而第 6 条第（四）项"其他足以引人误认为是他人商品或者与他人存在特定联系的混淆行为"，作为 2017 年修订新增的款项，其立法目的在于囊括其他易引发混淆的不正当竞争行为。代理人利用代理关系而使用被代理人的相同商标或近似商标，的确会使得相关公众以及产品消费者产生混淆误认，因此适用该款项或许更为妥帖。[1] 而《反不正当竞争法》第 2 条作为兜底条款，是主张反不正当竞争救济次优的选择，因其对构成不正当竞争行为的模糊性概括性规定，在司法实践适用中不确定程度较高且存在滥用之嫌。

综上，在涉及代理人利用代理关系抢注并使用被代理方商标的案件中，依据《商标法》第 15 条第 1 款，尽早在商标行政确权阶段介入是最优选择；倘若恶意抢注者依然执迷不悟继续使用涉案商标，则可以考虑在《商标法》第 15 条及《反不正当竞争法》第 6 条、第 2 条中，综合选择最有利于己方的请求权依据来主张。

---

[1] 文萁. 如何禁止代理人使用其利用代理关系抢注的商标？[EB/OL].（2020-02-18）[2020-04-20]. https://mp.weixin.qq.com/s/tAzLsMA2NFg5HnalsbXMSQ.

39 商标使用许可合同纠纷中不安抗辩权的认定

——中山市新娘厨卫电器有限公司与山东桑乐太阳能有限公司商标使用许可合同纠纷案 *

📄 裁判要旨

合同双方的履行共分为五个年度，山东桑乐太阳能有限公司（以下简称"桑乐公司"）在前两个年度即未履行合同主要义务，已构成根本违约，依据约定应当承担继续履行、采取补救措施或赔偿损失等违约责任。因此，守约方中山市新娘厨卫电器有限公司（以下简称"新娘公司"）在发送律师函且并未得到赔偿的情形下，停止支付第三个年度商标使用费的行为不构成违约，无须承担违约责任。

📄 案情简介

桑乐公司拥有第 1495163 号"桑乐及图"、第 5453213 号"桑乐/SANGLE"商标。前者核定使用在第 11 类商品"太阳能热水器；电热水器；热水器；太阳灶；冷却装置和机器；空气加热器；空气净化装置和机器；小型取暖器；浴用加热器；太阳能集热器"；后者核定使用在第 11 类商品"照明器械及装置；喷灯；汽灯；烹调器具；冷冻设备和装置；空气调节设

---

* 一审：山东省济南市中级人民法院（2016）鲁 01 民初 1267 号民事判决书；二审：山东省高级人民法院（2017）鲁民终 933 号民事判决书；再审：最高人民法院（2019）最高法民再 140 号民事判决书。

备；热气装置；自动浇水装置；卫生器械和设备；消毒设备；暖器；电吹风；气体打火机；车辆灯；气体打火机；聚合反应设备"。

2013 年 11 月 16 日，桑乐公司（合同中称"甲方"）与新娘公司（合同中称"乙方"）签订合同（以下简称"涉案合同"）约定："甲方将已注册使用在 11 类的第 1495163 号、5453213 号桑乐商标许可乙方使用，许可使用范围是在中华人民共和国境内用于生产并销售燃气灶具、抽油烟机、家用消毒柜、厨房用不锈钢水盆四种产品。许可使用的期限自 2014 年 3 月 1 日起至 2019 年 2 月 28 日止。合同存续期间，在中国境内甲方不使用授权商标或与授权商标近似商标生产同类产品，不授权其他第三方生产厂家使用本协议授权商标或授权商标近似商标生产同类产品。甲方确保授权商标的权属明确有效，并将商标使用许可合同递交商标局受理备案。"

2015 年 8 月 28 日，桑乐公司许可陕西桑乐数字化太阳能有限公司使用第 1495163 号注册商标，许可使用商品为太阳能热水器、电热水器、热水器、太阳灶、冷却装置和机器、空气加热器、空气净化装置和机器、小型取暖器、浴用加热器、太阳能集热器，许可使用期限至 2020 年 12 月 20 日。2015 年 9 月 28 日桑乐公司向商标局申请许可备案，同年 12 月 19 日备案公告。2016 年 1 月 11 日，新娘公司以 EMS 速递向桑乐公司寄出《律师函》，敦促其积极履行合同义务，EMS 速递因收件人地址不详未能投递。2016 年 2 月 25 日，新娘公司再次以 EMS 速递方式发出《律师函》，通知桑乐公司暂停支付第三年度费用，因收件人地址不详未能投递。2016 年 5 月 13 日，新娘公司收到桑乐公司邮寄的解除合同通知书。

桑乐公司向法院起诉新娘公司违约，新娘公司反诉桑乐公司违约。一审法院判决案涉合同解除，新娘公司支付桑乐公司商标使用权费用计 20 万元及违约金；桑乐公司赔偿新娘公司律师费、公证费、差旅费 5 万元。新娘公司不服一审判决，向二审山东省高级人民法院上诉，二审法院判决驳回上诉，维持原判。新娘公司不服二审判决，向最高人民法院提请再审。最终，最高人民法院判决案涉合同解除，桑乐公司返还新娘公司商标使用费 180 万元，并赔偿新娘公司损失 70 万元。

诉辩意见

新娘公司再审申请理由如下。

二审判决关于不安抗辩权的法律适用错误。第一，桑乐公司的行为构成根本性违约，导致其不能向新娘公司交付涉案商标的独占许可使用权，新娘公司的合同目的和预期收益无法实现。根据双方签订的《品牌商标授权合同》，桑乐公司许可新娘公司在燃气灶具、抽油烟机、家用消毒柜、厨房用不锈钢水盆四种产品独占使用桑乐商标，但是桑乐公司在2015年集团年会上发布的"桑乐品牌"产品中，有多款涉案产品均非新娘公司生产。前述行为构成根本违约，并且桑乐公司一直没有向商标局申请备案，也没有任何一家桑乐销售网络的战略经销商销售新娘公司生产的授权产品，新娘公司的合同目的和预期收益无法实现。第二，桑乐公司多次损害新娘公司合法权益，且一直拒绝沟通，足以使新娘公司对桑乐公司是否已丧失商业信誉产生合理怀疑。新娘公司据此中止履行合同并通知桑乐公司，符合《中华人民共和国合同法》（现由《中华人民共和国民法典》替代，下同）（以下简称《合同法》）第68条有关不安抗辩权的规定。❶

二审判决关于合同解除权的法律适用错误。桑乐公司违约在先，且拒不采取有效措施降低其行为造成的影响，二审判决支持桑乐公司关于新娘公司未按照合同约定按时支付商标使用费而解除合同的请求，法律适用错误。

二审判决关于违约损失赔偿的法律适用错误。第一，桑乐公司授权新娘公司使用"桑乐"标识的四种产品，均不享有商标专用权，涉案合同的性质属于品牌合作合同而非商标许可合同。第二，桑乐公司违约在先，严重损害了新娘公司的合法权益，新娘公司主张的损害赔偿数额合法合理，应予支持。

综上，新娘公司请求撤销二审判决并改判：①涉案合同于2016年2月28日中止，2016年7月5日解除，新娘公司从合同中止之日起停止支付品

---

❶ 对应《民法典》第527条规定："应当先履行债务的当事人，有确切证据证明对方有下列情形之一的，可以中止履行：（一）经营状况严重恶化；（二）转移财产、抽逃资金，以逃避债务；（三）丧失商业信誉；（四）有丧失或者可能丧失履行债务能力的其他情形。当事人没有确切证据中止履行的，应当承担违约责任。"

牌商标使用费；②桑乐公司赔偿新娘公司经济损失 2 977 108.9 元；③一审和二审案件受理费，由桑乐公司负担。

桑乐公司的答辩意见如下。

二审判决对不安抗辩权、合同解除权的法律适用正确。①新娘公司未能按照法律规定的方式正确行使不安抗辩权，不能发生合同中止履行的效力。②新娘公司拒绝支付商标使用费的行为违反合同约定，应当承担违约责任，桑乐公司有权解除合同。

二审判决对违约损失赔偿的法律适用正确。①本案系商标许可使用合同纠纷，不属于品牌合作合同纠纷。②新娘公司未提供有效证据证明经济损失，二审判决支持了 5 万元，桑乐公司为了减少诉累，未提起相应的诉讼程序。

2018 年 7 月桑乐公司发现新娘公司仍在使用涉案商标，涉案合同解除后，新娘公司仍恶意使用，其行为已构成严重侵权。请求维持二审判决，驳回新娘公司的再审申请。

裁判理由

再审最高人民法院裁判理由如下。

（一）新娘公司不构成违约

桑乐公司在一审中主张新娘公司未按照合同约定如期支付第三年度的商标使用费，构成违约。对此，最高人民法院认为，双方合同的履行共分为五个年度，桑乐公司在前两个年度即未履行合同主要义务，已构成根本违约，依据约定应当承担继续履行、采取补救措施或赔偿损失等违约责任。因此，守约方新娘公司在发送律师函且并未得到赔偿的情形下，停止支付第三个年度商标使用费的行为不构成违约，无须承担违约责任。一审、二审认定新娘公司未按时支付第三年度商标使用费的行为构成违约，认定事实及适用法律均有错误。

（二）桑乐公司存在违约行为

首先，一审、二审认定，桑乐公司未将本合同递交商标局备案且在其公司内部陈列有案外两家公司生产的燃气灶，该燃气灶使用了涉案商标，违反了合同约定，最高人民法院经审查予以确认。其次，最高人民法院认为，第一，在案证据亦能够证明桑乐公司在其公司网站新闻"桑乐集团

2015 年度经销商大会经销商报到篇"的图片上显示了非新娘公司生产的桑乐油烟机、灶具，违反了涉案合同第 4 条的约定；第二，虽然新娘公司未能提交证据证明桑乐公司存在阻止其生产的授权产品进入桑乐销售网络的相关事实，但桑乐公司不仅未宣传、展示新娘公司生产的使用涉案商标的产品，反而宣传、展示其他公司的产品，在双方合同约定独占使用许可的情况下，桑乐公司该行为已违反涉案合同第 15 条及第 28 条的约定。最后，涉案合同属于商标独占使用许可合同，桑乐公司的主要义务应当包括自己不得使用及不得许可他人使用被许可商标。根据前述分析，桑乐公司的行为违反合同主要义务，致使新娘公司不能实现合同目的，属于根本违约。二审法院认为，桑乐公司已经履行了合同主要义务，并非不能履行或没有履行合同主要义务的能力，认定事实及适用法律均有误。

案件评析

本案属于典型的商标使用许可合同纠纷案件，商标作为无形资产在商事活动中作为许可合同的标的时常存在，故涉及商标使用许可的合同纠纷也大量发生。虽合同类案件实质上大多是违约与否的判定，但是否构成违约以及是否可以主张相关抗辩权的问题，在司法个案中存在疑难。本案中最高人民法院在再审判决中的认定和一审、二审法院的认定存在较大差异，针对本案的评析如下。

（一）商标使用许可合同的相关法律规定解析

本案中，双方在合同中约定在中国境内甲方不使用授权商标或与授权商标近似商标生产同类产品，不授权其他第三方生产厂家使用本协议授权商标或与授权商标近似的商标生产同类产品，故本案涉及的许可合同的性质为商标独占实施许可。根据《最高人民法院关于审理商标民事纠纷案件适用法律若干问题的解释》第 3 条的规定，商标使用许可合同分为独占、排他和普通三类，且三类合同下双方的权利义务有所不同。本案由于是独占实施许可，权利人不得在合同有效期内将合同涉及的商标许可给第三方使用，故新娘公司在诉讼中主张桑乐公司在合同有效期内将涉案商标再次许可给第三人使用的行为构成违约。本案一审法院在判决中认为本案"合同约定许可使用的商品与涉案合同许可使用的商品并不属于同类产品，桑乐公司此行为没有违反合同约定"。该事实也得到二审、再审法院的确认。在实际的司法个案中，涉及独占或排他许可合同的情形下，判定权利人许可给第三方使用涉案商标的行为是否构成违约方面，商标许可使用的商品类别因素不应当忽略。当然，本案中由于桑乐公司在其内部陈列有案外两家公司生产的燃气灶，并在燃气灶上使用了涉案商标，故其存在许可第三方使用独占许可合同涉及的商标的行为。

本案新娘公司主张的桑乐公司另一违约情形为桑乐公司未将涉案商标使用许可合同向商标局备案。根据《商标法》的规定，商标使用许可合同若未经商标局备案，则不具有对抗善意第三人的效力。为了将风险降低，被许可方均会要求许可方将相关合同进行备案。与使用许可合同的备案要求不同，当商标转让时，务必要经过商标局核准并公告，否则转让行为不发生法律效力。故涉及商标使用许可和商标转让的情形，相关法定手续的履行是必须注意的。

（二）商标使用许可合同下相关抗辩权的行使问题评析

本案更为重要的问题在于新娘公司关于不安抗辩权的主张能否成立，一审和二审法院均认定新娘公司关于不安抗辩权的主张不成立，但最高人民法院在再审判决中支持了新娘公司在本案中的不安抗辩权主张。在涉及合同类纠纷中，一方能否享有法定的抗辩权，直接涉及其行为违约与否的认定，故需要对《合同法》下抗辩权的问题进行解析。《合同法》第 66 条至第 68 条规定了法定的三种抗辩权类型，即同时履行抗辩权、先履行抗辩权和不安抗辩权。❶

1. 不安抗辩权的行使要件成立与否

本案中，新娘公司主张行使不安抗辩权，一审法院以新娘公司行使不安抗辩权未及时通知桑乐公司为由认定其新娘公司主张不成立。在二审中明确其法律依据为《合同法》第 68 条第 1 款第（三）项规定的丧失商业信

---

❶ 对应《民法典》第 525 条规定："当事人互负债务，没有先后履行顺序的，应当同时履行。一方在对方履行之前有权拒绝其履行请求。一方在对方履行债务不符合约定时，有权拒绝其相应的履行请求。"第 526 条规定："当事人互负债务，有先后履行顺序，应当先履行债务一方未履行的，后履行一方有权拒绝其履行请求。先履行一方履行债务不符合约定的，后履行一方有权拒绝其相应的履行请求。"第 527 条规定："应当先履行债务的当事人，有确切证据证明对方有下列情形之一的，可以中止履行。"

誉，即新娘公司认为桑乐公司在合同履行过程中的相关行为显示其已经丧失了商业信誉，故新娘公司行使不安抗辩权，中止履行支付许可使用费的义务。二审法院则认为，丧失商业信誉并非一般的违约行为，而是指双务合同中的后履行方当事人存在多次不履行、不按时履行或者长期没有能力履行合同约定的义务，从而导致社会公众对其经济能力、信用状况等产生负面评价的情形，故二审法院以本案中桑乐公司未履行合同备案义务以及违反合同许可第三人使用涉案商标的行为不构成商业信誉的丧失，且以桑乐公司履行了合同主要义务、未丧失履行合同的能力为由，认定新娘公司的不安抗辩权主张不成立。再审最高人民法院认定桑乐公司未将本合同递交商标局备案且在其公司内部陈列有案外两家公司生产的燃气灶，燃气灶使用了涉案商标，且桑乐公司不仅未宣传、展示新娘公司生产的使用涉案商标的产品，反而宣传、展示其他公司的产品，桑乐的上述行为违反了合同约定，涉案合同作为商标独占许可合同，上述违约行为构成了对合同主要义务的违反。故在桑乐公司的相关行为构成对合同主要义务违反的情形下，其丧失了商业信誉，新娘公司基于此主张不安抗辩权符合合同法的相关规定，新娘公司的行为不构成违约。最高人民法院和一审、二审法院的裁判观点并不一致，最高人民法院综合考虑了涉案合同作为商标独占许可的法律性质，认定桑乐公司未履行备案义务以及违反独占授权的行为构成了对该合同主要义务的违反。而二审法院在考虑该问题时，忽视了涉案合同的特性，而是从更为宽泛的角度来论证商业信誉丧失与否的判定，存在不当之处。合同的主要义务判定并没有统一的判断标准，区分不同类型的合同来判定具体类型合同下的主要义务应当是司法个案所需要考虑的。

2. 不安抗辩权的行使方式合法与否

《合同法》第69条规定了不安抗辩权的行使要件："当事人依照本法第六十八条的规定中止履行的，应当及时通知对方，对方提供适当担保时，应当恢复履行。中止履行后，对方在合理期限内未恢复履行能力并且未提供适当担保的，中止履行的一方可以解除合同。"❶本案中，一审法院认为，

---

❶ 对应《民法典》第528条规定："当事人依据前条规定中止履行的，应当及时通知对方。对方提供适当担保的，应当恢复履行。中止履行后，对方在合理期限内未恢复履行能力且未提供适当担保的，视为以自己的行为表明不履行主要债务，中止履行的一方可以解除合同并可以请求对方承担违约责任。"

新娘公司要求终止合同的履行，但律师函均未送达桑乐公司，故新娘公司未能按照法律规定的方式正确行使不安抗辩权，不能发生合同终止履行的效力。故一审法院依据《合同法》第 69 条认定新娘公司行使不安抗辩权的方式不符合法律规定，新娘公司不安抗辩权的主张不能成立。二审法院通过分析认为新娘公司行使不安抗辩权的理由不成立，故对于其行使方式是否合法并未进行审查。最高人民法院在再审判决中认定新娘公司不安抗辩权的主张成立，实际上即认可新娘公司行使不安抗辩权的方式符合法律规定。

一审法院的裁判思路存在如下问题：若主张不安抗辩权的一方发送了相关通知给合同相对方，但由于特定原因（非主张方可以控制的原因）使得相关通知未能到达合同相对方，从而认定主张方未履行法定通知义务而不认可其行使不安抗辩权的方式，则实际上会使得合同法规定的不安抗辩权的制度在一定程度上被架空。试想一例：若合同相对方拒收相关通知，那是否据此认定主张方通知义务未尽到？该观点显然是荒谬的。故针对《合同法》第 69 条规定的行使方式，在司法个案中只要主张方发送了相关通知，但由于非主张方能够控制的原因使得通知未能被合同相对方接收的，应当认定主张方履行了法定的通知义务，其行使不安抗辩权的方式合法。

综合来看，本案的论证逻辑并不复杂，其关键点在于新娘公司不安抗辩权能否成立且行使是否符合法律规定，若成立且行使符合法律规定，则新娘公司不构成违约，桑乐公司需要承担违约责任；反之，新娘公司构成违约，需要承担违约责任。

40 商标多重使用许可问题研究

——上海帕弗洛文化用品有限公司、上海艺想文化用品有限公司与毕加索国际企业股份有限公司商标使用许可合同纠纷案 *

裁判要旨

商标权人先后与他人签订两个独占许可使用合同，且许可期间存在重叠，在后许可合同相对人明知存在在先许可合同的，在后许可合同并不因此无效，但在后许可合同相对人不属于善意第三人，其不能依据在后许可合同获得商标的许可使用权。

案情简介

毕加索国际企业股份有限公司（以下简称"毕加索公司"）系第2001022号图文商标即"涉案商标"的商标权人，该商标核定使用商品为第16类。2008年9月，毕加索公司授权上海帕弗洛文化用品有限公司（以下简称"帕弗洛公司"）在中国独家使用涉案商标，期限为2008年9月至2013年12月。2010年2月，毕加索公司与帕弗洛公司约定商标使用许可期限在原基础上延展10年。2008年6月30日，毕加索公司向商标局报送了许可帕弗洛公司使用涉案商标的使用许可合同备案，2009年3月被

---

* 一审：上海市第一中级人民法院（2012）沪一中民五（知）初字第250号民事判决书；二审：上海市高级人民法院（2014）沪高民三（知）终字第117号民事判决书。

核准。

2012 年 1 月 1 日，毕加索公司与帕弗洛公司签订商标使用许可合同备案提前终止协议，提前终止涉案商标使用许可备案，提前终止日期为 2012 年 1 月 1 日。2012 年 3 月 13 日，商标局发布《提前终止许可合同备案公告》。

2012 年 2 月 16 日，毕加索公司（甲方）与上海艺想文化用品有限公司（以下简称"艺想公司"）在上海签订《商标使用许可合同》，授权艺想公司独占使用涉案商标，许可期限为 2012 年 1 月 15 日至 2017 年 8 月 31 日。同日，毕加索公司出具授权书称艺想公司是中国大陆地区唯一独家授权，并同时委托艺想公司进行全国维权打假行动，致使帕弗洛公司受到工商部门的查处。2012 年 2 月 28 日，毕加索公司、艺想公司签订《商标使用许可合同》用于商标局备案。

帕弗洛公司诉称，毕加索公司与艺想公司擅自签订《商标使用许可合同》，并向工商机关投诉帕弗洛公司侵权、向法院提起商标侵权诉讼，此行为系"恶意串通，损害第三人合法利益"及"违反法律、行政法规的强制性规定"，请求法院判令：①毕加索公司与艺想公司签订的《商标使用许可合同》及相应授权书无效；②两者共同赔偿帕弗洛公司经济损失人民币 100 万元。

一审上海市第一中级人民法院认为，第一，帕弗洛公司获得了涉案商标的独占许可使用权；第二，本案系争合同❶不属于"恶意串通，损害第三人合法利益"的无效合同，系争合同系双方当事人真实意思表示，目的在于获取涉案商标的独占许可使用权，难以认定其有损害帕弗洛公司合法利益的主观恶意；第三，系争合同并未违反法律、行政法规的强制性规定，《最高人民法院关于审理商标民事纠纷案件适用法律若干问题的解释》第 3 条第（一）项的内容是对《商标法》所规定的商标使用许可方式的定义，不属于强制性法律规范，系争合同的订立并未违反法律、行政法规的强制性规定。遂判决驳回帕弗洛公司的全部诉讼请求。

帕弗洛公司、艺想公司均不服一审判决，向上海市高级人民法院提起上诉。

---

❶ "系争合同"指毕加索公司与艺想公司签订的《商标使用许可合同书》。

诉辩意见

帕弗洛公司的主要上诉理由如下。第一，毕加索公司在商标局的备案合同[1]系伪造，原审法院认定该许可合同进行了备案和终止备案协议的签订并无事实依据；第二，毕加索公司与艺想公司签订的《商标使用许可合同》为无效合同，系争合同属于艺想公司与毕加索公司恶意串通损害帕弗洛公司利益的无效合同；第三，即使艺想公司签订的许可合同有效，艺想公司也不可能获得涉案商标的许可使用权，原审法院将系争合同有效等同于商标授权有效，系对法律理解有误。

艺想公司辩称，《商标使用许可合同》备案已由商标局公告，具有行政效力，是真实合法的；独家不同于独占，帕弗洛公司所获得的并非涉案商标的独占许可使用权；艺想公司并未与毕加索公司恶意串通，《商标使用许可合同》合法有效；艺想公司已经获得涉案商标的使用权，有权利向工商部门进行投诉等维权行动。

帕弗洛公司辩称，原审法院认定帕弗洛公司享有涉案商标的许可使用权，有事实和法律依据。原审法院结合证据和毕加索公司的意见认定备案许可合同上的签名系伪造，该认定并无错误。

裁判理由

二审上海市高级人民法院裁判理由如下。

（一）艺想公司与毕加索公司签订的《商标使用许可合同》是否因恶意串通损害第三人利益而无效

从恶意串通的构成要件看，既需证明主观上存在加害故意，又需证明客观上存在串通行为。本案中尚无充分证据证明艺想公司有加害帕弗洛公司的主观恶意，亦无证据证明艺想公司和毕加索公司间存在串通行为，因此难以认定此种合同行为属恶意串通损害第三人利益之行为。

（二）艺想公司能否依据其与毕加索公司签订的系争合同获得涉案商标使用权

由于艺想公司不属于善意第三人，因此帕弗洛公司的涉案商标独占许

---

[1] "备案合同"指毕加索公司与帕弗洛公司签订的《授权书》。

可使用权，可以对抗艺想公司与毕加索公司之间的商标使用许可合同关系，毕加索公司已不能对涉案商标的使用权进行处分。鉴于毕加索公司实际上并未履行合同之义务，艺想公司也就不能据此系争合同获得涉案商标的使用权。

系争合同并不能剥夺帕弗洛公司对涉案商标享有的独占许可使用权。由此，帕弗洛公司依据在先的独占使用许可合同已经形成的商标使用的状态，应认定未被在后的商标独占使用许可合同关系所打破，否则将有悖公平诚信原则、扰乱商标使用秩序并最终有损相关消费者利益。

案件评析

本案是商标许可合同纠纷案件，法院对于重复授权下商标独占使用许可合同有效性的认定及商标使用权归属的认定、恶意串通导致合同无效的认定，以及对于商标使用许可合同备案之效力的说理具有重要参考价值。

本案争议焦点之一是商标重复授权下在后的独占使用许可合同效力问题。具体而言，是艺想公司与毕加索公司签订的独占使用许可合同是否因恶意串通损害第三人利益而被认定为无效。

合同的订立和生效应尊重当事人的意思自治，同时遵循诚实信用原则。行为人与相对人恶意串通，损害他人合法权益的民事法行为无效。

对于帕弗洛公司提出的系争合同因"恶意串通损害第三人利益"无效这一主张，一审法院从主观方面和行为事实两方面对系争合同的效力进行认定。首先在主观方面，艺想公司签订系争合同的目的在于获取涉案商标的独占许可使用权，既非出于损害帕弗洛公司的合法权益，也没有实施不正当竞争的主观恶意。尽管艺想公司在磋商时明知帕弗洛公司享有独占许可使用权的事实，也不能当然认定其具有损害利益的主观恶意。其次在行为事实方面，一审法院认为针对帕弗洛公司不允许一方私自和解的条款和投诉书相关内容均不能证明两者具有合意损害帕弗洛公司利益的行为事实。

相较于一审法院的说理，二审法院做了更为清晰的说理，并由此得出结论：系争合同不符合认定合同无效的法定条件，涉案各方的纠纷，可以通过追究违约责任等方式予以解决。二审法院在一审的基础上，总结出证明合同当事人恶意串通的两大构成要件：既需要证明主观上存在加害故意，又需要证明客观上存在串通行为。同时，二审法院结合相关证据认定在重复授权的情形下，艺想公司不属于在后被授权的善意第三人，并在说理部分明确"非善意第三人，仅意味着其对在先的涉案商标独占使用许可关系是知情的，并不一定意味着其存在恶意串通并损害第三人利益之行为"。

法律体系下"恶意"的认定具有不同的判断方法或构造难度，区分为观念主义、意思主义及获利主义三种。观念主义要求行为人认识到相对人实施了足以危害他人的行为，意思主义在此基础上要求行为人具备损害他人的共同故意，获利主义进而要求获得不当利益的意图。我国法律原则上适用观念主义，对一物多卖等情形例外地适用意思主义，并不单纯依据买受人知情与否径行认定恶意串通，还要求其存在侵害他人之故意。[1]而本案中的商标独占多重许可与物权法中的一物多卖相类似，因而对于"恶意"之认定标准较高。

本案的另一争议焦点是帕弗洛公司、艺想公司能否依据与毕加索公司签订的商标独占使用许可合同获得涉案商标的使用权。

一审法院在审理中，明确了帕弗洛公司享有涉案商标的独占许可使用权，并对《最高人民法院关于审理商标民事纠纷案件适用法律若干问题的解释》第3条第（一）项的性质和含义进行了明确[2]，即商标独占实施许可权是否成立，主要取决于商标权利人和被授权方之间就该商标的授权使用是否达成合意以及双方确认的许可使用方式，该司法解释第3条第（一）项的内容是对我国商标法所规定的三种商标使用许可方式的定义，并不属于强制性法律规范。二审法院针对艺想公司的上诉请求，对毕加索公司与帕弗洛公司的商标使用许可关系的性质和期限进一步予以明确，即两者属于独占使用许可关系，独占使用许可的期间，依据授权合同，在合同当事人并未协商变更的情况下，应认定帕弗洛公司享有2008年9月10日至

---

[1] 张平华. 恶意串通法律规范的合理性 [J]. 中国法学，2017（04）：207-226.

[2] 《最高人民法院关于审理商标民事纠纷案件适用法律若干问题的解释》第3条规定："商标法第四十条规定的商标使用许可包括以下三类：（一）独占使用许可，是指商标注册人在约定的期间、地域和以约定的方式，将该注册商标仅许可一个被许可人使用，商标注册人依约定不得使用该注册商标；（二）排他使用许可，是指商标注册人在约定的期间、地域和以约定的方式，将该注册商标仅许可一个被许可人使用，商标注册人依约定可以使用该注册商标但不得另行许可他人使用该注册商标；（三）普通使用许可，是指商标注册人在约定的期间、地域和以约定的方式，许可他人使用其注册商标，并可自行使用该注册商标和许可他人使用其注册商标。"

2023年12月31日独占使用涉案商标的权利。

二审法院对毕加索公司与帕弗洛公司的商标独占使用许可期限进行了补充认定，弥补了原审判决仅认定在2008年9月10日至2013年12月31日期间享有独占许可使用权的缺陷。二审法院强调，虽然毕加索公司与帕弗洛公司之间的涉案商标使用许可合同备案于2012年1月1日终止，但该独占使用许可合同仍正常履行，在无证据表明帕弗洛公司与毕加索公司的商标独占使用许可合同已被解除的情况下，应认定该独占使用许可合同关系依然存续。

关于艺想公司能否依据与毕加索公司签订的商标独占使用许可合同获得涉案商标的使用权，一审法院经审理认为，系争商标使用许可合同属于双方当事人真实意思表示，并无"恶意串通，损害第三人利益"，也并未违反强制性规定，艺想公司基于商标许可合同具有独占许可使用权，对于重复授权行为，帕弗洛公司可以向毕加索公司主张违约责任。

为此，二审法院对这一争议焦点进行了清晰明确的说理，对商标重复授权行为进行了评价，纠正一审判决的不足之处。二审法院从主观方面入手，毕加索公司与艺想公司签订系争合同时均知晓帕弗洛公司与毕加索公司之间存在涉案商标独占使用许可关系，因而艺想公司并不属于善意第三人。因此由于帕弗洛公司在先享有对涉案商标的独占许可使用权，可以对抗在后的系争商标使用许可合同关系，故艺想公司不能据此系争合同获得涉案商标的使用权。二审判决基于公平诚实信用原则和市场商标使用秩序的考量，由于无充分证据证明艺想公司有加害帕弗洛公司的主观恶意，法院未支持原告关于系争合同系无效合同的诉讼主张，但二审判决亦明确帕弗洛公司在先取得的独占许可使用权可以对抗非善意第三人在后的商标使用许可合同关系。

有学者认为，二审法院的判决实际上是将民法上负担行为、处分行为相区分的理论运用到商标权利的变动上。❶本案中毕加索公司通过分别与帕弗洛公司、艺想公司签订商标独占许可使用合同，给自己设定了两项债法上的给付义务。不同于物权之一物一权主义，多项债权或债务是可以并行

---

❶ 徐卓斌.商标独占使用多重许可法律问题研究 帕弗洛公司诉艺想公司、毕加索公司商标使用许可合同纠纷案评析 [J].电子知识产权，2015（12）：88-94.

不悖的，因而在后的商标独占许可使用合同并不必然无效。但这只是债法上的应为义务，并不意味着一定能够实际给付。毕加索公司作为商标的所有权人，但其已经处分了商标完整的、独占的使用权，除非解除在先的合同以获得处分权的回归，否则在后的许可合同虽有效但难以履行。在后的被许可方艺想公司只能通过违约之诉主张自己的权利。

由此所得的启示为，在商标许可交易市场中，存在对外多重独占许可的可能，往往会引发被许可人之间激烈的利益冲突。对于使用许可合同因"恶意串通损害第三人利益"导致合同无效的认定条件方面，法院提供了比较高的举证标准，既需证明主观上存在加害故意，又需证明客观上存在串通行为。同时，在在后商标许可使用合同有效的前提下，在后被许可人的主观状态和合同的实际履行情形对其能否获得商标的有效权利意义重大。在本案中，艺想公司明知毕加索公司和帕弗洛公司未解除在先商标独占使用许可合同，仍与毕加索公司签订了系争合同，导致先后两个独占许可期间存在重叠，其不属于"善意第三人"，不能依据在后有效合同获得涉案商标的使用权。

41 搜索引擎竞价排名中关键词的隐性使用不构成商标性使用

——重庆金夫人实业有限公司与北京百度网讯科技有限公司、南京木兰尊荣婚纱摄影有限公司侵害商标权及不正当竞争纠纷案 *

📝 裁判要旨

用户设置推广链接关键词参与搜索引擎竞价排名的行为,系在计算机系统内部操作,并未直接将该关键词作为商业标识在其推广链接的标题、描述或其网站页面中向公众展示,不会使公众将其识别为区分商品来源的商标,不属于商标性使用,亦不会损害涉案商标的识别功能与广告宣传功能,不构成对注册商标专用权的侵害。

搜索引擎服务商提供竞价排名推广服务以及向推广用户提供关键词推荐工具的行为系向用户提供一种网络技术服务,本身不涉及对其推荐的或推广用户设置的关键词进行商标性使用,也不存在违反诚实信用原则和公认的商业道德的问题,故仅提供关键词推广链接服务本身不侵犯他人的商标权,也不构成不正当竞争。

---

* 一审:南京市玄武区人民法院(2016)苏 0102 民初 120 号民事判决书;二审:南京市中级人民法院(2016)苏 01 民终 8584 号民事判决书。

案情简介

重庆金夫人实业有限公司（以下简称"金夫人公司"）的经营范围包括摄影，婚纱礼服的出租、零售，商业特许经营（限"金夫人"商标、商号）等，其于 2002 年获准注册第 1979849 号"金夫人 GOLDENLADY 及图"（指定颜色）商标（见图 1），核定使用在第 42 类摄影、出租婚纱礼服等服务上，该商标于 2006 年被商标局认定为驰名商标。南京木兰尊荣婚纱摄影有限公司（以下简称"木兰尊荣公司"）的经营范围包括婚纱摄影、礼服出租、零售、婚庆礼仪服务等。

图 1 第 1979849 号"金夫人 GOLDENLADY 及图"商标

2015 年，金夫人公司发现木兰尊荣公司使用"金夫人"作为搜索关键词，参加北京百度网讯科技有限公司（以下简称"百度公司"）推出的竞价排名推广服务，并能够在搜索结果中显示木兰尊荣公司的标题、描述及网址链接，遂向南京市玄武区人民法院提起诉讼，请求法院判令木兰尊荣公司停止侵犯其注册商标专用权及不正当竞争行为，与百度公司共同赔偿其经济损失及合理费用共计 8 万元，并判令木兰尊荣公司刊登道歉声明以消除影响。

一审法院认为，木兰尊荣公司在互联网上擅自使用与涉案驰名商标文字相同的搜索关键词，在金夫人公司的信息搜索结果中加入其网站信息，足以导致消费者混淆两公司作为婚纱摄影服务的不同提供者，侵犯了金夫人公司的注册商标专用权，应当承担停止侵权、赔偿经济损失等民事责任。一审法院还认为，搜索引擎服务商实质上就是广告发布者，百度公司在提供关键词搜索竞价排名服务时，未尽到充分提醒消费者的谨慎注意义务，通过主动干预为木兰尊荣公司的侵权行为提供了便利条件，在主观上存在明显的故意，百度公司的行为已经侵犯了金夫人公司享有的驰名商标权利，应当承担共同侵权责任。

百度公司不服一审判决，向南京市中级人民法院提起上诉。经审理，二审法院判决撤销一审判决并驳回金夫人公司的全部诉讼请求。金夫人公司不服，向江苏省高级人民法院申请再审，该再审申请最终被裁定驳回。

诉辩意见

百度公司上诉请求撤销一审判决，改判驳回被上诉人金夫人公司的全部诉讼请求，主要的事实和理由如下。首先，一审法院未经审理即依据在先认定结论直接认定涉案商标为驰名商标并据此裁判，存在事实认定错误、程序错误与适用法律错误。其次，百度公司和木兰尊荣公司均不构成商标侵权。"关键词"仅是用于搜索引擎后台触发搜索，其本身不具有任何法律或商业属性，也不具有公开性，"关键词"本身及其使用不是商标性使用。木兰尊荣公司的链接并非混杂于金夫人公司信息中，而是作为独立的链接存在，且金夫人公司的信息均位居最突出部分，任何人均可以明显区分，不会导致相关公众混淆误认。

金夫人公司的主要抗辩理由如下。首先，其在一审中已经提交了驰名商标的批复，一审法院并非主动认定商标是否驰名，故不应适用关于驰名商标级别管辖的司法解释。其次，百度公司作为广告发布者，应该对更具有影响力的商标在审查时负有更多的注意义务，但其未尽到该义务，因此应承担连带责任。最后，根据《商标法》与《互联网广告管理暂行办法》的规定，涉案商标的使用属于商标性的使用。

裁判理由

二审法院首先认为一审审判程序符合法律规定。金夫人公司提起本案诉讼，并未要求认定涉案商标驰名，其提供的认定涉案商标驰名的批复，系证明其商标的知名度和影响力的证据，提供该批复的证明目的与其提供的获得相关荣誉的其他证据相同。因此，一审法院审理本案符合法律和司法解释关于级别管辖的规定，并无不当。

其次，二审法院指出，木兰尊荣公司虽未提出上诉，但因木兰尊荣公司是否构成侵权是判断百度公司法律责任的前提，故仍有必要对木兰尊荣公司行为的定性作出分析。

（一）木兰尊荣公司的行为不侵犯金夫人公司的注册商标专用权

木兰尊荣公司将涉案组合商标中的文字"金夫人"设置为百度推广服务的关键词，从而使网络用户在搜索相关词语时，其设置的链接能出现在搜索结果页面的推广链接栏目中。其将"金夫人"文字设置为推广链接的关键词系在计算机系统内部操作，并未直接将该词作为商业标识在其推广链接的标题、描述或其网站页面中向公众展示，不会使公众将其识别为区分商品来源的商标，不属于商标性使用。木兰尊荣公司设置该推广链接的行为不会导致相关公众对服务来源的混淆误认或者认为其提供的服务与金夫人公司有特定的联系，未损害涉案商标的识别功能。网络用户搜索"金夫人"后首先出现的即为金夫人公司的官网，其后才是推广链接，亦未损害涉案商标的广告宣传功能。因此，木兰尊荣公司设置推广链接的行为未侵犯金夫人公司对涉案商标享有的注册商标专用权。

（二）木兰尊荣公司的行为不构成不正当竞争行为

本案的关键词隐性使用行为没有包含在《反不正当竞争法》所列举的11种不正当竞争行为中，对于法律没有明确规定的竞争行为是否具有正当性，只能依据该法第2条判断其是否违反诚实信用原则和公认的商业道德。虽然木兰尊荣公司以金夫人公司涉案商标中的"金夫人"文字作为推广链接的关键词有借此增加其网站及服务广告出现在搜索结果中的机会的意图，但综合考虑其设置的推广链接的具体情形、关键词广告市场特性及网络用户的认知水平等因素，其行为尚未达到违反诚实信用原则和公认的商业道德的程度。木兰尊荣公司设置关键词推广链接的行为并未对金夫人公司的合法权益造成实际损害，其行为不构成不正当竞争。

（三）百度公司的行为不构成商标侵权或不正当竞争

百度公司提供百度竞价排名推广服务，向推广用户提供关键词推荐工具的行为系向用户提供一种网络技术服务，本身不涉及对其推荐的或推广用户设置的关键词进行商标性使用，也不存在违反诚实信用原则和公认的商业道德的问题，故百度公司仅提供百度推广服务本身未侵犯金夫人公司的商标权，也未构成不正当竞争行为。此外，百度公司在审查木兰尊荣公司推广服务关键词过程中不存在过错，也无证据证明百度公司对木兰尊荣公司选用"金夫人"作为搜索关键词存在帮助、教唆等情形，故百度公司无须承担侵权责任。另外,《互联网信息搜索服务管理规定》和《互联网广告管理暂行办法》的施行时间在 2016 年 8 月之后,均晚于本案被控侵权行为的发生之日,也晚于被控侵权行为停止之时,故对本案被控侵权行为不具有溯及力。

再审法院经审查认为,二审法院对于木兰尊荣公司与百度公司不构成商标侵权和不正当竞争的认定并无不当,故裁定驳回金夫人公司的再审申请。

🗐 案件评析

本案是一起以他人的商标作为搜索关键词参与竞价排名推广服务而引发的商标侵权及不正当竞争纠纷,二审法院关于关键词的隐性使用不构成商标性使用及对搜索引擎服务商责任承担的分析具有重要的参考价值。

竞价排名推广服务是搜索引擎服务商推出的一种网络推广服务方式。市场主体注册后,通过自行选定关联到其网站的竞价排名关键词、编辑推广内容(包括标题、描述和网址链接)并设定点击价格,以达到影响搜索关键词与该网站网页的技术相关度的目的,从而使其推广内容在搜索结果中排序优先。近年来,因搜索引擎关键词竞价排名推广引发了众多商标侵权及不正当竞争纠纷,关键词竞价排名是否构成商标性使用、推广用户与搜索引擎服务商的行为定性和责任承担等成为理论界与实务界热议的问题。早期的典型案例有大众搬场公司等诉百度网讯公司等侵犯商标专用权与不正当竞争纠纷案[1]。

在本案中,一审法院与二审法院对于木兰尊荣公司是否构成商标侵权得出不同结论的主要原因在于:一审法院遗漏了对于木兰尊荣公司设置关键词推广链接的行为是否构成商标性使用的分析,这是判断木兰尊荣公司是否构成商标侵权的前提。一审法院仅关注到与金夫人公司没有任何关联关系的木兰尊荣公司的企业信息,非常显著地出现在"金夫人"驰名商标的信息搜索结果,以及消费者因此可能产生的错误认识,就得出已经构成商标法律规定的"容易导致混淆"的情形,进而认定木兰尊荣公司构成商

---

[1] 上海市第二中级人民法院(2007)沪二中民五(知)初字第 147 号民事判决书。

标侵权，这委实存在不当之处。

二审法院将木兰尊荣公司设置关键词推广链接的行为细分为两个行为：一是选定推广关键词的行为，当网络用户使用搜索服务时输入的搜索词与木兰尊荣公司所选定的关键词一致或者包含在关键词中时，木兰尊荣公司的推广内容就会被触发而出现；二是编辑推广内容的行为，即呈现在网络用户前的木兰尊荣公司的标题、描述和网址链接。二审法院在判决中采纳学术研究观点，认为若编写的推广内容中包含关键词（他人商标），则关键词会展现在搜索后显示出的推广内容中，属于关键词的显性使用行为；若仅将他人的商标设置为关键词，而未将其包含在编写的推广内容中，则搜索后显示的推广内容中不会展现他人的商标，属于关键词的隐性使用行为。并指出本案即属于第二种情形，即关键词的隐性使用行为。由于这种使用行为并未直接将该词作为商业标识在其推广链接的标题、描述或其网站页面中向公众展示，不会使公众将其识别为区分商品来源的商标，故不属于商标性的使用。二审法院的这一裁判理由与凌宗亮法官的观点一致，"如果仅仅是将他人商标用作关键词，在搜索结果的页面标题、网站上均没有出现他人的商标，此时商标发挥的并不是识别功能，而是商标的信息传递功能，并不存在商标侵权或不正当竞争的问题"。[1] 同样，在罗浮宫公司诉连天红公司、力天红公司及百度公司不正当竞争纠纷案[2]中，福建省高级人民法院亦认为力天红公司将与"罗浮宫"商标有相同文字的"罗浮宫家具"设置为关键词不属于商标性使用，不宜认定为商标侵权。

本案的另一个亮点在于二审法院关于搜索引擎服务商责任承担问题的分析。网络服务提供者的侵权责任应适用《侵权责任法》（现由《中华人民共和国民法典》代替）第 36 条的规定。该条第 1 款规定了网络服务提供者的直接侵权责任，即网络服务提供者利用网络侵害他人民事权益的，应当承担侵权责任。该条第 2 款、第 3 款规定了网络服务提供者的间接侵权责任，即网络服务提供者接到侵权通知后未及时采取必要措施导致损害扩大的，对损害的扩大部分与直接侵权行为人承担连带责任；或者网络服务提供者知道直接侵权行为人利用网络服务侵害他人权益，未采取必要措施的，

---

[1] 凌宗亮. 仅将他人商标用作搜索关键词行为的性质分析 [J]. 中华商标，2015（9）：66-71.
[2] 福建省高级人民法院（2015）闽民终字第 1266 号民事判决书。

与直接侵权行为人承担连带责任。❶

二审法院认为，首先，百度公司没有实施直接侵犯金夫人公司涉案商标权的行为，不承担直接侵权责任；其次，百度公司在收到本案的起诉状后已采取了删除的措施，断开了木兰尊荣公司网站与关键词"金夫人"的链接，因此百度公司不承担因接到通知后未采取必要措施导致损害扩大的连带责任；再次，百度公司对木兰尊荣公司的行为不存在参与、教唆、帮助的情形，没有过错，也不应承担上述法条第3款规定的间接侵权责任。二审法院强调过错是网络服务提供者因他人直接侵权行为承担责任的基础，网络服务提供者的过错具体表现为"知道"行为人的侵权行为。"知道"包括实际知道，也包括基于其应具备的注意义务、法律推定的应当知道，而本案中百度公司不存在实际知道木兰尊荣公司侵权的情形，也不存在法律推定的应当知道的情形。在分析注意义务时，二审法院认为金夫人公司享有涉案注册商标的专用权，但其享有的该合法权利尚不足以导致百度公司对其涉案商标负有更高的注意义务，并指出如果根据关键词的性质来判决搜索引擎服务商是否负有更高审查义务，则颠倒了因果关系。因为关键词的性质是搜索引擎服务商进行合理审查后才能得知的信息。这是对网络服务提供者注意义务较为合理的分析，避免对网络服务提供者施以过高的审查义务。

值得一提的是，出现一审法院认为百度公司在展示竞价排名结果时没有尽到谨慎注意义务，而二审法院认为百度公司尽到了注意义务两种不同

---

❶ 对应《民法典》第1194条规定："网络用户、网络服务提供者利用网络侵害他人民事权益的，应当承担侵权责任。法律另有规定的，依照其规定。"第1195条："网络用户利用网络服务实施侵权行为的，权利人有权通知网络服务提供者采取删除、屏蔽、断开链接等必要措施。通知应当包括构成侵权的初步证据及权利人的真实身份信息。网络服务提供者接到通知后，应当及时将该通知转送相关网络用户，并根据构成侵权的初步证据和服务类型采取必要措施；未及时采取必要措施的，对损害的扩大部分与该网络用户承担连带责任。权利人因错误通知造成网络用户或者网络服务提供者损害的，应当承担侵权责任。法律另有规定的，依照其规定。"第1196条规定："网络用户接到转送的通知后，可以向网络服务提供者提交不存在侵权行为的声明。声明应当包括不存在侵权行为的初步证据及网络用户的真实身份信息。网络服务提供者接到声明后，应当将该声明转送发出通知的权利人，并告知其可以向有关部门投诉或者向人民法院提起诉讼。网络服务提供者在转送声明到达权利人后的合理期限内，未收到权利人已经投诉或者提起诉讼通知的，应当及时终止所采取的措施。"第1197条规定："网络服务提供者知道或者应当知道网络用户利用其网络服务侵害他人民事权益，未采取必要措施的，与该网络用户承担连带责任。"

观点的重要原因在于，一审、二审法院对于百度公司提供关键词竞价排名相关服务行为的定性不同。一审法院认为百度公司属于广告发布者，而二审法院认为百度公司属于网络服务提供者，其行为系向用户提供一种网络技术服务，进而适用了《侵权责任法》第36条的"避风港"原则。在因搜索引擎关键词竞价排名推广引发的商标侵权及不正当竞争纠纷中，法院对于搜索引擎服务商系广告发布者抑或仅作为网络服务提供者的不同认定，往往影响到搜索引擎服务商是否尽到注意义务的判断，最终影响其是否承担共同侵权责任。

42 利用他人商标作为网络检索关键词设置推广链接可构成商标侵权

——上海玄霆娱乐信息科技有限公司与北京畅游时代数码技术有限公司侵害商标权纠纷案 *

裁判要旨

北京畅游时代数码技术有限公司（以下简称"畅游公司"）的推广链接标题分别为"凡人修仙传同名游戏，凡人……""全新《凡人修仙传》原作改编游戏，《凡人修仙传》邀你体验绝妙玄幻之旅！"其中的"凡人修仙传"字样虽非突出使用，但因标题的长度较短，上述字样为标题的主要、显著部分，明确指示了推广链接的游戏是由《凡人修仙传》改编的游戏而非其他游戏，具有标识商品来源的作用，故属于商标使用。虽相关公众点击该推广链接后进入的畅游公司网站信息中并不存在《凡人修仙传》的内容，亦即畅游公司并未在其网站中将"凡人修仙传"作商标使用，但畅游公司的该设置关键词行为亦会造成相关公众初始混淆，误认随后链接的网站与上海玄霆娱乐信息科技有限公司（以下简称"玄霆公司"）存在关联。

畅游公司使用了与玄霆公司相同的商标，且畅游公司在与玄霆公司商标核定使用的同一种商品上使用商标。因此，畅游公司的上述行为构成侵害玄霆公司注册商标专用权。

---

* 一审：上海市浦东新区人民法院（2016）沪0115民初52844号民事判决书；二审：上海知识产权法院（2017）沪73民终266号民事判决书。

案情简介

2009年4月28日，玄霆公司与案外人丁某某（笔名"忘语"）签订《委托创作协议》，约定：《凡人修仙传》系玄霆公司委托丁某某创作的作品，玄霆公司享有的著作权包括但不限于《著作权法》第10条所列的各项著作人身权和财产权。

2011年3月7日，玄霆公司注册了"凡人修仙传"（印刷体中文）商标，核定使用商品为第9类。同年6月14日，玄霆公司又注册了"凡人修仙传Demigod"（美术字体）商标，核定使用商品亦为第9类。畅游公司系"玩游戏"网站（首页网址www.wan.com）的经营者，同时也是《风云无双》游戏的经营者。玄霆公司发现，在搜狗搜索框中搜索"凡人修仙传"字样，搜索结果页面显示出关键字为"凡人修仙传同名游戏，凡人修仙传剧情全还原，点击进入！"的搜狗推广链接，点开链接并成功注册后却链接至畅游公司经营的《风云无双》游戏，而非《凡人修仙传》网络游戏。玄霆公司认为，第一，畅游公司的行为不仅严重损害《凡人修仙传》的作品声誉，且严重影响玄霆公司正常行使该作品的改编权，客观上使《凡人修仙传》作品改编权与合法改编自该作品的游戏的商业价值大幅缩减，致使玄霆公司遭受严重的经济损失；第二，畅游公司未经注册商标专用权人许可，在相同商品上使用相同商标的行为，已构成商标侵权；第三，玄霆公司的《凡人修仙传》小说构成知名商品，其名称"凡人修仙传"系其特有名称，畅游公司擅自使用了该知名商品特有名称，因此亦构成不正当竞争。

一审法院经审理认为，畅游公司行为属未经玄霆公司许可，在同一种商品上使用与玄霆公司商标相同商标，该行为构成侵害玄霆公司注册商标专用权。但由于小说《凡人修仙传》不构成知名商品，且小说商品与网络游戏商品不属于相同或类似商品，畅游公司行为不会对作为小说《凡人修仙传》权利人的玄霆公司造成损害，不构成不正当竞争行为。

畅游公司不服一审判决，上诉至上海知识产权法院。二审法院判决畅游公司不仅侵害注册商标专用权，还构成擅自使用知名商品特有名称的不正当竞争行为。

诉辩意见

畅游公司不服一审法院上述民事判决，上诉理由如下。第一，玄霆公司提起本案一审诉讼，已经超过诉讼时效。第二，一审法院对于畅游公司在推广链接中使用文字"凡人修仙传"侵犯了玄霆公司涉案商标权的认定有误。一方面，畅游公司上述对"凡人修仙传"的使用，不属于商标的使用行为；另一方面，畅游公司的上述使用行为不会造成相关公众的混淆和误认。第三，一审法院在没有任何证据的情况下，判令畅游公司向玄霆公司承担消除影响、赔偿经济损失、承担合理支出的民事责任，缺乏事实和法律依据，应当被依法撤销。

玄霆公司辩称，第一，玄霆公司向一审法院递交诉状之日起，本案的诉讼时效已经中断，故本案起诉并未超过诉讼时效；第二，畅游公司将"凡人修仙传"作为关键词在推广链接中使用的行为，具有显著性，易被相关公众所注意，属于商标的使用，足以造成相关公众的混淆和误认，故畅游公司的行为已经构成商标侵权。畅游公司应当就其侵权行为承担消除影响、赔偿损失、承担玄霆公司合理费用的民事责任。综上，玄霆公司认为，一审判决认定事实清楚，适用法律正确，请求本院驳回上诉，维持原判。

裁判理由

一审裁判理由如下。畅游公司在宣传推广其《风云无双》网络游戏商品的经营活动中，在主观上具有将其选定的上述关键词作为区别、指示其推广的商品来源的目的。畅游公司的推广链接中的"凡人修仙传"字样为标题的主要、显著部分，明确指示了推广链接的游戏是"凡人修仙传"改编的游戏，具有标识商品来源的作用，故属于商标使用。畅游公司在推广链接的标题中使用的"凡人修仙传"商标与玄霆公司商标相同，故畅游公司使用了与玄霆公司商标相同的商标，且畅游公司在与玄霆公司商标核定使用的同一种商品上使用商标。因此，畅游公司行为属未经玄霆公司许可，在同一种商品上使用与玄霆公司商标相同的商标，一审法院认定，畅游公司的上述行为构成侵害玄霆公司注册商标专用权。

二审裁判理由如下。本案中，畅游公司作为《风云无双》网络游戏的经营者，未经玄霆公司的许可，亦无合理的理由，在"搜狗搜索"网站上刻意设置关键词为"凡人修仙传"的推广链接，并在推广链接的标题中以"凡人修仙传"同名游戏等陈述，明确指示了涉案推广链接的游戏与"凡人修仙传"相关联。畅游公司上述对"凡人修仙传"的使用行为足以使相关消费者产生涉案推广链接所链接的游戏与涉案商标相关联的混淆和误认。综上，畅游公司的上述行为，属于未经许可将与他人注册商标相同的文字在相同商品上使用的商标侵权行为。

案例评析

随着网络时代的到来，越来越多的商家通过网络进行营销，互联网为商家进行宣传推广开辟了一条新的途径。但与此同时，也出现了部分商家利用搜索引擎服务商提供的关键词服务，设置推广链接，搭知名品牌便车的现象。本案的争议焦点之一便是畅游公司未经玄霆公司许可，在搜狗搜索网站上刻意设置关键词为"凡人修仙传"的推广链接的行为，是否侵犯了玄霆公司的注册商标专用权。判断利用他人商标作为网络检索关键词设置推广链接的行为是否侵犯商标权的关键问题在于：第一，在设置推广链接时使用他人的商标，是否属于商标法意义上的商标性使用行为；第二，是否会引起相关公众的混淆。

（一）是否构成商标性使用

商标性使用是商标侵权判断的前置条件，一般用于判断被控侵权商标是否起到指示商品或者服务来源的作用。[1]消费者必须将原被告各自的标识识别为商标，认为该标识出现在商品或者服务之上是为了证明商品或服务的来源。在此基础上才有可能在不同商品的来源之间产生混淆。如果消费者一开始便没有将两个主体的标识识别为商标，根本就不可能将两个标识主体混淆。[2]在仁爱商标侵权案中[3]北京双语报在自己的报纸上载有"仁爱"商标。但"仁爱"的注册商标专用权为仁爱教育所有，因此仁爱教育认为

---

[1] 万迪.侵害商标权纠纷案件中商标性使用与正当使用的界定——从"草莓音乐节案"说起[J].法律适用（司法案例），2017（24）：34-40.

[2] 马丽萍.论商标使用与商标侵权判定的关系[J].武陵学刊，2019，44（2）：54-62.

[3] 北京市第一中级人民法院（2006）一中民终字第15091号民事判决书。

北京双语报的行为侵犯了自己的注册商标专用权。法院认为,双语报对于仁爱商标的使用是为了表明报纸为仁爱版英语教材的配套教辅资料,而不是表明报纸的出处。故双语报的行为不构成商标性使用,不侵犯原告的商标权。由此,法院并没有再进一步对于是否构成混淆进行分析,而是由不构成商标性使用直接得出不侵权的结论。在认定商标侵权过程中,应首先进行商标性使用的判定,然后再进行商标混淆的判定。如果不构成商标性使用,几乎难以引起消费者的混淆,商标性使用是商标侵权判定的构成要件之一。

本案中畅游公司的推广链接的标题中含有"凡人修仙传"字样,由于标题长度较短,因此上述字样为标题的主要部分、显著部分,明确指示了推广链接的游戏是《凡人修仙传》改编的游戏而非其他游戏,具有标识商品来源的作用,故属于商标性使用。与之形成对比的,在慧鱼案中❶,在百度公司的网站上以"慧鱼"为关键词进行搜索后,在搜索结果页面的推广链接中出现使用费希尔厂有限责任两合公司商标"慧鱼"进行假冒的网站,其中包括美坚利公司的网站。美利坚在使用百度推广服务时,使用"慧鱼""德国慧鱼"作为关键词设置其推广计划,造成"慧鱼"商标的搜索结果指向美坚利公司网站。但是美坚利公司的网站并无"慧鱼"二字,其将相关文字设置为推广链接的关键词系在计算机系统内部操作,而没有直接将"慧鱼"作为区分商品或服务来源的标识展示给公众。因此,法院最终认定这种使用不属于商标性使用,不侵害费希尔厂有限责任两合公司的商标专用权。

在判断利用他人商标作为网络检索关键词设置推广链接是否构成商标侵权时,首先应当考察被告的使用是否构成商标性使用。倘若构成商标性使用,需要进一步考察是否为近似商标或类似商品。如果不构成商标性使用则可以直接将被告的行为排除出商标侵权的范畴,无须进行后续的认定过程,有效节省了司法资源。

(二)是否会引起消费者的混淆

本案中,法院首先认定了畅游公司利用"凡人修仙传"商标作为网络

---

❶ 北京市高级人民法院(2013)高民终字第1620号民事判决书。

检索关键词设置推广链接属于商标性使用行为。接着，法院进一步对于该使用行为是否会引起相关公众的混淆进行了分析。本案中的一审法院认为，虽然相关公众点击该推广链接后进入的畅游公司网站信息中并不存在《凡人修仙传》的内容，但畅游公司的该设置关键词行为亦会造成相关公众初始混淆，误认随后链接的网站与玄霆公司存在关联。

在判断利用他人商标作为网络检索关键词设置推广链接的行为是否引起混淆时，还应当考虑消费者的谨慎程度。比如在"53KF"案件[1]中，六度公司是 53KF 的商标权人，其商标核定使用在计算机编程、计算机软件设计、网络服务器的出租、提供互联网搜索引擎等服务上。广东群英公司、茂名群英公司在搜狗、百度上使用关键词"53KF"及"53 客服"文字推广链接至其经营的涉案网站，六度公司起诉广东群英公司、茂名群英公司侵犯了其注册商标专用权。该案的一审法院认为广东群英公司、茂名群英公司对"53KF"的使用会导致消费者的混淆。而该案的二审法院则认为，因为广东群英公司、茂名群英公司被诉侵权的链接标题为"53kf？在线客服系统为什么一定要选择 Cc 客服？Qycn.Com"字样，法院认为，合理谨慎的消费者都能看出，广东群英公司、茂名群英公司使用"53KF"只是想要将自己的服务和 53kf 进行对比。因此，合理谨慎的消费者并不会将二者混淆。由此，法院撤销了一审的判决。

（三）推广服务提供商的连带责任认定

在与推广链接的相关的纠纷中，除了利用他人商标作为网络检索关键词设置推广链接的行为是否侵犯商标权的认定标准以外，推广服务提供商的责任认定亦是一个备受关注的问题。

从现行司法实践来看，大多数案件中，法院均认为推广链接服务商只要尽到了合理审慎的注意义务，即不构成共同侵权。以聚焦人才服务有限公司（以下简称"聚焦公司"）案为例[2]，聚焦公司拥有"汇博"商标的注册商标专用权，其运营的"汇博人才网"网站在国内具有较高的知名度。但近年来聚焦公司发现，当网络用户在百度网搜索"汇博""汇博人才网"时网络上均出现前锦网络信息技术有限公司（以下简称"前锦公司"）运营的

---

[1] 广州知识产权法院（2015）粤知法商民终字第 14 号民事判决书。
[2] 重庆市第五中级人民法院（2017）渝 05 民初 377 号民事判决书。

"无忧工作网"网站的商业广告。而聚焦公司与前锦公司并无任何关联。故聚焦公司向法院起诉，要求法院认定其商标专用权受到侵害，并要求前锦公司与百度网讯科技公司承担连带责任。法院认为百度网讯科技公司作为网络搜索技术服务提供者，其在合同中已约定并提醒推广用户不得侵犯权利，除对明显违反国家法律法规的内容应予主动排除外，一般情况下，对于用户所选择使用的关键词并不负有全面、主动、事先审查的义务。作为网络服务提供者，尽到了合理审慎的注意义务，没有证据证明其知道或应当知道用户设置关键词的行为侵犯了他人商标权利，其对于用户在推广业务中实施的商标侵权行为没有过错，不构成共同的侵权行为，不应承担民事责任。司法实践中一般认为履行了合理审慎的注意义务的推广服务提供商并不承担连带责任。除聚焦公司案以外，在上海赛锐机械设备有限公司案❶等案件中，上海知识产权法院亦持有类似观点。

利用搜索引擎设置推广链接进行宣传能够较为便捷地吸引相关用户的注意力，但是在设置推广链接之时不能不当利用他人商标已经建立起的良好品牌形象。诚实信用是所有的市场参与者应当遵循的基本原则，行为人应当合规开展链接推广业务。推广链接服务提供商也应当利用平台的技术优势，尽可能采取措施减少侵权行为的发生。

---

❶ 参见上海知识产权法院（2017）沪 73 民终 230 号民事判决书。

43 商标确认不侵权之诉要件判断

——王老吉有限公司与广州王老吉大健康产业有限公司确认不侵害商标权纠纷案 *

裁判要旨

确认不侵权之诉中的催告程序，是为了防止被警告方随意提起确认不侵权之诉，尽可能引导当事人通过侵权诉讼解决争议，在通过书面催告方式确定权利人在合理期限内不启动纠纷解决程序时，才赋予被警告方提起确认不侵权之诉的诉权。在投诉方（警告方）知悉被投诉方（被警告方）具有维护自身利益的意图但始终不起诉或者撤回投诉（警告）的情况下，被投诉方（被警告方）在未严格履行催告程序的要求时提起确认不侵权之诉，符合确认不侵权之诉的受理条件。

商标性使用是构成商标侵权行为的前提，不发挥识别来源功能使用相关标识的行为不构成商标侵权。

案情简介

广州医药集团有限公司（以下简称"广药集团"）是第 9095940 号、第 3980709 号、第 626155 号注册商标的商标权人。上述商标核定使用商品种类均为第 32 类，包括无酒精饮料、果汁、固体饮料等。广药集团属下的广

---

* 一审：广州市中级人民法院（2012）穗中法知民初字第 264 号民事判决书；二审：广东省高级人民法院（2016）粤民终 240 号民事判决书。

州药业股份有限公司于 2012 年 2 月 28 日全资设立了广州王老吉大健康产业有限公司（以下简称"大健康公司"）。

王老吉有限公司（以下简称"王老吉公司"）是于 1991 年 10 月 1 日在香港注册的有限公司，时任董事包括陈某道。第 9102892 号"吉庆时分"注册商标，为王老吉公司于 2011 年 1 月 28 日申请，于 2012 年 2 月 7 日公告，核定使用商品种类为第 32 类，注册有效期限自 2012 年 2 月 7 日至 2022 年 2 月 6 日。王老吉公司将该"吉庆时分"商标许可给其关联企业，包括加多宝（中国）饮料有限公司（以下简称"加多宝（中国）公司"）在内的六家"加多宝"公司。2012 年 11 月 2 日，王老吉公司全权委托加多宝（中国）公司在中国境内处理侵犯其公司名下商标（包括本案"吉庆时分"商标）专用权的一切行为，加多宝（中国）公司有权全权行使维权权利，并独立采取一切有关附件商标的维权行为。

2012 年 11 月 29 日的《广州日报》和《信息时报》等媒体刊登关于加多宝（中国）公司指责广药集团涉嫌对其"吉庆时分"商标侵权的内容。内容均包括"加多宝称，在山西、辽宁、浙江、新疆、陕西等省份的 50 多个地区的工商部门已查封广药大量涉嫌侵权的凉茶产品"。

2013 年 4 月 22 日，广东某律师事务所刘律师受大健康公司委托，通过邮政 EMS 向王老吉公司注册地址发出《律师催告函》，督促王老吉公司要么立即撤回对大健康公司所有经销商的行政投诉，要么在一个月内向法院提出侵权之诉。该函件于 2013 年 4 月 26 日被退回。

基于上述案件事实，大健康公司向一审法院提出确认不侵犯商标权之诉，一审法院于 2012 年 12 月 11 日立案。一审法院认为大健康公司符合提起确认不侵权之诉的条件，且大健康公司对"吉庆时分"字样的使用不构成商标性使用，不会使消费者对产品的来源产生误认。故一审法院判决认定大健康公司涉案使用"吉庆时分"字样的方式不侵犯王老吉公司的商标权。

王老吉公司不服一审判决，向广东省高级人民法院上诉。

诉辩意见

王老吉公司的上诉理由如下。

大健康公司未依法书面催告王老吉公司行使诉权，本案不符合确认不侵害商标权诉讼的受理条件。如果将王老吉公司向行政机关举报视为一种侵权警告，那么大健康公司应当在收到工商行政部门处理通知之后，书面催告王老吉公司行使诉讼，但大健康公司并无证据可以证明向王老吉公司发出过相关警告。

一审判决认为大健康公司在涉案商品包装上使用"吉庆时分"字样，系"吉庆时分喝王老吉"广告语的一部分，不构成商标性使用。对此王老吉公司认为一审法院该认定适用法律有误：2001年《商标法》及2002年《商标法实施条例》未明确规定商标性使用是构成商标侵权的前提；大健康公司的使用行为已经构成商业标识性质的使用；大健康公司将"吉庆时分"标识与其"王老吉"注册商标一起使用在商品包装上，以此长期使用，可能使得"吉庆时分"与其商品产生固定联系，产生反向混淆；一审判决认为大健康公司在商品包装上使用"吉庆时分"标识系广告语的一部分，不会使消费者对商品来源产生误认，这是有误的。从商标法及司法解释相关规定可知，对于同一种商品上使用与注册商标相同的标识，并不以是否产生混淆可能性为前提。

大健康公司明知王老吉公司已经将"吉庆时分"注册为商标，仍然将其用于广告宣传，其目的就是希望通过长期使用，弱化涉案商标的显著性，并将"吉庆时分"标示与大健康公司建立联系，主观恶意明显。

大健康公司答辩意见如下。

第一，本案符合起诉条件。一审判决明确了确认不侵害商标权案件受理条件，较好地平衡商标权利人和被诉侵权人的权利。

第二，大健康公司在商品外包装上使用包含"吉庆时分"文字的"吉庆时分喝王老吉"广告语，该行为不属于商标使用，不构成商标侵害。大健康公司商品外包装上的"吉庆时分喝王老吉"广告语是叙事词，没有起到商标性质的使用。该商品外包装上起到商标性质使用的是"王老吉"注册商标。

裁判理由

二审广东省高级人民法院裁判理由如下。

（一）本案符合确认不侵害商标权之诉受理条件

确认不侵权之诉的立法目的在于规制权利人滥用诉权。在被警告人遭受侵权警告而权利人怠于行使诉权使得被警告人处于不安状态情形下，被警告人能够获得司法救济的途径。但是，由于侵权之诉在举证和事实查明上优于确认不侵权之诉，为了尽量促使当事人之间通过侵权之诉解决争议，防止被警告人动辄提起确认不侵权之诉，对于被警告人提起确认不侵权之诉，有必要设置被警告人向权利人催告行使权利的程序，以及留给权利人提起侵权之诉的合理期限。《最高人民法院关于审理侵犯专利权纠纷案件应用法律若干问题的解释》第18条规定明确规定了确认专利不侵权之诉的条件。在商标领域，虽然未有法律或者司法解释对此作出规定，一般情况下，可以参照前述司法解释第18条规定执行。但是，在确认不侵害商标权之诉中，对于前述规定的催告程序，亦不宜机械地适用。应当结合确认不侵权之诉的立法目的，根据个案具体情况，妥当地理解和适用，以恰当平衡双方当事人的利益。

本案中，由于王老吉公司向工商行政管理部门投诉大健康公司相关侵权行为，导致大健康公司被工商部门查处，且王老吉公司在媒体上宣传大健康公司侵权，给大健康公司的商业经营带来很大影响。大健康公司在王老吉公司仅投诉其经销商，其无法参与到行政程序中主张权益的情况下，未经诉前书面催告程序而直接提起确认不侵害商标权之诉，以尽快明确双方权利边界，有其合理之处。大健康公司于一审起诉后即向王老吉公司发送《律师催告函》，此时王老吉公司理应知晓大健康公司维护其权益的意图，王老吉公司始终未能起诉或撤回警告，从而使得大健康公司始终处于王老吉公司侵权警告的不安中。此时，如果参照前述司法解释的书面催告程序及其"自权利人收到该书面催告之日起一个月内或者自书面催告发出之日起二个月内"期限来设定受理条件，从而驳回大健康公司起诉，然后再由大健康公司提起确认不侵害商标权之诉，这在事实上只是徒增了无意义的司法程序空转。故法院认定大健康公司符合确认不侵害商标权之诉的受理条件，一审认定正确。

（二）大健康公司在其商品外包装等使用"吉庆时分"标识的行为，不侵害王老吉公司商标权

商标法保护商标的本质在于保护商标的识别功能，侵害商标权实质上

是他人行为对商标识别功能的破坏。他人将商标权人的商标标识使用在他人的商品上，只有该标识起到识别来源的作用之时，才有可能进一步引起消费者对商品来源产生混淆误认，进而才有可能构成侵害商标权。大健康公司商品外包装上，既标有广告语"吉庆时分喝王老吉"，又标有其"王老吉"注册商标；注册商标字体较大，标注在包装盒较为显眼的位置；广告语字体较小，标注在包装盒一面下部边缘处。在王老吉公司"吉庆时分"注册商标获得授权之前，大健康公司的关联公司广药集团亦曾在其商品上使用过类似的广告语。在此情形下，在商品包装等使用"吉庆时分喝王老吉"的广告语，消费者并不认为其中的"吉庆时分"标识，是在发挥识别商品来源的作用，因此，也就不可能引起消费者对该商品的来源产生混淆误认。一审法院关于被诉商品包装等使用"吉庆时分"标识不构成侵害商标权的认定正确。

案件评析

本案涉及确认不侵害商标权之诉受理条件，在商标法律制度对此没有明文规定的情况下，如何在参照专利法相关司法解释的规定下正确适用该制度，法院给出了明确裁判规则，对同类案件具有较大的参考意义。

本案争议焦点之一即大健康公司的起诉是否符合确认不侵害商标权之诉的受理要件。

在商标法律制度中，并无关于确认不侵权之诉的相关规定。在知识产权法律制度中，《最高人民法院关于审理侵犯专利权纠纷案件应用法律若干问题的解释》第18条❶规定了提起确认不侵权之诉的三个要件：①权利人需要向他人发出侵权警告；②被警告人需要书面催告权利人行使诉权；③权利人自收到书面催告之日一个月内或者自该催告发出两个月内不撤回警告也不起诉。最高人民法院在（2011）民提字第48号民事裁定书的裁定理由中明确上述司法解释规定的原则，应适用于涉及其他类型知识产权所提起

---

❶ 《最高人民法院关于审理侵犯专利权纠纷案件应用法律若干问题的解释》第18条规定："权利人向他人发出侵犯专利权的警告，被警告人或者利害关系人经书面催告权利人行使诉权，自权利人收到该书面催告之日起一个月内或者自书面催告发出之日起二个月内，权利人不撤回警告也不提起诉讼，被警告人或者利害关系人向人民法院提起请求确认其行为不侵犯专利权的诉讼的，人民法院应当受理。"

的确认不侵权之诉。故本案可以参照上述司法解释。本案中，大健康公司在提起诉讼前，并未履行法定的书面催告程序，对此，法定受理条件中催告程序的缺失是否影响案件的受理成为本案该争议焦点的关键所在。二审法院认为本案如果机械地要求大健康公司必须在起诉前履行书面催告程序，从而驳回大健康公司起诉，然后再由大健康公司提起确认不侵害商标权之诉，这在事实上只是徒增了无意义的司法程序空转。上海知识产权法院在上海和汇安全用品有限公司与王某祥确认不侵害商标权纠纷案中与本案二审法院持同样的观点。❶

催告程序，是为了防止被警告人随意提起确认不侵权之诉，尽可能引导当事人通过侵权诉讼解决争议，在通过书面催告方式确定权利人在合理期限内不启动纠纷解决程序时，才赋予被警告人提起确认不侵权之诉的诉权。

针对确认不侵权之诉，最高人民法院知识产权法庭在 VMI 荷兰公司、固铂（昆山）轮胎有限公司与萨驰华辰机械（苏州）有限公司确认不侵害专利权纠纷案的二审裁定中认定，专利权人仅针对被诉侵权产品的使用者向专利行政部门提起专利侵权纠纷处理的请求，导致被诉侵权产品生产者、销售者的经营处于不确定状态，且其不能参与行政处理程序以维护其权益。尽快确定被诉侵权产品是否落入涉案专利权保护范围，符合涉案各方利益，有利于节约行政和司法资源。应认定此类专利侵权纠纷处理请求属于专利权人发出的侵犯专利权警告，未能参与行政处理程序的相关方有权提起确认不侵害专利权之诉。❷ 该专利案件在不侵权之诉的主体上与本案存在类似之处，虽然本案未对主体资格产生争议，但基于同为确认不侵权之诉，最高人民法院知识产权法庭在上述专利案件确立的规则对今后的商标类确认不侵权之诉也具有重要的参考意义。

本案的争议焦点之二是关于大健康公司在其商品外包装等使用"吉庆时分"标识的行为，是否侵害王老吉公司商标权的问题。

本案适用的是 2001 年《商标法》，此时商标法并未明确规定商标侵权中的商标使用行为必须是产生识别来源功能的使用行为。但法院基于商标的本质，认为商标法保护商标的本质在于保护商标的识别功能，侵害商

---

❶ 上海知识产权法院（2016）沪 73 民终 207 号民事判决书。
❷ 最高人民法院（2019）最高法知民终 5 号民事裁定书。

标权实质上是他人行为对商标识别功能的破坏。他人将商标权人的商标标识使用在他人的商品上，只有该标识起到识别来源的作用之时，才有可能进一步引起消费者对商品来源产生混淆误认，进而有可能构成侵害商标权。因此认定本案中大健康公司针对"吉庆时分"的使用并未发挥识别来源功能，并不会导致消费者混淆，大健康公司的涉案行为不构成对王老吉公司涉案商标的侵权。二审法院在本案中，实际上认定商标性使用是构成商标侵权的前提，虽然2001年《商标法》并未作出明确规定，但从商标的本质出发，上述结论无疑是正确的。在2013年修改《商标法》时，第48条明确指出了商标使用必须是发挥识别来源功能的行为。

本案作为商标领域确认不侵权之诉的典型案例，对于商标领域的确认不侵权之诉的法定要件作出了明确认定和解析。通过分析本案和上述专利确认不侵权之诉的案件，可以得出如下结论。①相关知识产权权利人向行政机关投诉他人的知识产权侵权行为和确认不侵权之诉中的向他人发送侵权警告的行为具有等同的法律意义。②知识产权权利人仅向行政机关投诉经销商（或者向经销商发送侵权警告函），而非产品制造商，基于制造商对此具有法律上的利害关系，此种情况下，制造商具有提起确认不侵权之诉的主体资格。③综合案件具体情况，在被投诉方由于侵权投诉遭受商业上不利影响确实存在，且投诉主体知悉被投诉方具有维护自身利益的意图后始终不起诉或者撤回投诉（警告），此时即使被投诉方未能履行法定催告程序或者起诉后才履行催告程序，基于确认不侵权之诉的立法目的以及不导致司法资源无端浪费的目的，可以认定被投诉方的起诉符合确认不侵权之诉的法定要件，不得以其未严格履行催告程序而驳回起诉。

44 诚实信用原则在滥用商标权案件中的适用

——优衣库商贸有限公司与广州市指南针会展服务有限公司、广州中唯企业管理咨询服务有限公司、优衣库商贸有限公司上海月星环球港店侵害商标权纠纷案 *

裁判要旨

民法基本原则在整个法律体系中发挥基础性和全局性的作用，在商标领域也不例外。诚实信用原则是一切市场活动参与者均应遵循的基本准则。一方面，它保障当事人有权在法律规定的范围内行使和处分自己的民事权利和诉讼权利；另一方面，它又要求当事人在不损害他人合法权益和社会公共利益的前提下，善意、审慎地行使自己的权利。任何违背法律目的和精神，以损害他人正当权益为目的，恶意取得并行使权利、扰乱市场正当竞争秩序的行为均属于权利滥用，其相关主张不应得到法律的保护和支持。

案情简介

广州市指南针会展服务有限公司（以下简称"指南针公司"）与广州中唯企业管理咨询服务有限公司（以下简称"中唯公司"）是第10619071号"UL"注册商标的共有人，该商标于2012年03月14日申请，核定使

---

* 一审：上海市第二中级人民法院（2014）沪二中民五（知）初字第149号民事判决书；二审：上海市高级人民法院（2015）沪高民三（知）终字第45号民事判决书；再审：最高人民法院（2018）最高人民法院民再396号民事判决书。

用商品为第 25 类的服装、鞋、帽等，核定使用期限为 2013 年 6 月 21 日至 2023 年 6 月 20 日。

优衣库商贸有限公司（以下简称"优衣库公司"）与迅销（中国）商贸有限公司（以下简称"迅销公司"）系株式会社迅销在中国设立的子公司，共同经营"优衣库"品牌，两者均采用"SPA"（即自有品牌服饰专营商店）经营模式，分别在中国各地设有专营店。2012 年 11 月 3 日，株式会社迅销向工商行政管理总局商标局申请 G1133303 号"UL"商标领土延伸（该商标的优先权日期为 2012 年 8 月 2 日，专用期限为 2012 年 8 月 13 日至 2022 年 8 月 13 日），申请注册商品为第 25 类。该商标领土延伸申请于 2014 年 4 月 15 日被商标局驳回。

2014 年 3 月，指南针公司向优衣库公司、迅销公司发出律师函，称在"天猫商城"及各地经营的"优衣库"专卖店销售的涉案商品突出使用 G1133303 号"UL"标识，侵犯了其第 10619071 号"UL"注册商标专用权，要求优衣库公司、迅销公司立即停止侵权并作出合理赔偿。之后，指南针公司、中唯公司以优衣库公司及其下属分公司、迅销公司及其下属分公司侵害第 10619071 号"UL"注册商标专用权为由，分别向全国多家法院提起诉讼。

一审和二审法院查明：根据商标局网站查询记录，指南针公司、中唯公司分别持有注册商标共计 2600 余个。2013 年 10 月 13 日的网页截屏资料显示，华唯商标转让网曾出现转让第 10619071 号"UL"注册商标的相关信息。华唯商标转让网与中唯公司之间具有开办关联关系。2013 年 12 月 17 日、18 日，中唯公司与某律所人员洽谈第 10619071 号"UL"注册商标转让事宜时，就该注册商标转让价从原来商定的 8 万元提高到 800 万元的原因，表述其目标是将该商标作为日方企业（"优衣库"经营者）的附属品牌，卖给该企业。指南针公司、中唯公司提供的用于证明其已实际使用第 10619071 号"UL"注册商标的证据，均未被法院采信。

一审上海市第二中级人民法院判决认为，两被告侵害了两原告的注册商标专用权，但考虑到两被告的涉案注册商标侵权行为并未给两原告造成实际的经济损失，且两原告上述诉讼行为明显不符合鼓励商标使用、激活商标资源的原则，而是属于利用注册商标不正当地投机取巧、将注册商标作为索赔的工具，因此对于两原告要求两被告在本案中承担赔偿责任的诉讼请求，不予支持。一审判决后，指南针公司、中唯公司、优衣库公司均不服判决，提起上诉。二审上海市高级人民法院判决驳回上诉，维持原判。优衣库公司不服二审判决，向最高人民法院申请再审。最高人民法院再审期间查明，迅销公司就涉案注册商标向商标评审委员会提出了无效宣告申请。经商标无效程序、法院一审、二审，涉案商标被宣告无效。

诉辩意见

二审中，指南针公司、中唯公司主要上诉理由有四点：一是一审法院对商标使用标准适用过严，使用不仅包括实际使用，还包括使用意图，其已有证据表明对涉案注册商标进行了实际使用；二是一审法院认定其欲通过诉讼获取巨额赔偿或商标转让费，属事实认定错误，其进行的是维权行为；三是其因优衣库公司、优衣库有限公司上海月星环球港店（以下简称"优衣库公司月星店"）的行为遭受了实际损失，涉案注册商标价值遭贬损，应得到损害赔偿；四是优衣库公司、优衣库公司月星店明知其为涉案注册商标的权利人，仍进行恶意侵权，应承担赔偿责任。优衣库公司、优衣库公司月星店对此答辩认为：指南针公司、中唯公司目前持有 2600 多件商标，显非经营所需，其一贯有注册商标高价转让的行为，并无实际使用的意图和实际使用；由于指南针公司、中唯公司对涉案注册商标并未进行过实际使用，不会发生实际损失，因而无须赔偿损失；优衣库公司、优衣库公司月星店的使用属于对商品进行文字说明，并非恶意侵权。

优衣库公司、优衣库公司月星店的主要上诉理由包括三点：一是一审判决以人人网公共主页认定互联网上关于被诉侵权标识的宣传信息均由优衣库公司发布，属事实认定错误；二是一审判决将用于表明产品特性的被诉侵权标识文字说明认定为识别商品来源的商标，与客观事实不符；三是被诉侵权标识与涉案注册商标既不相同也不近似。中唯公司、指南针公司作出的答辩意见为：人人网发布信息需要后台认证，该网上的相关主页确由优衣库公司开办，相关信息由优衣库公司发布；一审判决认定被诉侵权标识的使用属商标使用正确；被诉侵权标识与涉案注册商标对比，其核心是变形的 U，被诉侵权标识是由变形的 U 和文字"ULTRA、LIGHT、

DOWN"构成,其变形的 U 部分完全相同,因此一审法院认定两者相同符合客观实际。

二审法院归纳出三个争议焦点。争议焦点一是优衣库公司、优衣库公司月星店是否在互联网宣传中使用了被诉侵权标识,以及在产品上使用该标识是否属于商标性使用;争议焦点二是被诉侵权标识与涉案注册标识是否相同或近似;争议焦点三是指南针公司、中唯公司是否实际使用了涉案注册商标,优衣库公司、优衣库公司月星店是否应承担赔偿责任。经审理,二审法院认为,优衣库公司、优衣库公司月星店使用被诉侵权标识属于商标性使用,基于被诉侵权标识与涉案注册标识的变形 U 部分相同,可认定两标识相同,故优衣库公司、优衣库公司月星店构成商标侵权。但指南针公司、中唯公司没有实际使用涉案注册商标,其不存在实际损失,一审法院依法判决优衣库公司、优衣库公司月星店不承担赔偿责任,于法不悖。因此,二审法院判决驳回上诉,维持原判。

优衣库公司不服二审判决,向最高人民法院申请再审称:第一,涉案注册商标已被宣告无效,原审生效判决据以认定侵权的权利基础被依法撤销,符合法定再审的情形;第二,本案二审判决结果与国内其他地区法院的生效判决存在明显区别;第三,即使被申请人权利商标有效,申请人使用的被诉侵权标识也与涉案注册商标不构成相同或近似。

裁判理由

再审最高人民法院裁判理由如下。

2013 年《商标法》第 7 条规定:"申请注册和使用商标,应当遵循诚实信用原则。"虽然这一规定于 2014 年 5 月 1 日方施行,但当时作为民事基本法的《中华人民共和国民法通则》早在 1986 年即已规定"民事活动应当遵循自愿、公平、等价有偿、诚实信用的原则"。2021 年 1 月 1 日施行的《中华人民共和国民法典》第一章第 5 条至第 7 条分别单列条款,将"自愿、公平、诚信的原则"明确列明。民法基本原则在整个法律体系中发挥基础性和全局性的作用,商标领域也不例外。

诚实信用原则是一切市场活动参与者均应遵循的基本准则。一方面,它保障当事人有权在法律规定的范围内行使和处分自己的民事权利和诉讼权利；另一方面，它又要求当事人在不损害他人合法权益和社会公共利益的前提下，善意、审慎地行使自己的权利。任何违背法律目的和精神，以损害他人正当权益为目的，恶意取得并行使权利、扰乱市场正当竞争秩序的行为均属于权利滥用，其相关主张不应得到法律的保护和支持。

根据查明的事实，指南针公司、中唯公司以不正当方式取得商标权后，目标明确指向优衣库公司等，意图将该商标高价转让，在未能成功转让该商标后，又分别以优衣库公司、迅销公司及其各自门店侵害该商标专用权为由，以基本相同的事实提起系列诉讼。在每个案件中均以优衣库公司或迅销公司及作为其门店的一家分公司作为共同被告起诉，利用优衣库公司或迅销公司门店众多的特点，形成全国范围内的批量诉讼，请求法院判令优衣库公司或迅销公司及其众多门店停止使用并索取赔偿，主观恶意明显，其行为明显违反诚实信用原则，对其借用司法资源以商标权谋取不正当利益之行为，本院依法不予保护。

优衣库公司关于指南针公司、中唯公司恶意诉讼的抗辩成立，予以支持。二审法院虽然考虑了指南针公司、中唯公司之恶意，判令不支持其索赔请求，但对其是否诚实信用行使商标权，未进行全面考虑，适用法律有所不当，本院予以纠正。

综上，撤销一审、二审判决，驳回指南针公司、中唯公司全部诉讼请求。

📋 案件评析

本案系侵害商标权纠纷，涉及诚实信用原则在滥用商标权案件中的适用，入选2018年中国法院十大知识产权案件。在本案再审判决中，最高人民法院全面考虑了指南针公司、中唯公司是否诚实信用行使商标权，鲜明地表达了恶意取得并利用商标权谋取不正当利益之行为不受法律保护，对建设健康有序的商标秩序，净化市场环境，遏制利用不正当取得的商标权进行恶意诉讼具有典型意义。❶

最高人民法院将本案再审阶段的争议焦点归纳为：指南针公司、中唯

---

❶ 最高人民法院.2018年中国法院10大知识产权案件和50件典型知识产权案例[EB/OL].[2024-03-22].http://www.court.gov.cn/zixun-xiangqing-153252.html.

公司是否滥用其商标权，也即指南针公司、中唯公司作为涉案商标权人，在高价出售涉案商标无果后以涉案商标专用权为基础提起商标侵权诉讼是否构成滥用商标权。尽管本案应适用 2001 年《商标法》，而 2013 年《商标法》第 7 条关于"申请注册和使用商标，应当遵循诚实信用原则"的规定于 2014 年 5 月 1 日方施行，最高人民法院从民法基本原则的高度灵活运用了诚实信用原则，明确指出诚实信用原则是一切市场活动参与者均应遵循的基本准则，商标领域也不例外。

根据法院查明的事实，中唯公司和指南针公司分别持有注册商标共计 2600 余个，其中部分商标与他人知名商标在呼叫或者视觉上高度近似，两公司依据涉案注册商标专用权，在北京、上海、广东、浙江四地针对优衣库公司或迅销公司和不同门店提起了 42 起商标侵权诉讼。在本案中，指南针公司、中唯公司曾在某商标转让网上公开出售涉案商标，并向迅销公司提出诉争商标转让费 800 万元。最高人民法院支持了优衣库公司关于指南针公司、中唯公司恶意诉讼的抗辩，抓住了指南针公司、中唯公司借用司法程序以商标权谋取不正当利益的行为本质，最终以明显违反诚实信用原则，驳回了指南针公司、中唯公司的全部诉讼请求。虽然再审期间涉案商标被宣告无效使得原商标侵权诉讼丧失权利基础是影响最高人民法院作出裁决的重要因素，但最高人民法院对诚实信用原则在滥用商标权案件中适用的详细阐述，形成了司法机关规制恶意注册商标并滥用诉权牟利行为的新规则、新理念。

其实，在最高人民法院作出再审判决之前，在全国范围内指南针公司、中唯公司针对优衣库公司及其门店提起的系列商标侵权纠纷案件呈现出不同的裁判观点[1]：第一种观点认为，原告享有注册商标权，被告使用涉案标识的行为构成商标侵权，判决被告承担停止侵权、赔偿损失的法律责任[2]；第二种观点认为，原告享有注册商标权，被告使用涉案标识的行为构成商标侵权，但因原告没有实际使用涉案注册商标，不存在实际损失，且仅用注册商标投机取巧作为索赔的工具，只判决被告停止侵权，但无须承

---

[1] 祝建军.囤积商标牟利的司法规制——优衣库商标侵权案引发的思考[J].知识产权，2018(1).
[2] 广东省东莞市第二人民法院（2014）东二知民初字第 241 号民事判决书。

担赔偿责任❶；第三种观点认为，原告的注册商标与被告使用的标识，二者既不相同也不近似，故被告的行为不构成商标侵权，判决驳回原告的诉讼请求❷；第四种观点认为，原告属于恶意注册，原告指控被告侵害其商标权的诉讼请求不予支持，但考虑到原告享有的注册商标权，被告使用涉案标识时，应尽可能避让原告的注册商标。❸这种同案不同判的现象不仅反映了传统商标侵权案件裁判规则与恶意注册商标并滥用诉权牟利新现象的冲突，更凸显了我国商标注册取得制度的弊端。

根据《商标法》第4条，自然人、法人或者其他组织对其生产、制造、加工、拣选或者经销的商品，需要取得商标专用权的，应当向商标局申请商品商标注册。这一规定表明我国商标采用注册取得原则，即"申请在先、注册确权"，当申请商标被核准注册后，申请人就享有注册商标专用权，在商标权有效期内，当他人未经许可在相同或类似商品上使用与该注册商标相同或近似的标识时，商标权人就有权提起侵权诉讼，司法机关就应当维护商标权人的权益。据此，前述第一种、第二种观点可以说是"依法"作出的判决，符合侵害商标权纠纷传统的裁判规则，但实质上使得原告实现了借用司法资源牟取不正当利益的企图，有违实质正义。第三种、第四种观点值得肯定，都认识到原告主观上具有不正当注册和滥用诉权的恶意，对原告的诉讼请求不予支持。但第三种观点在被告使用的标识与原告的注册商标构成相同或近似时难以成立，第四种观点对这类恶意注册商标牟利的行为规制得不够彻底。而在本案再审判决中，最高人民法院基于民法基本原则，以明显违反诚实信用原则，驳回了指南针公司、中唯公司的全部诉讼请求。这一判决维护了实质上的公平正义，打击了有目标有预谋利用司法程序企图获得不正当利益的行为，亦为今后类似恶意注册商标并滥用诉权牟利案件的处理指明了方向。

诚实信用原则在滥用商标权案件中适用的另一典型案例是最高人民法院在2017年3月发布的指导案例82号：王某诉深圳歌力思服饰股份有限

---

❶ 上海市第二中级人民法院（2014）沪二中民五(知)初字第149号民事判决书、上海市高级人民法院（2015）沪高民三（知）终字第45号民事判决书。

❷ 浙江省杭州市中级人民法院（2014）浙杭知初字第265号民事判决书。

❸ 广东省中山市第一人民法院（2014）中一法知民初字第338号民事判决书。

公司、杭州银泰世纪百货有限公司侵害商标权纠纷案。在该案中，最高人民法院指出，当事人违反诚实信用原则，损害他人合法权益，扰乱市场正当竞争秩序，恶意取得、行使商标权并主张他人侵权的，人民法院应当以构成权利滥用为由，判决对其诉讼请求不予支持。❶ 这两个典型案例都体现了最高人民法院对诚实信用原则的灵活运用。恶意注册商标并滥用诉权牟利的行为虽然披着"合法"的外衣，但与《商标法》保护商标权的本质相悖，导致我国的注册商标制度被异化，严重扰乱了商标注册秩序、损害了公共利益，并不当占用了社会公共资源。在《商标法》未对这类行为作出明确规定时，用《民法典》第 7 条诚实信用原则作为规制的法律依据具有重要意义。

可喜的是，2019 年《商标法》从三个方面加强了对恶意注册行为的规制：一是在第 4 条增加了"不以使用为目的的恶意商标注册申请，应当予以驳回"的规定；二是规定商标代理机构知道或者应当知道委托人存在恶意注册行为的不得接受委托，一经发现，依法追究责任；三是对申请人、商标代理机构的恶意申请商标注册、恶意诉讼行为规定了处罚措施。从而将规制恶意注册行为贯穿于整个商标申请注册和保护程序，有利于进一步优化营商环境，更有效地遏制商标恶意注册。

---

❶ 最高人民法院.指导案例 82 号：王某永诉深圳歌力思服饰股份有限公司、杭州银泰世纪百货有限公司侵害商标权纠纷案 [EB/OL].[2024-03-22].http://www.court.gov.cn/fabu-xiangqing-37652.html.

第三篇
不正当竞争案例解析

45 作品名称受《反不正当竞争法》保护的构成要件及权益归属

——上海玄霆娱乐信息科技有限公司徐州分公司诉张某野、北京爱奇艺科技有限公司等不正当竞争纠纷案 *

裁判要旨

如果作品名称相应作品具有较高的市场知名度，且与作品建立了稳定的对应关系，那么即使市场上存在其他类似名称的作品，也不妨碍作品名称受到《反不正当竞争法》的保护。创作行为本身并不能产生知名商品特有名称❶权益，对作品进行长期、广泛、持续、规模的使用、宣传才是作品知名度、作品名称识别程度从无到有、从弱到强、从低到高的实质原因。所以，对商品知名、商品名称"特有"作出贡献的主体享有该权益。

案情简介

自 2005 年开始，张某野（笔名为"天下霸唱"）开始创作作品《鬼吹灯》系列作品。2007 年，本案原告的总公司上海玄霆娱乐信息科技有限公司（以下简称"玄霆公司"）与张某野签订著作权转让协议，协议约定将

---

* 一审：江苏省徐州市中级人民法院（2017）苏 03 民初 27 号民事判决书；二审：江苏省高级人民法院（2018）苏民终 130 号民事判决书。

❶ "知名商品特有名称"自 2017 年《反不正当竞争法》修订后改为"有一定影响的商品名称"。

《鬼吹灯》系列作品除人身权以外的著作权转让给玄霆公司。之后，经过玄霆公司一系列宣传、推广，《鬼吹灯》系列作品获得了较高的知名度。2016年8月1日，玄霆公司徐州分公司（以下简称"玄霆徐州分公司"）与玄霆公司签订《权利转让协议》，由玄霆公司将《鬼吹灯》系列作品的著作权及相关的衍生权利转让给玄霆徐州分公司。

2009年张某野开始在《南方都市报》上陆续发表作品《牧野诡事》（在报纸上使用的名称为《牧野之章》）。2010年在出版合集图书时，张某野将《牧野之章》更名为《鬼吹灯之牧野诡事》。2015年，张某野将《鬼吹灯之牧野诡事》的著作权授权给北京向上霸唱传媒有限公司（以下简称"向上霸唱公司"），后向上霸唱公司又将著作权许可给东阳向上影业有限公司（以下简称"向上影业公司"）。2016年，向上影业公司与北京爱奇艺科技有限公司（以下简称"爱奇艺公司"）签订协议，授权爱奇艺将《鬼吹灯之牧野诡事》改编成网剧。2017年1月，爱奇艺在其网站上开设名为《鬼吹灯之牧野诡事》的影视剧专栏，并发布了预告片及诸多片花，其中配有"没有牧野诡事就没有鬼吹灯""最正宗的鬼吹灯系列"等宣传用语。

2017年2月，玄霆徐州分公司依据1993年《反不正当竞争法》第2条、第5条第（二）项、第9条的规定向江苏省徐州市中级人民法院提起诉讼，主张张某野、爱奇艺公司、向上影业公司共同实施了擅自使用知名商品特有名称的不正当竞争行为，请求法院判令三被告立即停止在影视剧《鬼吹灯之牧野诡事》片名、宣传推广中使用"鬼吹灯"名称，停止虚假宣传；赔偿损失200万元，并消除影响。

一审法院裁判理由如下。第一，关于"鬼吹灯"标识能否构成"知名商品特有名称"的问题。《鬼吹灯》系列小说在中国境内具有极高的市场知名度，属于"知名商品"；权利人的漫画、游戏、影视等商品将"鬼吹灯"标识作为主要部分，且随着"鬼吹灯"系列知名度攀升，"鬼吹灯"标识作为知名小说名称也逐渐具备了区分不同小说的显著性，因而属于"特有名称"。第二，关于知名商品特有名称归属的问题。对商品知名、商品名称特有作出贡献的主体享有该权益，反之则不应成为该权益的主体。本案中，玄霆公司对《鬼吹灯》系列小说进行长期、广泛、持续、规模的宣传，使《鬼吹灯》系列小说从"非知名商品"成为"知名商品"，"鬼吹灯"作为小说名称从"不具有显著特征"到"具有显著特征"。因而,"鬼吹灯"知名商品特有名称应归属于玄霆公司。第三,关于爱奇艺公司、向上影业公司、张某野是否构成不正当竞争。授权过程中,张某野未经许可,擅自在《牧野诡事》小说名称前冠之以"鬼吹灯"标识作为作品名称的一部分;向上影业公司、爱奇艺公司作为涉案网剧的共同制片者,未经权利人同意,以《鬼吹灯之牧野诡事》作为涉案影视剧的名称,并在片花中使用"《鬼吹灯》金晨被赞是中国版盖尔加朵"等宣传语。三被告上述行为易造成涉案网剧与《鬼吹灯》系列小说相混淆,容易导致相关公众误认为涉案网剧与《鬼吹灯》系列小说存在特定联系,构成了对玄霆徐州分公司的不正当竞争行为。综上,一审法院依据1993年《反不正当竞争法》第1条、第2条、第5条第(二)项、第9条,判决爱奇艺公司、向上影业公司、张某野立即停止在《牧野诡事》网剧、片花中使用"鬼吹灯"作为商品名称的行为;爱奇艺公司赔偿玄霆徐州分公司经济损失150万元,向上影业公司、张某野连带赔偿110万元;并驳回其他诉讼请求。

诉辩意见

爱奇艺公司、向上影业公司、张某野不服一审判决,向江苏省高级人民法院提起上诉,其主要上诉理由如下。①"鬼吹灯"不应认定为知名商品特有名称。"鬼吹灯"是对盗墓类小说题材的描述性使用,不具有商品名称的特有性;商标局已经认定该标志具有不良影响而不得作为商标使用,进而无法作为知名商品特有名称予以保护。②即使"鬼吹灯"构成知名商品特有名称,其相关权益也应归属张某野。③对网剧的宣传及播放,均在爱奇艺公司自有视频平台进行,亦全部有《鬼吹灯之牧野诡事》网剧名称显示,不会造成公众混淆。

裁判理由

二审江苏省高级人民法院经审理查明,《九层妖塔》放映时间、《鬼吹灯之牧野诡事》实体图书出版时间等事实认定错误,对一审法院查明的其他事实予以确认。同时,二审法院对爱奇艺公司、张某野二审中补充提供的新证据进行质证并予以确认。二审法院裁判理由如下。第一,"鬼吹灯"

标识构成知名商品特有名称。首先,"鬼吹灯"作为涉案系列作品名称或其中的一部分具有合法性和正当性。标识作为作品的名称其具体含义及是否具有不良影响需要结合该作品的内容综合判断,这与作为区分商品和服务来源的商标能否注册的判断标准有着本质不同。虽然商标局以不良影响为由驳回"鬼吹灯"商标申请,但是,鉴于《鬼吹灯》作品出版及相关网剧发行通过了版权、广电等主管部门的审核和行政许可,且作者张某野一审中明确表示其创作时使用"鬼吹灯"一词并非为了宣扬封建迷信,所以商标局的决定不影响"鬼吹灯"标识可构成知名商品特有名称。其次,"鬼吹灯"涉案系列作品具有较高市场知名度。《鬼吹灯》系列作品的点击量、关注度及相关媒体宣传等证据,均证明"鬼吹灯"涉案系列作品具有较高市场知名度。因此,对相关公众而言,"鬼吹灯"标识与该系列小说建立了稳定的对应关系,具备了区分不同小说的显著性。因而,二审法院认定"鬼吹灯"标识构成知名商品特有名称。

第二,"鬼吹灯"标识作为涉案《鬼吹灯》系列小说特有名称的相关权益应归属玄霆公司。张某野与玄霆公司签订的著作权转让协议中约定,"在本协议有效期内及本协议履行完毕后,乙方(张某野)不得使用其本名、笔名或其中任何一个以与本作品名相同或相似的名称创作作品或作为作品中主要章节的标题"。该约定不违背《著作权法》鼓励创作的立法宗旨,且符合公平原则,因此双方均应基于诚实信用原则依法履行合同。本案中,张某野在签订合同时理应知晓协议作品著作权相关财产权利转让的法律后果,因而其不能在玄霆公司商业运营成功后又违反当初约定,主张"鬼吹灯"标识的相关权益归己所有。当事人应当遵守作品财产权转让合同的约定,维护契约精神,这也符合促进网络原创文学合法商业模式发展的基本价值导向。

第三,爱奇艺公司、向上影业公司、张某野实施了擅自使用知名商品特有名称的行为。首先,张某野未经许可擅自授权他人使用"鬼吹灯之××××"作为涉案网剧名称,容易使相关公众误认为涉案网剧系由涉案《鬼吹灯》系列小说改编而来,构成不正当竞争。其次,《鬼吹灯之牧野诡事》网剧与《鬼吹灯》系列小说在人物、场景、剧情上并不存在相对应的内容和关联,缺乏文学上和法律上的改编关系。爱奇艺公司、向上影业公司明知上述情形，仍然将"鬼吹灯之××××"作为涉案网剧的命名方式，其目的明显是攀附"鬼吹灯"标识作为作品名称的知名度，进而获取不正当的商业利益。因此，爱奇艺公司、向上影业公司未尽到合理注意义务，存在过错，应当承担相应的民事侵权责任。

第四，爱奇艺公司实施了虚假宣传行为。爱奇艺公司使用"最正宗的鬼吹灯系列"等宣传用语，容易使相关公众误认为涉案网剧属于涉案《鬼吹灯》系列小说的一部分或由其改编而来，故构成虚假宣传。

综上，二审法院依据《民事诉讼法》第170条第1款第（一）项的规定，判决驳回上诉，维持原判。

案件评析

本案是典型的知名商品特有名称案件，本案涉及作品名称的《反不正当竞争法》保护问题。本案的争议焦点集中在：第一，"鬼吹灯"作为系列作品名称能否构成《反不正当竞争法》所保护的商品名称；第二，如果受保护，该商品名称权益归谁。

（一）"鬼吹灯"作为系列作品名称能否构成《反不正当竞争法》所保护的商品名称？

1. 作品名称可作为知名商品特有名称受到《反不正当竞争法》保护

作品名称是对整部作品主旨和精华的凝练，优秀的文学作品其作品名称往往也富有创造性，如海明威《永别了，武器》、钱钟书《围城》等。但是，司法实践中普遍认为作品名称不能作为独立作品受著作权保护。例如，在"美在花城"著作权纠纷案中，广东省高级人民法院二审认为，"作品名称不同于广告词或诗句，它与作品内容一道构成一个有机的整体。离开了作品的内容部分，单纯'美在花城'四个字难以独立表达作品的内容。故华某尘不能就'美在花城'作品名称主张著作权"❶。

然而，不受《著作权法》保护，并不意味着不受其他法律保护。司法实践中，法院逐渐认可作品名称可作为知名商品特有名称受到《反不正当竞争法》保护。早在2005年在"新概念作文大赛获奖作品"不正当竞争纠

---

❶ 广东省高级人民法院（2007）粤高法民三终字第76号民事判决书。

纷案中，北京市第二中级人民法院认为，涉案系列图书自 1999 年开始逐年出版，多次重印、印数较高，具有较高的市场占有率，且相关新概念作文大赛参赛者众多，故该大赛及原告出版的涉案图书在相关消费群体中具有一定的知名度，因此涉案图书应认定为知名商品。同时，其名称"新概念作文大赛获奖作品"具有显著的识别意义，能够与同类的相关图书相区别，因此该系列图书名称为特有名称。从而，法院认为被告行为属于对知名商品特有名称的仿冒，构成不正当竞争。❶ 之后，"人在囧途"案中，最高人民法院也认可了"人在囧途"作为系列电影名称，可作为知名商品特有名称受到《反不正当竞争法》保护。所以，将作品名称作为知名商品特有名称进行保护并不存在法律障碍。

2. 作品名称类似于未注册商标，应具备"第二含义"才能获得保护

根据 1993 年《反不正当竞争法》第 5 条第（二）项的规定，"经营者不得采用下列不正当手段从事市场交易，损害竞争对手……（二）擅自使用知名商品特有的名称、包装、装潢，或者使用与知名商品近似的名称、包装、装潢，造成和他人的知名商品相混淆，使购买者误认为是该知名商品"。同时，根据《最高人民法院关于审理不正当竞争民事案件应用法律若干问题的解释》第 1 条和第 2 条的规定，法院通常从"知名商品"和"特有名称"两方面来判断是否构成知名商品特有名称。前者强调商品的知名度，后者强调名称具有"区别商品来源"的作用。对此种规定，有观点认为商业活动中具有识别来源作用的是"名称、包装、装潢"，而非商品，因此"知名"的对象错误，"知名"的应该是"名称、包装、装潢"而不是"商品"。❷ 所以，2017 年修改《反不正当竞争法》时，"知名商品特有"被删除，该款被修改为第 6 条第（一）项"擅自使用与他人有一定影响的商品名称、包装、装潢等相同或者近似的标识"。

就作品名称而言，作品名称是对作品精华的凝练、是对作品内容的描述，类似于《商标法》上因描述性而不具备固有显著性的标志。因此，作品名称要获得《反不正当竞争法》的保护，必须经过使用获得"第二含

---

❶ 北京市第二中级人民法院（2005）二中民初字第 14550 号民事判决书。

❷ 王太平.我国知名商品特有名称法律保护制度之完善——基于我国反不正当竞争法第 5 条第 2 项的分析 [J]. 法商研究，2015，32（6）：180-187.

义",即在相关公众之间建立作品名称与相应"商品"的稳定或唯一对应关系。判断是否建立稳定或唯一对应关系时,作品的知名度是重要考量因素,当然这并非决定性因素。

本案适用 1993 年《反不正当竞争法》,因而两审法院在判断"鬼吹灯"作为系列作品名称能否构成《反不正当竞争法》所保护的商品名称时,仍然从"知名商品"和"特有名称"两方面进行分析。《鬼吹灯》系列作品关注度高、衍生作品众多,市场知名度较高,因而法院肯定《鬼吹灯》系列作品是知名作品。进而,法院认为"对相关公众而言,鬼吹灯标识与该系列小说建立了稳定的对应关系,具备了区分不同小说的显著性"。值得注意的是,被告曾以"该名称在古籍中出现过、市场上存在多部使用该名称的作品"为由提出抗辩。法院表示"仅凭市场上存在其他'鬼吹灯'名称的小说,不足以否定'鬼吹灯'标识作为小说名称与玄霆公司《鬼吹灯》系列小说之间的稳定对应关系"。联想到《商标法》中对于商标获得显著性的"唯一对应关系说"与"稳定联系说"争论,可知本案法院对于作品名称主张"稳定联系说"。

本案中被告抗辩"鬼吹灯"不能获得知名商品特有名称保护的重要理由是,玄霆公司和案外人的"鬼吹灯"商标申请曾被商标局以具有不良影响为由驳回。对此,一审法院认为是否具有不良影响与商品类别有关,且商标局的决定未经司法确认。二审法院进一步指出,"标识作为作品的名称其具体含义及是否具有不良影响需要结合该作品的内容综合判断,这与作为区分商品和服务来源的商标能否注册的判断标准有着本质不同"。因而,法院认为"鬼吹灯"作为涉案系列作品名称或其中的一部分具有合法性和正当性。

(二)如果受保护,"鬼吹灯"商品名称权益归谁?

相较于一般案件而言,本案特殊性在于被控侵权人张某野是《鬼吹灯》系列作品的原作者,后来其将作品著作权转让给原告总公司玄霆公司。这种情况下,"鬼吹灯"商品名称权益应当归属于原作者,还是作品受让人存在着争论。本案一审、二审法院均认可,"鬼吹灯"商品名称权益应当归属于对商品知名、商品名称"特有"作出贡献的主体。具体而言,法院理由主要分为如下两点。

第一，知名商品特有名称权益经过宣传、推广产生，对商品知名、商品名称特有作出贡献的主体享有该权益。一审法院认为，创作行为的结果是产生著作权，但因著作权与知名商品特有名称权益产生方式的不同，创作行为本身并不能产生知名商品特有名称权益。作品创作完成后，对作品进行长期、广泛、持续、规模的使用、宣传，才是作品知名度、作品名称识别程度从无到有、从弱到强、从低到高的实质原因。因此，对于已经构成知名商品的特有名称而言，对商品知名、商品名称特有是否进行了长期、广泛、持续、规模的使用、宣传，应当成为判断其是否为该权益主体的标准。本案中，玄霆公司对《鬼吹灯》系列作品进行长期宣传、推广，其结果是使《鬼吹灯》系列小说从"非知名商品"到"知名商品"，"鬼吹灯"作为小说名称从"不具有显著特征"到"具有显著特征"。因此，玄霆公司才是知名商品特有名称的贡献主体。

第二，在著作权转让协议不违反法律禁止性规定情况下，著作权人应当具有契约精神，遵守合同约定。本案中，玄霆公司与张某野的著作权转让协议约定，将协议作品著作权中除中国法律规定专属于作者张某野的权利以外的全部权利转让给玄霆公司。同时，该协议有条款明确约定"在本协议有效期内及本协议履行完毕后，乙方（张某野）不得使用其本名、笔名或其中任何一个以与本作品名相同或相似的创作作品或作为作品中主要章节的标题"。一审、二审法院认为，该协议约定并没有限制张某野再创作的人身权利，且玄霆公司已经支付相应对价。因此，在涉案协议并不违反法律、行政法规的禁止性规定，且符合公平原则的情况下，原作者应当遵守作品财产权转让合同的约定，维护契约精神。这也符合促进网络原创文学合法商业模式发展的基本价值导向。

综上，一审、二审法院均认为"鬼吹灯"商品名称权益应当归属于玄霆公司。进而，法院认为三被告构成擅自使用知名商品特有名称的行为，且爱奇艺公司相关宣传构成虚假宣传。尽管本案判决对"鬼吹灯"因何构成"特有名称"的论述不够详尽，但本案对于"划清著作权法领域作者的创作贡献与反不正当竞争法领域对普通作品成为知名商品特有名称的商业贡献的界限"进行了有益的探讨，具有典型意义。

46 擅自使用他人有一定影响的商品名称

——OPPO 广东移动通信有限公司与深圳市玖玖兴业电子有限公司侵害商标权及不正当竞争纠纷案 *

📝 裁判要旨

关于在网店商品标题中使用他人注册商标是否构成商标性使用，需要明确该使用行为是否具有识别来源功能，综合考量商标的使用目的、方式等因素。为了说明自己提供的产品在性能等方面的特点使用他人商标的描述性使用行为，不属于《商标法》意义上的商标性使用行为。被诉行为是否构成《反不正当竞争法》第 6 条第（二）项规定"擅自使用他人有一定影响的企业名称"等混淆行为，需要论证该字号满足可受《反不正当竞争法》保护的利益，即具有一定影响，还需存在竞争关系及损害后果，并造成消费者的混淆或者误认，方可以认定该商业行为构成不正当竞争行为。

📝 案情简介

OPPO 广东移动通信有限公司（以下简称"OPPO 公司"）成立于 2003 年 4 月 11 日，曾用名为广东欧珀移动通信有限公司，经营范围包括生产和销售各类通信终端设备、手机周边产品及零配件等。其申请注册有第 4571222 号、第 10535258 号、第 9026226 号商标，核定使用商品类别为第

---

* 一审：广东省深圳市龙岗区人民法院（2018）粤 0307 民初 20576 号民事判决书；二审：广东省深圳市中级人民法院（2019）粤 03 民终 20100 号民事判决书。

9类，包括头戴耳机、耳塞机等，注册人均已更名为OPPO公司。

深圳市玖玖兴业电子有限公司（以下简称"玖玖兴业公司"）为天猫网店"玖玖兴业影音专营店"经营者，经营范围：MP3、摄像头、鼠标、U盘的生产、销售、技术开发；电子产品的技术开发、销售；国内贸易；货物进出口、技术进出口。在淘宝搜索栏中输入"oppo 耳机"，搜索结果中显示商品标题为"OPPO 超长待机不充电的无线蓝牙耳机单耳耳塞式入耳挂耳式开车运动跑步苹果VIVO可接听电话防水手机男女通用型"，点击进入为"玖玖兴业影音专营店"。

OPPO 公司主张，玖玖兴业公司在专营网店中以"OPPO 超长待机不充电的无线蓝牙耳机单耳耳塞式入耳挂耳式开车运动跑步苹果VIVO可接听电话防水手机男女通用型"为产品标题销售涉案商品的行为侵犯了OPPO 公司的注册商标专用权。玖玖兴业公司与OPPO 公司就同一产品属于竞争关系，玖玖兴业公司通过在商品标题中添加"OPPO"字样分流了OPPO 公司的客户，削弱了OPPO 公司与其产品的对应关系，违反了《反不正当竞争法》第 2 条规定，构成不正当竞争。

一审法院认为，第一，被控侵权商品标题中使用"OPPO 超长待机不充电的无线蓝牙耳机……"字样，具有识别商品来源的作用，属于商标性使用。玖玖兴业公司作为同业竞争者，在明知OPPO 公司"OPPO"品牌具有较高知名度的情形下，仍在其生产、销售相同商品的名称中突出使用与OPPO 公司商标相同的"OPPO"字样，足以使相关公众对涉案产品的来源产生误认或认为其来源与OPPO 公司注册商标的商品有特定联系，构成注册商标专用权侵权。第二，玖玖兴业公司虽然在其商品标题中使用了"OPPO"字样，但相关公众在天猫商城搜索栏输入"OPPO"后所出现的相关商品排序并非玖玖兴业公司自行设定的搜索结果，且消费者在面对搜索结果时，除了看商品标题外，还会根据价格、商品详情、图片、销量等信息对商品进行自主选择，OPPO 公司仅以玖玖兴业公司在商品标题中加入"OPPO"字样主张侵占了其市场份额缺乏事实依据，不构成不正当竞争。

OPPO 公司与玖玖兴业公司均不服一审判决，向广东省深圳市中级人民法院提起上诉。

诉辩意见

OPPO 公司的上诉主张如下：第一，一审法院认定玖玖兴业公司的行为不构成不正当竞争错误，应予撤销；第二，一审法院认定玖玖兴业公司构成商标侵权，适用法定赔偿错误，自由裁量判决 2 万元赔偿数额显属不当，严重背离知识产权保护理念。

玖玖兴业公司辩称，OPPO 公司上诉请求没有事实和法律依据，请求驳回 OPPO 公司的上诉请求。

玖玖兴业公司诉称，第一，玖玖兴业公司使用的产品标题不属于商标性使用；第二，一审法院对商标的使用理解错误，将玖玖兴业公司对商标正当的描述性使用认定为商标性使用，会导致 OPPO 公司滥用注册商标专用权，妨碍他人的正常使用，违反利益平衡原则，抑制市场主体的正常经营和市场的自由竞争。

针对玖玖兴业公司的上诉，OPPO 公司辩称，玖玖兴业公司上诉请求没有事实和法律依据，请求驳回玖玖兴业公司的上诉请求。

裁判理由

二审法院裁判理由如下。

（一）玖玖兴业公司使用涉案商标行为是否属于商标性使用

商标的基本功能在于标识商品或服务的来源，使消费者在购买商品、服务时便于识别商品和服务的提供者。为了说明自己提供的产品在性能等方面的特点使用他人商标的描述性使用行为，不属于商标法意义上的商标性使用行为。本案中，玖玖兴业公司在使用"OPPO"商品标题的网页页面显示商品品牌名称为"HALFSun/影巨人"，足以说明玖玖兴业公司在本案中使用"OPPO"并不是为了标识涉案产品的来源。玖玖兴业公司在本案商品标题中除使用"OPPO"之外还使用了"苹果""VIVO"等字样，旨在说明自己提供的商品可以与商标权人的商品 OPPO 及苹果、VIVO 手机相配套，这种说明是为了消费者使用产品的需要，但在用语表达上不完整，应予规范。故二审法院对玖玖兴业公司的主张予以采信，依法认定玖玖兴业公司在本案中使用"OPPO"不属于区分商品来源功能的商标性使用行为，不侵

OPPO 公司的注册商标专用权。

（二）玖玖兴业公司涉案行为是否构成不正当竞争

首先，"OPPO"作为 OPPO 公司的字号，从该字号使用的持续时间、该字号的宣传工作、使用该字号的 OPPO 公司主营业务规模及其交易对象等方面进行考量，OPPO 公司所使用的"OPPO"字号所具有的知名度可以与其驰名商标相比拟，应当享有《反不正当竞争法》上的保护利益，可以认定"OPPO"属于有一定影响的字号。其次，OPPO 公司与玖玖兴业公司作为同行业竞争者，玖玖兴业公司应当知道使用"OPPO"会引起消费者产生误认或者误解，认为双方存在某种特定联系或关联关系，进而对两者提供的商品产生混淆，玖玖兴业公司显然具有"搭便车"的主观恶意。因而，玖玖兴业公司恶意利用"OPPO"积累的消费者吸引力的市场成果，在未支付相应对价的情形下为自己谋取交易机会，获取自身商业利益，具有不正当性，可以认定构成对 OPPO 公司的不正当竞争。

（三）一审判赔数额是否不当

一审法院在双方都未举证确定实际损失、侵权获益的情况下，依法适用法定赔偿，于法有据。本案中，玖玖兴业公司恶意利用"OPPO"行为构成对 OPPO 公司的不正当竞争，给 OPPO 公司造成了显著的损害。在此情形下，结合各方当事人提供的证据情况可以认定，OPPO 公司对"OPPO"多年宣传推广投入，已具有较高知名度；OPPO 公司为本案实际花费公证费、律师费等为制止侵权行为所支付的合理开支等；OPPO 公司请求判令玖玖兴业公司赔偿其经济损失及合理费用共计人民币 15 万元。根据相关法律规定，综合考虑"OPPO"的知名度、玖玖兴业公司恶意侵权情节、主观过错程度、侵权行为的持续时间、OPPO 公司为制止侵权行为所支付的合理开支等因素，二审法院依法对 OPPO 公司的判赔请求予以支持。一审判赔 20000 元，显属过低，二审法院依法予以改判。

案件评析

本案对于在网店商品标题中使用他人注册商标行为的司法认定和分析逻辑，对于今后此类案件的裁判具有重要启发意义。

本案的争议焦点之一是，在网店商品标题中使用他人商标的行为是否构成商标性使用。对此，一审、二审法院得出了截然不同的结论。一审法院援引了《商标法实施条例》第 3 条的规定，《商标法》和该条例所称商标的使用，包括将商标用于商品、商品包装或者容器及商品交易文书上，或者将商标用于广告宣传、展览及其他商业活动中。进而认定，本案中被控侵权商品标题中使用"OPPO 超长待机不充电的无线蓝牙耳机……"字样，具有识别商品来源的作用，属于商标性使用。但并没有具体解释本案中的使用行为究竟构成该条例第 3 条中哪一种具体的商标使用行为。就是否满足"混淆性"要件，一审法院承认虽然玖玖兴业公司在商品信息中已经标明了商品品牌为"影巨人"，不会导致混淆或者误认，但结合 OPPO 品牌的较高知名度、二者的同业竞争关系，在同类商品上的使用足以使相关公众对涉案产品的来源产生误认或认为其来源与 OPPO 公司注册商标的商品有特定联系。

二审法院则认为涉案行为构成"商标描述性使用"，不属于商标法意义上的商标性使用行为。其具体解释道，商标的基本功能在于标识商品或服务的来源，使消费者在购买商品、服务时便于识别商品和服务的提供者。为了说明自己提供的产品在性能等方面的特点使用他人商标的描述性使用行为，不属于商标法意义上的商标性使用行为。本案中，玖玖兴业公司在使用"OPPO"商品标题的网页页面显示商品品牌名称为"HALFSun/影巨人"，足以说明玖玖兴业公司在本案中使用"OPPO"并不是为了标识涉案产品的来源。另外，玖玖兴业公司除了涉案商标外还使用了"苹果""VIVO"等字样，旨在说明自己提供的商品可以与商标权人的商品 OPPO 及苹果、VIVO 手机相配套，这种说明是为了消费者使用产品的需要，不属于区分商品来源功能的商标性使用行为。

如何区分"商标性使用"与"商标描述性正当使用"的确是司法实践中常见的一个难题。《商标法》第 48 条规定："商标的使用，是指将商标用于商品、商品包装或者容器以及商品交易文书上，或者将商标用于广告宣传、展览以及其他商业活动中，用于识别商品来源的行为。"也就是说，商标性使用的本质在于识别不同生产经营者提供的商品或者服务的来源。这也是其与各类非商标使用行为的本质区别所在。[1] 通说认为，商标性使用是

---

[1] 马荣. 非商标性使用侵权的法律规制 [J]. 中华商标，2015（2）：68-72.

认定商标侵权的前提条件[1]，那么倘若论证了行为人的使用行为为非商标使用行为，那么也就无从进一步讨论商标侵权认定了。

而《商标法》对于描述性使用这类侵权抗辩事由明确规定于第 59 条第 1 款，注册商标中含有的本商品的通用名称、图形、型号，或者直接表示商品的质量、主要原料、功能、用途、重量、数量及其他特点，或者含有的地名，注册商标专用权人无权禁止他人正当使用。司法实践中对于商标描述性使用的构成一般从以下几个方面进行分析：①用于描述自己的商品特征；②客观上没有突出使用他人商标；③行为人主观上善意；④不会造成相关公众的混淆或误认。[2]但是在法院具体使用时，对于这些要件的适用也难免有个案差异，尤其是对于行为人主观状态的判断，仍需结合客观使用方式等因素进行判定。本案中，二审法院就结合玖玖兴业公司网页页面显示商品品牌名称为"HALFSun/影巨人"，且同时在商品标题中使用了"苹果""VIVO"等字样，意在说明产品的配套功能，从而推定其主观并没有搭他人商标"便车"之故意。司法实践中，法院还常常结合显示他人商标的字体大小、颜色、位置、相关公众是否容易观察等因素，综合考量行为人的主观状态。如格力诉美的公司"五谷丰登"商标侵权案[3]中，被诉侵权产品室内机面板在正面左上方标有红色艺术字体的"五谷丰登"（涉案商标）字样，且字体较大，法院认为该标识使用较为明显和突出，其实际使用方式和善意使用的表述相矛盾。

本案的争议焦点之二在于，在网店商品标题中使用他人企业名称是否构成不正当竞争行为。一审、二审法院在这一问题上也并不一致。一审法院依据 OPPO 公司的诉请，适用《反不正当竞争法》第 2 条"兜底条款"进行判断。法院对于二者存在同业竞争关系这一点没有疑问，但是认为依据玖玖兴业公司在商品标题中加入"OPPO"字样主张侵占了其市场份额缺乏事实依据。因为相关公众在搜索栏输入"OPPO"后所出现的相关商品排序并

---

[1] 祝建军.判定商标侵权应以成立"商标性使用"为前提——苹果公司商标案引发的思考[J].知识产权，2014（1）：22-28，94.

[2] 刘小鹏.使用他人注册商标中的描述性信息属于正当使用[J].人民司法（案例），2018（23）：88-92.

[3] 广东省高级人民法院（2015）粤高法民三终字第 145 号民事判决书。

非是玖玖兴业公司自行设定的，且消费者在面对搜索结果时，除了看商品标题外，还会根据价格、商品详情、图片、销量等信息对商品进行自主选择。

二审法院则适用的是《反不正当竞争法》第 6 条第（二）项规定"擅自使用他人有一定影响的企业名称（包括简称、字号等）"的商业混淆行为规制条款。首先，"OPPO"作为 OPPO 公司的字号，从其持续时间、该字号的宣传工作、公司主营业务规模及其交易对象等方面综合考量，认定其属于可受《反不正当竞争法》保护的"具有一定影响的字号"；其次，OPPO 公司与玖玖兴业公司双方均经营耳机产品，存在同业竞争关系；最后，玖玖兴业公司应当知道使用"OPPO"会引起消费者产生误认或者误解，认为双方存在某种特定联系或关联关系，进而对两者提供的商品产生混淆，可见玖玖兴业公司显然具有"搭便车"的主观恶意。从而认定，玖玖兴业公司恶意利用"OPPO"积累的消费者吸引力的市场成果，在未支付相应对价的情形下为自己谋取交易机会，获取自身商业利益，具有不正当性。

在法律适用问题上，认定某一行为是否具有反法上的不当性时，首先应当考虑适用《反不正当竞争法》第 6 条至第 12 条的类型化条款，倘若类型化条款都无法规制时，再考虑第 2 条的兜底条款。本案中二审法院适用第 6 条商业混淆条款无疑是正确的选择。在要件分析上，本案中对于当事人双方间存在竞争关系，且涉案字号具有一定影响并没有疑问。但是对于"OPPO"字号的使用行为是否会造成消费者混淆误认，进而对 OPPO 公司造成实质性损害呢？需要澄清的是，本案中的混淆并非对于商品来源的直接混淆，而是对双方可能存在某种特定联系或关联关系的间接混淆。而这种间接混淆，同样可能对 OPPO 方的声誉造成负面影响。这里可能会产生疑问，为何同样是具备混淆可能性，却不能够认定为商标侵权，这就需要重申商标性使用对于商标侵权认定的重要前提作用。

具有启发意义的是，本案的判决揭示了商标侵权与反不正当竞争行为认定思路上的差异。《商标法》对于商标的保护范围虽然更广，但是适用要件也相对严格，前提是涉案行为构成商标性使用；而对于非商标法意义上的使用行为，也并不当然是合法的，有可能会因为违反《反不正当竞争法》的有关规定，构成不正当竞争行为。

47 知名饮品包装装潢的司法保护是否考虑图文分离

——佛山市粤家园饮料有限公司与维他奶（上海）有限公司等侵害商标权及不正当竞争纠纷案 *

裁判要旨

《反不正当竞争法》第6条第（一）项所保护的"有一定影响的商品名称、包装、装潢"，应满足商品应当知名、具有显著特征、具有区别商品来源的功能等条件。有一定影响的商品名称、包装、装潢近似性的对比，可以参照商标相同或者近似的判断原则和方法，即以相关公众的一般注意力为标准，既要进行整体比对，又要对主要部分进行比对。比对应当在比对对象隔离的状态下分别进行，同时考虑有一定影响的包装、装潢的显著性和知名度。

案情简介

维他奶（上海）公司（以下简称"维他奶公司"）于1995年8月成立，经营范围包括生产、加工饮料、销售公司自产产品等。2014年4月1日，维他奶公司与维他奶国际集团公司签订《知识产权使用许可合同》，约定维他奶国际集团公司许可维他奶公司使用附件中所列明的第10580430、

---

* 一审：广东省广州市天河区人民法院（2018）粤0106民初16449号民事判决书；二审：广州知识产权法院（2019）粤73民终6452号民事判决书。

10580580、10580582、10580583 号等注册商标，并有权以自己的名义进行维权。

维他奶公司所主张权利的涉案产品包装装潢为 236 毫升瓶装维他奶豆奶饮料产品，瓶身从上至下呈狭窄—宽—内收形状，瓶颈处有带状红色图案，瓶身中上部前后有两个椭圆形的红色标贴，内分别标注有白色字体"维他奶""VITASOY"，瓶身下方为多条均匀分布的凸出的波形竖纹。维他奶公司主张，上述包装的整体形状、具体参数和技术标准采用的是固定的规格和设计，装潢为文字、图形、色彩、形状、大小等方面的排列组合，均具有特有性，并且经过大量广告与宣传，在行业内具有极高的知名度和影响力。

被告佛山市粤家园饮料有限公司（以下简称"粤家园公司"）成立于 2016 年 11 月 2 日，经营范围包括生产、销售食品。2017 年 12 月 11 日，施某安变更为该公司法定代表人。珠吉泽杰批发部为个体工商户，经营者系邹某，主要从事非酒精饮料、茶叶批发，预包装食品批发等。

被控侵权三味佳豆奶产品包装装潢如下：产品为 236 毫升瓶装三味佳豆奶饮料，瓶身从上至下呈狭窄—宽—内收形状，瓶颈处有带状红色图案内加白色字体"三味佳®""SANWEIJIA"，瓶身中上部前后有两个椭圆形的红色标贴，内分别标注有白色字体"三味佳®""SANWEIJIA"字样，瓶身下方为多条均匀分布的凸出的波形竖纹。该产品用黄色瓶盖密封，瓶盖上标有"豆奶饮料保质期：12 个月（常温）净含量 236ml 品名：三味佳豆奶饮料 产地：广东佛山 生产名称：佛山市粤家园饮料有限公司 地址：佛山市三水中心科技工业区西南园 B 区 105-5 号之二 F2"等信息。

2018 年，维他奶公司以侵害商标权及不正当竞争向广东省广州市天河区人民法院提起诉讼，诉称：第一，粤家园公司在其所生产的三味佳豆奶产品包装上使用了与涉案商标近似的商标，属于在相同或类似商品上使用近似商标，易使相关公众对商品的来源产生误认或者认为其来源与维他奶公司注册商标的商品有特定的联系，构成商标侵权；第二，粤家园公司被控侵权产品的包装、装潢与维他奶公司涉案产品包装、装潢构成近似，且涉案产品包装、装潢经过宣传使用已具有行业影响和知名度，粤家园公司在同类商品上的使用行为足以使相关公众产生混淆，对商品的来源产生误认,其行为已构成《反不正当竞争法》第 6 条第(一)项所规定的不正当竞争;第三,施某、珠吉泽杰批发部与粤家园公司构成共同侵权。

一审法院认为,第一,将涉案商标立体化使用在瓶装豆奶饮料上,其本质上是将商标标识所包含的二维形状、主要要素及其组合完整呈现在该商品上,构成商标性使用。但是被控侵权标识与维他奶公司商标相比在文字读音、含义、外形上均不一致,视觉差异较为明显,故两者不应认定为近似,故不构成侵害涉案商标专用权;第二,维他奶公司涉案产品所使用的包装装潢的图案、白色文字及图案的形状、色彩的排列组合具有显著特征,且经过广泛宣传和使用在全国范围内具有一定的市场知名度和影响力,被控侵权产品的包装、装潢与涉案产品包装、装潢相比构成近似,即使双方商品存在厂商名称、商标不同等因素,也足以使相关公众产生混淆,对商品的来源产生误认,其行为已构成《反不正当竞争法》第 6 条第(一)项所规定的不正当竞争。

粤家园公司不服一审判决,向广州知识产权法院提起上诉。

诉辩意见

粤家园公司主要的上诉理由如下:第一,维他奶产品的瓶体包装属于豆奶产品常见的通用包装,一般消费者均以醒目的商标标识来区分不同的产品,而不是通过外包装识别。第二,案外人"营养快线豆奶饮料玻璃装"豆奶产品使用的包装、装潢的时间先于维他奶公司使用时间,涉案产品包装装潢已不具有显著性。第三,涉案侵权产品采用的外观包装与维他奶产品有较大区别,不容易为消费者混淆。

维他奶公司答辩称,一审判决认定事实清楚,适用法律正确,应当予以维持。主要答辩理由如下:第一,粤家园公司不能证明涉案包装装潢为行业内的通用包装;第二,粤家园公司提到营养快线豆奶饮料玻璃产品的发布时间远远晚于涉案维他奶公司包装装潢的使用时间,该营养快线产品实际也是侵犯娃哈哈公司知名商标的侵权产品,其对维他奶公司包装装潢的使用同样属于不正当竞争,不能据此否定涉案包装装潢的特有性;第三,被诉侵权产品的包装装潢与维他奶公司的包装装潢无论整体区别效果还是区别设计上均极为接近,易于造成消费者混淆。

裁判理由

二审法院裁判理由如下。

（一）维他奶公司所主张的"包装、装潢"是否属于《反不正当竞争法》所保护的范畴

依据《反不正当竞争法》第6条第（一）项之规定，商品包装、装潢获得《反不正当竞争法》保护的前提是其具有"一定影响"，应具备以下几个特征：①商品应当知名；②具有显著特征；③具有区别商品来源的功能。

首先，维他奶公司生产的维他奶豆奶饮料产品构成知名产品。依据维他奶公司一审提交的证据可以认定，其制造、销售的236毫升瓶装维他奶豆奶饮料产品经过多年的市场营销，取得较高的市场美誉，且销量巨大，应认定为知名商品。

其次，涉案包装、装潢具有显著特征。具体而言，应判断产品的整体形象或综合外观，如颜色、图案、形状、布局等各种构成要素及组合是否具有较强的显著性、美观性，是否能够达到吸引普通消费者注意力的目的，且区别于同类产品一般通用性的包装、装潢，从而使消费者产生一一对应的联想。就本案产品而言，其一，维他奶公司的涉案产品包装装潢于1985年7月20日设计完成，1996年已在电影中出现与该设计基本一致的瓶装维他奶豆奶产品，且在2004—2017年，维他奶公司及其关联公司向案外人广东华兴玻璃有限公司采购涉案产品的玻璃樽，在没有相反证据下，应认定维他奶公司最早使用该产品包装；其二，包装装潢中的文字、图形、色彩、形状等方面的设计元素并非商品的通用名称、图形、型号或仅由商品自身的性质产生；其三，玻璃瓶的包装装潢设计空间大，维他奶公司采用非通用的设计元素进行设计，在没有相反证据下，应认定形成显著特征。

最后，涉案包装、装潢具有区别商品来源的功能。该包装装潢经过长时间使用和大量宣传，已使相关公众将上述包装、装潢的整体形象与维他奶公司生产联系起来，由此具备了区别商品来源的特征。

因此，二审法院认为维他奶公司主张的包装、装潢属于"有一定影响的包装、装潢"，应予以保护。二审法院认为，一审法院认定维他奶公司涉案产品的包装、装潢属于《反不正当竞争法》第6条所规定的具有一定影响的商品包装、装潢，并无不当，二审法院予以维持。粤家园公司上诉认为维他奶公司涉案的包装、装潢在 2012 年已有其他厂家使用，故不具有显著性的理由不能成立，二审法院未予采纳。

（二）被诉侵权产品的包装是否与维他奶公司产品的包装产生混淆

《最高人民法院关于审理不正当竞争民事案件应用法律若干问题的解释》第 4 条第 3 款规定："认定与知名商品特有名称、包装、装潢相同或者近似，可以参照商标相同或者近似的判断原则和方法。"[1]以相关公众的一般注意力为标准，既要进行整体比对，又要对主要部分进行比对，比对应当在比对对象隔离的状态下分别进行，同时考虑"有一定影响的包装、装潢"的显著性和知名度。被诉侵权包装与维他奶公司主张的包装、装潢的特征除了文字内容之外，其他均近似；该包装、装潢应用于价值不高的小商品，一般消费者在选购时的注意力和谨慎程度不高，在隔离对比状态下，较大概率会误以为是相同的商品或误以为该商品与维他奶公司存在某种联系，引起混淆。因此，一审法院认为被诉侵权包装、装潢与维他奶公司的涉案产品构成"混淆"并无不当。

案件评析

本案是《反不正当竞争法》第 6 条第（一）项"有一定影响的商品名称、包装、装潢"保护适用的典型案例，法院对于"包装、装潢"保护要素的认定以及混淆构成的分析具有重要参考价值。

本案的争议焦点之一在于，符合《反不正当竞争法》第 6 条第（一）项"有一定影响"的包装、装潢如何认定。对此，一审法院从两个层面进行论证：一是该商品包装、装潢作为商业标识，应具有区别商品来源的显著特征；二是综合考虑该商品的销售时间、销售区域、销售额和销售对象，进行任何宣传的持续时间、程度和地域范围，以及作为知名商品受保护的情况等因素，从而综合判断是否具有一定影响。本案中涉案产品（236 毫

---

[1] 《最高人民法院关于审理不正当竞争民事案件应用法律若干问题的解释》（已废止）第 4 条第 3 款对应 2022 年《最高人民法院关于适用〈中华人民共和国反不正当竞争法〉若干问题的解释》第 12 条第 1 款："人民法院认定与反不正当竞争法第六条规定的'有一定影响的'标识相同或者近似，可以参照商标相同或者近似的判断原则和方法。"其实质内容没有改变，只是将"知名商品"改为"有一定影响的"标识。

升瓶装维他奶豆奶饮料）所使用的包装为 236 毫升玻璃瓶，瓶身从上至下呈狭窄—宽—内收形状，瓶身下方为多条均匀分布的凸出的波形竖纹，其瓶身轮廓及波形竖纹相结合的设计圆滑流畅，富有一定的美感，具有区别于同类产品的显著特征；装潢包含带状红色图案、两个椭圆形红色标贴及与白色文字的排列组合，其中文字"维他奶""VITASOY"作为商标的使用，不应再纳入装潢这一商业标识予以考量，而上述图案、白色文字及图案的形状、色彩的排列组合具有显著特征。关于涉案包装、装潢的影响力，一审法院则是综合考量了涉案包装、装潢使用及宣传情况，维他奶公司及其产品获得的相关荣誉，涉案产品的销售情况等因素，综合认定上述包装、装潢在相关公众中已经具有一定的知名度。

二审法院则是将"包装、装潢"的受保护特征概括为三个：①商品应当知名；②具有显著特征；③具有区别商品来源的功能。但本质上与一审的认定逻辑和结果一致。从表面上看，二审法院似乎是沿用了 1993 年《反不正当竞争法》中的"知名商品"这一标准而不是"有一定影响"标准。针对这一改动，有人认为新法中的"有一定影响"是降低了保护的门槛；但是更多的学者认为，这一改动强调的是《反不正当竞争法》的保护对象为商业标识，而不再聚焦于商品本身的知名与否。无论是"知名"还是"有一定影响"，都是对知名度的一种不精确的量化，在司法实践中的适用并没有什么不同。❶

本案的创新点在于，在认定受保护的包装、装潢的构成要素时，明确将作为商标保护的文字要素"维他奶""VITASOY"排除出涉案包装、装潢的显著特征认定范围。一审判决指出，"上述图案、白色文字及图案的形状、色彩的排列组合具有显著特征"，显然是有意要忽略其中文字本身的具体内容和含义的，而强调架构和整体形象的特有性和识别性。不同于注册商标的构成元素是经过核准而相对固定的❷，商品的包装、装潢的构成元

---

❶ 孔祥俊. 反不正当竞争法新原理（分论）[M]. 北京：法律出版社，2019：49.
　史凡凡. 从"知名""特有"到"有一定影响"裁判逻辑的衔接 [EB/OM].（2020-05-11）[2020-05-24]. https://mp.weixin.qq.com/s/kFOvhOhifFU9A0HgM4M1dw.

❷ 2019 年《商标法》第 24 条："注册商标需要改变其标志的，应当重新提出注册申请。"

素不固定化，具有较大的灵活性。❶ 其中凡能够具有识别性的因素即可受保护，它既可能是包装装潢中的部分元素，而不要求特定商品包装装潢的全部都纳入保护范围；又可能是超越个别元素之上的整体形象，甚至各个构成元素本身未必符合保护条件，但其构成的整体具有识别性时，仍可符合保护条件。例如，在费列罗巧克力包装装潢不正当竞争案❷中，所涉争议巧克力包装、装潢是由多种元素构成的整体性巧克力商品外观，包括金色纸质包装、椭圆形金边标签、咖啡色纸质底托、塑料透明包装，且以各种方式构造了独特装潢。该案受保护的特有包装、装潢虽由多种元素所构成，但其形成的整体风格才使其具有识别性，受保护的是这种略带抽象性的整体外观，而不是简单的具体构成元素。

可见相对于注册商标，有一定影响的商品包装、装潢的构成元素具有比较灵活的抽象与具体以及整体与部分的关系，如有时突出整体，有时突出部分，且整体与个别内容的部分改变并不一定影响其保护客体的同一性和连续性。❸ 有时商品名称、商标、包装、装潢可能客观上或者物理意义上被设计在一起，构成一个三者共同的标识形象整体，事实上也可能同时发挥作用，但在法律上和观念上仍是独立的和可分的。因而在本案中，仅仅将文字内容由"维他奶""VITASOY"替换为"三味佳""SANWEIJIA"，并不会影响包装、装潢的整体形象和构架识别性。

本案的第二个争议焦点在于，被诉侵权产品的包装是否会与涉案产品的包装产生混淆。对此，二审法院援引了2007年《最高人民法院关于审理不正当竞争民事案件应用法律若干问题的解释》第4条第3款的规定："认定与知名商品特有名称、包装、装潢相同或者近似，可以参照商标相同或者近似的判断原则和方法。"而《最高人民法院关于审理商标民事纠纷案件适用法律若干问题的解释》第10条又进一步规定，人民法院认定商标相同或者近似应当符合以下原则："（一）以相关公众的一般注意力为标准；

---

❶ 孔祥俊.论商品名称包装装潢法益的属性与归属——兼评"红罐凉茶"特有包装装潢案[J].知识产权，2017（12）：3-29.

❷ 最高人民法院（2006）民三提字第3号民事判决书。

❸ 孔祥俊.论商品名称包装装潢法益的属性与归属——兼评"红罐凉茶"特有包装装潢案[J].知识产权，2017（12）：3-29；

（二）既要进行对商标的整体比对，又要进行对商标主要部分的比对，比对应当在比对对象隔离的状态下分别进行；（三）判断商标是否近似，应当考虑请求保护注册商标的显著性和知名度。"

本案中，经侵权对比发现，被诉侵权包装、装潢与维他奶公司产品相比除了文字内容有区别以外，其他基本特征均相近似。二审法院认为，由于使用该包装、装潢的商品价值不高，从而一般消费者在选购时的注意力和谨慎程度不高，在隔离对比状态下，较大概率会误以为是相同的商品或误以为该商品与维他奶公司存在某种联系，引起混淆。可见对于作为判断主体的"相关公众"的适用，二审法院考量了涉案商品的价值、知名度等细节因素，进而划定了"相关公众"这一抽象主体的注意力程度的谨慎程度。这一细节考量对于此后同类案件中包装、装潢相似性对比具有重要参考意义。

48 显著识别部分的商标被无效宣告可能使包装装潢整体丧失权利基础

——江苏苏萨食品有限公司与山西超鑫湘汇食品有限公司等不正当竞争纠纷案 *

裁判要旨

《反不正当竞争法》第 6 条第（一）项规范的对象是市场竞争环境下仿冒商业标识的行为。竞争本身并非《反不正当竞争法》的规制对象，《反不正当竞争法》仅规制止有损竞争秩序的特定竞争行为。如果包装、装潢的显著识别部分是可能损害公共利益的商业标识，包装、装潢与该商业标识则均不具有获得法律保护的正当性基础。否则，将导致无法依据《商标法》获得保护的标志，反而能够通过《反不正当竞争法》获得保护的不良导向。

案情简介

苏萨食品集团成立于 2008 年，是中国生榨椰子汁开创企业及全球优质椰子资源整合者，是集研发、生产、销售、进出口贸易于一体的大型食品企业集团。目前，该食品集团拥有江苏苏萨食品有限公司、广东苏萨食品有限公司、佛山苏萨食品有限公司、湛江市苏萨食品有限公司等多家成员

---

* 一审：山西省太原市中级人民法院（2018）晋 01 民初 1167 号民事判决书；二审：山西省高级人民法院（2019）晋民终 201 号民事判决书；再审：最高人民法院（2019）最高法民申 4847 号民事裁定书。

企业。

集团成员企业湛江市苏萨食品有限公司（以下简称"湛江苏萨"）先后于 2012 年 1 月 28 日、2014 年 7 月 21 日向国家商标局申请了文字"特种兵"加七个兵形象图案的组合商标（注册号为 7600566）和"特种兵"盾牌图文组合商标（注册号为 11115842）。2018 年 5 月 27 日，这两个商标的注册人都变更为江苏苏萨食品有限公司（以下简称"江苏苏萨"）。在此之前，湛江苏萨与江苏苏萨于 2017 年签订了商标授权许可合同，许可江苏苏萨排他使用湛江苏萨的两项"特种兵"组合商标。2009 年 5 月 5 日，湛江苏萨与湛江市三格装潢设计室签订《标签、纸箱外观设计合作协议书》，约定湛江苏萨委托该设计室构思设计"特种兵生榨椰子汁"饮料的包装箱和标签。2012 年 2 月 2 日，双方就"特种兵生榨椰子汁"标签、纸箱外观设计平面图（正稿）进行签收确认。2009 年起至 2018 年 2 月，江苏苏萨及其关联公司陆续在湖南广播电视台经视频道、江苏综艺频道等电视媒体上发布"特种兵生榨椰子汁"饮料广告。2016—2017 年，江苏苏萨及其关联公司分别与江苏省各地市多家经销商签订了《产品经销合同》。

2018 年，江苏苏萨以山西超鑫湘汇食品有限公司等（以下简称"超鑫湘汇公司"等）三被告生产、销售涉案椰子汁商品的行为违反了公平、诚信原则，构成不正当竞争行为为由，向山西省太原市中级人民法院提起诉讼。

一审法院认为，第一，关于涉案原告的商品是否为知名商品的问题。综合考虑原告产品销售、广告宣传的情况，可认定原告"特种兵生榨椰子汁"在相关宣传领域内，特别是在南方部分城市具有一定影响力，应为相关地域内的知名商品。第二，关于涉案原告产品的包装、装潢是否为其所特有的问题。原告主张的包含"生榨椰子汁""植物蛋白饮料"和蓝白相间的类似迷彩图案的底纹的包装、装潢并非原告的商品所特有。第三，关于涉案原告商品的包装、装潢与被告产品的包装、装潢是否相同或近似的问题。原被告产品的包装、装潢在整体上存在较大差异，并不会造成消费者的混淆和误认。综上，一审法院认为被告生产销售本案所涉产品的行为，不构成不正当竞争，故判决驳回原告江苏苏萨的诉讼请求。

江苏苏萨不服一审判决，向山西省高级人民法院提起上诉。

诉辩意见

江苏苏萨上诉请求撤销一审判决，改判支持上诉人一审诉讼请求或将本案发回重审，并请求本案的一审、二审诉讼费均由三被上诉人承担。主要上诉理由包括：第一，一审法院认定上诉人的商品为"南方地域的知名商品"有误；第二，一审法院认定上诉人的产品包装、装潢不具有"特有性"证据不足，事实认定错误，2017年《反不正当竞争法》实施之后，已经不要求商品包装装潢具有"特有性"，且涉案产品"特种兵生榨椰子汁"包装、装潢设计以及投入市场推广销售的时间均早于被上诉人举证的外观设计专利申请日；第三，一审法院仅凭颜色的差别，以及细节上的区别就认定两者之间不具有相似性存在明显错误；第四，一审判决与大量的在先判决相违背。

超鑫湘汇公司答辩称，原判决认定事实清楚、适用法律正确，请求法院判决驳回上诉、维持原判，制止不诚信行为及恶意竞争行为。主要答辩理由如下：第一，江苏苏萨就其商品进行的广告宣传及销售集中在我国南方部分城市，并未在我国其他地域进行大范围销售和宣传；第二，江苏苏萨生产的商品的包装、装潢并非其所特有，原审对此认定无误；第三，两公司的商品整体及细节均不相似，两者之间不具有相似性；第四，江苏苏萨提出的江苏省高级人民法院作出的（2017）苏民再215号民事判决书中所涉及的主体与本案当事人并不相同，诉争的所谓侵权商品也不相同，不具有参考价值，并且该判决书在一审法院认为部分有如下陈述，湛江市"该公司的特种兵生榨椰子汁商品在江苏省范围内销售广泛且已具有一定知名度"，该认定更进一步说明被答辩人的商品仅在江苏省内享有一定知名度；第五，江苏苏萨启动本次诉讼的真实目的是将自己的商品进驻山西市场，其行为违背诚实信用原则，实为不正当竞争行为。

裁判理由

二审法院认为，本案的争议焦点为：第一，江苏苏萨的涉案商品是否为知名商品；第二，江苏苏萨的涉案商品的包装、装潢是否为其所特有；第三，江苏苏萨的涉案商品的包装、装潢与超鑫湘汇公司的涉案商品的包装、装潢是否相同或近似。

关于争议焦点一，江苏苏萨就"特种兵生榨椰子汁"商品集中在湖南、安徽、浙江、江苏、江西等地的电视媒体上投放广告，并与江苏省各地市多家经销商签订了《商品经销合同》。这表明江苏苏萨就其商品进行的广告宣传及销售集中在我国南方部分城市，并未在我国其他地域进行大范围销售和宣传，除江苏省等部分南方城市的消费者外，我国其他地区的消费者对该商品并不熟悉。原审法院综合考虑江苏苏萨产品销售、广告宣传的情况，认定江苏苏萨的商品为南方地域的知名商品，并无不当。

关于争议焦点二，案外人焦某曾于2014年6月9日向国家知识产权局申请了名为"饮料瓶（特战兵生榨植物蛋白—1.25升）"的外观设计专利，并于2014年11月5日成功取得该外观设计专利。将该外观设计专利与江苏苏萨的"特种兵生榨椰子汁"的包装、装潢相比较，可以看出：两者均为全身的迷彩背景底纹，商品正面、背面瓶身下部均为矩形图案，矩形图案中左侧竖排写有"生榨"二字，右侧竖排为"椰子汁"二字，且"特战兵"与"特种兵"位置相同，字体后面均有盾牌样式，可以认定为构成整体近似。江苏苏萨在本案中主张的其特有的包装、装潢与案外人的专利权相冲突。案外人的该项专利因2016年欠缴专利年费而暂时中止，但该项曾经有效的专利可以证明江苏苏萨主张的包装、装潢并非其特有。此外，江苏苏萨与超鑫湘汇公司的商品虽都标有"生榨椰子汁"及"植物蛋白饮料"，但此标注并不能认定为江苏苏萨所特有。故原审法院认定江苏苏萨的涉案商品的包装、装潢不是其所特有的，并无不当。

关于争议焦点三，从产品瓶体形状上比较：江苏苏萨提交的产品的瓶体小、形状上均为上细下粗的形状；而超鑫湘汇公司产品的瓶体大，形状上为上细下粗的一种形状，两者基本近似。从色调上比较：江苏苏萨提交产品的通体为蓝白深蓝三色迷彩为底纹；而超鑫湘汇公司产品以蓝色为主，蓝白深蓝相间的色调，伴有红色、黄色、咖啡色、更加鲜艳亮丽，两者有一点区别。从两者瓶身正面各组成部分设置上看，两者除都标有"生榨椰子汁"和"植物蛋白饮料"字体外，且字体和底色有不同之处，其他部分色调和内容均有明显区别或有的部分完全不同。故原审法院认定江苏苏萨商品的包装、装潢与超鑫湘汇公司商品的包装、装潢不构成相同或近似，并无不当。

综上，二审法院判决驳回上诉，维持原判。江苏苏萨不服二审判决向最高人民法院申请再审。

再审法院认为，涉案包装、装潢的构成要素均指向特种兵，在特种兵商标已被生效判决认定具有不良影响，不得作为商标使用的情况下，将"特种兵"文字作为显著识别部分的涉案包装、装潢同样不应当作为反不正当竞争法意义上的有一定影响的包装、装潢进行保护。据此，江苏苏萨关于超鑫湘汇公司生产的椰汁采用的包装、装潢构成不正当竞争行为的主张，不予支持。同时，即使不考虑涉案包装、装潢的可保护性，超鑫湘汇公司使用的被诉侵权的包装、装潢在瓶身形状、颜色组合、"心湘汇"商标及图"鲜榨椰肉海南特产""生榨椰子汁"等文字构成要素等方面均与涉案包装、装潢存在差异，因此，二审判决认定二者不近似的结论并无不当。综上，江苏苏萨的相关再审申请理由不能成立。

案件评析

"特种兵生榨椰子汁"可谓是苏萨食品集团的招牌产品，在当前国内椰子汁饮料领域拥有较高的市场占有率，系《非诚勿扰》《最强大脑》等知名度较高综艺节目的指定饮品。自2018年开始，因椰子汁产品包装、装潢近似，江苏苏萨将多家企业与超市诉至各地法院，案由主要包括不正当竞争纠纷，擅自使用知名商品特有名称、包装、装潢纠纷，侵害商标权纠纷等。其中，2019年为诉讼高峰期，通过检索发现相关裁判文书有百余份之多。本案系江苏苏萨通过法律诉讼保护其"特种兵生榨椰子汁"包装、装潢权益的缩影，也是系列案件中目前唯一一个由最高人民法院再审的不正当竞争纠纷案。

江苏苏萨起诉系列不正当竞争纠纷案件所依据的权利基础，是其生产、销售的"特种兵生榨椰子汁"产品的包装、装潢权益。在一审中，江苏苏萨主张"特种兵生榨椰子汁"包装、装潢有很高的显著性与可识别性，结合原告商品的知名度、美誉度，可以认定原告商品的名称、包装、装潢，已经构成了知名商品的"包装与装潢"，依法应当受到保护。在二审上诉时，江苏苏萨明确主张2017年《反不正当竞争法》实施之后，已经不要求商品包装、装潢具有"特有性"。而在再审申请时,江苏苏萨又主张涉案商品是特有的包装、装潢,能够区别商品来源。由于我国 1993 年施行的《反不正当竞争法》先后于 2017 年、2019 年进行了修订,故首先应当明确本案的法律适用问题。

本案一审、二审法院都忽视了应当首先明确适用哪一年的《反不正当竞争法》来进行审理。再审法院明确指出,本案被诉侵权行为发生于 2017 年《反不正当竞争法》实施期间,因此本案应适用 2017 年《反不正当竞争法》进行审理。2017 年《反不正当竞争法》第 6 条第(一)项规定:"经营者不得实施下列混淆行为,引人误认为是他人商品或者与他人存在特定联系:(一)擅自使用与他人有一定影响的商品名称、包装、装潢等相同或者近似的标识。"尽管本案一审、二审判决对涉案商品的包装装潢是否构成知名商品特有的包装、装潢进行了评述,但未论及是否构成有一定影响的包装、装潢,在法律适用上有所不妥,但 2017 年《反不正当竞争法》规定的"有一定影响的商品包装、装潢"与 1993 年《反不正当竞争法》中"知名商品特有的包装、装潢"的内涵并无变化,一审、二审法院参照适用《最高人民法院关于审理不正当竞争民事案件应用法律若干问题的解释》关于知名商品特有包装、装潢的认定标准,对涉案商品的包装、装潢是否能够获得反不正当竞争法的保护进行评述,并未影响江苏苏萨的实体权利。再审法院进一步明确,本案的争议焦点问题是:超鑫湘汇公司使用被诉侵权的包装、装潢是否构成 2017 年《反不正当竞争法》第 6 条第(一)项规定的不正当竞争行为。

2017 年《反不正当竞争法》第 6 条第(一)项规范的对象是市场竞争环境下仿冒商业标识的行为。竞争本身并非《反不正当竞争法》的规制对象,《反不正当竞争法》仅制止有损竞争秩序的特定竞争行为。因此,在判断是否构成《反不正当竞争法》规制的仿冒行为时,既需要审查竞争行为的正当性,也需要经营者证明其所遭受损害的利益乃正当的竞争利益。如果主张受到保护的竞争利益非法或者具有不正当性,对此类竞争利益的争夺通常不构成不正当竞争行为。

再审法院根据《最高人民法院关于审理不正当竞争民事案件应用法律若干问题的解释》第 5 条认为,对于包装、装潢的仿冒行为,受到反不正当竞争法保护的竞争利益，应当符合以下两个层次的要求：其一，被仿冒的包装、装潢不属于《商标法》第 10 条第 1 款规定的不得作为商标使用的标志；其二，被仿冒的包装、装潢有一定影响，具有可识别性。其中，不违反法律对商业标识的禁止性规定是第一层次的判断，如果包装、装潢属于法律规定禁止作为商业标识使用的情形，则无须进一步判断该包装、装潢是否具有一定影响。即使其能够产生独立的识别性，也不应受到《反不正当竞争法》的保护。

在本案中，对于江苏苏萨拥有的"特种兵 THESPECIALARMS 及图"商标，已有生效裁判文书认定，该标志具有不良影响，构成《商标法》第 10 条第 1 款第（八）项规定的情形。在本案再审审理过程中，超鑫湘汇公司也明确主张特种兵商标已被法院认定不得作为商标使用，因此涉案包装、装潢不具有合法性。再审法院围绕被无效的特种兵商标与涉案包装、装潢的关系进行了详细说理。

再审法院从三个方面进行了阐述。首先，通常情况下，商标标志与包装、装潢形成一个整体，共同发挥识别作用。含有商标的包装、装潢，可以在整体上发挥识别商品来源的作用。在商标以外的其他包装、装潢元素也产生了独立的市场价值，能够独立发挥识别作用时，也需要考虑包装、装潢中其他构成要素的利益保护。本案中，特种兵商标含有的"特种兵""THESPECIALARMS"文字、七名士兵的剪影、盾牌图形、五角星图形等元素均占据涉案包装、装潢的显著位置。在"特种兵"商标之外，涉案包装、装潢的其他要素或是与特种兵相关的元素，如瓶身整体的迷彩图案，或是商品名称，如"生榨椰子汁""植物蛋白饮料"。因此，"特种兵"商标是涉案包装、装潢的显著识别部分。其次，判断单个的包装、装潢元素能否成为正当的竞争利益，需要考虑商标标志与装潢元素的关系。本案中，涉案包装、装潢是以"特种兵"为核心进行的设计构思，涉案包装、装潢的整体颜色、包装外形均与"特种兵"相关，"特种兵"文字为涉案包装、装潢的组成部分，而非可以随意替换的要素。最后，根据《反不正当竞争法》第 1 条的规定，《反不正当竞争法》的立法目的在于通过制止不正当竞争行为，鼓励和保护公平竞争，保护经营者和消费者的合法权益。换言之，如果包装、装潢的显著识别部分是可能损害公共利益的商业标识时，包装、装潢与该商业标识均不具有获得法律保护的正当性基础。否则，将导致无法依据商标法获得保护的标志，反而能够通过反不正当竞争法获得保护的不良导向。

再审法院的上述分析是本案的亮点，也是本案具有指导性价值之所在。再审判决体现了如下法律规则：经营者请求保护的包装装潢只有在不损害他人及社会公共利益的情况下，才能够成为反不正当竞争法保护的合法权益。这也启示我们，在应对以包装、装潢权益为权利基础的不正当竞争纠纷时，如果其中的商标是涉案包装、装潢的显著识别部分，可以采取无效该商标的策略，以使得原告丧失请求法律保护的权利基础。

49 知识产权侵权投诉行为构成商业诋毁的判定

——捷客斯（上海）贸易有限公司与
亿能仕（大连）科技有限公司商业诋毁纠纷案 *

裁判要旨

正当的知识产权自力救济行为和不正当竞争的商业诋毁行为之间应当严格区分，防止知识产权权利人以保护知识产权为由破坏市场竞争秩序，诋毁竞争对象商誉。知识产权权利人的侵权警告或投诉行为构成不正当竞争的商业诋毁行为的构成要件如下：①双方之间具有竞争关系；②行为人编造、传播虚假信息或误导性信息；③行为人存在主观过错；④行为损害了竞争对象的商业信誉、商品声誉。

权利人在没有进行知识产权侵权实物比对，且缺乏合理怀疑基础，具有捏造、散布虚假信息可能性的情形下，短时间内多次针对竞争者在淘宝平台的店铺进行知识产权侵权投诉，造成竞争者商业机会丧失，商誉受损的行为构成不正当竞争的商业诋毁，应当承担法律责任。

案情简介

亿能仕（大连）科技有限公司（以下简称"亿能仕公司"）成立于2015

---

* 一审：辽宁省大连市西岗区人民法院（2017）辽0203民初4433号民事判决书；二审：辽宁省大连市中级人民法院（2019）辽02民终1083号民事判决书。

年3月26日，经营范围为计算机软件技术开发、技术服务、国内一般贸易、电子商务、货物、技术进出口等。亿能仕公司在淘宝网开设"亿能仕官方店"店铺，该店铺主要销售新日石ENEOSSUSTINA5W-404L原装日本进口机油、新日石ENEOSSUSTINA5W-304L原装日本进口机油、新日石ENEOSSUSTINA0W-204L原装日本进口机油等商品。捷客斯（上海）贸易有限公司（以下简称"捷客斯公司"）成立于2004年1月5日，系外国法人独资的有限责任公司，经营范围为国际贸易、转口贸易、润滑油及其相关产品、润滑脂、矿物油等。

2002年7月21日，吉坤日旷日石能源株式会社经我国商标局核准注册了第1810384号ENEOS商标。2017年10月11日，吉坤日旷日石能源株式会社出具《知识产权侵权投诉授权委托证明》，委托捷客斯公司作为知识产权代理处理在中国国内的知识产权事宜。2017年7月至11月，捷客斯公司针对亿能仕公司淘宝店铺销售的商品向淘宝网进行数十次投诉，投诉类型为涉嫌出售假冒、盗版商品侵权，投诉理由是权利人从未在全球范围内生产也从未授权他人生产该样式或型号的产品。

亿能仕公司针对捷客斯公司的数次投诉行为，向大连市西岗区人民法院提起案由为商业诋毁的不正当竞争之诉。一审法院判决捷客斯公司的行为构成商业诋毁，应承担相应的法律责任。捷客斯公司不服一审判决，向大连市中级人民法院提出上诉。

诉辩意见

捷客斯公司上诉主张，第一，一审判决法律适用错误。亿能仕公司以捷客斯公司的行为违反1993年《反不正当竞争法》第14条为由起诉，但是一审法院单独适用了1993年《反不正当竞争法》第2条认定进行判决，一审法院对案件的审理超出了亿能仕公司的诉讼请求和理由的范围。捷客斯公司基于合理怀疑在亿能仕公司拒绝提供完整进口资料的情形下，严格遵守淘宝网的投诉规则并未做任意扩散，没有对亿能仕公司进行贬损性评价，不存在损害被上诉人商誉的主观恶意及损害后果。

第二，一审判决认定事实错误。捷客斯公司的投诉是建立在合理怀疑的基础上，已尽到了合理的注意审查义务。一审法院认定捷客斯公司负有进一步核实进口报关真实性的举证责任错误。

亿能仕公司的答辩称，不同意捷客斯公司的上诉请求。第一，一审法院适用法律正确，法院有权按照查明的事实选择适用法律条文。一审法院判决内容并未超出其诉讼请求，因此不属于违反"不告不理"原则。第二，就事实部分，捷客斯公司并未进行谨慎的审查义务，主观恶意明显。捷客斯公司自认其与日本方核实涉案商品是否为正品，但日本方一直没有答复。因此，上诉人在未确认亿能仕公司销售的产品是假货且没有任何证据的情况下，就反复恶意投诉，明显是不正当竞争行为。

裁判理由

再审大连市中级人民法院裁判理由如下。

（一）捷客斯公司的涉案行为构成商业诋毁的不正当竞争

首先，亿能仕公司与捷客斯公司均在淘宝网开设店铺从事ENEOSSUSTINA品牌润滑油的销售业务，两者具有同业竞争关系。

其次，捷客斯公司在未经调查核实，没有购买过涉案商品，也未做任何基础性比对工作，更没有任何国家有权机关认定亿能仕公司构成侵权的情况下，即自行认定亿能仕公司销售的案涉产品属于侵犯注册商标专用权的侵权产品，并且以其出售假冒商品为由在阿里巴巴集团知识产权保护平台（以下简称"保护平台"）对其发起投诉，该判断过于轻率武断，缺乏事实依据，其行为应当属于捏造虚伪事实。

再次，捷客斯公司清楚知晓其投诉行为给亿能仕公司店铺造成的后果，其在没有任何证据证明亿能仕公司销售的涉案商品为侵权产品的情形下，便向保护平台发起投诉，导致亿能仕公司的涉案商品下架无法进行销售。此外，在亿能仕公司每次申诉成功后便以相同理由立即再次启动投诉程序，在亿能仕公司的淘宝店铺成立仅短短四个月的时间内便持续密集地针对涉案商品以相同理由向保护平台发起十余次投诉，足见其主观过错是明显而确定的。

最后，捷客斯公司的屡次投诉行为造成亿能仕公司商誉损害的后果。捷客斯公司以案涉商标知识产权代理人的身份将亿能仕公司所售商品认定为假冒商品，并在保护平台上发起投诉，是对该公司商品声誉的严重负面评价。两家公司作为同业竞争者，捷客斯公司通过使亿能仕公司因商誉受损处于劣势的竞争地位，从而使己方获得不公平的竞争优势。因此，捷客斯公司的不正当竞争行为不仅侵犯了亿能仕公司的商业信誉，同时也损害了公平、诚信的竞争秩序。

（二）一审法院举证责任分配正确

亿能仕公司对于捷客斯公司作为同业竞争者，对其实施了恶意投诉行为，且该投诉行为损害了其商誉等案件事实负有基本的证明责任。捷客斯公司负有对其投诉所称的亿能仕公司销售假冒商品的事实承担举证证明责任，而非由亿能仕公司反证己方销售商品未侵权。捷客斯公司主张其对亿能仕公司的投诉是建立在合理怀疑的基础上，应当由亿能仕公司提供完整的商品进口资料以证明其商品为原装进口商品，缺乏事实和法律依据。

（三）一审法院适用《反不正当竞争法》第2条不属于适用法律错误

1993年《反不正当竞争法》第二章所列举的具体不正当竞争行为不足以涵盖所有的不正当竞争行为，人民法院可以适用第2条原则规定的灵活性和适应性，有效制止花样翻新、层出不穷的不正当竞争行为，来维持市场的公平竞争，但同时应注意严格把握适用条件，以避免不适当干预而阻碍市场自由竞争。在法律对该种竞争行为已作出特别规定的情形下，本案以适用1993年《反不正当竞争法》第14条规定为宜。一审法院仅适用该原则性条款处理本案，虽不够精准，但并不属于适用法律错误。

案件评析

本案是2019年最高人民法院公布的50大知识产权典型案例之一，本案涉及知识产权领域权利人通常采用的侵权投诉行为与《反不正当竞争法》规定的商业诋毁行为之间的关系。在强化知识产权保护的大背景下，由于知识产权的特殊性，针对电子商务平台特定经营者销售的商品可能涉嫌知识产权侵权的情形下，权利人大多会选择向平台进行知识产权侵权投诉。该种具有一定自力救济色彩的行为本不被法律禁止，但是该行为有时成了市场竞争的一种策略和方式，甚至通过滥用侵权投诉而损害了竞争对手的利益，从而可能构成商业诋毁行为。针对本案的具体评析如下。

（一）相关法律规定的分析

本案适用的是 1993 年《反不正当竞争法》，针对商业诋毁行为，该法的规定为："经营者不得捏造、散布虚伪事实，损害竞争对手的商业信誉、商品声誉。"经营者违反该条规定，即构成对竞争对手的商业诋毁。2019 年《反不正当竞争法》第 11 条对该行为的规定为："经营者不得编造、传播虚假信息或者误导性信息，损害竞争对手的商业信誉、商品声誉。"故商业诋毁行为的构成要件包括：①主体是经营者与竞争对手；②行为是编造、传播虚假信息或误导性信息；③行为人存在主观过错；④损害结果是损害了竞争对象的商业信誉、商品声誉。当然，编造本身又包含了主观意愿，故并不是所有的侵权警告和侵权投诉行为都涉及不正当竞争的问题。受到《反不正当竞争法》规制的侵权投诉行为，必须满足上述四个要件。在区分知识产权权利人正当的权利救济行为与商业诋毁行为时，主要从案涉行为是否满足商业诋毁的法定构成要件分析，当案涉行为满足商业诋毁的构成要件时，其自然已经不再属于正当的知识产权权利救济行为。

（二）本案裁判的具体评析

1. 本案的争议焦点之一即捷客斯公司的行为是否构成不正当竞争

捷客斯公司在诉讼中主张其是正当的知识产权自力救济的投诉行为，而亿能仕公司主张捷客斯公司的涉案行为构成商业诋毁，故法院需要从商业诋毁行为的法定构成要件入手分析，对涉案行为进行法律定性。

在主体要件上，本案并无争议，捷客斯公司与亿能仕公司属于同类商品销售者，二者属于具有竞争关系的经营者。判断的重点在于捷客斯公司是否编造、传播了虚假信息或误导性信息及对亿能仕公司是否造成了损害后果的问题。当然对涉案行为还需要进行是否具有竞争属性的判断，虽然二者具有竞争关系，但具备竞争关系并不必然使得一方采取的行为具有竞争属性。

一审法院认为捷客斯公司在进行投诉前并未尽到审查义务，自始至终未能提供其进行侵权投诉的合理怀疑基础，其多次投诉主观恶意明显，且其行为削弱了亿能仕公司的市场交易机会，使得捷客斯公司不恰当地获取更多的市场竞争优势，故认定捷客斯公司的行为属于商业诋毁的不正当竞争行为。二审法院则从涉案双方具有竞争关系、捷客斯公司存在捏造虚假事实、持续多次投诉具有主观恶意和存在损害后果等方面论证捷客斯公司的案涉行为构成商业诋毁。通过分析一审和二审的判决可以发现，虽然法院在最后的法律定性上并无差异，但实际上二审法院更严格依据商业诋毁的法定构成要件进行法律分析，论证逻辑更为严密。二审法院的论证思路也为同类案件提供了参考，即区分知识产权权利人正当的自力救济和商业诋毁行为应当严格依据商业诋毁行为的法定构成要件分析，从而对相关行为进行法律定性。

本案中捷客斯公司在没有侵权合理怀疑基础且未进行调查取证的情况下进行多次投诉的行为，是认定该行为具有竞争属性的重要考虑因素。由于知识产权本身具有权利的模糊性和相对性，权利有效性及权利边界易受到质疑或产生争议，在侵权判定上常常存在一定的难度。[1] 若权利人在进行侵权投诉后，被投诉人通过证据可以证明其商品具有合法来源，不具有侵权属性，行为人此时不再投诉或直接启动司法、行政救济程序，则其此前基于不确定事实而提起的投诉行为，在考虑知识产权本身具有模糊性的权利属性基础上，则不宜一概认定为具有不正当竞争的属性。反之，若权利人一味地滥用侵权投诉，则明显具有竞争属性。对此，在"理邦案"中，最高人民法院曾作出过清晰认定，"专利权人发送侵权警告要适当，不能滥用侵权警告而损害他人合法权利、扰乱市场竞争秩序。如果专利权人为谋求市场竞争优势或者破坏竞争对手的竞争优势，以不正当方式滥用侵权警告，损害竞争对方的合法权益，则超出权利行使的范围，可以构成商业诋毁或其他不正当竞争行为"。[2] 本案中，捷客斯公司在本不具有侵权合理怀疑的基础上，不启动司法或行政救济，而多次进行投诉的行为，已然具有不正当竞争的行为属性和主观恶意。

在该争议焦点下的另一个重要问题是，捷客斯公司主张的其遵守淘宝网的投诉规则并未做任意扩散，对于产品下架原因没有涉及具体公开的理由，不影响被上诉人的企业社会信誉，因而不构成商业诋毁的上诉理由。这本身涉及法律术语的解释问题，从1993年《反不正当竞争法》规定的"散布"要件到2019年《反不正当竞争法》规定的"传播"要件，按照捷

---

[1] 孔祥俊. 反不正当竞争法新原理分论 [M]. 北京：法律出版社，2019：330.
[2] 最高人民法院（2015）民申字第191号民事裁定书。

客斯公司的观点,"散布"必须是广而告之,但其投诉行为仅向淘宝平台提出,并未广而告之,故不符合"散布"要件。二审法院认为,"散布行为的基本要求是将虚伪事实以一定方式传递给第三人,其行为模式是以行为人为原点将相关信息对外扩散,其行为具有面向公众性,但具体手段可以不同,传递方式可以多样。如果行为人向某一特定对象传播所编造的虚伪事实,给当事人的经营活动造成实质性影响的,也可构成商业诋毁。认定某行为是否损害商誉应考察该行为的目的及结果是否通过传播某种信息影响消费者的选择"。二审法院以捷客斯公司的数次投诉行为直接切断了公众在淘宝网上接触亿能仕公司涉案产品的通道、最终给亿能仕公司造成了直接损害后果为由认定其行为构成"散布"。实际上,从法条规定的内在逻辑来看,"散布"行为与最终导致竞争对手商业信誉和商品声誉的损害之间存在因果关系。企业的商业信誉和商品声誉本身就是公众对企业的评价,若相关行为仅仅向特定第三人提出,而未使得公众知悉,则公众对该企业的评价并不会降低,自然就不会损害该企业的商誉。故"散布"本身只是损害结果产生的要件,法律评价的最终落脚点在于损害结果是否产生。只要产生了相关损害结果,对于"散布"要件应当作扩大解释是法条逻辑的应有之义(针对现行法中的"传播"要件也应当如此理解)。如在北京康尼公司与上海康尼公司商业诋毁纠纷中,法院认为,"上诉人上海康尼公司对于其捏造的虚伪事实的散布虽然只限于上诉人北京康尼公司的合作伙伴,但却对北京康尼公司正常的经营活动造成了实质性影响。因此,上诉人上海康尼公司向竞争对手的合作伙伴发函的行为应被认定为散布其捏造的虚伪事实的行为,损害了竞争对手的商业信誉,构成不正当竞争"。[1]若在本已存在损害后果的基础上,仍严格要求必须满足向社会公众广而告之相关捏造的虚假事实才构成商业诋毁,此种思路无疑是与该条的立法目的背道而驰。

2. 本案的另一争议焦点在于举证责任分配和《反不正当竞争法》条文的适用

举证责任的分配问题一直是司法实务中的重点,承担举证责任的一方,无法举证证明其诉讼主张,则要承担不利后果。在具体的司法案件中,因

---

[1] 北京市第二中级人民法院(2008)二中民终字第4517号民事判决书。

为诉讼类型的不同,举证责任也会有一定差异。二审法院对此进行了清晰的认定:"在作出判决前,当事人未能提供证据或者证据不足以证明其事实主张的,由负有举证证明责任的当事人承担不利的后果。因此,双方当事人均须承担法律规定的举证责任,如果当事人对其诉讼请求的举证达到了一定的证明标准,能够证明相关诉讼主张的成立,举证责任就会发生转移,由对方当事人承担否定该主张的举证责任。"本案原告亿能仕公司需要承担证明被告捷客斯公司的行为构成商业诋毁的举证责任;在此基础上,捷客斯公司需要承担证明其投诉行为是正当的维权措施,而非商业诋毁的举证责任。

根据案件事实,亿能仕公司已经通过证据证明了其所销售的案涉产品是日本原装进口,而非侵权产品,据此完成了捷客斯公司构成商业诋毁的举证责任。而捷客斯公司并未提供任何证据予以反驳,亦未完成其投诉理由真实的举证责任,仅强调其投诉建立在合理怀疑的基础上。故当亿能仕公司已经完成举证义务后,举证责任转移到捷客斯公司,但捷客斯公司未能完成否定亿能仕公司主张的举证责任,故由其承担不利的法律后果。二审法院在关于本案举证责任方面进行的论证,详细论述了民事诉讼举证责任的规则。

在《反不正当竞争法》条文的适用上,捷客斯公司在上诉理由中提出本案属于商业诋毁纠纷,应当适用《反不正当竞争法》第14条,一审判决适用《反不正当竞争法》第2条,存在法律适用错误的问题。该案涉及《反不正当竞争法》第2条一般性条款和其他具体的不正当竞争行为条款之间的关系问题。由于市场竞争的多样性,《反不正当竞争法》不可能将所有不正当竞争行为类型全部进行列举式规定,故确立了不正当竞争行为的一般性条款。❶ 在司法实践中,只有相关行为无法纳入反法的具体类型条款中时,才可以适用第2条进行判定,原因就在于一般条款本身更多的是原则性规定,判断要件上存在模糊性。本案中二审法院也明确表示"凡是法律已经通过特别规定作出穷尽性保护的行为方式,不宜再适用该一般规定

---

❶ 2019年《反不正当竞争法》第2条第一款、第二款规定:"经营者在生产经营活动中,应当遵循自愿、平等、公平、诚信的原则,遵守法律和商业道德。本法所称的不正当竞争行为,是指经营者在生产经营活动中,违反本法规定,扰乱市场竞争秩序,损害其他经营者或者消费者的合法权益的行为。"

予以管制。"在使用一般条款时，法院应该"同时注意严格把握适用条件，以避免不适当干预而阻碍市场自由竞争"。法院的上述认定无疑明确了《反不正当竞争法》一般条款的适用原则。二审法院也表示："一审法院适用《反不正当竞争法》第2条的原则性条款对于捷客斯公司的恶意投诉行为构成不正当竞争的性质认定并无实质性影响，亦不影响该判决实体结果的正确性。"故在司法案件中，在相关行为已构成《反不正当竞争法》规定的特定不正当竞争行为的基础上，即使法院适用的一般性条款进行判决，但并不影响判决结果的正确。

在强调严格保护知识产权的当前背景下，知识产权被滥用的风险日益增加，面对具有竞争关系的权利人的知识产权滥用行为，被警告（投诉）方可以依据《反不正当竞争法》的规定保护自己的合法权利，维护竞争秩序。本案在知识产权的正当自力救济措施和不正当竞争的商业诋毁行为之间进行了严格的区分，且较为清晰地确立了滥用知识产权情形下的商业诋毁行为构成要件的分析思路，对司法实务具有较大的参考意义。

50 劳动力信息是否构成商业秘密的认定

——厦门市杰惠祎电子商务有限公司与厦门快先森科技有限公司侵害经营秘密纠纷案 *

裁判要旨

通过配送平台进行管理的配送员信息往往仅包括配送人员的姓名、身份证号码及手机号码等，实际上属于企业的员工名单，系企业人事管理范畴。配送人员选择与哪个企业建立劳动关系是其基本权利，而且这类人员一般具有一定的团队性，只要团队中的主要人员"跳槽"，其他人员大多会跟随，故快递配送企业的配送人员名单发生变化是常态。因此，"配送员信息"并不属于在经营中通过创造性劳动积累的"不为公众所知悉"的经营信息，不具有"商业秘密"意义上的"秘密性"。另外，通过账号密码和手机验证方式登录配送平台也是平台管理的惯常手段，不能认定为系采取了相应的"保密措施"。

案情简介

2016年4月20日，厦门市杰惠祎电子有限公司（以下简称"杰惠祎公司"）与上海拉扎斯信息科技有限公司（以下简称"拉扎斯公司"）签订《蜂鸟配送代理合作协议》，约定拉扎斯公司授权杰惠祎公司使用其"蜂鸟配送"

---

* 一审：福建省厦门市中级人民法院（2016）闽02民初1122号民事判决书；二审：福建省高级人民法院（2019）闽民终516号民事判决书。

系列产品在福建省厦门市思明区内经营"蜂鸟配送"业务。合同签订后,杰惠祎公司在拉扎斯公司的"饿了么""蜂鸟团队版"配送平台注册账号、设置密码,并通过该账号进行员工管理、订单管理及订单配送等操作。后来,该平台上原先绑定在杰惠祎公司名下的二百余名配送员信息(包括配送员姓名、身份证号码、配送手机号码)被删除,其中大部分配送员信息被陆续绑定至厦门快先森科技有限公司(以下简称"快先森公司")在该配送平台的账号。为此,杰惠祎公司以快先森公司、拉扎斯公司侵害其经营秘密为由诉至法院。

厦门市中级人民法院一审认为,杰惠祎公司在"饿了么"的"蜂鸟团队版"配送平台上注册账号、设置密码,并通过该账号进行员工管理、订单管理及订单配送等操作,系根据该平台的要求所进行的操作,并不能因此认定杰惠祎公司已采取了合理的保密措施,杰惠祎公司请求保护的信息不符合商业秘密的构成要件。本案纠纷实际上是杰惠祎公司内部部分成员因加盟关系破裂,离开杰惠祎公司自愿加入快先森公司并将其所掌握的信息带走所引发。一审法院判决驳回杰惠祎公司的诉讼请求。杰惠祎公司不服一审判决向福建省高级人民法院提出上诉。

诉辩意见

杰惠祎公司主张事实和理由如下。第一,本案配送人员信息和配送信息登录后台构成杰惠祎公司的商业秘密,一审法院认为其不符合商业秘密构成要件,系认定事实不清,适用法律错误。首先,配送人员信息具有为杰惠祎公司创造经济价值的属性。杰惠祎公司为配送服务行业,配送人员是主要的劳动力,也是企业主要的利润来源,配送人员的多少决定企业获利的多少。一审法院认可杰惠祎公司和拉扎斯公司以配送平台产生的有效数据作为结算依据,表明一审法院也认可配送人员信息及相应产生的配送信息具有创造经济价值的属性。其次,配送人员信息系不对外公开的,具有秘密性。配送人员均有自己的专属ID,必须通过平台注册登记后才具有"骑手"这一特殊身份属性,该信息具有秘密性。最后,杰惠祎公司对配送人员信息采取设置密码、手机验证码登录等保密措施。杰惠祎公司基于经营和管理需要,仅授权了有限的团队管理人员掌握相关信息,不能据此认定杰惠祎公司对涉案信息没有采取保密措施。第二，快先森公司以非法手段获取杰惠祎公司的信息，侵犯了杰惠祎公司的商业秘密。第三，拉扎斯公司协助配合快先森公司迁移杰惠祎公司的配送人员信息，并在杰惠祎公司告知出现侵权行为后，没有及时阻止，仍允许快先森公司继续使用杰惠祎公司的商业秘密，拉扎斯公司的行为亦构成侵犯商业秘密。第四，快先森公司和拉扎斯公司的侵权行为，给杰惠祎公司造成重大经济损失，应赔偿杰惠祎公司每月的经营差额损失。

快先森公司答辩称，其一，杰惠祎公司缺乏证据证明快先森公司有侵害其经营秘密的具体侵权行为。一审判决已经查明本案纠纷实际上是杰惠祎公司内部部分成员因加盟关系破裂、离开其公司自愿加入快先森公司引起的。也就是说，杰惠祎公司主张的配送人员的流失与快先森公司无关。快先森公司只是被动接纳了从杰惠祎公司离职的员工，并没有窃取杰惠祎公司的员工信息和绑定杰惠祎公司员工的行为。

其二，杰惠祎公司主张配送人员信息系经营秘密的说法不能成立。首先，杰惠祎公司与拉扎斯公司结算的依据是配送人员完成订单形成的订单数据，而非配送人员信息本身。其次，配送人员信息本质反映的是一种劳动力资源，劳动力资源本身不能直接带来经济利益，也不能直接形成竞争优势。本案中能够给杰惠祎公司带来经济利益的是作为结算依据的订单数据，但这些订单数据始终是由杰惠祎公司持有，并没有随着人员的离开而转移。最后，配送行业中人员流动性大，还有很多配送人员是兼职，这种反映劳动力资源的信息不具有排他性、保密性，显然不属于商业秘密的范畴。

其三，杰惠祎公司主张快先森公司应赔偿其每月的经营差额损失，应予以驳回。如前所述，快先森公司没有实施具体的侵害杰惠祎公司权益的行为。另外，杰惠祎公司每月的经营所得，只是营业收入，而非盈利部分，即便要计算损失，充其量只能是以盈利部分作为参考依据，且基于配送行业的特点，每个月的盈利是不同的，不能以此作为计算依据。

拉扎斯公司答辩称，一审法院认定事实清楚，适用法律正确。杰惠祎公司主张的配送人员信息不符合商业秘密的构成要件，杰惠祎公司也未举证证明其享有相应的商业秘密。请求驳回杰惠祎公司的上诉，维持原判。

裁判理由

再审福建省高级人民法院裁判理由如下。

1993年《反不正当竞争法》第10条第3款规定："本条所称的商业秘密，是指不为公众所知悉、能为权利人带来经济利益、具有实用性并经权利人采取保密措施的技术信息和经营信息。"由此可见，一个信息要构成商业秘密必须同时具备秘密性、商业价值性和保密性三个构成要件，该三要件缺一不可。2007年《最高人民法院关于审理不正当竞争民事案件应用法律若干问题的解释》第9条第1款规定："有关信息不为其所属领域的相关人员普遍知悉和容易获得，应当认定为反不正当竞争法第十条第三款规定的'不为公众所知悉'。"❶ 即要成为商业秘密的信息应当经过权利人的创造性劳动所获得或积累。

本案中，杰惠祎公司主张的商业秘密是杰惠祎公司持有并通过账户密码及手机验证进行管理的公司配送人员名单等存于"饿了么"的"蜂鸟团队版"配送平台上的信息，该信息包括配送人员的姓名、身份证号码、手机号码等。该信息实际上是杰惠祎公司的员工名单，员工名单本身仅包含员工个人简单的基本信息，是在企业人力资源管理中自然形成的，并非杰惠祎公司通过创造性劳动所获得或积累，员工基本信息比较容易获得，不属于"不为公众所知悉"的经营信息。2007年《最高人民法院关于审理不正当竞争民事案件应用法律若干问题的解释》第11条第1款规定："权利人为防止信息泄露所采取的与其商业价值等具体情况相适应的合理保护措施，应当认定为反不正当竞争法第十条第三款规定的'保密措施'。"❷ 拉扎斯公

---

❶ 2007年《最高人民法院关于审理不正当竞争民事案件应用法律若干问题的解释》（已废止）第9条第1款对应《最高人民法院关于审理侵犯商业秘密民事案件适用法律若干问题的规定》第3条："权利人请求保护的信息在被诉侵权行为发生时不为所属领域的相关人员普遍知悉和容易获得的，人民法院应当认定为反不正当竞争法第九条第四款所称的不为公众所知悉。"

❷ 2007年《最高人民法院关于审理不正当竞争民事案件应用法律若干问题的解释》（已废止）第11条第1款对应《最高人民法院关于审理侵犯商业秘密民事案件适用法律若干问题的规定》第5条第1款："权利人为防止商业秘密泄露，在被诉侵权行为发生以前所采取的合理保密措施，人民法院应当认定为反不正当竞争法第九条第四款所称的相应保密措施。"

司是"饿了么"的"蜂鸟团队版"配送平台的提供者，杰惠祎公司通过账号密码及手机验证方式登录"蜂鸟团队版"配送平台对配送人员进行管理、账目结算等，系根据该平台的要求进行的操作，符合杰惠祎公司与拉扎斯公司在《蜂鸟配送代理合作协议》中的约定，并非为了防止信息泄露所采取的合理"保密措施"。所以，根据前述规定，杰惠祎公司主张的商业秘密不能成立。杰惠祎公司有关快先森公司和拉扎斯公司的相关行为构成侵权及要求赔偿各项损失的上诉请求没有保护基础。

案件评析

本案是2019年福建省十大知识产权指导性案例之一。本案涉及的核心问题在于相关信息是否构成法定的商业秘密客体及原告针对该信息是否采取了符合法律要求的保密措施两个方面。

本案适用的是1993年《反不正当竞争法》，该法第10条中针对商业秘密的定义是："本条所称的商业秘密，是指不为公众所知悉、能为权利人带来经济利益、具有实用性并经权利人采取保密措施的技术信息和经营信息。"现行2019年《反不正当竞争法》第9条中对于商业秘密的定义是："本法所称的商业秘密，是指不为公众所知悉、具有商业价值并经权利人采取相应保密措施的技术信息、经营信息等商业信息。"通过对比新旧法条，我们发现新法针对商业秘密的定义删除了实用性要件，将信息的范围扩充到了其他商业信息，其他要件基本未发生改变。删除实用性的原因主要是该法条的实用性应当与专利法中的实用性保持一致，但并非所有商业秘密都具有专利法意义上的实用性（譬如失败的实验数据）。根据现行法律规定，商业秘密客体的要件主要包括三个方面：①秘密性；②价值性；③相应的保密措施。

（一）本案的配送人员信息不符合"秘密性"要件

相关信息是否构成商业秘密，首要判断的即该信息是否不为公众所知悉，根据司法解释的规定，即不为所属领域的相关人员普遍知悉和容易获得。此种秘密性是一种相对秘密性，即不能为不负有保密义务的人所知悉。2007年《最高人民法院关于审理不正当竞争民事案件应用法律若干问题的解释》第9条第2款列举了属于公众知悉的六种情形。[1][2] 通过上述法律规定，我们发现构成商业秘密的信息不仅要处于一般的保密状态，而且获得该信息需要有一定的难度。譬如，那些相关人员不需要创造性劳动，仅仅是经过一定的联想即能获得的信息就是容易获得的，不能构成商业秘密。此规定也是为了防止相关信息轻易被人垄断。反过来看即权利人主张构成商业秘密的信息应当是其经过一定的创造性劳动而获取的，而非简单的公共领域的信息集合。当然，如果一项信息的组成部分已在有关公开出版物上刊载，但把这些组成部分进行机密的组合而产生了特殊的效果，他人不经一定的努力和付出代价不能获取的，该秘密的组合同样可以构成商业秘密。[3] 本案二审法院指出，要成为商业秘密的信息应当经过权利人的创造性劳动所获得或积累，而本案中原告主张的信息属于自然人的基本个人信息集合，不是经过创造性劳动所获得的，且他人也是较为容易获取的，因此不构成商业秘密。

当然，我们在此处强调构成商业秘密客体的信息是需要经过一定创造性劳动而获取的，但此处的创造性并不需要达到《专利法》中针对发明和实用新型的创造性标准。譬如《最高人民法院关于审理不正当竞争民事案件应用法律若干问题的解释》第13条针对客户名单构成商业秘密的要求是"客户的名称、地址、联系方式以及交易的习惯、意向、内容等构成的区别于相关公知信息的特殊客户信息，包括汇集众多客户的客户名册，以及保持长期稳定交易关系的特定客户"。通过该司法解释的规定，可以得知，

---

[1] 这六种情形为：（1）该信息为其所属技术或者经济领域的人的一般常识或者行业惯例；（2）该信息仅涉及产品的尺寸、结构、材料、部件的简单组合等内容，进入市场后相关公众通过观察产品即可直接获得；（3）该信息已经在公开出版物或者其他媒体上公开披露；（4）该信息已通过公开的报告会、展览等方式公开；（5）该信息从其他公开渠道可以获得；（6）该信息无需付出一定的代价而容易获得。

[2] 2007年《最高人民法院关于审理不正当竞争民事案件应用法律若干问题的解释》（已废止）第9条第2款对应《最高人民法院关于审理侵犯商业秘密民事案件适用法律若干问题的规定》第4条第1款："具有下列情形之一的，人民法院可以认定有关信息为公众所知悉：（一）该信息在所属领域属于一般常识或者行业惯例的；（二）该信息仅涉及产品的尺寸、结构、材料、部件的简单组合等内容，所属领域的相关人员通过观察上市产品即可直接获得的；（三）该信息已经在公开出版物或者其他媒体上公开披露的；（四）该信息已通过公开的报告会、展览等方式公开的；（五）所属领域的相关人员从其他公开渠道可以获得该信息的。"

[3] 孔祥俊.反不正当竞争法新原理分论[M].北京：法律出版社，2019：365.

针对客户名单，其构成商业秘密的部分是区别于相关公知信息的特殊信息部分。故商业秘密应当是权利人经过一定的投入或劳动而获取的，区别于公知信息的信息。而本案中的快递配送人员的基本信息，本身并不属于区别于相关公知信息的特殊信息，且该信息本身较为容易被公众获取。此外，基于快递配送行业人员变动较为频繁的特性，该信息并不能较为稳定的存在，故该信息并不符合商业秘密的秘密性要件。

（二）原告采取的账号密码和验证登录的方式不属于法定的保密措施

在相关信息本身已经不满足秘密性要件的基础上，该信息已经被排除构成商业秘密的可能性，但原告在上诉理由中提及了保密措施合法与否的问题。故二审法院在判决理由中，针对保密措施的相关问题也进行了分析。针对保密措施规定，1993 年《反不正当竞争法》的规定为"经权利人采取保密措施"，2019 年《反不正当竞争法》的规定为"经权利人采取相应的保密措施"。何为"相应的"，则成了一个法律判断标准的问题。深圳市中级人民法院在上诉人冠愉医药与被上诉人康程医药侵害商业秘密纠纷的二审判决中指出，商业秘密的保密措施应当是合理、具体和有效的。❶ 孔祥俊教授也曾表示，《最高人民法院关于审理不正当竞争民事案件应用法律若干问题的解释》的草稿也曾提出过针对保密措施规定为"合理、具体、有效"的相关意见，但最后司法解释没有把保密措施的具体要求写得太复杂，而将具体、有效之类的要求纳入了"合理"的要求之内。❷

所谓"合理"即要求保密措施与被保护的客体相适应，不能要求权利人采取全方位、无死角的保密措施，只能要求依据个案的特定情形已经采取了合理的措施，而不能要求权利人采取所有可能想得到的措施或者采取可以阻止获得保密信息的任何手段的措施。"具体"即要求采取的保密措施所针对的客体是明确的、特定的，若权利人仅仅有保密合同和概括性的保密规定，则该种措施难以满足"具体性"的要求。"有效"的要件即要求权利人采取的保密措施必须是切实在实施的，且足以保持相关信息的秘密性状态。当然，上述三个标准均是客观上的保密措施要求。构成法定的保密措施还需要满足主观要件，即权利人自己需要认识到自己拥有的哪些信息

---

❶ 广东省深圳市中级人民法院（2006）深中法民三终字第 7 号民事判决书。
❷ 孔祥俊. 反不正当竞争法新原理分论 [M]. 北京：法律出版社，2019：391.

构成商业秘密,具备对这些信息进行主动保密的主观意图。

本案中,原告主张其通过账号密码及手机验证方式登录"蜂鸟团队版"配送平台对配送人员进行管理、账目结算的行为构成法定的保密措施。但该行为本身属于平台管理的一种惯用手段,也是其与拉扎斯公司在《蜂鸟配送代理合作协议》中的约定。前述行为本身无法体现原告主观上的保密意图,客观上也不符合"合理、具体、有效"的标准,故并不构成法定的"相应的保密措施"。

(三)人员基本信息本身不具备"价值性"特征

针对价值性的法条表述,从此前的"能给权利人带来经济利益"到新法的"具有商业价值",司法解释的规定为"具有现实的或者潜在的商业价值,能为权利人带来竞争优势"。故构成商业秘密的信息,应当是能够给相关主体带来竞争优势的信息。具体到本案,原告主张其与拉扎斯公司以配送平台产生的有效数据作为结算依据,且其公司为配送服务行业,配送人员是主要的劳动力,也是企业主要的利润来源,配送人员的多少决定企业获利的多少,故配送人员的信息具有价值性。但原告与拉扎斯公司结算的依据是配送人员完成订单形成的订单数据,而非配送人员信息本身,原告依靠快递配送人员完成的订单数量获取利润,无论配送人员具体是谁,只要订单完成,即产生利润,故原告的利润产生和人员信息之间不具有因果关系,人员信息不能给原告带来竞争优势。

在商业秘密类案件中,原告主张的信息是否构成法定的商业秘密客体成为首要判断的问题。当今快递配送行业迅速发展,针对该行业内产生的相关竞争行为是否构成不正当竞争需要依据法律规定严格、谨慎的认定,避免阻碍产业的发展。随着电子商务的发展和国民消费结构的变化,快递配送行业在我国具有巨大的市场,各类管理平台应运而生,快递配送企业中配送人员流动频繁,如何进行人员管理是相关企业急需解决的问题。快递配送行业的不正当竞争案件也时有发生,该行业的商业秘密保护案件也层出不穷。本案针对快递配送行业相关信息是否构成商业秘密从而享有法律保护的问题进行了较为详细的分析和论证,对快速发展的快递配送行业的法律保护具有较大的参考意义。

51 作为商业秘密保护的客户名单应区别于公知信息

——华阳新兴科技（天津）集团有限公司与麦达可尔（天津）科技有限公司、王某刚、张某星、刘某侵害商业秘密纠纷案*

📝 裁判要旨

职工在工作中掌握和积累的知识、经验和技能，除属于单位的商业秘密的情形外，构成其人格权的组成部分，是其生存能力和劳动能力的基础，职工离职后有自主利用的自由。商业秘密保护的客户名单，除由客户的名称地址、联系方式及交易的习惯、意向、内容等信息所构成外，还应当属于区别于相关公知信息的特殊客户信息。

📝 案情简介

华阳新兴科技（天津）集团有限公司（以下简称"华阳公司"）是一家从事工业清洗维护产品研发、生产和销售的企业。王某刚于1996年入职华阳公司，曾任该公司董事、销售副总经理、总经理、副总裁，自2012年至2016年任该公司的法定代表人；于2015年10月底创立麦达可尔（天津）科技有限公司（以下简称"麦达可尔公司"），任法定代表人和总经理。张

---

* 一审：天津市第一中级人民法院（2017）津01民初50号民事判决书；二审：天津市高级人民法院（2018）津民终143号民事判决书；再审：最高人民法院（2019）最高法民再268号民事判决书。

某星于 2001 年入职华阳公司，曾任华阳公司技术部经理、技术服务部经理，于 2016 年 1 月入职麦达可尔公司，任技术部经理。刘某于 2010 年入职华阳公司，曾任该公司销售服务部经理，于 2015 年 10 月底入职麦达可尔公司，负责人事行政工作。华阳公司与张某星、刘某签订了保密协议，保密范围包括了与客户业务、产品、服务有关的信息等商业秘密。麦达可尔公司亦为工业清洗维护产品研发、生产和销售的企业。

2017 年，华阳公司以麦达可尔公司等侵害商业秘密为由诉至天津市第一中级人民法院，请求判令：麦达可尔公司、王某刚、刘某、张某星立即停止使用华阳公司的客户名单进行对外销售；麦达可尔公司、王某刚、刘某、张某星连带赔偿华阳公司经济损失共计 3 157 062.9 元；诉讼费用由麦达可尔公司、王某刚、刘某、张某星承担。华阳公司在本次诉讼中选择包含有 43 家客户信息的客户名单作为被侵犯的商业秘密，其主张的秘密点为与上述 43 家客户交易中所掌握的客户名称、品名、货品规格、销售订单数量、单价、联系人、电话和地址等。

一审法院认为，华阳公司主张的 43 家客户信息具备秘密性、保密性、价值性和实用性，符合商业秘密的构成要件，王某刚、张某星、刘某违反法定或约定的保守商业秘密的义务，允许麦达可尔公司使用其所掌握的商业秘密，麦达可尔公司在明知的前提下，使用了上述商业秘密，均属于侵犯商业秘密的行为。综上，一审法院判决麦达可尔公司、王某刚、张某星、刘某立即停止侵犯华阳公司涉案客户名单商业秘密，麦达可尔公司于判决生效之日起十日内赔偿华阳公司 60 万元，王某刚、张某星、刘某承担连带赔偿责任。

华阳公司认为一审判决赔偿数额过低，应当予以调整，上诉主张麦达可尔公司应当赔偿华阳公司损失 100 万元。麦达可尔公司则上诉请求撤销一审判决，改判驳回华阳公司全部诉讼请求，并且诉讼费用由该公司负担。二审法院的裁判理由与一审法院一致，最终二审判决驳回麦达可尔公司上诉，维持原判。后麦达可尔公司不服二审判决，向最高人民法院申请再审。

诉辩意见

麦达可尔公司申请再审称，二审判决认定事实和适用法律错误，请求再审改判，主要事实和理由为如下。第一，原审法院认定涉案经营信息属于《反不正当竞争法》意义上的客户名单缺乏事实依据。第二，原审法院认定43家客户名单为《反不正当竞争法》意义上的客户名单，进而属于经营秘密，缺乏法律依据。第三，原审法院以43家客户信息形成于一审三被告个人任职期间，即推定上述个人接触这些信息，进而因与华阳公司成为同业竞争者，推定上述个人实施了侵权行为，缺乏事实依据。第四，一审法院判决麦达可尔公司和各一审被告不得披露、使用、允许他人使用该商业秘密，超出公司华阳公司的诉讼请求。第五，本案为商业秘密纠纷案件，一审审理期间承办法官未征求双方当事人意见是否不公开审理，并且一审法院依照华阳公司的申请调取了麦达可尔公司在税务局的开票记录，其中包含麦达可尔公司的商业秘密，一审法院组织双方当事人质证时未征求麦达可尔公司意见是否不公开质证。一审法院的上述做法违反民事诉讼法规定，损害了当事人的合法权益。

华阳公司提交意见称，一审、二审判决认定事实清楚、证据充分，请求维持原判，主要理由如下。第一，本案诉争的43家客户信息由其公司花费大量人力、物力、财力及时间成本收集整合而成，其公司对其依法采取了保密措施，并不为其所属领域的相关人员普遍知悉和容易获得，具有秘密性、保密性、价值性和实用性，符合商业秘密的构成要件。第二，一审被告王某刚、张某星、刘某三人均曾在其公司重要岗位工作过，实际接触并使用了其公司的涉案客户信息。三人与其公司曾签订《保密协议》，三人与麦达可尔公司的行为构成对其公司商业秘密的侵犯。第三，麦达可尔公司申请再审提交的证据资料中，包含其公司的产品目录、价格表等具有商业价值的商业秘密资料，在其没有直接证据证明获取该证据的合法途径情形下，反证了原审法院所认定的王某刚等三位离职时带走其公司大量资料的事实。第四，一审、二审法院在各方当事人均未书面申请不公开审理的情形下，依法审理本案并未违反诉讼程序规则。

裁判理由

再审法院裁判理由如下。

本案争议焦点问题是华阳公司与上述43家客户交易中所掌握的客户名

称、品名、货品规格、销售订单数量、单价、联系人、电话和地址等信息是否构成1993年《反不正当竞争法》第10条规定的商业秘密,以及麦达可尔公司是否使用了该商业秘密。

2007年《最高人民法院关于审理不正当竞争民事案件应用法律若干问题的解释》第13条规定:"商业秘密中的客户名单,一般是指客户的名称、地址、联系方式以及交易的习惯、意向、内容等构成的区别于相关公知信息的特殊客户信息,包括汇集众多客户的客户名册,以及保持长期稳定交易关系的特定客户。客户基于对职工个人的信赖与职工所在单位进行市场交易,该职工离职后,能够证明客户自愿选择与自己或者其新单位进行市场交易的,应当认定没有采取不正当手段,但职工与原单位另有约定的除外。"据此,受商业秘密保护的客户名单,除由客户的名称、地址、联系方式以及交易的习惯、意向、内容等信息所构成外,还应当属于区别于相关公知信息的特殊客户信息,并非指对所有客户名单的保护。

本案中,根据麦达可尔公司提供的公证书,前述43家客户信息可以通过网络搜索得到。首先,在当前网络环境下,相关需方信息容易获得,且相关行业从业者根据其劳动技能容易知悉;其次,关于订单日期、单号、品名、货品规格、销售订单数量、单价、未税本位币等信息均为一般性罗列,并没有反映某客户的交易习惯、意向及区别于一般交易记录的其他内容。在没有涵盖相关客户的具体交易习惯、意向等深度信息的情况下,难以认定需方信息属于《反不正当竞争法》保护的商业秘密。

华阳公司称其43家客户名单交易信息能够反映不同客户的特殊产品需求和交易习惯,但是其提供的证据难以证明其销售的产品反映了客户的特殊产品需求,更难以证明其反映了客户的特殊交易习惯。本案双方均为工业清洗维护产品研发、生产和销售的企业,产品范围主要包括清洗剂、润滑剂、密封剂等工业化学品,由于从事清洗产品销售及服务的行业特点,客户选择与哪些供方进行交易,不仅考虑相关产品的性能、价格等信息,也会考虑清洗服务的质量。在双方的联系人、联系电话较大比例不相同的情况下,难以认定麦达可尔公司使用了华阳公司43家客户名单相关信息进行市场交易。

鉴于前述分析,结合华阳公司未与王某刚、张某星、刘某签订竞业限制协议的事实，麦达可尔公司并不承担相关竞业禁止义务。因此，在王某刚、张某星、刘某既没有竞业限制义务，相关客户名单又不构成商业秘密，且相关联系人、联系电话较大比例不相同的情况下，难以认定麦达可尔公司、王某刚等人之行为构成侵犯华阳公司商业秘密。

综上，麦达可尔公司相关再审申请理由成立，一审、二审法院认定麦达可尔公司使用了华阳公司43家客户名单，侵犯其公司商业秘密认定事实、适用法律均有错误，再审法院予以纠正。

案件评析

本案系侵犯商业秘密纠纷的典型案例，入选2019年中国法院50件典型知识产权案例，体现了最高人民法院的审理思路与利益平衡理念，对于客户名单作为商业秘密保护的内容和条件具有一定指导意义。

2019年《反不正当竞争法》第9条第4款规定："本法所称的商业秘密，是指不为公众所知悉、具有商业价值并经权利人采取相应保密措施的技术信息、经营信息等商业信息。"此次修法相较于2017年《反不正当竞争法》，通过增加"等商业信息"这五个字扩大了商业秘密的客体范围，也就是说不属于技术信息或经营信息的其他商业信息也可以构成商业秘密。但在司法实践中，商业秘密的客体还是以技术信息与经营信息为主。技术信息主要包括设计、程序、产品配方、制作工艺、制作方法；经营信息主要包括经营策略、管理诀窍、客户名单、货源情报、产销策略、招投标中的标底及标书内容等信息。[1]以侵犯客户名单为由提起的侵犯商业秘密纠纷诉讼较为常见，但原告的胜诉率较低，主要原因在于，原告不仅要证明其主张的客户名单构成商业秘密，还要证明被告实施了披露、使用或允许他人使用该商业秘密的行为，一般而言难度较大。

《最高人民法院关于审理不正当竞争民事案件应用法律若干问题的解释》第13条对何谓"客户名单"进行了解释，但从本案再审法院撤销了一审、二审判决的结果可知，不同法院对于"客户名单"的理解与把握是存在一定差异的。本案一审、二审法院均认为，华阳公司主张的43家客户信

---

[1] 唐青林，黄民欣. 商业秘密保护实务精解与百案评析[M]. 北京：中国法制出版社，2017：11.

息具备秘密性、保密性、价值性和实用性，符合商业秘密的构成要件，王某刚、张某星、刘某违反法定或约定的保守商业秘密的义务，允许麦达可尔公司使用其所掌握的商业秘密，麦达可尔公司在明知的前提下，使用了上述商业秘密，均属于侵犯商业秘密的行为。而再审法院却得出了完全相反的结论，认为华阳公司提供的证据难以证明其客户名单反映了客户的特殊产品需求，更难以证明其反映了客户的特殊交易习惯。在没有涵盖相关客户的具体交易习惯、意向等深度信息的情况下，难以认定需方信息属于《反不正当竞争法》保护的商业秘密。再审法院明确指出，人民法院在审理商业秘密案件中，既要依法加强商业秘密保护，有效制止侵犯商业秘密的行为，为企业的创新和投资创造安全和可信赖的法律环境，又要妥善处理保护商业秘密与劳动者自由择业、竞业限制和人才合理流动的关系，维护劳动者正当就业、创业的合法权益，依法促进劳动力的合理流动和自主择业，体现了利益平衡的理念。

本案的创新点与价值点在于再审法院明确了一条裁判规则：职工在工作中掌握和积累的知识、经验和技能，除属于单位的商业秘密的情形外，构成其人格的组成部分，是其生存能力和劳动能力的基础，职工离职后有自主利用的自由。商业秘密保护的客户名单，除由客户的名称、地址、联系方式及交易的习惯、意向、内容等信息所构成外，还应当属于区别于相关公知信息的特殊客户信息。这一裁判规则可以理解为是对2007年《最高人民法院关于审理不正当竞争民事案件应用法律若干问题的解释》第13条的补充与完善，对于客户名单类侵害商业秘密纠纷案件具有一定的指导意义。

再审法院还强调，在既没有竞业限制义务，王某刚、张某星、刘某又不侵犯华阳公司商业秘密的情况下，运用其在原用人单位学习的知识、经验与技能，无论是从市场渠道知悉相关市场信息还是根据从业经验知悉或判断某一市场主体需求相关产品和服务，可以在此基础上进行市场开发并与包括原单位在内的其他同行业市场交易者进行市场竞争。如果在没有竞业限制义务亦不存在商业秘密的情况下，仅因为某一企业曾经与另一市场主体有过多次交易或稳定交易即禁止前员工与其进行市场竞争，实质上等于限制了该市场主体选择其他交易主体的机会，不仅禁锢交易双方的交易活动，限制了市场竞争，也不利于维护劳动者正当就业、创业的合法权益，有悖《反不正当竞争法》维护社会主义市场经济健康发展，鼓励和保护公平竞争，制止不正当竞争行为，保护经营者和消费者的合法权益之立法本意。

笔者赞同本案再审法院的分析与说理。客户名单的确是商业秘密客体中经营信息的重要组成部分与常见形式，但是由于市场和客户处于不断动态变化的状态，并且在互联网技术十分发达的当代社会，很多客户信息都能很容易通过检索获得。因此，客户名单要想通过商业秘密来保护还是存在一定难度的。在此类案件中，权利人不仅需要证明其所主张的客户名单反映了客户的特殊产品需求或者特殊交易习惯，还应当证明其客户名单区别于相关公知信息，即并不为其所属领域的相关人员普遍知悉和容易获得。此外，在类似案件中，虽然前职工与原单位进行市场竞争不一定合乎个人品德的高尚标准，但前职工作为市场交易参与者，在不违反法律禁止性规定又没有合同义务的情况下，从事同行业业务并不为法律所禁止。

值得一提的是，在涉及客户名单的侵害商业秘密纠纷案件中，法律裁判者或者律师、学者往往主要关注的是《最高人民法院关于审理不正当竞争民事案件应用法律若干问题的解释》第13条第1款对客户名单的定义与解释，而容易忽略第2款内容："客户基于对职工个人的信赖而与职工所在单位进行市场交易，该职工离职后，能够证明客户自愿选择与自己或者其新单位进行市场交易的，应当认定没有采用不正当手段，但职工与原单位另有约定的除外。"这一款属于司法解释的特别规定，避免"一刀切"导致客户丧失自由选择交易对象的权利。

综上所述，在前职工披露、利用的客户名单与其原单位客户名单确实存在重合的情况下，应当结合原单位客户名单是否满足商业秘密的构成要件，前职工是否存在披露、使用或允许他人使用原单位的客户名单的行为，客户是否出于对职工个人的信赖而主动要求合作及原单位与前职工是否有就客户名单的特殊约定等因素进行综合、审慎的判断，妥善处理保护商业秘密与劳动者自由择业、竞业限制和人才合理流动的关系。

最后，笔者针对麦达可尔公司申请再审的第五点理由，从三个方面谈谈商业秘密案件审理中的保密问题。第一，《民事诉讼法》第137条规定："人民法院审理民事案件，除涉及国家秘密、个人隐私或者法律另有规定的以外，应当公开进行。离婚案件，涉及商业秘密的案件，当事人申请不公开审理的，可以不公开审理。"根据这一规定，涉及商业秘密的案件并不属于当然不公开审理的范畴，而是在当事人申请不公开审理后，可以不公开审理。第二，在商业秘密侵犯案件的举证、质证过程中也应当树立保密意识，避免"二次泄密"。2019年《最高人民法院关于民事诉讼证据的若干规定》第47条第2款规定："前款所列书证，涉及国家秘密、商业秘密、当事人或第三人的隐私，或者存在法律规定应当保密的情形的，提交后不得公开质证。"可见，民事证据新规明确规定对于涉及商业秘密的书证不进行公开质证。第三，尽管现在的法院裁判文书要求上网，但是涉案的商业秘密并不会在判决书与裁定书中载明，因此一般不会导致商业秘密被泄露。